憲法判例の射程

第2版

横大道聡
Yokodaido Satoshi
編著

赤坂幸一
新井 誠
井上武史
岡田順太
木下昌彦
栗島智明
柴田憲司
西村裕一

西山千絵
堀口悟郎
丸山敦裕
御幸聖樹
村山健太郎
山田哲史
山本健人
吉川智志

著

弘文堂

第 2 版　はしがき

　本書の初版を刊行してから、3 年余りが経過しました。編者の予想を大きく超えて、多くの読者の方に本書を手に取っていただけたのは、憲法判例をどのように読めばよいのか、それを事例問題でどのように活用すればよいのかといった「悩み」を抱える学部生、法科大学院生が少なくないということの現れではないかと思います。

　初版のはしがきで、本書のねらいは「憲法判例の論理を内在的に理解し、その射程を適切に把握して、事例に応じて判例を『使いこなす』ための力を養うことにあると記しました（詳細は第 0 章をご覧ください）。第 2 版では、このねらいを維持しながら、新たに刊行・改訂された教科書などを参照したり、この間に出された判例も踏まえながら各章をアップデートするとともに、新たに素晴らしい執筆者を迎えて、初版では取り上げきれなかった論点や判例を大幅に追加しました。

　初版では、弘文堂編集部（当時）の柳崇弘さんにご担当いただきましたが、柳さんは新たな別の道へと進まれました。そこで第 2 版は同編集部の登健太郎さんにご担当いただきました。登さんとは何度もお仕事をご一緒させていただいていますが、今回もいつも通り、パーフェクトなサポートをいただきました。ここに記して感謝申し上げます。

　本書が初版と同様、多くの読者の方に手に取っていただき、その期待に応えることができれば、執筆者一同、それに勝る喜びはありません。

2020 年 6 月　外出自粛中の文京区の自宅にて

横大道聡

初版　はしがき

　日々、法科大学院生に接していると、「憲法はムズかしい」という声をよく聞きます。小学校の社会科から、高校の公民科にいたるまで日本国憲法を勉強し、そして大学の学部で講義も受けているはずであるにもかかわらず、です。

　そのような感想を抱かせる理由は何でしょうか。いくつか考えられますが、その1つは、標準的な憲法の教科書の知識と、事例問題を解く際に求められるスキルとが、異なっていることに求められるのではないかと思います。憲法の教科書で得た知識を、事例問題に応用するために必要なのは、憲法判例の論理を内在的に理解し、その射程を適切に把握して、事例に応じて判例を「使いこなす」ことです。本書のねらいは、そのような力を養おうということにあります（詳しくは、「第0章　憲法判例の『射程』を考えるということ」で述べましたので、そちらを参照ください）。

＊　　　　　＊　　　　　＊

　法科大学院で憲法の講義を担当するようになり、これまでとは違った教育方法の必要性を痛感するなか、弘文堂の柳崇弘さんにお声をかけていただいたのが、本書の刊行の直接的なきっかけです。企画趣旨に賛同いただいた豪華な執筆陣とともに、企画から2年もたたずに刊行にこぎつけることができたのは、柳さんのご尽力の賜物です。また、慶應義塾大学大学院法学研究科後期博士課程の山本健人さん、吉川智志さんから、数々の有益な助言をいただきました。記して感謝いたします。

　「憲法はムズかしい」と思っている読者の1人でも多くに、憲法を勉強する楽しさ、判例を分析する醍醐味、事例問題を解く手ごたえを提供できれば、執筆者一同、これに勝る喜びはありません。

2017年2月　三田の研究室にて

横大道聡

目　次

凡　例

1　本書中で法律・判例を示すときは、令和2年4月1日現在のものによった。
　　なお、判例引用中の強調は下線を使用し、それ以外は傍点を使用した。また、著者による判例引用中の加筆・補足部分は〔　　〕で示した。

2　本書中での略称は、以下のように用いるほか、大方の慣例に倣った。
　①裁判
　　最大判（決）　　　最高裁判所大法廷判決（決定）
　　最判（決）　　　　最高裁判所判決（決定）
　　高判（決）　　　　高等裁判所判決（決定）
　　地判（決）　　　　地方裁判所判決（決定）
　②判例集
　　民（刑）集　　　　最高裁判所民事（刑事）判例集
　　行集　　　　　　　行政事件裁判例集
　　集民（刑）　　　　最高裁判所裁判集民事（刑事）
　　刑月　　　　　　　刑事裁判月報
　　訟月　　　　　　　訟務月報
　　判時　　　　　　　判例時報
　　判自　　　　　　　判例地方自治
　　判タ　　　　　　　判例タイムズ
　　労民　　　　　　　労働関係民事裁判例集
　③法律
　　憲　　　　　　　　日本国憲法
　　学教　　　　　　　学校教育法
　　教基　　　　　　　教育基本法
　　行訴　　　　　　　行政事件訴訟法
　　警　　　　　　　　警察法
　　原子炉等規制　　　核原料物質、核燃料物質及び原子炉の規制に関する法律
　　公選　　　　　　　公職選挙法
　　裁　　　　　　　　裁判所法
　　生活保護　　　　　生活保護法
　　弁　　　　　　　　弁護士法
　　民　　　　　　　　民法
　④文献
　　芦部　　　　　　　芦部信喜（高橋和之補訂）『憲法〔第7版〕』（岩波書店・2019）
　　演習ノート　　　　宍戸常寿編『憲法演習ノート〔第2版〕』（弘文堂・2020）
　　憲法読本　　　　　安西文雄＝巻美矢紀＝宍戸常寿『憲法学読本〔第3版〕』（有斐閣・2018）
　　駒村　　　　　　　駒村圭吾『憲法訴訟の現代的転回』（日本評論社・2013）

小山	小山剛『「憲法上の権利」の作法〔第3版〕』（尚学社・2016）
佐藤	佐藤幸治『日本国憲法論』（成文堂・2011）
宍戸	宍戸常寿『憲法 解釈論の応用と展開〔第2版〕』（日本評論社・2014）
精読人権編	木下昌彦編集代表『精読憲法判例〔人権編〕』（弘文堂・2018）
長谷部	長谷部恭男『憲法〔第7版〕』（新世社・2018）
論点教室	曽我部真裕＝赤坂幸一＝新井誠＝尾形健編『憲法論点教室〔第2版〕』（日本評論社・2020）
論点探究	小山剛＝駒村圭吾編『論点探究 憲法〔第2版〕』（弘文堂・2013）
渡辺ほか	渡辺康行＝宍戸常寿＝松本和彦＝工藤達朗『憲法Ⅰ基本権』（日本評論社・2016）
百選Ⅰ・Ⅱ	長谷部恭男＝石川健治＝宍戸常寿『憲法判例百選Ⅰ・Ⅱ〔第7版〕』（有斐閣・2019）；同編『憲法判例百選〔第6版〕』（同・2013）；高橋和之＝長谷部恭男＝石川健治編『憲法判例百選〔第5版〕』（同・2007）
プラクティス	憲法判例研究会編『判例プラクティス憲法〔増補版〕』（信山社・2014）
慶應ロー	慶應法学
甲法	甲南法学
公法	公法研究
最判解	『最高裁判所判例解説』（法曹会）
自正	自由と正義
重判解	重要判例解説（ジュリスト増刊）
ジュリ	ジュリスト
上法	上智法学論集
新報	受験新報
曹時	法曹時報
中央ロー	中央ロー・ジャーナル
判評	判例評論（判例時報別冊）
法教	法学教室
法協	法学協会雑誌
法研	法学研究
法時	法律時報
法セ	法学セミナー
明治ロー	明治大学法科大学院論集
横国	横浜国際経済法学
立教	立教法学
論ジュリ	論究ジュリスト

0 憲法判例の「射程」を考えるということ

　本書は、憲法判例の「射程」を考えるということは一体どのようなことなのかについて、判例を中心に解説するものである。個々の論点に関する判例の検討に入るのに先立って、まず、本書のコンセプトを明確にしておきたい。

Ⅰ 判例の重要性

1．判例とは何か

　まず、「判例」とは何か、ということから始めよう。

　「判例」という言葉は、法令上、「最高裁判所の判例と相反する判断をしたこと」と、「最高裁判所の判例がない場合に、大審院若しくは上告裁判所たる高等裁判所の判例又はこの法律施行後の控訴裁判所たる高等裁判所の判例と相反する判断をしたこと」を上告理由として認める刑訴法 405 条 2 号および 3 号、同趣旨の定めを置く民訴法 318 条および 337 条などにおいて用いられている＊1。また、「憲法その他の法令の解釈適用について、意見が前に最高裁判所のした裁判に反するとき」に、大法廷での審理を要求する裁判所法 10 条 3 号における「前に最高裁判所のした裁判」も、「判例」に該当するといえる。ここから、判例とは、「法令の解釈適用」について「〔最高〕裁判所のした判断」のことである、ということができる。

　日本の場合、上級審の裁判所が示した判断は、その事件についてのみ下級審を拘束するにすぎない（裁 4 条）。そのため、「判例」の拘束力が実定法上、制度的に保障されているわけではない。しかし、法令上の「判例」の位置づけにかんがみれば、下級審裁判所が上級審裁判所とりわけ最高裁判所の「判例」に相反する判断をしたとしても、最終的に覆される公算が高い。また下級審といえ

＊1　そのほか、法廷等の秩序維持に関する法律 6 条、少年法 35 条、心神喪失等の状態で重大な他害行為を行った者の医療及び観察等に関する法律 70 条、家事事件手続法 97 条、非訟事件手続法 77 条、国際的な子の奪取の民事上の側面に関する条約の実施に関する法律 111 条にも、抗告等の場合における同趣旨の規定が置かれている。

ども、地域や担当裁判官によって法令の解釈適用が変わるというのは望ましい事態とはいえないだろう。そのため、裁判官には通常、最高裁判所の判例にしたがって法的判断を下すインセンティブがはたらく。このことを指して、一般に、「判例の事実上の拘束力」が存在するといわれる*2。

　裁判所において判例が事実上の拘束力を有しており、それに従った法的判断がなされる蓋然性が高いとすれば、裁判所に対して自己の主張を受け入れさせようと活動する弁護士、検察官といった訴訟当事者もまた判例を無視できない。したがって訴訟においては、当該事案に関連する判例を踏まえたうえで各々が訴訟戦略を構築することが必須となる。その際、みずからに有利となる判例があれば、それを積極的に活用しようとするだろうし、逆に、不利となる判例があれば、当該判例が採用した考え方はこの事件では適用されないなどと主張して、区別（distinguish）を試みたりすることになろう。

　こうして、各訴訟当事者は、判例を中心軸において議論を組み立てていく。定評のある概説書は、このことに関して次のように述べている。

　　……司法試験に合格し、司法修習生として司法研修所で実務家になるための修習を始めてまず驚くのは、判例というものが学説とは比較にならない大きい権威をもっているということであろう。そこでは、どの法律問題についても、その点に関する判例はどうなっているかがまず問題とされる。そして、判例があれば、大抵はそれに従うべきだといわれるだろう。そのことから知られるのは、判例が好むと好まざるとにかかわらず実務の世界を支配しているという事実である。……このように判例が実務を支配しているというのは、いいかえれば、実務家は判例を尊重しこれに従うべきだと考えられているということである。それは、法が人を拘束するのに似ているところから、一般に「判例の拘束力」と呼ばれている*3。

　なお、いかなる部分が「判例」となるのかについて、裁判で争いのあった論点についてなされた判断（＝判決理由（ratio decidendi））のみであると説明されることが多いが、実務上は、判決で示された「理論」（ないし理由づけのための一般的法命題）も判例とされる場合がある*4。

---

*2　中野次雄編『判例とその読み方〔三訂版〕』（有斐閣・2009）18-23頁〔中野執筆〕。
*3　中野・前掲注2）10-11頁。

2.「憲法」判例とは何か

　「憲法」判例も判例の１つであるから、他の判例と事情は変わらない[*5]。もっとも、憲法学ではより広く「判例」を捉える傾向があるように見受けられる。たとえば戸松秀典教授は、「憲法判例とは、憲法裁判を通じて明らかにされ、将来も従うことが予測される憲法規定に関する規範的意味付けのことである[*6]」とする狭義の定義のみならず、「裁判書中の傍論（obiter dictum）をも含めた広義の憲法判例にも注目すべきである」とする。そして、「憲法にかかわる争点を伴って提起される訴訟」と定義される「憲法訴訟」に対しての裁判例が、広い意味での憲法判例であるとしたうえで、このように広義に捉えることで、「日本国憲法の現実を知ることができる」としている[*7]。

　このような広義の定義を採用するのは、そのように解さないとなると、ただでさえ多いとはいえない憲法判例の数がかなり限定されてしまい、その結果、判例から憲法を学習するという試み自体が困難となりうるといった事情もあるだろう。しかし狭義に理解するにせよ、広義に理解するにせよ、憲法判例は他の判例とは異なって、その理解や分析に困難が伴う場合が多いということがここでは重要である。その理由は、おおむね次のとおりである[*8]。

①基本的に法的三段論法によって判断される民事・刑事事件においては、法的三段論法の大前提たる法令の意味内容に関する裁判所の法的判断が判例となるのに対して、憲法判例（の多く）は、そもそもある法令を法的三段論法の大前提として用いることができるかを審査するものである。

②一般的な法律の規定と比較すると、憲法の規定はかなり抽象的であり、規定のなかに要件と効果が詳細に定められていない。そのため、上記①の審査に際して解釈が果たす役割が極めて大きい。もちろん、抽象的な法規定であっ

[*4]　この論点については議論があるところである。中野・前掲注２）29-73頁。高橋一修「先例拘束性と憲法判例の変更」芦部信喜編『講座憲法訴訟 第３巻』（有斐閣・1987）139頁以下も参照。

[*5]　なお、「判決に憲法の解釈の誤りがあることその他憲法の違反があることを理由とするとき」は、民訴法、刑訴法いずれにおいても上告理由とされている。民訴法312条１項、327条１項、330条、336条１項、刑訴法405条１項を参照。また、「行政事件訴訟に関し、この法律に定めがない事項については、民事訴訟の例による」と定める行訴法７条も参照。

[*6]　戸松秀典『憲法訴訟〔第２版〕』（有斐閣・2008）335頁。

[*7]　戸松・前掲注６）。

[*8]　以下の記述については、戸松秀典「最高裁判所の憲法判例における先例の扱い方について」高柳信一先生古稀記念論集『現代憲法の諸相』（専修大学出版局・1992）197頁以下、安念潤司「判例で書いてもいいんですか？――ロースクール講義余滴」中央ロー20号（2009）85頁以下、宍戸常寿「判例の機能と学び方――憲法」池田真朗編『判例学習のAtoZ』（有斐閣・2010）111頁以下、松本和彦＝宍戸常寿「憲法事例問題を対話する」法教412号（2015）２頁以下などを参考にした。

ても判例による解釈の積み重ねがあれば、その意味内容は徐々に明らかになっていき、新たな問題を考える際の手がかりを得ることができる。たとえば、不法行為に関する民法709条も抽象的であるが、判例による解釈の積み重ねと精緻化がなされているため、それらを頼りに具体的事例における解釈、そこで提示された理論の射程を考察する手がかりを得ることができる。しかし、憲法判例の場合、付随的違憲審査制のもとでの（過度の）司法消極主義といった諸要因が作用して、裁判所の考え方や判断枠組み、審査基準が詳細に明らかにされないことが多い。

③また、とりわけ憲法裁判において最高裁は、「……の趣旨に徴して明らか」というような引用をするにとどまる場合が多く、判例間の相互関係が不明確である。そのため、具体的に先例のどの部分の「趣旨」に拘束力を見出しているのか明らかでないことが少なくない*9。

④そのため、憲法判例を理解するために、学説の主張や学者による判例評釈を参照にせざるをえない場面が多いが、従来学説は判例を「外在的」な視点から厳しく批判するのが通例であった。このように学説と判例との間には大きな溝があるなかで、学説に依拠する主張を展開するとなると、判例とはかけ離れた主張になってしまいかねない。上述したように、実務家は判例を中心軸において議論をすることが基本作法とされているから、学説のみを頼りにした議論は「抽象的」、「具体的事実を無視している」などと批判されることになる。

3．憲法判例の使われ方とその問題点

（1）二極化した憲法判例の扱われ方

以上のような事情もあって、試験での学生の答案は、判例をきちんと踏まえることのない学説だけを頼りにした「抽象的」論述に終始したり、逆に、判例の立場の批判的吟味やその射程の検討を経ることなくそのまま用いたりする

---

*9 「判例の趣旨に従い」の場合は、「適用法条または重要な事実が既存の判例と全く同じではないがしかもそれに類似している事案に、その判断を『準用』することだといってよいであろう」とされる（中野・前掲注2）68頁）。また、「最高裁判所自身も、判例の類推の場合と同じく『判例の趣旨』として判例理論を適用することがある」とされる（同73頁）。

なお、滝井繁男元最高裁裁判官は、「趣旨に徴して明らか」という手法について、「先例の判断を広く解釈してこれを引用する結果、その事件についての裁判所の判断が明確さを欠き、先行する判決とそこで争われている主題についてどのように考えているのかが不明確になって、説得力を損なうことにならざるを得ない」として、その問題点を指摘している。滝井繁男『最高裁判所は変わったか―― 一裁判官の自己検証』（岩波書店・2009）52頁。

答案が目立つ、という二極化状況にあると指摘されるような状況になっている。たとえば、平成 26 年の「司法試験の採点実感等に関する意見」（採点実感）は次のように述べている（平成 25 年も同様の指摘をしている）。

　　判例及びその射程範囲が理解できていない答案が目立った。それゆえ、「法科大学院教育に求めるもの」として、昨年度と同じ指摘をしたい。
　　法科大学院では、実務法曹を養成するための教育がなされているわけであるが、その一つの核をなすのは判例である。学生に教えるに当たって、判例への「近づき方」が問われているように思われる。
　　判例の「内側」に入ろうとせずに「外在的な批判」に終始することも、他方で、判例をなぞったような解説に終始することも、適切ではないであろう。判例を尊重しつつ、「地に足を付けた」検討が必要であるように思われる。判例の正確な理解、事案との関係を踏まえた当該判例の射程範囲の確認、判例における問題点を考えさせる学習の一層の深化によって、学生の理解力と論理的思考力の養成がますます適切に行われることを願いたい。

　それではなぜ、「判例の『内側』に入ろうとせずに『外在的な批判』に終始すること」、そして、「判例をなぞったような解説に終始すること」が「適切ではない」のだろうか。

（2）二極化思考の問題点

　まず、判例に対する外在的批判に終始することの何が問題なのだろうか。憲法学者の手による論文や判例評釈などを読むと、「表現の自由の重要性を判例は理解していない」、「この論点に言及すべきであった」といった批判を目にすることが少なくないだろう。しかし、学者による判例評釈や検討は、学者としての立場から行われるものであって、必ずしも実務との架橋を意識して行われているわけではない──近年は学説にも変化の兆しがみられるとされるが──。上述したように、実務では判例を中心に議論が組み立てられているから、「判例はカミ、学説はゴミ*10」という安念潤司教授の韻を踏んだキャッチーな標語に全面的に賛同するかどうかはともかく、「実務家になる以上、判例の知識を披歴することが『マスト』だということだ。判例は実務家にとって端的

---

*10　安念・前掲注 8）88 頁。

に法であり、一に制定法、二に判例、三・四がなくて五もないといっていいくらいである＊11」との指摘はそのとおりである。

　判例がそれほどにまで重要であるとしたら、なぜ「判例をなぞったような解説」が批判されるのだろうか。この疑問に対する回答は、「厳密に言いますと、判決理由というのは、一般論を展開しているように見えても、実はそれは、その事件の個別的な事実関係と切り離して理解することはできないのであって、これは最高裁判例にあっても基本的に同じことです＊12」、という藤田宙靖元最高裁裁判官の言明に集約されている。すなわち、重要判例の下した判断内容は、常にその事案の事実関係とセットで存在しているのであり、事実関係が異なれば、潜在的にその判例の射程外とされて別の論理が及ぶ可能性が常に存在している、ということである。

　それぞれの個性を有した一回的な出来事が「事案」であり、別の事案と事実関係が同一となるという事態はほとんどありえない。個別的・個性的な事実関係を前提に判決理由が書かれているとすれば、事実関係が異なる場合には、別の判例をなぞっても適切な判断とはならないことはいうまでもない。もちろん、細かな事実関係の違いはあれども、ある事案で示された判例理論や考え方を、別の事件で用いることができる場合もある。しかし、そのような場合に該当するかどうかは、具体的な事実関係との照合によって判断されなければならないし、その判断過程をつまびらかにして正当化を試みる必要がある。蟻川恒正教授は、法令等の憲法適合性審査を行った多くの最高裁判決が、「事案類型の設定→基準の定立→個別事案への適用」という3つの部分から成り、事案類型の設定に際しての事案分析が重要であることを強調しているが＊13、これは、ある判例の「判決理由で示された一般理論」（＝基準）を別の事案で用いることができるかどうかは、「個別的な事実関係の」分析（＝事案類型の分析）なくしては

＊11　安念・前掲注8）88頁。
＊12　藤田宙靖『裁判と法律学――「最高裁回想録」補遺』（有斐閣・2016）36頁。
＊13　蟻川恒正「最高裁判決を読む」法教391号（2013）119-120頁。さらに、次の指摘も参照。「『憲法事例問題の解き方』を考える上で、まず重要な作業は、目の前に差し出された憲法事例問題に対して、可能ならば、それに『近い』基本的な最高裁の憲法判例を見つけ出し、問題の事案と当該判例の事案との『違い』を考えてみるということではないかと私は考えている」、「まず、当該事例の事案類型をその『近い』判例の事案類型から隔てている当該問題の特性を析出し、次に、当該特性があることに即応させるならばその『近い』判例の『判断枠組み』をどのように変容させるのが適切かを考え、当該事例問題に適用すべき『判断枠組み』を『近い』判例の『判断枠組み』の変容形態として案出することができるという寸法である」（蟻川恒正「2015年司法試験公法系第1問」法教418号（2015）100-101頁。傍点原文）。

なしえないとする藤田元裁判官の指摘と重なり合うものである。

（3）学説の役割

　そうすると、学説を勉強する意味はどこにあるのか、と思うかもしれないが、当然意味はある。まず、判例は一見して内容が明確とはいえないものが少なくないので、判例を読む際には学説の補助が有益である。次に、判例が実務を支配しているとしても、その変更が制度上予定されているということは、判例が時代に合わなくなったり、誤っていたりする場合がありうる、ということである。判例が妥当でない場合には、それに対して批判を展開するという能力もまた法曹に求められているのであり、その際に学説による検討が参考になる。上記の採点実感において、「判例における問題点を考えさせる学習」も求められていたことを踏まえる必要がある。また、試験では三者の見解を使い分け、「あなた自身の見解」をも述べるように求められるのが通例であるが、この作業を学説の助力なしに行うことが困難であることは明らかだろう[*14]。近年はいわゆるリーガル・オピニオン型の出題もみられるが、複数の見解を示す能力が求められていることに違いはない。本書でもしばしば学説を参照するが、それは以上の理由に基づいている。

（4）いかなる実力を測る試験なのか

　司法試験法の第1条は、「司法試験は、裁判官、検察官又は弁護士となろうとする者に必要な学識及びその応用能力を有するかどうかを判定することを目的とする国家試験とする」と定め、同法3条2項は、「論文式による筆記試験は、裁判官、検察官又は弁護士となろうとする者に必要な専門的な学識並びに法的な分析、構成及び論述の能力を有するかどうかを判定することを目的」とすると定めている。①法曹三者になろうとする者のために、②教科書や体系書から得ることのできる「必要な学識」があることを前提に、③その「応用能力」、「法的な分析、構成、論述の能力」を測ろうというのが、司法試験の目的なのである。

　単に「判例をなぞったような解説」や「判例に対する外在的な批判」だけでは、以上に述べてきたように、ここで求められる能力を示すことはできない。重要なことは、採点実感も指摘しているように、「判例に対しては様々な見解

[*14] 松本哲治「当事者主張想定型の問題について」曽我部真裕ほか編『憲法論点教室〔第2版〕』（日本評論社・2020）213頁以下を参照。さらに、上田健介「憲法論の文章の書き方の基本」同書204頁以下も参照。

があり得るので、判例と異なる立場を採ること自体は問題ないが、その場合にも、判例の問題点をきちんと指摘した上で主張を組み立てていくことが求められる」(H26採点実感)ということである。判例をベースにしつつも、それにべったりでなく、かといって学説にべったりでもなく、各当事者の立場から最も妥当な主張を、事案に応じた個別・具体的な検討を通じて構築していくこと。それが試験において求められているのである*15。

4. 憲法判例の学習

　先に引用した採点実感は、二極化した憲法判例の使われ方を戒めつつ、「判例を中心とした学習」を通じて、「判例を正確に理解」し、「事実との関係を踏まえた当該判例の射程範囲の確認」や、「判例における問題点」を理解することを法科大学院教育に求めている。それでは具体的に、どのような学習をすればよいのだろうか。

　この点については、ロースクール黎明期に、今後のロースクール教育のあり方について述べた駒村圭吾教授の次の文章が示唆に富む。

　　ローでの教育の中心は、判例の Reverse Engineering になるだろう。Reverse Engineering (逆行分析) とは、コンピュータ・プログラム開発の分野で使われる術語であるが、プログラムの中に組み込まれた概念や技法を、製品の製造過程を逆行しながら、解明・複製することを意味する。これと同じく、ロースクールでも、判例に組み込まれた原理や思想を解明するため、その論理と構造を状況設定要因である事実関係との照応の下で明らかにする。……判例の Reverse Engineering は、①判決文を解剖してその論理構造を明らかにし、別の事例への応用を試みるものであるが、そこにはもうひとつの作業があり、それは、②明らかになった法理の構造が、一体いかなる原理・思想によって正当化されているかを解明する仕事である*16。

　①の作業の遂行のためには、『憲法判例百選』(有斐閣)とか『判例プラクティス憲法』(信山社)に掲載されているような重要判例の「内容」を理解すること

---

*15　なお中野・前掲注2) 115頁は、判例と学説の望ましい関係について、次のように述べている。「裁判官は、理論の面での自己の限界を自覚し、学者の言うところに謙虚に耳を傾けるべきであるし、他方、学者の側では、判例が『生きて現に動いている法』であることを直視し、これを単に他者として批判するだけでなく、その健全な発展に協力するという姿勢をもって臨むことが望ましい」。

*16　駒村圭吾「憲法判例の Reverse Engineering」三色旗672号 (2004) 11頁。

がまずは重要である。判例を理解するための教材も多く刊行されており、それらを使った学習が有益であろう[17]。しかし、「判例を中心とした学習」はそれだけでは完結しない。当該判例の内容理解に加えて、その法的判断を支える理由は何か、どこまでその判断方法を用いることができるのかといった、いわゆる「判例の位置づけ」や「判例の射程」について考えなければならない。その際には、ある判例で示された考え方や判断枠組みは、当該判例の事実関係のみにおいて妥当するのか、それとも、より一般的に応用可能な判断枠組みなのか、前者であるとしたら当該判断枠組みを用いるに際していかなる事実が重要となっているのか、といった検討を、他の判例と有機的に関連付けたり、あるいは区別をしたりしながら行うことが必要となるし、そのような検討を通じて明らかにした「判例法理」ないし「理論」を支える理屈を解明することで、それを別の事実関係でも利用できるか否かの手がかりを得ることができる（②の作業）。

　こうした作業こそが、「判例を読む」という作業なのである。

Ⅱ 「憲法判例の射程」へのアプローチ

　「判例には必ず射程というものがあり、それはある程度限定されたものであるとみなされています。しかし、その限定がどこにあるかと問われても、それは必ずしも一見して明白というわけではありませんので、法律家が様々なテクニックを使い、根拠づけていくことによって、その射程を明らかにしていかざるを得ないのです[18]」と指摘される。それでは、「憲法判例の射程」を「判例」から考えるためにはどうしたらよいだろうか。

　ある論点に関して明確に言及した判例が1つしかない場合には、その判例をつぶさに検討して、どこまでその判例の射程が及ぶのかを推測するしかない。他方、関連する判例が複数ある場合には、それらの相互関係の検証を通じて判例の射程は明らかになるはずである。そのような検証作業の方法として、さしあたり本書では、学習の便宜のため、次のような3つの判例へのアプローチ方法を設定した。

---

[17] 本書の執筆者の多くが関わった、木下昌彦編集代表『精読憲法判例［人権編］』（弘文堂・2018）および『精読憲法判例［統治編］』（弘文堂・2020予定）も参照いただければ幸いである。
[18] 松本＝宍戸・前掲注8）29頁〔松本発言〕。

1．メイン型

第1に、ある問題・論点につき、裁判所の基本的な考え方が明確に示されたと思われる主要な判例を取り上げ、その「射程」を、それと関連する他の判例との比較・対比などを通じて明確にするとともに、「限界事例」を明らかにしていくという方法である。

たとえば、**在外日本人選挙権事件**（最大判平 17・9・14 民集 59 巻 7 号 2087 頁）で最高裁は、「自ら選挙の公正を害する行為をした者等の選挙権について一定の制限をすることは別として、国民の選挙権又はその行使を制限することは原則として許されず、国民の選挙権又はその行使を制限するためには、そのような制限をすることがやむを得ないと認められる事由がなければならないというべきである。そして、そのような制限をすることなしには選挙の公正を確保しつつ選挙権の行使を認めることが事実上不能ないし著しく困難であると認められる場合でない限り、上記のやむを得ない事由があるとはいえず、このような事由なしに国民の選挙権の行使を制限することは、憲法 15 条 1 項及び 3 項、43 条 1 項並びに 44 条ただし書に違反するといわざるを得ない」として、選挙権制限に対する極めて厳しい態度を採用したが、この判断枠組みが選挙権に関する他の事例にどこまで及ぶのかは、この判断枠組みが用いられた**精神的原因による投票困難者事件**（最判平 18・7・13 判時 1946 号 41 頁）、この判断枠組みが用いられなかった**帰化日本人投票制限国賠請求事件**（東京高判平 25・2・19 判時 2192 号 30 頁）などとの関係の分析を通じて明らかになろう（➡第 10 章）。

本書ではこのような分析方法を「メイン型」とよんでいる。

2．対比型

第2に、事案や問題構造の類似性にもかかわらず、異なった判断枠組みが用いられた判例を取り上げて、両判例を対比させながら、場合によっては別の判例への言及もしつつ、それぞれの判例が示した判断枠組みが適用される場面を明確にして、その「射程」を明らかにしていくという方法である。

たとえば、**猿払事件**（最大判昭 49・11・6 刑集 28 巻 9 号 393 頁）で示されたいわゆる「猿払基準」は、国家公務員の政治的行為の規制に対して用いられる判断枠組みであると長らく考えられてきた。しかし、約 40 年後の**堀越事件**（最判平 24・12・7 刑集 66 巻 12 号 1337 頁）と**世田谷事件**（最判平 24・12・7 刑集 66 巻 12 号

1722頁）において、別の判断枠組みが示された。学説では、猿払事件判決は事実上変更されたと受け止める向きもあるが、堀越事件判決はそれを明示的に否定している。そうだとすれば、理屈のうえでは猿払事件判決の判断枠組みが適用される場面がいまだ残されることになるが、それはどのような場面なのだろうか。これは両判決の対比を通じて明らかにしていくことが必要である（➡第2章）。

　別の例も挙げてみよう。**津地鎮祭事件**（最大判昭52・7・13民集31巻4号533頁）で最高裁は、国家行為が憲法20条3項の禁止する「宗教的活動」に該当するかの判断枠組みとして、「およそ国及びその機関の活動で宗教とのかかわり合いをもつすべての行為を指すものではなく、そのかかわり合いが右にいう相当とされる限度を超えるものに限られるというべきであって、当該行為の目的が宗教的意義をもち、その効果が宗教に対する援助、助長、促進又は圧迫、干渉等になるような行為をいうものと解すべきである」という、いわゆる「目的効果基準」を採用した。この目的効果基準は、20条3項のみならず、20条1項、89条との関係でも応用可能な、政教分離原則に違反するか否かを判断するための一般的基準として長らく受け止められてきたが、**空知太神社事件**（最大判平22・1・20民集64巻1号1頁）により、そのような理解に揺らぎが生じている。空知太神社事件判決で示された総合衡量型の判断枠組みが用いられる場面と、従来型の目的効果基準が用いられる場面とはどのようにして区別されるのか。両判決の比較、さらには、**白山比咩神社事件**（最判平22・7・22判時2087号26頁）などとの比較対照を通じて明らかにしていかなければならない（➡第12章）。

　本書ではこのような分析方法を「対比型」とよんでいる。

3．通覧型

　第3に、ある憲法上の権利ないし問題領域に関する判例を「通覧」することで、判例の考え方を浮かび上がらせるという方法である。個別の判例から判断枠組みや「射程」の抽出・測定が困難な場合に有用な分析方法といえるだろう。

　たとえば、**京都府学連事件**（最大判昭44・12・24刑集23巻12号1625頁）は、憲法13条に関して、「これは、国民の私生活上の自由が、警察権等の国家権力の行使に対しても保護されるべきことを規定しているものということができる。そして、個人の私生活上の自由の1つとして、何人も、その承諾なしに、みだ

りにその容ぼう・姿態……を撮影されない自由を有するものというべきである」とした。憲法 13 条は、「国民の私生活上の自由」を国家権力から保護することをその内実（の少なくとも 1 つ）とするという理解が示されたわけであるが、肝心の「個人の私生活上の自由」の全貌は、京都府学連事件からはわからない。そこで、同じく「個人の私生活上の自由」に関して述べた、**指紋押捺制度事件**（最判平 7・12・15 刑集 49 巻 10 号 842 頁）、**住基ネット事件**（最判平 20・3・6 民集 62 巻 3 号 665 頁）、さらには私法関係において問題となったため 13 条についての明示的言及はないものの、関連すると思われる**前科照会事件**（最判昭 56・4・14 民集 35 巻 3 号 620 頁）、**早稲田大学江沢民講演会名簿提出事件**（最判平 15・9・12 民集 57 巻 8 号 973 頁）なども視野に入れながら、判例が考える「個人の私生活上の自由」の内実を分析していくことが必要である（➡第 7 章）。

　本書ではこのような分析方法を「通覧型」とよんでいる。

4．留意点

　以上、「メイン型」「対比型」「通覧型」という判例分析の方法をみてきたが、ここで急いでいくつかの留意点を付け加えておかなければならない。

　第 1 に、これらの判例分析方法の相対性である。このことを、結社自体の活動の自由と構成員の憲法上の権利とが衝突する事例をもとに考えてみよう。関連する著名判例として、**八幡製鉄事件**（最大判昭 45・6・24 民集 24 巻 6 号 625 頁）、**南九州税理士会事件**（最判平 8・3・19 民集 50 巻 3 号 615 頁）、**群馬司法書士会事件**（最判平 14・4・25 判時 1785 号 31 頁）などがすぐに思い浮かぶことだろう。この論点に関する判例を分析するとき、南九州税理士会事件を中心に据えた「メイン型」でも、南九州税理士会事件と群馬司法書士会事件の「対比型」でも、さらには、**三井美唄炭鉱労組事件**（最大判昭 43・12・4 刑集 22 巻 13 号 1425 頁）、**国労広島地本事件**（最判昭 50・11・28 民集 29 巻 10 号 1698 頁）、**近畿税理士会事件**（最判平 5・5・27 集民 169 号 57 頁）などを並べて分析する「通覧型」でも、有意義に検討することが可能である。このことが示しているのは、判例は上記のどれか 1 つの分析方法にしかなじまないというわけではないこと、さらに、複数の分析を通じて、より立体的に判例理解が進む可能性がある、ということである。本書では、この論点について「対比」型での分析を行っているが（➡第 5 章）、各自で別の分析を試みてほしい。

　第 2 に、以上の判例分析方法は、判例の考え方ないし「判断枠組み」を中心

にみていこうという観点からのものであり、いわゆる「当てはめ」については別途の検討を要するということである*19。すなわち、「実体的な憲法問題については、判例や学説を踏まえて適切に構築される判断枠組みと、問題の事実に関する認定・評価という２つのパートから検討することになる」（H21 ヒアリング）と指摘されるが、本書は主に前者についての分析を行うものである。しかしこのことは、後者の分析の重要性を否定するものでは当然ないし、むしろそれについて詳細に論じている章もある（たとえば第27章）。後者の分析は、定立した判断枠組みのもとで、事例問題の具体的事実関係を法的に整理して評価するという作業であり、この段階でも判例が重要な意味をもつことがあるからである。たとえば、津地鎮祭事件判決で示された「目的効果基準」の実際の「当てはめ」ないし適用の仕方をみると、目的と効果をそれぞれ取り上げて検討するというよりはむしろ、「ある行為が右にいう宗教的活動に該当するかどうかを検討するにあたっては、当該行為の主宰者が宗教家であるかどうか、その順序作法（式次第）が宗教の定める方式に則ったものであるかどうかなど、当該行為の外形的側面のみにとらわれることなく、当該行為の行われる場所、当該行為に対する一般人の宗教的評価、当該行為者が当該行為を行うについての意図、目的及び宗教的意識の有無、程度、当該行為の一般人に与える効果、影響等、諸般の事情を考慮し、社会通念に従って、客観的に判断しなければならない」と述べた部分に沿って検討しているのが実情である（➡第12章）。このような観点から、目的効果基準が用いられた**箕面忠魂碑事件**（最判平５・２・16民集47巻３号1687頁）、**愛媛玉串料事件**（最大判平９・４・2民集51巻４号1673頁）などを検討して、「当てはめ」の方法をみていくこともまた、判例学習として重要である。

　第３に、判例が示す重要な憲法上の判断は１つに限られないということである。そのため本書では同じ判例を別々の章で重複して扱う場合がある。たとえ

---

*19　なお、「当てはめ」（あてはめ）という言葉は、採点実感が再三批判したために、受験業界では禁句になりつつあるようである。「求められているのは、『事案の内容に即した個別的・具体的検討』である。あしき答案の象徴となってしまっている『当てはめ』という言葉を使うこと自体をやめて、平素から、事案の特性に配慮して権利自由の制約の程度や根拠を綿密に検討することを心掛けてほしい」（H23 採点実感）、「毎年のように採点実感で指摘しているためか、判断枠組みを前提として事案を検討する際に、『当てはめ』という言葉を使用する答案は少なくなっている。他方で、『当てはめ』という言葉を使って機械的な『当てはめ』を行う答案の問題性が、際立つ」（H24 採点実感）。しかし重要なことは、「当てはめ」の仕方であって、その言葉ではないはずである。

ば、**非嫡出子相続分規定事件**（最大決平 25・9・4 民集 67 巻 6 号 1320 頁）は、憲法
14 条 1 項に違反するか否かの判断以外にも、違憲判断の効力に関しても重要
な判断を示している。そのため本書では同判決を第 8 章と第 35 章で取り上げ
ている。また、前掲の在外日本人選挙権事件で最高裁は、選挙権およびその行
使を制限する法令の合憲性審査と、立法不作為が国賠法 1 条 1 項の適用上違法
となる場面に関して、それぞれ重要な判断を示している。そのため本書では同
判決を第 10 章と第 26 章で取り上げている。そのほかにも各章で重複して言及
する判例がいくつかあるが、それはその判例の有する以上のような性格による
ものである。

　第 4 に、ここでの分析方法はあくまでも現段階の最高裁判例をベースとした
ものであって、その後の展開次第で、判例の「射程」が変化しうる、というこ
とである。たとえば、当初、猿払事件判決が、公務員の政治活動の制限一般に
妥当する判断枠組みを提示した判決であると受けとめられ、だからこそ学説か
らの批判が多く寄せられてきたわけであるが、堀越事件判決の登場により、そ
の射程が大きく限定されることになった（➡第 2 章）。このことが示しているよ
うに、新たに下された最高裁の判断により、判断枠組みの射程も変化しうる。
あくまで本書が用いる 3 つの分析方法は学習の便宜のためのものであって、そ
の適用方法や解釈は将来に向かって開かれている。

Ⅲ 本書の使い方

　教科書や基本書によって得た知識を、憲法事例問題で「使う」ための方法に
ついては、すでに小山剛『「憲法上の権利」の作法〔第 3 版〕』、宍戸常寿『憲法
解釈論の応用と展開〔第 2 版〕』、駒村圭吾『憲法訴訟の現代的転回』、曽我部真
裕＝赤坂幸一＝新井誠＝尾形健編『憲法論点教室〔第 2 版〕』などの優れた解説
書があるし、木下智史＝村田尚紀＝渡辺康行『事例研究憲法〔第 2 版〕』、宍戸常
寿編『憲法演習ノート〔第 2 版〕』など、工夫を凝らした演習書も多く出版され
ている。

　そのようななかで本書は、「憲法判例の射程」を理解することの重要性を踏
まえて、さしあたり上記の 3 つの分析方法を用いながら、主要な問題領域にお
ける「憲法判例の射程」に特化した解説を試みようとするものであるという点
に特色がある。いわば本書は、憲法の基本書・教科書を一通り勉強した読者が、

上記の解説書・演習書に自信をもって取り組むことができるための「橋渡し」の試みである。

　本書が「憲法判例の射程」に対象を特化したのは、採点実感などで、「判例の言及、引用がなされない（少なくともそれを想起したり、念頭に置いたりしていない）答案が多いことに驚かされる。答案構成の段階では、重要ないし基本判例を想起しても、それを上手に持ち込み、論述ないし主張することができないとしたら、判例を学んでいる意味・意義が失われてしまう」(H23採点実感)、「司法試験は、法曹となるべき者に必要な知識・能力を判定する試験であるので、検討の出発点として判例を意識することは不可欠であり、判例をきちんと踏まえた検討が求められる。したがって、判例に対する意識が全くない、あるいは、これがほとんどない答案は、厳しい評価とならざるを得なかった。判例に対しては様々な見解があり得るので、判例と異なる立場を採ること自体は問題ないが、その場合にも、判例の問題点をきちんと指摘した上で主張を組み立てていくことが求められる」(H26採点実感)といった趣旨の指摘が、毎年度繰り返されており、この点に特化した学習を手助けできるような教材を作りたいと考えたからである*20。

＊　　　　　＊　　　　　＊

　本書の各章は、先に述べた3つの判例分析方法のうち、適当と思われる方法を用いて検討を行っている。各章はいずれも、「**はじめに**」、「**I 判旨**」、「**II 基本解説**」、「**III 発展解説**」、「**まとめ**」、「**FAQ**」から構成されている。

　「**はじめに**」では、その章で学ぶべき事柄や論点が予告される。まずはこの部分を読んで、何を学習するのかを確認してほしい。「**I 判旨**」では、その章で取り上げて解説する判例のうち、特に重要な判旨部分を、基本的にそのまま記載している。本書は一通りの学習を済ませている読者を想定しているため、事案の事実関係の詳細な説明は基本的には行っていない。学習の便宜のため、ポイントとなる判旨部分のみを挙げているが、必要に応じて原文にもあたってほしい。なお、強調したい箇所には下線を引いておいたので、その部分に特に注意してほしい。「**II 基本解説**」では、判例の考え方を中心とした解説を行って

＊20　横大道聡「講演録　憲法判例の射程を知る」広島法科大学院論集16号（2020）185頁以下も参照。

いる。その際、調査官解説や判例評釈などを主たる参考資料にしながら、読者が判例を内在的に理解することに役立つ説明となるように意識している。適宜、「**Ⅰ 判旨**」を確認しながら、説明の理解に努めてほしい。「**Ⅲ 発展解説**」は、判例の論理や他の判例との関係について、もう一歩踏み込んだ説明を行っている。ここでもやはり、学説ではなく判例の理解をめざしてその「射程」等をさらに深く分析している。以上の説明の理解度確認のために、「**まとめ**」では、その章で述べた概要を示しておいた。チェックリストの形式にしてあるので、適宜利用してほしい。そして末尾に置いた「**ＦＡＱ**」は、その論点に関連して学生が抱くであろう疑問について、実際に教室で受けた質問などを素材にしながら、Ｑ＆Ａ形式で言及している。

　本書は、35 の章から成るが、いずれも憲法上の重要判例がかかわる論点を扱っている。基本的に各章は独立しているので、どの章から読んでもらってもかまわない。各章はいずれも通読するのに困難ではない分量に抑えているので、ぜひ通読してほしい。

　判例相互を有機的に関連づけるとはどういう作業なのか、そして、判例の射程を踏まえた検討とはどのような作業なのか。これを本書を通じて学び、それが基本書や判例、解説書の理解を深める手助けとなれば、執筆者一同、これに勝る喜びはない。
　　　　　　　　　　　　　　　　　　　　　　　　　　　〔横大道　聡〕

1 人権の制約態様

通覧型

▶ **再婚禁止期間事件**（最大判平 27・12・16 民集 69 巻 8 号 2427 頁）
▶ **夫婦同氏事件**（最大判平 27・12・16 民集 69 巻 8 号 2586 頁）
▶ **神戸高専剣道実技履修拒否事件**（最判平 8・3・8 民集 50 巻 3 号 469 頁）
▶ **猿払事件**（最大判昭 49・11・6 刑集 28 巻 9 号 393 頁）
▶ **戸別訪問禁止事件**（最判昭 56・6・15 刑集 35 巻 4 号 205 頁）
▶ **寺西判事補事件**（最大決平 10・12・1 民集 52 巻 9 号 1761 頁）
▶ **君が代起立斉唱事件**（最判平 23・5・30 民集 65 巻 4 号 1780 頁）

はじめに　憲法上保障される権利・自由が制約されている場合、その制限を公共の福祉による制限として正当化できるかが問われることになる。ここで問題となるのは、どの程度まで正当化が求められるのか、換言すれば、いかなる審査密度ないし判断枠組みで審査するのか、である。

　これについて、「最高裁判例ではっきりしているのは、重要な権利に対する強力な制限であれば、特段の事情がない限り、比例原則が厳格に適用される、というものである」（小山 73 頁）。つまり正当化の程度は、原則として、制限される憲法上の権利の重要性・要保護性と、当該権利に加えられた制限の態様・強度との掛け合わせによって設定される——重要な権利が強度に制約されていれば厳格に、重要性が劣る権利が軽微な制約を受けているにすぎない場合は緩やかに、といった具合に設定される——のである（小山 72-82 頁、駒村 76-78 頁、論点教室 4-7 頁〔尾形健〕などを参照）。

　本章では、人権の制約態様について、特に直接的な制約と間接的な制約に焦点を当てて、裁判所がどのように考えているのかについてみていくが、それは以上のとおり、人権の制約態様を考えるということが、制約される権利自体の重要性の評価と相まって、その制約を正当化できるかの判断場面において重要な役割を果たすからである。なお、表現の自由に関しては、規制のタイミング（事前か事後か）に着目した判例群があるが、これについては、第 14 章を参照。

Ⅰ 判旨

1．直接的な制約である／ないと述べた判例

■再婚禁止期間事件
　「婚姻制度に関わる立法として、婚姻に対する<u>直接的な制約</u>を課すことが内容となっている本件規定については、その合理的な根拠の有無について以上のような<u>事柄の性質を十分考慮に入れた上で検討</u>をすることが必要である」。

■夫婦同氏事件
　「本件規定は、婚姻の効力の一つとして夫婦が夫又は妻の氏を称することを定めたものであり、<u>婚姻をすることについての直接の制約を定めたものではない</u>。仮に、婚姻及び家族に関する法制度の内容に意に沿わないところがあることを理由として婚姻をしないことを選択した者がいるとしても、これをもって、<u>直ちに上記法制度を定めた法律が婚姻をすることについて憲法24条1項の趣旨に沿わない制約</u>を課したものと評価することはできない」。

■神戸高専剣道実技履修拒否事件
　「本件各処分は、<u>その内容それ自体において被上告人に信仰上の教義に反する行動を命じたものではなく</u>、その意味では、被上告人の<u>信教の自由を直接的に制約するものとはいえない</u>……」。

2．間接的（・付随的）な制約であると述べた判例

■猿払事件
　「公務員の政治的中立性を損うおそれのある行動類型に属する政治的行為を、これに内包される意見表明そのものの制約をねらいとしてではなく、その行動のもたらす弊害の防止を<u>ねらい</u>として禁止するときは、同時にそれにより意見表明の自由が制約されることにはなるが、それは、<u>単に行動の禁止に伴う限度での間接的、付随的な制約に過ぎず</u>、かつ、国公法102条1項及び規則の定める行動類型以外の行為により意見を表明する自由までをも制約するものではな」い。

■戸別訪問禁止事件
　「戸別訪問の禁止によつて失われる利益は、それにより戸別訪問という<u>手段方</u>

法による意見表明の自由が制約されることではあるが、それは、もとより戸別訪問以外の手段方法による意見表明の自由を制約するものではなく、<u>単に手段方法の禁止に伴う限度での間接的、付随的な制約にすぎない</u>」。

■寺西判事補事件

「裁判官が積極的に政治運動をすることを、これに内包される意見表明そのものの制約をねらいとしてではなく、その行動のもたらす弊害の防止をねらいとして禁止するときは、同時にそれにより意見表明の自由が制約されることにはなるが、それは<u>単に行動の禁止に伴う限度での間接的、付随的な制約にすぎず</u>、かつ、積極的に政治運動をすること以外の行為により意見を表明する自由までをも制約するものではない」。

3．直接的な制約ではなく間接的な制約であると述べた判例

■君が代起立斉唱事件

「本件職務命令は、特定の思想を持つことを強制したり、これに反する思想を持つことを禁止したりするものではなく、特定の思想の有無について告白することを強要するものということもできない。そうすると、本件職務命令は、<u>これらの観点において、個人の思想及び良心の自由を直ちに制約するものと認めることはできない</u>というべきである」。

「自らの歴史観ないし世界観との関係で否定的な評価の対象となる『日の丸』や『君が代』に対して敬意を表明することには応じ難いと考える者が、これらに対する敬意の表明の要素を含む行為を求められることは、<u>その行為が個人の歴史観ないし世界観に反する特定の思想の表明に係る行為そのものではないとはいえ、個人の歴史観ないし世界観に由来する行動（敬意の表明の拒否）と異なる外部的行為（敬意の表明の要素を含む行為）を求められることとなり</u>、その限りにおいて、その者の思想及び良心の自由についての<u>間接的な制約</u>となる面があることは否定し難い」。

Ⅱ　基本解説

1．何が直接的な制約なのか

　再婚禁止期間事件では、「女は、前婚の解消又は取消しの日から6箇月を経過した後でなければ、再婚をすることができない」と定める民法（旧）733条1項について、「婚姻に対する<u>直接的な制約を課すことが内容となっている</u>」とされ

た。これに対して、同日に下された**夫婦同氏事件**では、「夫婦は、婚姻の際に定めるところに従い、夫又は妻の氏を称する」と定める民法750条について、「婚姻の効力の一つとして夫婦が夫又は妻の氏を称することを定めたものであり、婚姻をすることについての直接の制約を定めたものではない」とされている。

この違いは、「憲法24条1項の規定の趣旨に照らし、十分尊重に値するもの」とされた「婚姻をするについての自由」それ自体を制約する規定であるか否かによって生じている。すなわち、民法（旧）733条1項については、この規定によって法的に婚姻できないカップルが出現するのに対して、民法750条については、その内容が「意に沿わないところがあることを理由として婚姻をしないことを選択した者がいる」にすぎない。ここでは、規制が向けられている「対象」が権利・自由それ自体か否かによって、直接的制約か否かが判断されている。

神戸高専剣道実技履修拒否事件では、原級留置処分と退学処分は当該学生の「信教の自由を直接的に制約するものとはいえない」とされたが、その理由は、「本件各処分は、その内容それ自体において被上告人に信仰上の教義に反する行動を命じたものではな〔い〕」からであった。逆にいえば、処分の内容それ自体が信仰上の教義に反する行動、具体的には剣道実技の履修を義務づけ強制する場合には、直接的な制約が課されたことになる。ここでも、処分が向けられる「対象」が権利・自由それ自体かどうかに着目しているかのようである。

2．何が間接的な制約ではないのか

次に、「直接的な制約」の対概念である「間接的な制約」について語っている判例から、何を「直接的な制約」と考えているかを探ってみよう。

猿払事件と**寺西判事補事件**では、「行動のもたらす弊害の防止をねらいとして禁止」しており、「意見表明そのものの制約をねらいとして」いないため、問題となった規制は間接的な制約であるとした。これは逆にいえば、「意見表明そのものの制約をねらいとして」、意見表明の自由それ自体を制約している場合が直接的な制約になるということである。ここでは、規制の「対象」ではなく、その「ねらい」ないし「目的」が権利・自由それ自体を制約することに向けられているかどうかによって、直接的制約か否かが区別されている。

他方、**戸別訪問禁止事件**では、戸別訪問だけでなく「戸別訪問以外の手段方法による意見表明の自由を制約するもの」である場合に、表現の自由に対する

直接的な制約であると解している。ここでは、規制の「ねらい」ではなく、規制が向けられている「対象」によって、直接的制約か間接的制約かを区別しているかのようにみえるが、はっきりしない面もある。というのは、戸別訪問禁止事件判決は、猿払事件を「意見表明の手段方法を制限する立法について憲法21条との適合性に関する判断を示した」判例であると読み替えたうえで引用しているし、調査官解説も本判決を、「戸別訪問の禁止は、戸別訪問に内包される意見表明そのものの制約をねらいとしてではなく、その行動のもたらす弊害の防止をねらいとしており、意見表明の自由に対する制約が行動の禁止に伴う限度での間接的なものである」と猿払事件判決に寄せて説明しているからである（最判解刑事昭和56年度148頁〔佐藤文哉〕）。おそらくその理由は、規制「対象」が意見表明それ自体に向けられたものであれば、それは意見表明それ自体の制約を「目的」としているはずであり、その逆もまた然りだという理解があるからだろう。

3．君が代起立斉唱事件における説明

　君が代起立斉唱事件では、直接的制約と間接的制約について、各々やや詳しく説明されている（➡第11章および第28章も参照）。

　同判決が本件職務命令を直接的な制約ではないとしたのは、それが「特定の思想を持つことを強制したり、これに反する思想を持つことを禁止したりするものではなく、特定の思想の有無について告白することを強要するものということもできない」からであった。なぜ、そのように評価されるかといえば、「起立斉唱行為は、その性質の点から見て、上告人の有する歴史観ないし世界観を否定することと不可分に結び付くものとはいえず、上告人に対して上記の起立斉唱行為を求める本件職務命令は、上記の歴史観ないし世界観それ自体を否定するものということはできない」こと、「また、上記の起立斉唱行為は、その外部からの認識という点から見ても、特定の思想又はこれに反する思想の表明として外部から認識されるものと評価することは困難」だからだとしている。つまり、一般的・客観的見地からみて、起立斉唱命令によって強制される行動（外部的行為）が、①特定の歴史観・世界観を否定することと不可分に結びつき、それ自体を否定するものである場合と、②特定の思想の賛否の表明として外部から認識される場合には、特定の思想をもつことの強制、特定の思想をもつことの禁止、ないしは特定の思想の有無について告白を強要するものとなり、した

がって直接的な制約になると考えているのである。

　他方、間接的制約について本判決は、一般的・客観的見地からみて、上記の意味での直接的制約には該当せず、「個人の歴史観ないし世界観に反する特定の思想の表明に係る行為そのもの」とはいえないが、個人の歴史観ないし世界観に由来する行動と異なる外部的行為を求めるものと評価される場合に、「間接的な制約となる面がある」としている。

　ここでの直接・間接の区別は、職務命令の「対象」に着目しているのか、「ねらい」に着目しているのか、はっきりしない面があり、いずれからでも説明可能である（目的として捉えるものとして、江藤祥平「判批」法協130巻6号（2013）1457-1459頁。また本書第11章も参照）。一般的・客観的見地に立てば、本件において「対象」と「ねらい」は一致すると解されているのかもしれない。

４．その他の関連判例

　その他、明示的に間接的な制約であるとは述べてはいないものの、そのように理解できる判例がある。たとえば、**防衛庁立川宿舎ビラ投函事件**（最判平20・4・11刑集62巻5号1217頁）では、「本件では、表現そのものを処罰することの憲法適合性が問われているのではなく、表現の手段すなわちビラの配布のために『人の看守する邸宅』に管理権者の承諾なく立ち入ったことを処罰することの憲法適合性が問われている」と述べられているが、ここでは表現それ自体を「対象」に、それを処罰する場合が直接的な制約であると解されている。

　また、**オウム真理教解散命令事件**（最決平8・1・30民集50巻1号199頁）では、宗教法人の「解散命令によって宗教団体であるオウム真理教やその信者らが行う宗教上の行為に何らかの支障を生ずることが避けられないとしても、その支障は、解散命令に伴う間接的で事実上のものであるにとどまる」と述べられている。ここでは、解散命令が信者の信教の自由それ自体に向けられていないとされているという点で「対象」に着目しているように見受けられる（事実上の制約については➡**FAQ**。さらに➡第13章**FAQ**も参照）。

　岐阜県青少年保護育成条例事件（➡第3章）も、直接的な言及はないが、成人の知る自由との関係では間接的な制約であると位置づけた事案と捉えることができる。同判決は、「成人に対する関係においても、有害図書の流通を幾分制約することにはなるものの、青少年の健全な育成を阻害する有害環境を浄化するための規制に伴う必要やむをえない制約であるから、憲法21条1項に違反す

るものではない」と述べているが、この部分について同事件の調査官解説は、「青少年の知る自由は、右の規制により、全面的に制約されるが、成人の知る自由は、自動販売機による購入という方法について制約されるだけである。前者においては、青少年の知る自由は直接的に規制されるのに対して、後者においては、他に購入する方法があるという意味で付随的、間接的に規制されているといってよい」（最判解刑事平成元年度307頁〔原田國男〕）と説明している。この説明は、規制が知る自由に対して全面的に及んでいるか否かによって、すなわち規制の「効果」によって直接的制約か否かを区別しているようにもみえる。もっとも、なぜそのような「効果」が生じるかといえば、成人については有害図書の入手の「方法」が制約されているだけで、成年の知る自由それ自体は「対象」となっていないからだといえるので、「対象」に着目した区別ともいえるし、規制の「目的」が青少年保護にあるからともいえるので、「ねらい」による区別だと説明することも不可能ではない。

5. 判例の整理

　以上に通覧したところから、判例は、①規制の「ねらい」「目的」が憲法上の権利・自由それ自体を制約することに向けられている場合、②規制の「対象」が憲法上の権利・自由それ自体である場合に、直接的な制約であると考えていることがわかる。規制側の主観面（目的）と、客観面（対象）とに着目しているわけであるが、両者が一致した場合だけが直接的制約に該当するのか、それとも①と②のどちらか一方だけでも該当すれば直接的制約になるのかは、判例上明確ではない（横大道聡「憲法上の権利に対する制約」法時91巻5号（2019）35頁、論点教室106頁〔曽我部真裕〕）。①と②を互換的に用いた判例もあれば、どちらか一方だけしか言及していないものの、別の一方の観点からも説明しうる判例もあるからである。以上を踏まえると判例は、規制の「目的」が権利・自由それ自体の制約にあり、かつ／または、規制の「対象」が権利・自由それ自体に向けられている典型的な直接的制約に該当しない規制を、広く間接的制約と位置づけているのだといえるのではないかと思われる。

　なお判例は、「間接的、付随的制約」と述べたり、間接的制約を「事実上の制約」と互換的に用いたりと、間接的な制約という規制類型のなかに様々な規制態様を同居させているが、この点については **Ⅲ** 3 で検討を加える。

Ⅲ 発展解説

Ⅱでは、判例が何を直接的／間接的制約と考えているのかをみてきた。次にⅢでは、判例では、合憲性審査のどの局面で規制が直接的／間接的制約である・ないと判断されているのか、および、そのように制約が特徴づけられることによって何がもたらされるのか、という区別を意識しながら、さらに判例をみていくことにしたい。

1. 審査密度ないし判断枠組みを緩和／厳格化させる役割

再婚禁止期間事件では、「婚姻をするについての自由」に対する直接的制約であることによって、「その合理的な根拠の有無について以上のような事柄の性質を十分考慮に入れた上で検討をすることが必要」とされた。この部分について調査官解説は、「本判決の判示内容からうかがわれる違憲審査の厳格さの度合いについては、国籍法違憲判決において示された判断基準とも類似しているように思われる」と指摘している（最判解民事平成 27 年度(下)670-671 頁〔加本牧子〕）が、国籍法事件判決は、平等審査における別異取扱いの合理性の有無を厳しく審査したものである（➡第 8 章）。そのため本判決は、民法（旧）733 条 1 項が、「婚姻をするについての自由」を直接的に制約するものであるが故に、「平等の審査密度を深めた」のだと理解することができる（渡辺ほか 152 頁）。

これに対して、夫婦同氏事件判決は、Ⅰの判旨引用部分に続けて、民法 750条のように「ある法制度の内容により婚姻をすることが事実上制約されることになっていることについては、婚姻及び家族に関する法制度の内容を定めるに当たっての国会の立法裁量の範囲を超えるものであるか否かの検討に当たって考慮すべき事項であると考えられる」と述べ、憲法 24 条 2 項に示されている立法裁量の限界を踏まえた立法裁量の審査に進んでいる。「24 条 1 項の趣旨に沿わない制約」を「直ちに」課したものではないということが、24 条 1 項の「婚姻をするについての自由」を直接に制約した事案とされた再婚禁止期間事件との分岐になっているという意味で、直接的な制約ではないという評価が、判断枠組みに影響を与えているといいうるだろう。

君が代起立斉唱事件では、間接的な制約であるという位置づけから、「このような間接的な制約が許容されるか否かは、職務命令の目的及び内容並びに上記の制限を介して生ずる制約の態様等を総合的に較量して、当該職務命令に上

記の制約を許容し得る程度の必要性及び合理性が認められるか否かという観点から判断するのが相当である」という判断枠組みが導き出されており、「『間接的』制約であることが、審査密度の緩和と直接に結びついている」（小山剛「間接的ないし事実上の基本権制約」新報 120 巻 1・2 号（2013）169 頁）。

　防衛庁立川宿舎ビラ投函事件判決では、「たとえ思想を外部に発表するための手段であつても、その手段が他人の財産権、管理権を不当に害するごときものは許されない」という**吉祥寺駅構内ビラ配布事件**（最判昭 59・12・18 刑集 38 巻 12 号 3026 頁）で示された判断枠組みが用いられている。表現そのものではなく、表現の手段（ビラ投函のための立ち入り）を「対象」とした規制であったということが、判断枠組みに影響したといいうるだろう。

2．衡量の場面で、失われる利益を小さく見積もる役割

　猿払事件判決は、堀越事件判決によってその読み方が変わっているが（➡第 2 章）、この判決だけをみたとき、間接的、付随的制約であるという評価は、「政治的行為を禁止することにより得られる利益と禁止することにより失われる利益との均衡」についての検討場面において、失われる利益を小さく見積もるという役割を果たしている。戸別訪問禁止事件、寺西判事補事件でも同様に、利益衡量の場面で、規制によって失われる利益が小さいことを説明する場面で間接的、付随的制約論が登場している。

　これらの判決は、それぞれ、「国公法 102 条 1 項及び規則の定める行動類型以外の行為により意見を表明する自由までをも制約するものではな」い（猿払事件）、「それにより戸別訪問という手段方法による意見表明の自由が制約されることではあるが、それは、もとより戸別訪問以外の手段方法による意見表明の自由を制約するものではな」い（戸別訪問禁止事件）、「積極的に政治運動をすること以外の行為により意見を表明する自由までをも制約するものではない」（寺西判事補事件）ことを指摘しているが、これらの指摘は、間接的な制約である場合には失われる利益が小さいことの理由を説明するものと解することができる。

　神戸高専剣道実技履修拒否事件では、「退学処分は学生の身分をはく奪する重大な措置」であることが、処分権者の裁量行使にあたって「特に慎重な配慮」が求められる理由とされており、当該学生の「信教の自由を直接的に制約するものとはいえない」という評価は、判断枠組み自体には影響を与えていないよ

うにみえる。本判決は、間接的な制約ではあるものの、本件処分が学生にとっては「重大な不利益を避けるためには剣道実技の履修という自己の信仰上の教義に反する行動を採ることを余儀なくさせられるという性質」を有する処分であったという「性質」にかんがみ、そのことに対する「相応の考慮」を求めるというかたちで信教の自由が考慮されており（➡第13章）、その意味では、裁量の逸脱濫用の有無を判断するための考慮要素の1つとして位置づけられている。

オウム真理教解散命令事件もこの文脈で取り上げることができる。同決定は、「宗教法人に関する法的規制が、信者の宗教上の行為を<u>法的に制約する効果を伴わない</u>としても、これに<u>何らかの支障</u>を生じさせることがあるとするならば、憲法の保障する精神的自由の一つとしての信教の自由の重要性に思いを致し、憲法がそのような規制を許容するものであるかどうかを<u>慎重に吟味しなければならない</u>」として、審査を厳しく行うことを示唆しながらも、実際のあてはめの場面において、「その支障は、解散命令に伴う<u>間接的で事実上のもの</u>であるにとどまる」と小さく見積もられているからである。

3．整理と検討

以上を整理すると、直接的な制約か否かの検討は、①判断枠組みの段階でも、あてはめの段階でも登場しており、かつ、②間接的な制約であるという評価は、判断枠組みの段階では審査密度を緩和させたり、あてはめの段階では制約を小さく見積もったりする役割を果たしている、といえそうである。間接的な制約とされることが以上のような重要な帰結をもたらすものであるにもかかわらず、何が間接的制約かという点ばかりでなく、どの場面でこの議論を用いるのかという点についても判例上は明確に示されているとはいい難い。

それでは、どのように考えればよいのだろうか。ここでは学説も参考にしながら、次の2点を指摘しておきたい。

第1に、判例が違憲審査基準論を全面的に取り入れておらず、比較衡量によって判断することが少なくないということが、間接的制約論の登場場面にも影響していると考えられる。比較衡量が典型的に示された事案である**よど号ハイジャック記事抹消事件**（➡第29章・第33章）では、「これらの自由に対する制限が必要かつ合理的なものとして是認されるかどうかは、右の目的のために制限が必要とされる程度と、制限される自由の内容及び性質、これに加えられる<u>具体的制限の態様及び程度</u>等を較量して決せられるべきものである」とされてい

るが、直接的制約かどうかは、この枠組みのなか（下線部）で評価される構造になっている。これに対して学説では、本章の冒頭で述べたように、判断枠組みを定立する際に権利・自由に対する制限の強度を問題とする。したがって、利益衡量よりも具体的な判断枠組みを定立しようとする場合には、その場面で直接的制約か間接的制約かが意味をもつことになる。このことから、どの場面で制約論を展開するのかに自覚的であることが、まずは求められるだろう。

　第2に、「間接的制約の事例の多様性に鑑みると、間接的規制は常に基本権侵害の程度が低い、として機械的に審査密度を緩めるのは妥当ではなく、事案をよく見て、直接的制約と比較して規制効果がどの程度のものかを論じることが必要である」（論点教室109頁〔曽我部真裕〕）との指摘が重要である。「最高裁判例では、『間接』という言葉の中に、制約が軽微であることが含意されているように思われる」（小山・前掲168頁）と指摘されるが、それは規制の「目的」であれ「対象」であれ、規制が権利・自由それ自体に向けられていなければ、その「効果」が限定的であるといえるからだと考えられる。そうだとすれば、規制の「目的」や「対象」などからみて、「規制効果が非常に高い場合、直接的制約と同等の審査密度を設定すべきだろう」（論点教室109頁〔曽我部〕）という指摘には説得力がある。

　この点を考えるにあたって参考になるのが、岐阜県青少年保護育成条例事件における伊藤正己裁判官の補足意見である。曰く、「本件条例による有害図書の規制は、表現の自由、知る自由を制限するものであるが、これが基本的に是認されるのは青少年の保護のための規制であるという特殊性に基づくといえる。もし成人を含めて知る自由を本件条例のような態様方法によって制限するとすれば、憲法上の厳格な判断基準が適用される結果違憲とされることを免れないと思われる。そして、たとえ青少年の知る自由を制限することを目的とするものであっても、その規制の実質的な効果が成人の知る自由を全く封殺するような場合には、同じような判断を受けざるをえないであろう。〔改行〕しかしながら、青少年の知る自由を制限する規制がかりに成人の知る自由を制約することがあっても、青少年の保護の目的からみて必要とされる規制に伴って当然に附随的に生ずる効果であって、成人にはこの規制を受ける図書等を入手する方法が認められている場合には、その限度での成人の知る自由の制約もやむをえないものと考えられる」。

この引用部分は、規制の「目的」、「対象」などを様々な視点を踏まえて、ある制約が権利・自由に対してどの程度の規制効果を発揮するのかが検討されている。学説上、何が間接的制約であるかについての議論は錯綜しているが、さしあたっては、こうした実質的な検討を行い、規制を多角的に検討することが重要であるといえるだろう。

まとめ

☐ 判例上、「直接的な制約」とは何かについては、規制の「目的」と「対象」のいずれか一方、または双方が憲法上の権利・自由それ自体に向けられている場合であるとされている。

☐ 「間接的な制約」とは何かについては、「直接的な制約」に該当しない制約が広く「間接的な制約」であるとされているように見受けられる。

☐ 制約が直接か間接かという議論は、審査密度ないし判断枠組みを定立する段階だけでなく、比較衡量に際して制約される利益の重大さを評価する段階でも登場している。

☐ 判例上、直接的制約ではない、あるいは間接的制約であるという評価は、審査密度ないし判断枠組みを緩和させたり、比較衡量に際して失われる利益が軽微であるとする役割を果たしている。

☐ ある規制が直接的制約か否かという分類に過度にこだわらず、権利・自由に対する規制がどの程度の態様・強度であるかを実質的に検討して、審査密度ないし判断枠組みを定立したり、利益衡量における利益の評価を行うことが肝要である。

FAQ

Q 判例では、「事実上の制約」という言葉が使われることもありますが、事実上の制約と間接的な制約とはどのように区別されているのでしょうか。

A 「事実上の制約」の対概念は「法的な制約」である。この理解が明瞭に示されている**府中市議会議員政治倫理条例事件**（最判平 26・5・27 判時 2231 号 9 頁）では、条例上の義務を履行しなくても、「議員の地位を失わせるな

どの法的な効果や強制力を有するものではない」が、「警告や辞職勧告等の措置を受け、審査会の審査結果を公表されることによって、議員の政治的立場への影響を通じて議員活動の自由についての事実上の制約が生ずることがあり得る」とされている。

　しかし判例は、直接的な制約ではない規制を事実上の制約としたり（夫婦同氏事件）、「法的な効果を一切伴わない」規制について「間接的で事実上のもの」（オウム真理教解散命令事件）としたりと、事実上の制約と間接的な制約を厳密に区別していない場合もある。これは判例上、直接的な制約に該当しない制約が広く間接的な制約であると位置づけられ、かつ、直接的な制約ではないということをもって規制が軽微であることが含意されているため、そのなかでの細分化（間接的制約か、事実上の制約か、付随的な制約かなど）にそれほどの意味を認めていないためであると考えられる。

　ここでも、事実上の制約と間接的な制約の違いに固執するよりも、規制がどのような効果を有するものであるかを実質的に検討する方が有益であろう。なお、権利・自由に対する制約が事実上の制約であることを理由に制約が軽微であるとすることの問題点については、小島慎司「憲法上の自由に対する事実上の制約について」上法 59 巻 4 号（2016）75 頁以下を参照。　〔横大道　聡〕

2 公務員の政治的行為の制約

対比型

▶ 猿払事件 （最大判昭 49・11・6 刑集 28 巻 9 号 393 頁）
▶ 堀越事件 （最判平 24・12・7 刑集 66 巻 12 号 1337 頁）

はじめに 　国会議員や国務大臣などの政治職の公務員を除く行政職の一般公務員には、法律によって決定された職務の忠実な執行が必要であり、公務の政治的中立性が求められる。国家公務員法（以下、国公法とする）やその委任を受けた人事院規則 14-7 は、罰則をも伴う公務員の政治的行為の禁止を規定する。他方、政治活動の自由は、憲法 21 条 1 項で保障された権利である。わが国においても強い支持のある「二重の基準論」に従えば、政治的言論の自由は最重要の基本権の部類に入る。こうして、公務員に対するものであっても政治的活動の制限には慎重な検討が求められる。

　本章では、**猿払事件**と**堀越事件**の両判決を対比しながら、それぞれの射程を明らかにし、公務員の政治的行為の制約の正当化に関する判断枠組みを確認する。個別の公務員の地位・行為の性格などに着目しない一律の制約を、緩やかな審査によって合憲とした猿払事件判決は、学説による強い反発を受けた。それでも、同判決は多くの最高裁判決において先例として引用され、大きな影響力をもってきた。これに対して、堀越事件判決は猿払事件判決の変更を否定しつつ、公務員の地位や行為の性質による丁寧な判断を求め、無罪判断を下した。両者の関係性をきちんと整理しておくことが必要となる。

I 判旨

■猿払事件

　「行政の中立的運営が確保され、これに対する国民の信頼が維持されることは、憲法の要請にかなうものであり、公務員の政治的中立性が維持されることは、国民全体の重要な利益にほかならない……。したがって、公務員の政治的中立性を

損うおそれのある公務員の政治的行為を禁止することは、それが合理的で必要やむをえない限度にとどまるものである限り、憲法の許容するところである」。

「公務員に対する政治的行為の禁止が右の合理的で必要やむをえない限度にとどまるものか否かを判断するにあたっては、禁止の目的、この目的と禁止される政治的行為との関連性、政治的行為を禁止することにより得られる利益と禁止することにより失われる利益との均衡の三点から検討することが必要である」。

「禁止の目的及びこの目的と禁止される行為との関連性について考えると、……行政の中立的運営とこれに対する国民の信頼を確保するため、公務員の政治的中立性を損うおそれのある政治的行為を禁止することは、まさしく憲法の要請に応え、公務員を含む国民全体の共同利益を擁護するための措置にほかならないのであって、その目的は正当なものというべきである。また、右のような弊害の発生を防止するため、公務員の政治的中立性を損うおそれがあると認められる政治的行為を禁止することは、禁止目的との間に合理的な関連性がある」。

「次に、利益の均衡の点について考えてみると、……公務員が全体の奉仕者であることの一面のみを強調するあまり、ひとしく国民の一員である公務員の政治的行為を禁止することによって〔できる限り多数の国民の参加によって政治が行われるという国民全体にとって重要な〕利益が失われることとなる消極面を軽視することがあってはならない。しかしながら、公務員の政治的中立性を損うおそれのある行動類型に属する政治的行為を、これに内包される意見表明そのものの制約をねらいとしてではなく、その行動のもたらす弊害の防止をねらいとして禁止するときは、同時にそれにより意見表明の自由が制約されることにはなるが、それは、単に行動の禁止に伴う限度での間接的、付随的な制約に過ぎず、かつ、国公法102条1項及び規則の定める行動類型以外の行為により意見を表明する自由までをも制約するものではなく、他面、禁止により得られる利益は、公務員の政治的中立性を維持し、行政の中立的運営とこれに対する国民の信頼を確保するという国民全体の共同利益なのであるから、得られる利益は、失われる利益に比してさらに重要なものというべきであり、その禁止は利益の均衡を失するものではない」。

■堀越事件

公務員の政治的行為の禁止は、「公務員の職務の遂行の政治的中立性を保持することによって行政の中立的運営を確保し、これに対する国民の信頼を維持することを目的とするものと解される」。

「他方、国民は、憲法上、表現の自由(21条1項)としての政治活動の自由を保障されており、この精神的自由は立憲民主政の政治過程にとって不可欠の基本的人権であって、民主主義社会を基礎付ける重要な権利であることに鑑みると、上記の目的に基づく法令による公務員に対する政治的行為の禁止は、国民としての政治活動の自由に対する必要やむを得ない限度にその範囲が画されるべき

ものである」。

　「102条1項の文言、趣旨、目的や規制される政治活動の自由の重要性に加え、同項の規定が刑罰法規の構成要件となることを考慮すると、同項にいう『政治的行為』とは、公務員の職務の遂行の政治的中立性を損なうおそれが、観念的なものにとどまらず、現実的に起こり得るものとして実質的に認められるものを指」し、人事院規則14-7の6項7号も同号が定める「行為類型に文言上該当する行為であって、公務員の職務の遂行の政治的中立性を損なうおそれが実質的に認められるものを当該同号の禁止の対象となる政治的行為と規定した」と解される。

　「公務員の職務の遂行の政治的中立性を損なうおそれが実質的に認められるかどうかは、当該公務員の地位、その職務の内容や権限等、当該公務員がした行為の性質、態様、目的、内容等の諸般の事情を総合して判断する……。具体的には、当該公務員につき、指揮命令や指導監督等を通じて他の職員の職務の遂行に一定の影響を及ぼし得る地位（管理職的地位）の有無、職務の内容や権限における裁量の有無、当該行為につき、勤務時間の内外、国ないし職場の施設の利用の有無、公務員の地位の利用の有無、公務員により組織される団体の活動としての性格の有無、公務員による行為と直接認識され得る態様の有無、行政の中立的運営と直接相反する目的や内容の有無等が考慮の対象となる〔＊〕」。

Ⅱ　基本解説

1．猿払事件判決の概要

　猿払事件判決は、公務員の政治的行為の規制を「合理的で必要やむをえない限度」にとどまるものである限りにおいて合憲であるとしつつ、合理的で必要やむをえないものかどうかは、①禁止の目的、②この目的と禁止との関連性、③禁止により得られる利益と禁止することにより失われる利益との均衡の3点から検討されるという判断枠組みを提示した（判旨下線部）。これは俗に「猿払基準」とよばれ、猿払事件判決の調査官解説（最判解刑事昭和49年度181頁〔香城敏麿〕）は、公務員の政治的行為の規制の場合に限定されない、一般的な基本権制約の審査枠組みを提示するものだという。

　判決は、この猿払基準に沿って、①行政の中立的運営とこれに対する国民の信頼を確保するという目的を設定し、この目的を達成するための手段として設定された公務員の政治的中立性の維持という下位の目的をも国民全体の重要な利益として認定した。次に②本件で問題とされている行為は政治的偏向の強い行動類型に属するものにほかならないとして、①の禁止目的との間に合理的

関連性を認める。なお、禁止が公務員の職種・職務権限、勤務時間の内外、国の施設の利用等を区別することなく、あるいは行政の中立的運営を直接、具体的に損なう行為のみに限定されていなくとも、合理的関連性は失われないとした。最後に③の利益の均衡について、被制約利益について、行動のもたらす弊害の防止を狙いとする、間接的・付随的な制約にすぎず、一定の行動類型についての禁止にとどまることを指摘し、先に国民全体にとっての重要な利益と認めた禁止目的（①）となっている利益に劣位するという。

２．堀越事件判決の概要

　堀越事件判決は、憲法21条1項にも配慮して、問題となる罰則規定が、形式的に禁止事項にあたるだけでなく、そのなかでも公務員の職務の遂行の政治的中立性を損なうおそれが実質的に認められるものを禁止対象としているとした。

　続いて、公務員の職務の遂行の政治的中立性を損なうおそれが実質的に認められるかどうかについて、判旨下線部〔＊〕のような考慮要素について詳細に列挙している。そして、問題とされた政党機関誌の配布行為は、管理職的地位になく、その職務の内容や権限に裁量の余地のない公務員によって、職務とまったく無関係に、公務員により組織される団体の活動としての性格もなく行われたものであり、公務員による行為と認識しうる態様で行われたものでもないから、公務員の職務の遂行の政治的中立性を損なうおそれが実質的に認められるものとはいえないとして、構成要件該当性が否定され、無罪と判断された。

３．判例変更の有無

（１）最高裁自身の理解

　まず、公務員の職務や地位、行為の態様について、個別事案ごとの具体的事情を考慮し、実質的な危険性の存在を検討する堀越判決の枠組みは、禁止が公務員の職種・職務権限、勤務時間の内外、国の施設の利用等を区別することなく、あるいは行政の中立的運営を直接、具体的に損なう行為のみに限定されていないことを問題としなかった猿払判決と整合的とはいい難い。それでも、小法廷判決であることから明らかなように、堀越事件判決は猿払事件判決に対する判例変更の手続をとっていない。この点、適用違憲の手法により被告人を無罪とした原審判決に対する、検察側の判例違反の主張を、堀越事件判決は次のように退けた。すなわち、猿払事件の事案は、公務員により組織される団体の活動としての性格を有するもので、勤務時間外の行為であっても、その行為の

態様からみて当該地区において公務員が特定の政党の候補者を国政選挙において積極的に支援する行為であることが一般人に容易に認識されえたために、「実質的なおそれ」が認められたのであり、その限りで堀越事件の事案とは、「区別」される。これは、個別的事情にかかわらず処罰可能とすることにつき問題がないとした猿払事件判決を、具体的事案に即した事例判決と性格づけることを示唆する。千葉勝美補足意見も、公式判例集が猿払事件判決の判決要旨において事例判断であることを示唆していることに言及し、猿払事件判決が個別的事案における具体的あてはめを述べたものにすぎないと強調する。

　以上のような最高裁による自己理解を前提とすれば、堀越事件判決によって示された思考枠組みこそがむしろ一般的なルールを提示しており、猿払事件判決のような「実質的なおそれ」が明らかに認められる場合以外では、これに従って、個別事案ごとに、堀越事件判決の下線部（＊）の考慮要素を中心に、公務員の職務遂行の政治的中立性を損なう「実質的なおそれ」の存否が判断されることになる。しかし、この場合、総合考慮による「実質的なおそれ」の認定が必要とされ、規制対象の外縁はかなり不明瞭となる。罰則も伴う表現の自由規制であることに照らすと、萎縮効果の観点から問題としえよう。

（２）猿払基準の扱い

　続いて、猿払基準が堀越事件判決において維持されているのかを検討することにしよう。堀越事件判決は、「本件罰則規定の目的のために規制が必要とされる程度と、規制される自由の内容及び性質、具体的な規制の態様及び程度等を較量して決せられるべきものである」と述べ、「利益較量」の枠組みの採用が示されるにとどまる。ここでは、いわゆる猿払基準は示されることなく、**よど号ハイジャック記事抹消事件**（➡第29章・第33章）が引用されるだけである。具体的に「利益較量」を行う場面でも、目的と、手段（ただし、判決は「手段」という言葉を用いない）としての規制の範囲・態様については言及があるものの、規制によって得られる利益と失われる利益の均衡の検討は行われていない。

　この点、千葉補足意見は、従来の最高裁判例が審査基準論を採用するものではなく、利益較量の枠組みのなかで柔軟な検討を行っており、学説において主張される「厳格な基準」をせいぜい一定の場合に参照したにとどまることを強調する。そして堀越事件判決の調査官解説（最判解刑事平成24年度482頁以下〔岩崎邦生〕）も、従来の最高裁における憲法21条1項との適合性判断の先例を列

挙し、千葉補足意見の裏付けに紙面の多くを割いている。

　さらに、猿払事件判決について、千葉裁判官は、あえて厳格な審査基準を持ち出すまでもなく、その政治的中立性の確保という目的との間に合理的関連性がある以上、必要かつ合理的なものであり合憲であることは明らかであることから、当該事案における当該行為の性質・態様等に即して必要な限度での合憲の理由を説示したにとどめたものと解せるとした。これは、猿払基準が緩やかな審査基準である「合理的関連性の基準」に相当することを示唆しつつも、堀越事件判決が猿払基準に言及しないことが判例変更を意味しないとする趣旨だといえる。調査官解説（同498頁以下）も、猿払事件判決が合理的関連性の基準を採用したものであるとしつつ、その根拠として、①公務員のみを対象とする規制であること、②公務員の政治的中立性の維持の重要性、③制約の間接的・付随的な性格が挙げられることを指摘し、一定の理解を示しながらも、これには学説による批判が多いことを認めている。他方、堀越事件判決は厳格な基準を加味した利益較量であるというが、同様の規制について審査の枠組みが異なることについて説明はなされない（なお、調査官解説（同510頁）は、合理的関連性の基準の採用も含めて理由づけの一部にすぎないので、「判例」ではないという）。千葉補足意見にしても、厳格な基準を持ち出すまでもなく違憲というならともかく、合憲であることが明らかであるから厳格な基準を採用しなかったというのは、説明として成立しないのではないか。そうすると結局、国公法による政治的行為の制約の文脈において猿払基準は捨て去られたのではないか。

　なお、猿払事件判決は、目的の正当性にとどまらず、重要性に言及しているし、「必要やむをえない」制約であることを要求しているので、規制の「必要性」も要求しているとも解しうる。そうすると、**1**で示した①〜③にまとめられるところの猿払基準とは、審査の厳格性とは関係なしに違憲審査の考慮要素を示したものにすぎず、猿払事件の事情から、判決では緩やかな合理的関連性の基準が用いられたのだという説明も十分可能なのではないだろうか。

４．現在における猿払事件判決の先例的価値

　なお、堀越事件判決後も、起立斉唱の職務命令に関する最高裁判決（最判平25・9・6判例集未登載）は、当該職務命令が憲法19条に反しないという結論が猿払事件判決の「趣旨に徴して明らか」であるとしている。「趣旨に徴して明らか」とされても、先例としてどのように援用されたか不明であるが、精神的自

由であっても公務員に関する規制である場合には、「合理的関連性の基準」などの緩やかな基準が採用可能であるという意味で援用されているとみる余地がある（実際、起立斉唱に関する職務命令の合憲性を扱い、「徴して明らか」な対象の1つに猿払事件判決を挙げる、**君が代起立斉唱事件**（➡第1章・第11章——前掲の平成25年判決をも引用する——について、堀越事件判決の調査官解説（最判解・前掲502頁〔岩崎〕）はこのような読み方を示唆する）し、起立斉唱の職務命令を思想良心の自由の「間接的制約」とする理解が判例において定着していることにかんがみると、間接的・付随的制約（これについては、本書第1章および論点教室104頁以下〔曽我部真裕〕を参照）について「合理的関連性の基準」を適用する根拠として援用されたと解する余地もある。いずれにしても、最高裁は、猿払事件判決あるいは（緩やかな審査基準として理解される）猿払基準にいまだ一定の先例的価値は見出しているようである。

Ⅲ 発展解説

1．多様な公務員と政治的行為の制約

　先に述べたように、政治職の公務員に対する政治的行為の制約が生じないのは当然として、一口に公務員といっても多様な職種が存在している。職位や職務内容という意味でも多様であり（なお、猿払事件は、今や民営化された現業公務員が問題となっており、非現業と同様の規制が妥当かも争点となったことにも注意）、堀越事件判決を経て個別の事情を考慮することが求められることになった。堀越事件においては一般的な行政職員が対象となっていたが、政治的中立性がより強く求められるという意味において特殊な職種の公務員には、堀越事件判決後の判断枠組みがどのように妥当するのであろうか。「特殊な職種」を扱ったこれまでの事案として、自衛官に関する**反戦自衛官懲戒事件**（最判平7・7・6集民176号69頁）や裁判官に関する**寺西判事補事件**（➡第1章・第33章）がある。

（1）自衛官の場合

　前者では、自衛官が政治集会において自衛隊の制服を着用して、自衛隊や沖縄返還政策を批判する演説を行うなどしたことに対する懲戒処分の合憲性が争われた。行政の中立かつ適正な運営の確保と、これに対する国民の信頼という利益という猿払事件判決でも指摘される利益の保護に加えて、自衛隊の任務と組織の特殊性に触れ、隊員相互の信頼関係の保持と厳正な規律の維持を図る

ことが自衛隊の任務を適正に遂行するためには必要不可欠であり、ひいては国民全体の共同利益が確保されるとして、規制目的を補強している。これによって、審査基準なり審査の厳格さなりが緩和されたということを直接示す言及はないが、本件に特殊な目的を付加することにより、猿払事件判決との対比で「もちろん解釈」を施して、懲戒処分による表現の自由の制限を正当化したと解することもできよう。国公法における政治的行為の禁止と、自衛隊法上の自衛官の服務の本旨や品位保持義務違反を直接の根拠とする懲戒処分を同日には論じることはできないという問題はあるが、制服の着用、表現内容と自衛官の職務との関連性の強さといった点を考慮すれば、堀越事件判決の枠組みのもとでも制約の合憲判断が導かれる可能性が高い。

（2）裁判官の場合

　後者については、裁判所法 52 条 1 号による「積極的に政治運動をすること」の禁止が問題となった。「積極的に政治運動をすること」の意義を確定するにあたり、三権分立や、司法権の担い手である裁判官に特に求められる、独立、中立、公正とその外見の必要性を強調し、「組織的、計画的又は継続的な政治上の活動を能動的に行う行為であって、裁判官の独立及び中立・公正を害するおそれのあるもの」と定義づけた。そして、このように定義された「積極的に政治運動をすること」への該当性は、行為の内容、行為がなされるにいたった経緯、行われた場所等客観的な事情のほか、その行為をした裁判官の意図等主観的な事情をも総合的に考慮して決せられるという。なお、この判示は、堀越事件判決の総合判断の手法にも通じるものがあるといえよう。ただし、続く「積極的に政治運動をすること」の禁止の合憲性判断の場面においては、明示的に猿払基準が用いられていることに留意する必要がある。この点、裁判官に特に求められる独立および中立・公正さゆえに、審査基準が緩やかなものとなるとして、裁判官が「積極的に政治運動をすること」については猿払基準がなおも妥当するとも考えられる。他方で、堀越事件判決のように、裁判所法の解釈として、憲法 21 条 1 項も加味しながら、「積極的に政治運動をすること」への該当性をより実質的かつ厳格に解釈するならば、――堀越事件判決にも妥当するが――規制の合憲性判断は二度手間となり、そこでどのような基準が用いられるかを論じる意味すらなくなる可能性がある。

2. 刑罰と懲戒処分との差異

　1で紹介した2つの先例はいずれも処罰が問題となったのではなく、懲戒処分である点でも、猿払・堀越両事件とは事案の異なるケースであった。懲戒処分であることは結論に何か影響を与えただろうか。**猿払事件第一審**（旭川地判昭43・3・25刑集28巻9号676頁）は、まさに刑事罰を科すことを問題視し、罰則規定の適用違憲の判断を下したのであった。**全逓プラカード事件**（最判昭55・12・23民集34巻7号959頁）で最高裁は、猿払事件判決を引用して、十分な説明もなく、政治的行為に対して懲戒処分を課すことを合憲だとする。この点、当該判決の調査官解説（最判解民事昭和55年度465頁以下〔時岡泰〕）は、猿払事件判決が政治的行為の禁止自体の合憲性と罰則の合憲性とを分けて論じていることに着目して、前者は懲戒処分が法律効果となる禁止についての判断を含むものであるし、公務員組織の内部秩序を維持する見地から課される懲戒処分を根拠づけるものでもあると猿払事件判決が傍論ながら判示していたことを指摘している。もっとも具体的にどのような場合に懲戒処分が根拠づけられるのかは、明らかではない。

　堀越事件判決によって猿払事件判決の射程が狭められ、個別事案ごとの実質的「おそれ」の有無を判断することが求められるようになったが、堀越事件判決は、このような限定解釈を導く理由として、刑罰法規の構成要件となることに言及しているほか、同じく堀越事件判決の限定解釈が刑法学における法益危殆化の実質性要求を意識している印象があり、そのような理屈が懲戒処分の場合にも妥当しうるのかも疑問である。そうすると、もし禁止違反の効果として懲戒処分だけが問題になるような場合には、禁止の内容を広く解し、また合憲性審査を緩やかに行う可能性は、十分あるだろう。ただし、堀越事件判決も、懲戒処分と処罰の差異の問題に立ち入ることを極力避けており、この点に何らかの示唆を与えることに慎重であり、早計は許されない。

まとめ

□　猿払事件判決は、堀越事件判決によって、公務員によって構成される団体によって行われ、公務員による活動であると一般人に認識されうる状況下での、射程の狭い事例判決としての性格を与えられるにいたった。

□ 今後、禁止される政治的行為への該当性は、堀越事件判決の提示した考慮要素に即した総合判断によってなされる。

□ 違憲審査におけるいわゆる猿払基準は、政治的行為の処罰に関する文脈では実質的に放棄されたが、間接的・付随的制約などの場合には、なお妥当している可能性が強い。

□ 公務員の職務が特殊である場合や、懲戒が問題になる場合には、規制範囲が広がったり、猿払基準のような緩やかな基準が適用されたりする可能性がある。

FAQ

Q いわゆる猿払基準は、アメリカ型の審査基準論なのですか？

A 千葉補足意見も堀越事件判決調査官解説も、猿払基準を「合理的関連性の基準」であると理解しているのは、すでに述べたところである。猿払事件判決の担当調査官である、香城敏麿裁判官は、芦部信喜教授などと並んでアメリカ型の審査基準論の日本への導入をリードした憲法訴訟論の第一人者であり、彼の手になる猿払事件判決の長大な調査官解説には、アメリカの議論の紹介が詳細に展開されている。しかし、猿払基準は、最終的に規制によって得られる利益と失われる利益の均衡を問う構成となっており、近時において、むしろ、目的の正当性、手段の適合性・必要性に加えて、「狭義の比例性」の検討を求めるドイツ型の比例原則にこそ類似するのではないかという指摘（高橋和之「違憲審査方法に関する学説・判例の動向」曹時 61 巻 12 号（2009）3620 頁）が、しかも狭義の比例性審査における裸の利益衡量を批判する文脈でなされてきた。この指摘にはもっともなところもあるが、ドイツの比例原則にせよ、アメリカの審査基準にせよ、広い意味では同じく利益較量の理論であり、考慮要素は多分に重なっている（アメリカ型とドイツ型の比較については、さしあたり、論点教室 17 頁以下〔松本哲治〕）。また、アメリカかドイツかという議論自体から得るものは多くないということも指摘できる。むしろ近時の批判は、猿払基準における審査の緩やかさや、先行する合憲判断への後づけでの理屈づけになっている点を問題にしており、審査の実質化こそが求められるといえよう。

Q そもそも、国公法 102 条 1 項は白紙委任に該当し、違憲ではないのですか？

A 国公法 102 条 1 項は、禁止の対象となる政治的行為について、明文上なんらその基準等を定めることなく、人事院規則に決定を委任しており、これは、白紙委任に該当し、委任立法の限界を超え、違憲なのではないかという意見も根強い。この点、最高裁は、最判昭 33・5・1 刑集 12 巻 7 号 1272 頁以来合憲であるとの立場を維持し（なお、昭和 33 年判決では白紙委任ではないという判断が行われたのか必ずしも明らかではなかったが、猿払事件判決の多数意見は、「公務員の政治的中立性を損なうおそれのある行動類型に属する政治的行為を具体的に定めることを委任するものであることは、同条項の合理的な解釈により理解しうる」として、白紙委任ではないとの認識を示唆している）、堀越事件判決は白紙委任の問題を取り上げてもいない。また、他の法令に視野を広げても、最高裁は委任の範囲を超えた命令の違法判断を行うことはしばしばあって（有名なところでは、**医薬品ネット販売事件**（➡第 24 章））も、委任の限界を超えたという判断を行ったことはなく、白紙委任による委任立法の違憲認定には非常に消極的である（➡第 24 章）。

　もっとも、猿払事件判決の反対意見は、刑事罰をもって政治的行為を禁止する場合には、厳格な基準ないしは考慮要素に従ってこれを定めるべきことを指示すべきであるとして、公務員関係上の禁止と刑罰の対象となる禁止を課す場合の無差別一体的な国公法 102 条 1 項の委任は、少なくとも刑罰の対象となる禁止行為の規定の委任に関するかぎり、違憲であるとしていた。この反対意見の、厳しい権利制約には、より厳格な委任が必要であるという発想は、憲法上の権利の制約を伴う場合には、そのような制約を委任する授権の趣旨が、上記規制の範囲や程度等に応じて明確に読み取れることを要するとした、先述の医薬品ネット販売事件判決の判示と通じるものがあり、今日改めて注目すべきだろう。

〔山田　哲史〕

3 子どもの人権

▶岐阜県青少年保護育成条例事件（最判平元・9・19刑集43巻8号785頁）
▶旭川学力テスト事件（最大判昭51・5・21刑集30巻5号615頁）
▶昭和女子大事件（最判昭49・7・19民集28巻5号790頁）

はじめに　子どもは、成長発達の途上にある、心身ともに未熟な存在である。このような子どもの特性は、人権保障にとって、マイナスにもプラスにも働く。すなわち、一方で、未熟であるがゆえに人格的自律の前提をなす能力を十分に備えていない子どもは、自己決定ないし選択の要素を含む人権を、まったくあるいは限定的にしか保障されない。憲法15条3項が選挙権の享有主体を「成年者」に限っているのは、その典型である。他方で、未熟であるがゆえに成長発達の大きな可能性を秘めている子どもは、成長発達に必要な権利を大人以上に手厚く保障される。義務教育の無償性（憲26条2項）や児童酷使の禁止（憲27条3項）などが、その例である。なお、奴隷的拘束の禁止（憲18条）や国家賠償請求権（憲17条）などのように、主体の成熟度と無関係な人権は、子どもにも大人と同程度に保障される。

　以下では、子どもの人権が判例上どのように扱われているのかを、関連判例の通覧を通して考察したい。

Ⅰ 判旨

■岐阜県青少年保護育成条例事件・伊藤正己補足意見

　「知る自由の保障は、提供される知識や情報を自ら選別してそのうちから自らの人格形成に資するものを取得していく能力が前提とされている。青少年は、一般的にみて、精神的に未熟であって、右の選別能力を十全には有しておらず、その受ける知識や情報の影響をうけることが大きいとみられるから、成人と同等の知る自由を保障される前提を欠くものであり、したがって青少年のもつ知る

自由は一定の制約をうけ、その制約を通じて青少年の精神的未熟さに由来する害悪から保護される必要があるといわねばならない」。「ある表現が受け手として青少年にむけられる場合には、成人に対する表現の規制の場合のように、その制約の憲法適合性について厳格な基準が適用されないものと解するのが相当である」。

■旭川学力テスト事件

「〔憲法 26 条〕の背後には、国民各自が、一個の人間として、また、一市民として、成長、発達し、自己の人格を完成、実現するために必要な学習をする固有の権利を有すること、特に、みずから学習することのできない子どもは、その学習要求を充足するための教育を自己に施すことを大人一般に対して要求する権利を有するとの観念が存在していると考えられる」。

■昭和女子大事件

「大学は、国公立であると私立であるとを問わず、学生の教育と学術の研究を目的とする公共的な施設であり、法律に格別の規定がない場合でも、その設置目的を達成するために必要な事項を学則等により一方的に制定し、これによつて在学する学生を規律する包括的権能を有する」。

「補導の面において欠けるところがあつたとしても、それだけで退学処分が違法となるものではなく、その点をも含めた当該事案の諸事情を総合的に観察して、その退学処分の選択が社会通念上合理性を認めることができないようなものでないかぎり、同処分は、懲戒権者の裁量権の範囲内にあるものとして、その効力を否定することはできないものというべきである」。

Ⅱ 基本解説

1．子どもへの保障度が低い人権

　岐阜県青少年保護育成条例事件における伊藤正己補足意見は、知る自由について、子どもへの保障度は「成人の場合に比較して低い」と解した。その理由は、「知る自由の保障は、提供される知識や情報を自ら選別してそのうちから自らの人格形成に資するものを取得していく能力が前提とされている」ところ、「青少年は、一般的にみて、精神的に未熟であって、右の選別能力を十全には有して〔いない〕」というものである。この見解は、形式上は個別意見にとどまるものであるが、**宮崎県青少年健全育成条例事件**（宮崎地判平 6・1・24 判時 1495 号

57頁）において正面から採用されるなど、実務に対して小さからぬ影響力を有している。

このような伊藤補足意見の論理を前提にした場合、知る自由に限らず、およそ「選別能力」を前提とする人権は、子どもへの保障度が低下するものと解しうる。こうした考え方は、子どもに対して大人と同程度に保障される人権かどうかを「選択の自由を内実とするか否か」によって区分するという学説上有力な見解（米沢広一『憲法と教育15講〔第4版〕』（北樹出版・2016）23頁）とも親和的である。

実際、**福岡県青少年保護育成条例事件**（➡第32章）における長島敦補足意見は、青少年に対する淫行等を禁じる条例について、「これらの年齢層の少女は、『淫行』に該当する性行為等の対象者となることを制約され、その意味でその性的行動の自由に対する事実上の制限を受けることとなるが、18歳に満たない少女に対しては、その性的行動の自由を保障することよりも、一般的に性的な判断・同意能力の劣ると考えられるこれらの少女を性的経験から受ける悪影響から保護することを重視することも、立法政策として許容される範囲内に属するものと考えるのが相当である」と述べている。これは、選別能力を前提とする「性的行動の自由」について、子どもへの保障度を低く解したものといえよう（なお、同判決の調査官解説である最判解刑事昭和60年度231頁〔高橋省吾〕によれば、「性的自由は憲法13条の幸福追求権の中に含まれるものとして理解できる」という）。

2．子どもへの保障度が高い人権

（1）学習権

旭川学力テスト事件で最高裁は、「〔憲法26条〕の背後には、国民各自が……学習をする固有の権利を有すること、特に、みずから学習することのできない子どもは、その学習要求を充足するための教育を自己に施すことを大人一般に対して要求する権利を有するとの観念が存在している」と説いた。

この説示は、一般に「子どもの学習権」を認めたものと理解されているが、より厳密には、国民一般に対して学習権を認めたうえで、大人とは異なり「みずから学習することのできない」子どもに対して、「学習要求を充足するための教育を自己に施すことを大人一般に対して要求する権利」を認めたものである。この意味において、学習権は、子どもだけに保障される人権ではなく、子

どもへの保障度が高い人権であるといえる。

　同判決が続けて説示するように、教育を受ける権利を学習権として捉えた場合、「子どもの教育は、教育を施す者の支配的権能ではなく、何よりもまず、子どもの学習をする権利に対応し、その充足をはかりうる立場にある者の責務に属するもの」となる。そして、学習権は「自己の人格を完成、実現するため」の権利であることから、「子どもが自由かつ独立の人格として成長することを妨げるような国家的介入、例えば、誤つた知識や一方的な観念を子どもに植えつけるような内容の教育」は許されないものと解される。

　学習権に対する侵害が認められた例としては、**麹町中学内申書事件第一審**（東京地判昭 54・3・28 判時 921 号 18 頁）が挙げられる。同判決は、生徒の性格・行動に関する調査書の評定および備考欄の記載について、不公正ないし非合理的であり、「原告が本件各高等学校に進学し教育を受ける権利すなわち学習権を侵害したものというべきである」と判示した。もっとも、同事件の**第二審**（東京高判昭 57・5・19 判時 1041 号 24 頁）は、学習権侵害を否定しており、**上告審**（最判昭 63・7・15 判時 1287 号 65 頁）は、「本件調査書の備考欄等の記載事項は、いずれも入学者選抜の資料に供し得るものである……から、所論違憲〔憲法 26 条違反〕の主張は、その前提を欠き、採用できない」と判示している。

　また、学習権侵害を明示したものではないが、**尼崎高校事件**（神戸地判平 4・3・13 判時 1414 号 26 頁）で神戸地裁は、「障害を有する児童、生徒も、国民として、社会生活上あらゆる場面で一人の人格の主体として尊重され、健常児となんら異なることなく学習し発達する権利を保障されている」、「健常者で能力を有するものがその能力の発達を求めて高等普通教育を受けることが教育を受ける権利から導き出されるのと同様に、障害者がその能力の全面的発達を追求することもまた教育の機会均等を定めている憲法その他の法令によって認められる当然の権利である」と説き、「原告には養護学校が望ましいから本件高校への入学拒否は正当である」旨の被告側の主張を斥け、障害を理由にした入学拒否を違法と断じている。

（2）成長発達権

　学習権は、成長発達に不可欠であるがゆえに、子どもに対して手厚く保障されるものであるが、学説上は、それにとどまらず、子どもの成長発達自体を権利（成長発達権）として保護しようとする見解もある。**長良川推知報道事件第二**

審（名古屋高判平 12・6・29 判時 1736 号 35 頁）も、「憲法 13 条及び 26 条」により「成長発達の過程にある少年が健全に成長するための権利」が保障されると説いている。

　もっとも、同事件の**上告審**（最判平 15・3・14 民集 57 巻 3 号 229 頁）は、少年側が成長発達権を被侵害利益として主張していないとして、この点に関する判断を避けている。また、同判決の調査官解説は、「未成熟な少年については、憲法 13 条の個人の尊厳、幸福追求権を全うさせるためには成人とは異なる特別の配慮をする必要はあり、その具体例が、憲法が保障する学習権であろうが、これとは別に抽象的な成長発達権というものを構成し得るとは考え難い」と説いている（最判解民事平成 15 年度 165 頁〔三村晶子〕）。さらに、憲法ではなく少年法の解釈を示したものであるが、**光市実名本事件**（広島高判平 25・5・30 判時 2202 号 28 頁）では、推知報道を禁じた少年法 61 条から成長発達権を認めることは困難だと述べられている。このように、成長発達権の保障は、判例法理として承認されるには至っていない。

Ⅲ　発展解説 —— 学校における子どもの人権

1．校則と人権

（1）生徒を規律する包括的権能

　学校における子どもの人権については、裁判所の判断方法という訴訟論と、生徒の人権保障という実体論の双方に目配りをする必要がある。前者については第 28 章で扱われているため、以下では後者について検討しよう。

　学校の校則には、会社等で成人に対して課されたならば違憲・違法であると考えられるルールも少なくないが、判例上、校則が違憲ないし違法と判断された例は皆無である。その要因は、校則によって制限される人権の大半が、子どもへの保障度が低い「選別能力を前提とする権利」であることに加えて、そもそも学校に生徒を規律する包括的権能が認められることにある。

　たとえば、**玉東中学事件**（熊本地判昭 60・11・13 判時 1174 号 48 頁）で熊本地裁は、「中学校長は、教育の実現のため、生徒を規律する校則を定める包括的な権能を有する」と説示したうえ、男子生徒に丸刈りを強いる校則について、「その教育上の効果については多分に疑問の余地がある」としつつも、「著しく不合理であることが明らかであると断ずることはできない」ため適法であると結論

づけている。また、**東京学館高校事件**（最判平3・9・3判時1401号56頁）では、バイクの「三ない原則」（免許を取らない、乗らない、買わない）を定めた校則について、「社会通念上不合理であるとはいえない」ため適法であるとされている。さらに、**修徳高校パーマ事件**（最判平8・7・18判時1599号53頁）では、パーマを禁止する校則について、「社会通念上不合理なものとはいえず、……民法1条、90条に違反するものではない」と断じられている。

（2）校則の適法性の判断枠組み

　これらの判決は、私立大学に対して「在学関係設定の目的と関連し、かつ、その内容が社会通念に照らして合理的と認められる範囲」において学生を規律する「包括的権能」を認めた**昭和女子大事件**での判断枠組みを、中学校や高校にも妥当させたものといえる（匿名「判解」判時1401号（1992）56頁、匿名「判解」判時1599号（1997）54頁）。

　ひとくちに学校と言っても、教育段階（幼児教育から高等教育まで）の違いもあれば、国公私立の違いもある。教育段階が低ければ、それだけ生徒が未熟であるため、生徒を保護する要請が高まる反面、教師の教育の自由は限定される（➡第21章）。また、国公立学校に対しては人権規定が直接適用されるのに対し、私立学校に対しては人権の私人間効力が問題となるにとどまる（➡第4章）。さらに、義務教育段階の公立学校のように、学校が事実上の強制加入団体たる性格を有する場合には、生徒に対する学校の統制権に歯止めがかかるはずである（➡第5章）。昭和女子大事件判決も、学生が私立大学の規律に服すべき理由の1つとして、「特に私立学校においては、建学の精神に基づく独自の伝統ないし校風と教育方針とによつて社会的存在意義が認められ、学生もそのような伝統ないし校風と教育方針のもとで教育を受けることを希望して当該大学に入学するものと考えられる」ということを指摘していた。しかしながら、その後の判例は、教育段階や国公私立の違いにかかわらず、「在学関係設定の目的と関連し、かつ、その内容が社会通念に照らして合理的」か否かという同判決の判断枠組みを用いる傾向がある。

　上記判断枠組みによれば、校則が違法とされるのは、「在学関係設定の目的と関連」しない場合と、「その内容が社会通念に照らして合理的」ではない場合である。学校が教育を目的としない校則を制定することはまず考え難いため、実際には後者が審査の中心となる。

この合理性審査は「社会通念」を前提にしたものであるため、社会通念が変われば結論も変わりうる。たとえば、**新潟県立高校事件**（東京高判昭 52・3・8 判時 856 号 26 頁）では、「現に高等学校で教育を受け、政治の分野についても、学校の指導によって政治的識見の基本を養う過程にある生徒が政治活動を行うことは、国家、社会として必ずしも期待しているところではない」という認識のもと、「学校側が生徒に対しその政治活動を望ましくないものとして規制することは十分に合理性を有する」とされたが、選挙権年齢が 18 歳に引き下げられ、学校で主権者教育の拡充が進められている今日においては、同判決の射程は慎重に見極められるべきだろう。

２．懲戒と人権

（１）教育的懲戒という性質

　旭川学力テスト事件判決によれば、「子どもの教育は、教育を施す者の支配的権能ではなく、何よりもまず、子どもの学習をする権利に対応し、その充足をはかりうる立場にある者の責務に属する」。したがって、学校による生徒への懲戒も、当該生徒および他の生徒の学習権を実現するための手段（教育的懲戒）として捉えられる。**京都府立医大事件**（最判昭 29・7・30 民集 8 巻 7 号 1501 頁）以来、判例が学校による懲戒を「教育目的を達成するために認められる自律的作用」と評し、昭和女子大事件判決の調査官解説が、それについて、「規律違反を理由とする場合でも、企業における懲戒などとは異なり、単に因果的、応報的なものであってはならず、同時に教育の手段としての意味をもつものでなければならない」（最判解民事昭和 49 年度 381-382 頁〔佐藤繁〕）と説いているのも、このような趣旨であろう。

　法令上も、学校による懲戒は「教育上必要があると認めるとき」にのみ行うことができ（学教 11 条）、かつ、「懲戒を加えるに当つては、児童等の心身の発達に応ずる等教育上必要な配慮をしなければならない」とされている（同施行規則 26 条 1 項）。また、特に退学処分は、生徒を学校から排除する点で学習権に対する強度の制限となるため、処分事由が 4 つに限定されているうえ、義務教育段階の公立学校では行えないものとされている（同条 3 項）。これらの規定は、学習権（憲 26 条）に基づく要請を具体化したものといえるだろう。

（２）教育的配慮

　したがって、学校による懲戒の適法性を審査する際には、教育的観点が重要

となる。実際、学校による懲戒を違法とした判例の多くは、懲戒に至る過程ないし手続における「教育的配慮」の欠如を重視したものである。

　たとえば、**近大附属豊岡高校事件第一審**（大阪地判平7・1・27判時1561号36頁）は、「被告高校は、本件喫煙事件の当初から、原告に対する自主退学勧告の方針をほぼ決定しており、その後も原告の退学を前提とした対応に終始し、教育的配慮としても、原告を学内において喫煙の害等について教育指導する等の措置をとるのではなく、大学入学資格検定の受験指導等あくまで原告の退学を前提とした配慮であった」ことなど、「被告高校において原告を退学処分に処するにあたって、原告に改善の見込があるかどうか、学内における教育指導の余地があるかどうか等について、原告に対して教育指導を試みるなど慎重に検討し、配慮したとは言い難い」という点を重視して、喫煙を理由とする退学処分を違法と結論づけている（**第二審**（大阪高判平7・10・24判時1561号34頁）もこの判断を是認した）。

　また、**修徳高校バイク事件**（東京高判平4・3・19判時1417号40頁）では、退学処分に至る「過程において、できるだけ退学という事態を避けて他の懲戒処分をする余地がないかどうか、そのために第一審原告や両親に対して実質的な指導あるいは懇談を試み、今後の改善の可能性を確かめる余地がないかどうか等について、慎重に配慮した形跡は認められ」ず、「こうした学校側の対応は、いささか杓子定規的で違反行為の責任追及に性急であり、退学処分が生徒に与える影響の重大性を考えれば、教育的配慮に欠けるところがあったといわざるを得ない」ことなどを理由として、退学処分が違法と判断されている。

　さらに、レポート等の代替措置を検討しなかったことを重視して、宗教上の理由で剣道実技の履修を拒否した学生に対する原級留置処分・退学処分を違法と断じた、**神戸高専剣道実技履修拒否事件**（➡第1章・第13章）も、「教育的配慮」の欠如を問題にしたものといえるだろう。

（3）適正手続

　もっとも、こうした教育的配慮の要請は、あくまでも懲戒処分の適法性審査における考慮要素の1つにとどまるものであり、それを欠けば直ちに違法となるような具体的手続要件を導き出すものではない（なお、行政手続法も生徒への懲戒には適用されない（同法3条1項7号））。

　たとえば、昭和女子大事件判決では、適切な「補導」がなされぬまま退学処

分が下されたことの適法性について、「補導の面において欠けるところがあつたとしても、それだけで退学処分が違法となるものではなく、その点をも含めた当該事案の諸事情を総合的に観察して、その退学処分の選択が社会通念上合理性を認めることができないようなものでないかぎり、同処分は、懲戒権者の裁量権の範囲内にある」と説かれている。

　同判決の調査官解説によれば、「現行制度のもとでこれらの手続〔事前の告知・弁解、証人喚問、審理の公開、不服申立方法等〕を直ちに処分の効力要件と解しうるかには疑問があるのみならず、更に、反省を促すための補導のごときは、それが教育上望ましいことは当然としても、右にあげたような形式的手続とは異なり、当該学生に改善の見込がなくこれを学外に排除することがやむをえないかどうかという教育的裁量判断の内容と密接に関連するものであるから、右判断内容の当否の問題とは別に、補導の経由だけを独立の法的要件として構成することは、必ずしも処分の性質にふさわしくない」のであり、「右補導過程のいかんは、退学やむなしとした学校当局の教育的裁量判断が著しく軽率、早計でなく合理性あるものとして是認しうるか否かの一要素として考慮すれば足りる、というのが本判決の判示するところである」という（最判解民事昭和49年度383頁〔佐藤繁〕）。

　ただし、法令上具体的な手続要件が存在しないということは、生徒への懲戒において手続を軽視してよいということを意味しない。懲戒に際して十分な教育的配慮を行うためには、適正手続の履践が重要である。**流山中央高校事件**（最決昭58・10・26刑集37巻8号1260頁）における団藤重光補足意見は、少年保護事件における適正手続の要請について、「少年に対してその人権の保障を考え納得の行くような手続をふんでやることによつて、はじめて保護処分が少年に対して所期の改善効果を挙げることができる」と説いているが、この理は学校による懲戒にも妥当するだろう。

まとめ

- [ ] 成長発達の途上にあり、心身ともに未熟であるという子どもの特性は、人権保障にとってマイナスにもプラスにも働く。
- [ ] 自己決定ないし選択の要素を含む人権（たとえば知る自由）は、選別能力を

前提として保障されるものであるため、その能力が未熟な子どもに対しては、保障度が低下する。

□ 子どもは、成長発達の大きな可能性を有する存在であるため、成長発達のために必要な人権（たとえば学習権）は、大人以上に手厚く保障される。

□ 学校には生徒を規律する包括的権能が認められており、学校が制定した校則は、「在学関係設定の目的と関連し、かつ、その内容が社会通念に照らして合理的と認められる」限り、適法とされる。

□ 学校による生徒への懲戒は、当該生徒および他の生徒の学習権を実現するための手段（教育的懲戒）として捉えられる。そのため、懲戒の適法性を審査する際には、懲戒に至る過程ないし手続において教育的配慮を行ったか否か等の教育的観点が重要となる。

FAQ

Q 校則違反を理由とした懲戒処分の適法性を争う訴訟が多いようですが、校則の取消しや無効確認を求める訴訟は提起できないのですか？

A 結論からいえば困難である。なぜなら、校則制定行為は、基本的に、抗告訴訟の対象たる「処分」に該当しないと考えられるからである。**小野中学事件**（最判平8・2・22判時1560号72頁）で最高裁は、頭髪等に関する校則の制定行為について、校則違反に対する処分の定めがないことなどを考慮し、「生徒の守るべき一般的な心得を示すにとどまり、それ以上に、個々の生徒に対する具体的な権利義務を形成するなどの法的効果を生ずるものではない」ため、「処分に当たらない」と判断している。また、調査官が執筆したと思われる同判決の解説が指摘するように、「仮に本件の各定めが生徒にそれを遵守することを義務付ける趣旨のものであるとしても、その制定行為は、現在及び将来の小野中学校の生徒一般を対象とするものであり、いわゆる一般処分として、行政処分には当たらない」（匿名「判解」判時1560号（1996）73頁）と考えられる。

なお、抗告訴訟ではなく当事者訴訟として、校則に従う義務がないことの確認を求める訴訟を提起する余地はあるだろう。ただし、こうして処分性の問題をクリアしても、時間的制約という問題が残る。すなわち、訴訟が長引いて原告が卒業した場合には、確認の利益が失われてしまい（玉東中学事件）、かといって入学前に訴訟を提起しても、他の中学に進学する可能性があるという理由で

確認の利益が否定される可能性が高いのである（**小野中学事件（別訴）第二審**（大阪高判平7・6・28判例集未登載））。

....

Q 公立高校から退学処分を受けた生徒が大学に進学した場合、退学処分の取消訴訟を提起することはできなくなりますか？

A 大学に進学した以上、高校の退学処分を取り消す利益は失われているようにも思われる。しかし、退学処分は「性行不良で改善の見込がないと認められる者」などに限って下されるものである以上（学校教育法施行規則26条3項）、退学処分を受けたという履歴自体が、さまざまな場面で消極的評価に結びつく。したがって、大学進学後も、「履歴の正常性」を回復するために、退学処分の取消しを求める訴えの利益が肯定されるものと解すべきだろう（新潟県立高校事件、近大附属豊岡高校事件第二審）。

....

Q 学校関係の裁判例を読んでいると、よく「自主退学勧告」というのが出てくるのですが、これは懲戒処分の一種なのですか？

A 自主退学勧告の法的性格について、最高裁の見解は明らかでなく、下級審では見解が分かれている状況であるが、**修徳高校パーマ事件第二審**（東京高判平4・10・30判時1443号30頁）で説かれたように、それは、「学校側の一方的な意思表示のみにより生徒の身分を失わせる退学処分とは本質的に異なる」うえ、「生徒がこれに従うかどうかの意思決定の自由を有する点で事実上の措置としての懲戒とも異なる」というべきだろう。

もっとも、同判決が続けて説示するように、「これに従わない場合に実際上退学処分を受けることが予想されるようなときには、自主退学勧告に従うか否かの意思決定の自由が事実上制約される面があることは否定できないのみならず、自主退学勧告は、懲戒と同様、学校の内部規律を維持し、教育目的を達成するための自律作用として行われるものであり、生徒としての身分の喪失につながる重大な措置である」から、その適法性については、「懲戒を行う場合に準じ」た審査が求められよう。そして、「自主退学勧告についての学校当局の判断が社会通念上不合理であり、裁量権の範囲を超えていると認められる場合にはその勧告は違法となり、その勧告に従った生徒の自主退学の意思表示も無効となる」と解すべきである。　　　　　　　　　　　　　　　〔堀口　悟郎〕

4　判例における私人間効力論

▶**三菱樹脂事件**（最大判昭 48・12・12 民集 27 巻 11 号 1536 頁）

はじめに　「憲法の権利規定は私人間においても効力を有するか」という問題について、学説上はさまざまな見解が主張されており、教科書では代表的なものとして〈直接適用説〉、〈間接適用説（基本権保護義務を含む）〉および〈無適用説〉などが紹介される。また、**三菱樹脂事件**以来、最高裁は間接適用説を採っているものと解されてきたが、近時、新無効力説による読み直しも有力になっている……というような話をどこかで聞いたことがある学生も多いのではないだろうか。

　この学説対立では、憲法上の権利ないし人権の観念、さらには公法・私法の区分といった基礎理論にかかわる興味深い議論が展開されているのだが、少なくとも事案の解決という観点からみるならば、今日一般に唱えられている諸学説の間に大きな差は存在しない。すなわち、憲法の人権規定が前提としている価値（たとえば「信教の自由は尊重されるべきである」、「表現活動は可能な限り自由になされるべきだ」等々）が個別の法解釈の場面で尊重されねばならないと考える点で、いずれの学説も結論においては最高裁判例と同旨とみてよく、学習者はさしあたり〈最高裁判例は間接適用説を採用している〉と理解してかまわない（そもそも「判例を学説の枠組みで裁断することにどれほどの意味があるのかは疑わしい」（木村草太＝西村裕一『憲法学再入門』（有斐閣・2014）181 頁〔西村〕）との指摘もなされている）。

　したがって、憲法の学習者はこれらの学説対立に過度に踏み込んだり、惑わされるべきではない。むしろこの論点を学習するうえで重要なのは、第 1 に三菱樹脂事件における最高裁の判示内容をしっかりと理解することであり、第 2 に同事件の「射程」をきちんと見極めることである。ここでいう「射程」とは〈三菱樹脂事件型の間接適用説が論じられているのはどのよ

うな事案か（逆に、どのような場合にそれが論じられないのか）〉という問題であり、これに加えて、私人間効力を論じない場合の論証作法についても押さえておこう。私人間の人権衝突が問題となるときはいつでも間接適用説を論じるという姿勢は適切ではないという点に、注意してほしい。

Ⅰ 判旨

■判旨① —— 私人間における直接適用の否定

「憲法の右各規定〔＝19条・14条〕は、同法第3章のその他の自由権的基本権の保障規定と同じく、国または公共団体の統治行動に対して個人の基本的な自由と平等を保障する目的に出たもので、もつぱら国または公共団体と個人との関係を規律するものであり、私人相互の関係を直接規律することを予定するものではない。このことは、基本的人権なる観念の成立および発展の歴史的沿革に徴し、かつ、憲法における基本権規定の形式、内容にかんがみても明らかである」。

■判旨② —— 原則＝私的自治／例外＝法の介入

「私人間の関係においては、各人の有する自由と平等の権利自体が具体的場合に相互に矛盾、対立する可能性があり、このような場合におけるその対立の調整は、近代自由社会においては、原則として私的自治に委ねられ、ただ、一方の他方に対する侵害の態様、程度が社会的に許容しうる一定の限界を超える場合にのみ、法がこれに介入しその間の調整をはかるという建前がとられているのであつて、この点において国または公共団体と個人との関係の場合とはおのずから別個の観点からの考慮を必要とし、後者についての憲法上の基本権保障規定をそのまま私人相互間の関係についても適用ないしは類推適用すべきものとすることは、決して当をえた解釈ということはできない」。

■判旨③ —— 私的な支配服従関係における直接適用の否定

「私人間の関係においても、相互の社会的力関係の相違から、一方が他方に優越し、事実上後者が前者の意思に服従せざるをえない場合……に限り憲法の基本権保障規定の適用ないしは類推適用を認めるべきであるとする見解もまた、採用することはできない。何となれば、右のような事実上の支配関係なるものは、その支配力の態様、程度、規模等においてさまざまであり、どのような場合にこれを国または公共団体の支配と同視すべきかの判定が困難であるばかりでなく、一方が権力の法的独占の上に立つて行なわれるものであるのに対し、他方はこのような裏付けないしは基礎を欠く単なる社会的事実としての力の優劣の関係にすぎず、その間に画然たる性質上の区別が存するからである」。

■判旨④ —— 社会的許容性の限度を超える侵害からの保護

「すなわち、私的支配関係においては、個人の基本的な自由や平等に対する具体的な侵害またはそのおそれがあり、その態様、程度が社会的に許容しうる限度を超えるときは、これに対する立法措置によつてその是正を図ることが可能であるし、また、場合によつては、私的自治に対する一般的制限規定である民法1条、90条や不法行為に関する諸規定等の適切な運用によつて、一面で私的自治の原則を尊重しながら、他面で社会的許容性の限度を超える侵害に対し基本的な自由や平等の利益を保護し、その間の適切な調整を図る方途も存する」。

Ⅱ 基本解説

1．私人間効力に関する最高裁の基本的立場と諸判例

　最高裁が私人間効力の問題についてはじめて明確に論じたのは三菱樹脂事件であり、それ以来、この論点についてのより深めた判示がなされたことはない。同判決の射程を見極めるためにも、以下ではまず、私人間効力に関連するその他の判決を参照しながら、最高裁が三菱樹脂事件で明らかにした内容を確認していくことにしたい。

　最高裁はまず判旨①で、憲法第3章のいわゆる自由権的基本権が「もつぱら国または公共団体と個人との関係を規律するものであり、私人相互の関係を直接規律することを予定するものではない」として、私人間における直接適用を否定した。その理由は、㋐基本的人権の観念の成立および発展の歴史的沿革ならびに㋑憲法における基本権規定の形式・内容に求められるというが、さらに実質的な理由は直後の判旨②で述べられている。すなわち、互いに自由かつ平等な個人像を前提とした〈近代自由社会〉においては、私人同士の対立の調整はあくまで〈私的自治（その核心が「契約締結の自由」である）〉によらねばならず、その原則が破られるのは例外的場合に限られるのである。近代自由社会・私的自治に関するこの判示部分は、本判決の射程を考えるうえで重要である（後述）。

　さて、判旨①は（判旨④と並んで）本判決中で特に有名な判示部分の1つであり、のちに**昭和女子大事件**（➡第3章・第28章）、**東京学館高校事件**（最判平3・9・3判時1401号56頁）、**修徳高校パーマ事件**（最判平8・7・18判時1599号53頁）をはじめとして学校関連判例（➡第3章も参照）でとりわけ多く引用されている。いずれの事件でも私立学校の内部規則（およびそれに基づく処分）によって在学

する学生・生徒の自由が制約されたことが争われたが、最高裁は判旨①を引用しつつ、それらについて「直接憲法の右基本権保障規定に違反するかどうかを論ずる余地はない」とした（ただし、いずれの判決でも間接適用の可能性は否定されておらず、内部規則が「社会通念上不合理」であるかどうかの審査（もし不合理と認められれば、直接的には民法1条・90条に違反することになる）が別途行われていることに注意が必要である）。

　もっとも、上記判旨②で前提とされるような自由かつ平等な個人像はあくまで〈理念モデル〉にすぎず、実際の社会には〈私的〉な〈権力〉（＝大企業や私立学校、さらにこんにちでは（GoogleやFacebookをはじめとする）巨大ITプラットフォーマーなどのいわゆる〈社会的権力〉）が数多く存在し、そこでは事実上の支配服従関係が生じている。そのような場合に社会的権力を「国または公共団体の支配と同視」することで憲法上の権利を適用させるべきかが問題となるが、最高裁は判旨③でこのような考え方を明示的に排斥した。この判示部分はあまり注目されることがないが、のちに**サンケイ新聞事件**（最判昭62・4・24民集41巻3号490頁）で引き継がれ、「当事者の一方が情報の収集、管理、処理につき強い影響力をもつ日刊新聞紙を全国的に発行・発売する者である場合でも、憲法21条の規定から直接に、所論のような反論文掲載の請求権が他方の当事者に生ずるものでないことは明らか」とされた。

　とはいえもちろん、最高裁は私的な支配関係における人権侵害を「野放し」にするわけではない。すなわち判旨④によれば、私的支配関係において個人の自由・平等に対する具体的な侵害等が発生し、「その態様、程度が社会的に許容しうる限度を超えるとき」には、Ⓐ立法措置によって是正を図ったり、あるいは、Ⓑ民法1条・90条や不法行為に関する諸規定等の適切な運用によって、私的自治の原則を尊重しつつその保護を図ることができるという。一般に間接適用説をとったとされるこの判示部分は、文言上若干の修正を伴いつつ、その後多くの（裁）判例において引き継がれているが、特に注目すべきは**小樽公衆浴場事件**（札幌地判平14・11・11判時1806号84頁）である。同事件では、公衆浴場の経営会社が外国人の入浴を一律に拒否するという方法によって外国人および外国人に見える者の入浴を拒否したことが民法上の不法行為を構成するかが問題とされたが、裁判所は一方で憲法・国際人権B規約・人権差別撤廃条約の私人間における直接適用を否定しつつも、他方で（判旨④と同様の議論を展開し

て）間接適用を肯定し、本件事案における入浴拒否が「不合理な差別であって、社会的に許容しうる限度を超えているものといえるから、違法であって不法行為にあたる」と認定した（なお、ここでは憲法だけでなく国際人権条約の規定についても私法規定の解釈を通じた間接適用が認められている点が重要である）。

　なお、判旨④は「私的支配関係において生ずる新しい事態の法的処理は、第一義的には立法者の課題であるとする趣旨」だと調査官解説は説明しており（最判解民事昭和48年度314頁〔富澤達〕）、これとの関連で重要な判決として、反論文の掲載を求める権利が争われた前述のサンケイ新聞事件を挙げることができる。同事件で最高裁は「記事により自己の名誉を傷つけられあるいはそのプライバシーに属する事項等について誤つた報道をされたとする者」は、反論権の制度「により名誉あるいはプライバシーの保護に資するものがあることも否定し難い」としつつも、「反論権の制度について具体的な成文法がないのに、反論権を認めるに等しい上告人主張のような反論文掲載請求権をたやすく認めることはできない」としたが、これは名誉権・プライバシー権とマスメディアの表現の自由との調整が、第一義的には立法者の役割であることを示した趣旨として理解することができる。つまり、立法者による人権衝突の調整がなされている場合（たとえばサンケイ新聞事件の事案であれば、反論権を認める法規定が存在する場合）には、裁判所は当該立法をテコにして容易に衝突の調整を図ることができ、あくまでこれが原則ではあるが、立法者がそのような役割を果たしておらず、かつ、社会的許容限度を超える人権侵害が認められるケースでは、例外的に裁判所が法の一般条項等の解釈において憲法価値の充填を行うことで調整するというのが最高裁の立場だといえるだろう。

２．三菱樹脂事件の判旨を前提としていると解される判例

　以上、最高裁の私人間効力に関する基本的立場を概観してきた。そこでみたとおり、三菱樹脂事件の判旨はその後の最高裁の判決で多く引用されており、その理解は学習者にとって必須である。しかし他方で、私人間効力が問題となっていたにもかかわらず三菱樹脂事件が明示的に引用されていない判決も存在する。

　周知のとおり、三菱樹脂事件と並んで私人間効力に関するリーディングケースとして紹介される日産自動車事件（最判昭56・3・24民集35巻2号300頁）において最高裁は、私人間における憲法規定の適用という問題に触れることなく

「上告会社の就業規則中女子の定年年齢を男子より低く定めた部分は、専ら女子であることのみを理由として差別したことに帰着するものであり、性別のみによる不合理な差別を定めたものとして民法90条の規定により無効であると解するのが相当である（憲法14条1項、民法1条ノ2参照）」とした。

　同様に入会資格事件（最判平18・3・17民集60巻3号773頁）でも三菱樹脂事件の判旨の参照はみられない。最高裁は同判決で「〔問題となった〕男子孫要件は、専ら女子であることのみを理由として女子を男子と差別したものというべきであり……性別のみによる不合理な差別として民法90条の規定により無効であると解するのが相当である」としたうえ、「男女の本質的平等を定める日本国憲法の基本的理念に照らし、入会権を別異に取り扱うべき合理的理由を見いだすことはできないから……男子孫要件による女子孫に対する差別を正当化することはできない」とその理由を述べている。

　もっとも、これら2つの判決は（三菱樹脂事件で示された）間接適用論を採用しなかったわけではなく、むしろ、いずれもそれを前提にしていると解すべきであることは、調査官解説が示すとおりである（前者につき最判解民事昭和52年度188頁〔時岡泰〕、後者につき最判解民事平成18年度(上)395頁〔松並重雄〕。また、日産自動車事件の判決に加わった伊藤正己の教科書においても同判決は「間接適用説を採用したものと考えてよい」とされている（同『憲法〔第3版〕』（弘文堂・1995）35頁））。したがって、このような事案においても（前提問題として）憲法の基本権規定の間接適用の問題について論述をすることは決して妨げられるものではない。実際、ここで紹介した日産自動車事件や入会資格事件と同様に私人間における平等取扱いが問題となった事案の下級審裁判例では、三菱樹脂事件で示された間接適用に関する論述が引用されるのが通例となっている（上述の小樽公衆浴場事件や、近時のものとしてたとえば性同一性障害に基づく性別変更を理由とするゴルフクラブ入会拒否が争われた**浜名湖カントリークラブ事件**（東京高判平27・7・1労働判例ジャーナル43号40頁）を参照）。

Ⅲ　発展解説

　冒頭で述べたとおり、私人による人権侵害が問題となる事例では常に三菱樹脂事件型の間接適用説を論じなければならないというわけではない（同事件の「射程」の問題）。この点で「私人間効力問題として構成できそうであるにもかか

わらず、最高裁が私人間効力に言及していない領域」（小山 141 頁）が存在することに、よく注意したい。そのような領域として、具体的には㋐名誉毀損等の不法行為法および㋑（**Ⅲ 2** で後述する南九州税理士会事件のように）団体とその構成員の間で生じる紛争が挙げられる（小山 141 頁）。この 2 つの分野における判例の論じ方を以下で具体的にみてみることにしよう。

1．名誉毀損等の不法行為法における論じ方

名誉毀損・プライバシー侵害等の不法行為法において私人間効力が論じられるのは例外であって、基本的にはこの論点に触れる必要はない。たとえば**北方ジャーナル事件**（最大判昭 61・6・11 民集 40 巻 4 号 872 頁）では「言論、出版等の表現行為により名誉侵害を来す場合には、人格権としての個人の名誉の保護（憲法 13 条）と表現の自由の保障（同 21 条）とが衝突し、その調整を要することとなるので、いかなる場合に侵害行為としてその規制が許されるかについて憲法上慎重な考慮が必要である」と述べられ、それに続き、出版物の事前差止めが表現の自由との関係でいかなる条件のもとで許容されるかが論じられている。これに対しては「そもそも、憲法 13 条によって保障されている個人の名誉権を（私人である）出版社に対して直接主張できるかが最初に問題とされなければならないのではないか？」と疑問に思うかもしれないが、最高裁はそもそもそのような問いの立て方をしていない。その理由は、近代自由社会における私的自治の原則（上述、判旨②）のもとでも、他者の名誉権を侵害する自由は認められていないからである。このことは、もともと（名誉権を含む）人格権は私法上の権利として発展してきたものがのちに憲法上の権利としても認められるようになったという歴史的経緯から納得がいくだろう（したがって、ここで間接効力を論じることは「本家と分家が逆立ちした議論」になってしまう（宍戸 98 頁）。加えて、名誉毀損が刑法上の罪にあたることは歴史上ほとんど疑われてこなかったことも確認しておきたい）。このような事情はプライバシー権侵害についても同様にあてはまる（参照、**「石に泳ぐ魚」事件**（最判平 14・9・24 判時 1802 号 60 頁）。また、人格権に基づく検索結果削除請求権（いわゆる「忘れられる権利」）の成否が問題となった**グーグル事件**（最決平 29・1・31 民集 71 巻 1 号 63 頁）も参照されたい）。さらに、私企業による個人情報の漏えいや通信の秘密の侵害が問題となる場合にも、基本的に私人間効力について論じる必要はない。繰り返しになるが、このような事例ではそもそも対立の調整が原則として私的自治に委ねられるという建前が

成り立たないためである。

　また、**エホバの証人輸血拒否事件**（最判平 12・2・29 民集 54 巻 2 号 582 頁）で最高裁は「患者が、輸血を受けることは自己の宗教上の信念に反するとして、輸血を伴う医療行為を拒否するとの明確な意思を有している場合、このような意思決定をする権利は、人格権の一内容として尊重されなければならない」とし、手術の際に輸血を必要とする事態が生ずる可能性があることを事前に認識したにもかかわらず、輸血の可能性を告げないまま手術を施行し、実際に輸血をしたという医師の行為について「同人の人格権を侵害したものとして、同人がこれによって被った精神的苦痛を慰謝すべき責任を負う」とした。ここではそもそも、患者の有する上記権利が憲法上の根拠をもつものであるかが触れられていない点に注意が必要であるが、もし仮に憲法 13 条への言及があったとしても、ここまで述べてきた理由から、間接適用が論じられることはなかったはずである。

　同様に、間接適用が論じられなかった不法行為法領域の事案として**東京電力塩山営業所事件**がある（最判昭 63・2・5 労判 512 号 12 頁）。本事件では企業秘密の漏えいに絡んだ調査活動の一環として、営業所長 Y が職員 X に対して共産党員か否かを問いただし、そうでない旨の回答を受けたため、党員でない旨を書面で提出するよう繰り返し求めたことが、民法 709 条の不法行為を構成するか否かが争われた。最高裁は、結論において Y による行為はいずれも「社会的に許容しうる限界を超えて上告人の精神的自由を侵害した違法行為であるということはできない」としたが、調査目的との関連性を明らかにせずに書面交付の要求を繰り返したことについては「企業内においても労働者の思想、信条等の精神的自由は十分尊重されるべきであることにかんがみると……調査に当たる者として慎重な配慮を欠いたものというべきであり、調査方法として不相当な面がある」ことが認められた（ただし、ここでも該当する憲法条文の引用はない）。本事件で間接適用論が論じられなかったのは、あえて〈企業の営業の自由・対・被雇用者の思想の自由〉という構図で論じるよりも〈営業所長 Y による職員 X に対する権利侵害が成立するか〉というかたちで議論するほうが事案解決のためにより直接的かつ明快な論じ方であったためであろう。

　以上から読み取られるのは、判例上間接適用が問題とされるのは、基本的に⑦〈私的自治の原則が本来優先すべきと考えられる領域（＝典型的なものとして

「契約関係」が挙げられる）〉で、かつ、④〈原則（＝私的自治）と例外（＝私的自治の制約）のいずれをとるべきかが容易に定まらない〉事案に限られるということである。

２．団体とその構成員との間で生じる紛争の論じ方

　労働組合や税理士会などの団体とその構成員の間で生じる紛争の事例でも、最高裁は基本的に私人間効力を問題としない姿勢をとっている。たとえば、組合の統一候補の決定に反対して独自に立候補した組合員に対する統制処分が問題とされた**三井美唄炭鉱労組事件**（最大判昭 43・12・4 刑集 22 巻 13 号 1425 頁）において最高裁は「統一候補以外の組合員で立候補しようとする者に対し、組合が所期の目的を達成するために、立候補を思いとどまるよう、勧告または説得をすること……を超え、立候補を取りやめることを要求し、これに従わないことを理由に当該組合員を統制違反者として処分するがごときは、組合の統制権の限界を超えるものとして、違法」と判断している。ここで重要なのは、本件の事案が第一義的には（判決中で「憲法 28 条の精神に由来する」とされた）〈組合の統制権の限界〉の問題として論じられたという事実である。別の言い方をすると、構成員の立候補の自由に対する制約の問題を中心として論じられているわけではない（もし仮に、最高裁が構成員の立候補の自由（憲 15 条）から議論を構成していたならば、当該自由を私人たる労働組合に対しても主張しうるか（→間接適用）という論点が必然的に生じていたはずである）。これと同様に、**国労広島地本事件**（最判昭 50・11・28 民集 29 巻 10 号 1698 頁）でも「一定の政治的活動の費用としてその支出目的との個別的関連性が明白に特定されている資金についてその拠出を強制することは、かかる活動に対する積極的協力の強制にほかならず、また、右活動にあらわされる一定の政治的立場に対する支持の表明を強制するにも等しいものというべきであつて、やはり許されない」と論じられており、ここでも事案が〈労働組合（＝団体）の政治的自由〉と〈構成員の政治的自由〉との対立という私人間効力の構図で捉えられているわけではなく、より直接的に、労働組合のなしうる範囲を超えていたか否かが論じられている。

　ほかにも、団体とその構成員の間の紛争としては**南九州税理士会事件**（最判平 8・3・19 民集 50 巻 3 号 615 頁）や**群馬司法書士会事件**（➡第 5 章）などが有名であるが、これらの判例でもあくまで強制的な会費徴収が団体の目的の範囲内であったか否かが判断のポイントとなっており、制約されている構成員の権利・

利益の性質や当該制約の程度といった問題は、（団体の性質と並んで）その検討における重要な考慮要素の1つであるにすぎない。というのもこれらの問題群では、団体の活動範囲の限界についての検討のなかで団体と構成員の自由の対立が適切に調整されるのであって、わざわざ間接適用説のような抽象論を持ち出す必要はないためである（➡強制加入団体と構成員の権利についてより詳しくは第5章を参照）。

　なお、前述の昭和女子大事件もこの関連で捉えることができる。同判決はたしかに三菱樹脂事件を引用しつつ憲法の間接適用を論じていたが、当該段落は判決の結論にとって決定的な役割を果たしているとはいい難く（この点「判決では、私人間効力への言及は憲法判断を遮断する意味しかもっていない」とするものとして、佐藤幸治＝土井真一編『判例講義　憲法Ⅰ』（悠々社・2010）18頁〔小山剛〕）、むしろこの判決でも〈（私立大学という）団体の権能〉に関する議論が決定的役割を果たしている。すなわち、間接適用を論じた次の段落において最高裁は、大学が「在学する学生を規律する包括的権能を有する」旨を論じており、これ以降の記述が結論を左右する重要な判示部分をなしている。その限りで、昭和女子大事件は三菱樹脂事件の射程内で捉えるよりも、団体‒構成員型の論証として理解するほうが素直だと考えられる。

まとめ

□ 最高裁は一方で、憲法上の権利の対国家性・近代自由社会における私的自治の原則の意義を強調して私人間における憲法規定の直接適用を否定しつつ、他方で、自由・平等の侵害が社会的許容限度を超える場合には私法の一般条項の解釈を通じてその適切な調整が可能であるとしている。

□ もっとも、私人間における人権衝突を調整することは第一次的に立法者の役割であり、それが十分でないと解される場合にはじめて、私法における一般条項等の解釈を通じて裁判所による人権保障が図られる。

□ 日産自動車事件・入会資格事件では三菱樹脂事件の判旨の引用がみられないが、それと同様の間接適用説を前提として判断したものとして理解してよい。

□ 判例は私人間効力の問題として構成できる事案であっても、そのような構成をとっていないことが多い。とりわけ、名誉毀損・プライバシー侵害等

の不法行為法の事案では私人間効力の構成がとられず、権利侵害の成立の
有無が直接に問われることが多い。また、団体と構成員の間で生じる紛争
では、仮に憲法上の権利の制約が問題となっているものでも、基本的には
私人間効力の問題として論じられることはなく、問題となった行為が団体
の権能の範囲に含まれるか否かというかたちで論じられる。

FAQ

Q 私人間効力の問題について間接適用説をとることは、結論にいかなる
影響を及ぼすのでしょうか。三菱樹脂事件にいう「社会的許容限度」
を考えるための具体的な判断基準を教えてください。

A まず押さえておきたいのは「間接効力説は物事を考えるためのわくぐ
みにすぎず、そこからは、一方の側の私人の人権侵害的な行為が違法
となるか否かについての結論は、すぐにはでてこない」ということである（内
野正幸『憲法解釈の論点〔第4版〕』（日本評論社・2005）32頁）。別の言い方をすると、
ここで解説した三菱樹脂事件のような間接適用の議論を展開しても、それを
もって問題を議論するためのいわば「スタート地点」に到達したにすぎないの
であって、そこから直接に結論に結びつくわけではないのである。

この「スタート地点」から先は、その他の憲法の論点をしっかりと押さえら
れているかが重要になってくる。まずは、対立する憲法上の権利ないし法益が
いかなるものかを正確に把握しよう。たとえば、侵害側当事者（＝典型的には〈社
会的権力〉たる団体、企業など）が営業の自由を主張している場合と、結社の自由
を主張している場合とでは当然判断の基準が異なってくる。

また、当該組織の目的や性質についても考慮する必要がある（たとえばそれが
純粋な政治団体か、政治的傾向を帯びた企業か、あるいは政治的に中立的な企業かによっ
て判断は異なりうる）。さらに、被侵害側当事者（＝典型的には、社会的権力に対峙す
る個人）の利益も、政治的自由が問題となる事案、信教の自由が問題となる事
案などさまざまである。いずれの場合も、制約される権利の重要性および制約
の態様についての検討が必要となってくることは、通常の基本権審査の場合と
同様である。

したがって、社会的許容限度を超えた侵害の有無を考えるためには、結局の
ところ「当該関係の具体的な特質や各人権条項の解釈」（宍戸104頁）を進めて

いくしかなく、この点について間接適用説はほとんど答えを用意していないのである。 〔栗島　智明〕

5　強制加入団体と構成員の権利

対比型

▶**南九州税理士会事件**（最判平 8・3・19 民集 50 巻 3 号 615 頁）
▶**群馬司法書士会事件**（最判平 14・4・25 判時 1785 号 31 頁）

はじめに　法人に憲法上の権利保障が及ぶか否かについては、**八幡製鉄事件**（最大判昭 45・6・24 民集 24 巻 6 号 625 頁）において、「憲法第 3 章に定める国民の権利および義務の各条項は、性質上可能なかぎり、内国の法人にも適用されるものと解すべき」と判示されている。しかしながら、法人や法人格のない団体の人権保障を認めることで、その構成員や利害関係人の権利・利益が大きく損ねられる場合もみられる。こうした団体と構成員との間の紛争に対する判断にあたっては、個別具体的な検討が不可欠になる。

　本章では、代表的な判例である**南九州税理士会事件**と**群馬司法書士会事件**を対比しながら、それぞれの判例の射程を明らかにし、団体と個人の紛争を調整する一般的な判断枠組みを示していく。両判決とも、①強制加入団体が、②特定の寄附目的での会費徴収を決議し、③構成員に強制するという点で事案を同じくする。ただ、その結論において、一方は違法、他方は合法とされた。その理由は何であるのか。両判決を子細にみていくことで、団体とその構成員の権利・利益が衝突する問題に共通する判断枠組みを得ることができるようになるだろう。

I　判旨

■南九州税理士会事件

　「税理士会が政党など規正法上の政治団体に金員の寄付をすることは、たとい税理士に係る法令の制定改廃に関する政治的要求を実現するためのものであっても、法 49 条 2 項で定められた税理士会の目的の範囲外の行為であり、右寄付をするために会員から特別会費を徴収する旨の決議は無効であると解すべきで

ある」。

　「法が税理士会を強制加入の法人としている以上、その構成員である会員には、様々の思想・信条及び主義・主張を有する者が存在することが当然に予定されている。したがって、税理士会が右の方式により決定した意思に基づいてする活動にも、そのために会員に要請される協力義務にも、おのずから限界がある」。「特に、政党など規正法上の政治団体に対して金員の寄付をするかどうかは、選挙における投票の自由と表裏を成すものとして、会員各人が市民としての個人的な政治的思想、見解、判断等に基づいて自主的に決定すべき事柄であるというべきである」。「本件決議は、……被上告人の目的の範囲外の行為を目的とするものとして無効であると解するほかはない」。

■**群馬司法書士会事件**

　「司法書士会は、司法書士の品位を保持し、その業務の改善進歩を図るため、会員の指導及び連絡に関する事務を行うことを目的とするものであるが（司法書士法14条2項）、その目的を遂行する上で直接又は間接に必要な範囲で、他の司法書士会との間で業務その他について提携、協力、援助等をすることもその活動範囲に含まれるというべきである」。

　司法書士会は、「本件拠出金の調達方法についても、それが公序良俗に反するなど会員の協力義務を否定すべき特段の事情がある場合を除き、多数決原理に基づき自ら決定することができるものというべきである」。

Ⅱ 基本解説

1．総説

　南九州税理士会事件では、税理士会という法人が政治団体に寄附することが目的の範囲内の行為といえるか、また、そのために会員から特別会費を徴収する旨の決議が有効かどうかの2点が問題となった。この点、八幡製鉄事件に比べて、「法人が団体として行う政治活動とその構成員個人の思想・信条の自由という問題について、個々の構成員の思想信条の自由に配慮し、これを重視した判断が示されていることが注目される」（最判解民事平成8年度226頁〔八木良一〕）。これは、八幡製鉄事件では、取締役会の決議が株主に何らかの法的義務を生じさせるものではないのに対して、南九州税理士会事件では、総会決議が会員に特別会費納入義務を発生させるという事案の違いが、判例の判断枠組みに反映したものとみることができよう。その意味において、群馬司法書士会事

件も南九州税理士会事件と同様に捉えることができる。

２．「法人の目的」論

（１）実定法解釈のための憲法論

　もっとも両判決のような団体と構成員の法的紛争をめぐる議論は、とかく憲法論のみが切り取られて展開されることが多いが、それでは判例の射程を見誤る。八幡製鉄事件における憲法論は、会社の権利能力（民34条）の問題（法人の目的）を争うという議論枠組みのなかに位置づけられている。八幡製鉄株式会社は、定款上の「鉄鋼の製造及び販売」が本来の会社の目的であるが、「ある行為が一見定款所定の目的とかかわりがないものであるとしても、会社に、社会通念上、期待ないし要請されるものである」として、本来の目的とは異なる「＋α」の部分（たとえば、政治献金、芸術文化助成、地元のイベントへの協賛、冠婚葬祭への拠出など）をどのように把握し、どこに団体の目的の限界を見出すかという作業が必要になる。そして、その作業の一環として、憲法論が展開されたにすぎないのである。

（２）団体の目的と統制権行使の限界

　株式会社以外の団体であっても、団体と個人の間での法的紛争は、多くの場合そうした枠組みのなかで論じられている。その検討をする際に、構成員の権利・利益の性質や制約の程度、団体の性質、問題となる行為の特質などの要素を考慮していかなければならないのは同様である。この点、刑事事件であるので若干事案を異にするが、**三井美唄炭鉱労組事件**（最大判昭43・12・4刑集22巻13号1425頁）も考え方を同じくする。判例は、使用者と対等な地位で交渉を可能にし、労働者の地位を向上させるという労働組合の本来の目的のみならず、公職選挙において、「その組合員の居住地域の生活環境の改善その他生活向上を図るうえに役立たしめるため、その利益代表を議会に送り込むための選挙活動をすること、そして、その一方策として、いわゆる統一候補を決定し、組合を挙げてその選挙運動を推進することは、組合の活動として許されないわけではな」いと判示する。しかしながら、その活動の許容範囲を画するにあたっては、「立候補の自由の意義を考え、さらに、労働組合の組合員に対する統制権と立候補の自由との関係を検討する必要がある」としている。この判例は、**中里鉱業所労組事件**（最判昭44・5・2集民95号257頁）でも引用され、労働組合の方針に反して、労働組合の推薦する特定候補以外の候補者のための選挙運動を行っ

た組合員に対する除名決議が無効であるとされた。

このように、団体の目的における「＋α」（本件では選挙運動）に該当する行為については、直接の目的を達成するための行為（本件では団体交渉）とは異なり、関連する諸要素を考慮していかなければならないのである。三井美唄炭鉱労組事件では、「統一候補以外の組合員であえて立候補しようとするものに対し、組合の所期の目的を達成するため、立候補を思いとどまるよう勧告または説得することも、それが単に勧告または説得にとどまる」限りは許容されるとしているが、それが公職選挙の候補者支援という組合の「＋α」部分での組合統制権行使の限界事例なのである。もし、これが労働組合本来の目的であれば、団結権に基づく組合統制権として除名処分や資格停止処分などを行っても問題とならないのとは対照的といえる。

3．強制加入団体性

法律を根拠に設立された団体であることや強制加入団体であることも、そうした「＋α」部分の限界を探るための一要素である。南九州税理士会事件と八幡製鉄事件とでは、この点において団体の性質に大きな差異が生じており、それが判決の結論の違いに結びついているのは確かである。ただし、それらの要素が必ずしも決定打となるわけではない点にも注意が必要である。

この点、国労広島地本事件（最判昭 50・11・28 民集 29 巻 10 号 1698 頁）では、労働組合について、「今日の社会的条件のもとでは、組合に加入していることが労働者にとって重要な利益で、組合脱退の自由も事実上大きな制約を受けている」として、強制加入団体と同様に事実上脱退の自由が認められていないことを認定している。すなわち、強制加入性は、実質的に判断されるべきであって、法律による設立如何は重要な要素ではない。南九州税理士会事件で「その構成員である会員には、様々の思想・信条及び主義・主張を有する者が存在することが当然に予定されている」と判例がいう点は、労働組合であっても同じであり、そこからの脱退ができないことが、構成員の権利侵害に結びつく構図を作り出している。

そして、国労広島地本事件では、「問題とされている具体的な組合活動の内容・性質、これについて組合員に求められる協力の内容・程度・態様等を比較考量し、多数決原理に基づく組合活動の実効性と組合員個人の基本的利益の調和という観点から、組合の統制力とその反面としての組合員の協力義務の範囲

に合理的な限定を加えることが必要である」と判示する。そのうえで、労働組合の組合費のうち、特定の立候補者の支援のための政治意識昂揚資金について、三井美唄労組事件を引用しながら、どの政党または候補者を支持するかは、投票の自由と表裏をなし、各個人が自主的に決定すべき事柄であるとして、その費用負担を認めなかった。国労広島地本事件は、南九州税理士会事件でも引用されており、強制加入団体における構成員への政治的寄附の強制という点で、事案を同じくしている。

Ⅲ 発展解説 —— 強制加入団体の目的の範囲

　強制加入団体はその団体の性質上、多数決原理による決議や活動に対して、構成員の思想信条との関係から制約があることが認められる。だが、そうした団体の活動は法令や規約などに明記された活動に限定されるのであろうか。一定の政治性を帯びる活動や本来の目的とは異なる費用の徴収などは許容されるのか、許容されるとしてどのような場面なのか。以下、具体的事例を検討しながら、その輪郭を描き出していきたい。

1．政治活動の限界事例

　近畿税理士会事件（最判平5・5・27集民169号57頁）では、一般会費からの政治団体への拠出金支出が総会で決議され、同税理士会会員から支出分相当額の会費返還が争われた。これについて最高裁は、仮に総会決議が「無効であるとしても、そのことは、上告人ら会員が被上告人に対し右金員の支払を求める法的根拠にはならない」としている。使途を具体的に定めた特別会費の徴収とは一線を画し、構成員の権利に対する直接的侵害性を認めていない点で、南九州税理士会事件の射程を狭める意義を有している。構成員への強制が直接的具体的（特別会費）か間接的抽象的（一般会費）かという要素を考慮することを忘れてはならない。

　また、**日弁連スパイ防止法案反対決議事件**（最判平10・3・13自正49巻5号213頁）では、特定の法案に反対する旨の弁護士会の総会決議が、会の目的を逸脱するかが争われたが、弁護士会が特定の政治的な主義・主張や目的にでたり、中立性、公正を損なうような活動をすることは許されないが、もっぱら法理論上の見地から理由を明示して反対の意見表明をしたものであれば、会の目的を逸脱するものではないとされた。

これと関連して、国労広島地本事件では、いわゆる安保反対闘争に参加して処分を受けた組合員を救援するための安保資金について、労働組合の共済活動の一環と捉え、その「主眼は、組織の維持強化を図るために、被処分者の受けている生活その他の面での不利益の回復を経済的に援助してやることにあり」、安保反対闘争「を支持、助長することを直接目的とするものではないから、右救援費用を拠出することが直ちに処分の原因たる政治的活動に積極的に協力することになるものではなく、また、その活動のよって立つ一定の政治的立場に対する支持を表明することになるものでもないというべきである」などとして、組合費としての納入義務を認めている。

このように、団体の政治活動に対して、賛同しえない構成員の権利保障が常に優先されるというわけではなく、構成員に対する権利侵害態様や程度が個別具体的に考慮されて初めてその限界を画することができるのである。逆に、一般会費だから政治団体への寄附が可能になるわけではなく、たとえば、年会費の一部にあらかじめ政治団体への寄附が盛り込まれ、それが長年にわたって継続されているという状況があれば、構成員に対する具体的な強制をみてとることが可能になるので、その意味において近畿税理士会事件の射程は限定されうることになる。

また、日弁連スパイ防止法案反対決議事件についても注意を要する。そもそも弁護士法上、弁護士の使命として「基本的人権を擁護し、社会正義を実現すること」が定められ、また、「法律制度の改善に努力しなければならない」とされている（弁1条）。そうした弁護士の役割を個人で行うには限界があることから、弁護士会という団体を通じて行うことも弁護士会の目的として許容しうると解することができるので、特定の法案に反対する決議もその一環となる。このことは、逆にいうと、税理士会や司法書士会のような団体が、団体と無関係な法案に反対する決議が可能かという問題をはらんでいる。この場合、各種法令を参照しつつ本来の団体の目的を定め、問題となる行為との「距離」をはかる必要がでてくるだろう。ちなみに、弁護士法の諸規定から、弁護士会に刑事訴訟法上の告発をする権利能力を認める判例がある（最決昭36・12・26刑集15巻12号2058頁）。

２．慈善目的での寄附の射程

他方、群馬司法書士会事件で問題となる被災団体への寄附についても、その

射程に注意する必要がある。

（1）寄附の対象による限界

　まず、慈善目的の寄附であるから無条件に許されているわけではなく、あくまでも被災した司法書士会への寄附という点が重要である。この点は、同事件の多数意見が、司法書士法14条（現52条）2項に規定された司法書士会の目的をあげつつ、「その目的を遂行する上で直接又は間接に必要な範囲で、他の司法書士会との間で業務その他について提携、協力、援助等をすることもその活動範囲に含まれるというべきである」と述べていることから、あくまでもその対象は同業団体への寄附のような互助的支出に限定されていることがうかがえる。また、これは、国労広島地本事件における他の労働組合に対する支援資金である炭労資金について、「労働組合の目的とする組合員の経済的地位の向上は、当該組合かぎりの活動のみによってではなく、広く他組合との連帯行動によってこれを実現することが予定されているのであるから、それらの支援活動は当然に右の目的と関連性をもつものと考えるべきであり、また、労働組合においてそれをすることがなんら組合員の一般的利益に反するものでもない」として、組合員の拠出義務を認めたことと理解を共有している。群馬司法書士会事件では、国労広島地本事件が引用されていないが、被災した同業団体への寄附は、炭労資金と基本的に同じ射程で捉えられる論点といえよう。

　ただし、これは特別会費の形態で支出目的を明確にしたうえで、構成員に協力義務を課す場合の判示事項であるので、司法書士会の目的から一般的な慈善団体に寄附することが除外されるかどうかは必ずしも定かではない。たとえば、一般会費から日本赤十字社や地元の自治体に寄附をすることが団体の目的の範囲外となるか問題となる場合は、近畿税理士会事件との対比が有用であろう。

（2）寄附金額による限界

　また、寄附の金額も司法書士会の目的の範囲を逸脱しているかどうかを考慮する要素となっている点も重要である。この点、多数意見は、「3000万円という本件拠出金の額については、それがやや多額にすぎるのではないかという見方があり得るとしても、阪神・淡路大震災が甚大な被害を生じさせた大災害であり、早急な支援を行う必要があったことなどの事情を考慮すると、その金額の大きさをもって直ちに本件拠出金の寄付が被上告人の目的の範囲を逸脱するものとまでいうことはできない」としている。これに対する反対意見も3000

万円という寄附金額の多寡を問題にしているが、司法書士会本来の支出ではないという点から、その規模の適正さという限界があることを示している。

深澤武久・横尾和子各反対意見は、本件のような寄附の可能性を全面的に否定するものではないが、「本件拠出金の寄付は、その額が過大であって強制加入団体の運営として著しく慎重さを欠き、会の財政的基盤を揺るがす危険を伴うもので、被上告人の目的の範囲を超えたものである」とか、「社会的に相当と認められる応分の寄付の範囲を大きく超えるものであるといわざるを得ず、それが被上告人の権利能力の範囲内にあるとみることはできないというべきである」などとして、3000万円という金額による寄附が司法書士会の目的の範囲外とする点で共通する。さらに深澤反対意見は、「本件拠出金の寄付は、被上告人について法が定める本来の目的（同法14条2項）ではなく、友会の災害支援という間接的なものである」と「距離感」を示したうえで、非協力的な会員には不利益処分の可能性があり、そのような「厳しい不利益を伴う協力義務を課すことは、目的との間の均衡を失し、強制加入団体が多数決によって会員に要請できる協力義務の限界を超えた無効なものである」との観点から決議が無効である旨を判示している。

3．議論の整理 ── 町内会における寄附金徴収決議を題材に

以上の点を踏まえて、町内会での寄附金徴収決議を題材に論点をまとめてみたい（大阪高判平19・8・24判時1992号72頁参照）。ある町内会では毎年、地域の小学校に対する寄附金を募っていたが、町内会活動へ無関心から募金活動が思うようにいかなくなっていた。そこで、町内会費を500円値上げする総会決議を行い、増収分相当を寄附金として毎年計上する方針を定めたとして、当該決議は有効といえるだろうか。

（1）団体の性質

そもそも町内会は任意加入団体であるが、会員にならないと使えないゴミ集積場があったり、市報が配られないといったことがあったりして、住民の大多数が加入していることが多い。また、近時は、地方自治法260条の2に基づく地縁団体として法人格を取得し、市役所から委託を受けて一定の住民サービスを代行する例もみられる。

仮にそのような実態が存在するのであれば、国労広島地本事件と同様の事実上の強制加入団体としての性質を有していると捉えることができる。そして、

町内会は地縁による集まりであるから、その構成員にはさまざまな思想信条を有する者がいることが想定できる。

（2）団体の目的

　地方自治法によれば、地縁団体とは「その区域の住民相互の連絡、環境の整備、集会施設の維持管理等良好な地域社会の維持及び形成に資する地域的な共同活動を行うことを目的とし」て活動する住民の団体をいう。そして、ここに、地域の小学校に寄附をすることが含まれるかが問題となる。本来の直接的な目的には含まれないとしても、八幡製鉄事件のように、「社会通念上、期待ないし要請される」ものといえるのだろうか。

（3）寄附の性質

　この点、仮に町内会員の多くが当該小学校の出身者か、家族に小学生がいる世帯であったとしても、やはり同窓会やPTAのような直接小学校に関係する団体とは性質を異にする。あくまでも町内会は地縁を要素とする事実上の強制加入団体であり、「寄附は個人の任意で行われるもの」という思想信条の自由の保障を多数決をもって否定する根拠とはならないと考えられる。この意味で、構成員の属性が共通する団体間の寄附が問題となった群馬司法書士会事件の射程から外れる事例といえよう。

　ただ、本事例で注意すべきは、寄附金の集め方である。南九州税理士会事件や群馬司法書士会事件のように、特別会費を徴収するのではなく、「500円値上げして、増収分相当を」毎年寄附として計上する方針としており、近畿税理士会事件であったように、総会での決議が仮に目的の範囲外であって無効だとしても、一般会費の納付義務から逃れることはできないようにも思われる。すなわち、500円をそのまま小学校に寄附するのではなく、いったん町内会の会計に納めて、その使い道を別途議論したうえで、「増収分相当」を社会的要請に応じて寄附するというのであるから、会員の思想良心の自由に直接的な制約をもたらすものではないと構成することも可能だからである。

　もっとも、実際は毎年の寄附を見込んだ会費の値上げであり、特定の使途を定めた特別会費の徴収と実質的に変わりないということであれば、南九州税理士会事件と同様に論じることも可能であろう。

まとめ

□ 団体をめぐる各判例は、それぞれに特徴的な要素を有しており、その射程範囲を見極めるためには、単純化された判断基準ではなく、個別具体的な要素の検討を要する。

□ 任意加入か強制加入かという点が大きく判断が分かれるところであるが、それ以外にも、政治団体への寄附か被災団体への寄附か（決議内容）、特別会費か一般会費か（徴収方法）などといった要素や、構成員の権利・利益の性質・制約度合い・制約の具体性、団体の本来の目的と問題になる行為との「距離」などを総合的に衡量して、問題となる行為が団体の目的を逸脱するか否かを判断する視点が不可欠である。

判　例	強制加入	決議内容	徴収方法	原告勝訴
八幡製鉄事件	×	政治献金	—	×
国労広島地本事件	○ （事実上）	政治献金	特定	○
		組合員支援	特定	×
		他労組支援	特定	×
近畿税理士会事件	○	政治献金	一般	×
南九州税理士会事件	○	政治献金	特定	○
群馬司法書士会事件	○	同業団体支援	特定	×
日弁連スパイ防止法案反対決議事件	○	法案反対	—	×

□ 近畿税理士会事件では、明確に決議を有効としたわけではない点に注意が必要である。その意味で、南九州税理士会事件と共通の判断を行っている。

□ 群馬司法書士会事件では、被災した同業団体ではなく、日本赤十字社などへの一般的な寄附であれば、結論が異なっていた可能性もある。また、金額の多寡も重要な考慮要素の1つとなる。

FAQ

Q 団体と構成員の権利が問題となる事例で憲法の間接適用説を論じる
必要はありますか？

A たしかに、三井美唄炭鉱労組事件のような刑事事件を除いて、これら
の問題は私人間での紛争であるので、憲法の私人間効力論（➡第4章）
が問題となりそうにも思える。しかし、すでに述べたように、法人の目的とい
う民法上の論点の枠組みのなかで、両当事者の憲法上の権利・利益を調整する
という論理構造になっているから、あえて私人間効力について触れる必要はな
いし、実際の判例もそのようにしている。憲法的考察をせざるをえない議論的
土台がすでに存在しているので、わざわざ間接適用説に言及するまでもない。

. . . .

Q 南九州税理士会と群馬司法書士会事件とでは判断枠組みに違いがあ
るといわれますが、どういうことでしょうか？

A たしかに、南九州税理士会事件が、法人の目的の範囲を確定するなか
で構成員への義務づけを考慮しているのに対し、群馬司法書士会事件
では、目的の範囲内であることを確定したうえで、寄附への協力を構成員に義
務づけることができるかを検討するという二段階のアプローチをとっている
ようにみえる。これは群馬司法書士会事件が、寄附金額および会員の負担額を
主な争点としていることが原因と考えられる。同事件判決の多数意見は、まず
司法書士会への寄附が法人の目的の範囲であると確定したうえで、3000万円
の寄附も許容限度であると判示し、次に、強制加入団体の性質を考慮しつつ、そ
れが構成員の権利・利益をどの程度侵害するか評価し、負担額が公序良俗に反
しないとの判断をしている。本来、法人の目的の範囲を超えれば、1円でも構
成員への協力義務を強制できないはずであるが、深澤反対意見は、あえて多数
意見に応じるかたちで反論を展開している。

　南九州税理士会事件は、政治団体への寄附行為が目的の範囲内かどうかが主
な争点となるので、構成が異なっていると考えられる。もっとも、考慮すべき
論点に相違はなく、結果としては両判決に大差はない。

. . . .

Q 団体とその構成員の権利が問題となる事例で部分社会の法理を論じ
る必要はありますか？

（A）　たしかに、部分社会の法理が論じられた事件（➡第25章）でも、団体の意思決定と構成員の権利・利益の問題が生じており、部分社会の法理についても触れておいたほうがよさそうに思うかもしれない。しかし、部分社会の法理を論じる意義は、団体内部の自主的な紛争解決に委ねて、司法審査を及ぼさないという点にある。これに対し、本章で取り上げた諸判例のように、「目的の範囲」をめぐって司法審査を及ぼさざるをえない事例において、あえて部分社会の法理を論じる優先順位はかなり低いといえる。

　というのも、本章でみてきた事例では、政治寄附、慈善寄附、選挙運動など、団体の本来的な目的ではないが、社会的に要請される行為が問題となっている。その＋α部分がどこまで許容されるかについて、団体の性質や目的、制約される構成員の権利・利益の性質・態様・程度などを衡量して、団体の「目的の範囲」を明らかにしていくうえで、裁判所の判断が欠かせないのである。

　これに対して、部分社会の法理が論じられる事例は、政党や大学、宗教団体など団体の「本来的な目的」の枠内での紛争であり、問題構造が異なっている。そうした目的が明確だからこそ、それに沿った団体内部の自主的な紛争解決が期待できるのである。
〔岡田　順太〕

6　人格的生存にとって不可欠ではない行為の規制

はじめに　憲法 13 条の保障範囲をめぐって、学説上、人格的利益説と一般的行為自由説との対立があることは周知であろう。しかし、この対立が実際の判例とどのように関係しているかを問われると、戸惑ってしまうのではないだろうか。たとえば、〈人格的利益説を採用した場合、人格的利益にとって不可欠ないし重要ではないとされた行為や状態は、13条の保障範囲に含まれないから、制限→正当化と進むまでもなく合憲である〉という説明は、一見すると人格的利益説からの素直な帰結であるようにもみえるが、判例の立場と整合しない。だからといって判例が一般的行為の自由を憲法 13 条により保障される権利としているかといえば、必ずしもそのようにいうことはできない。

　この問題を理解するために、まずは判例の立場を正確に理解することが肝要である。そこで本章では、関連判例を通覧してそれを確認し、そのうえで学説の手を借りつつ、理論的な説明を考えてみたい。

Ⅰ　判旨

■賭場開帳事件

　「賭博行為は、一面互に自己の財物を自己の好むところに投ずるだけであって、他人の財産権をその意に反して侵害するものではなく、従って、一見各人に任かされた自由行為に属し罪悪と称するに足りないようにも見えるが、しかし、他面勤労その他正当な原因に因るのでなく、単なる偶然の事情に因り財物の獲得を僥倖せんと相争うがごときは、国民をして怠惰浪費の弊風を生ぜしめ、健康で文化的な社会の基礎を成す勤労の美風（憲法第 27 条 1 項参照）を害するばかりでなく、甚だしきは暴行、脅迫、殺傷、強窃盗その他の副次的犯罪を誘発し又は国民

経済の機能に重大な障害を与える恐れすらあるのである」。「賭博等に関する行
為の本質を反倫理性反社会性を有するものでないとする所論は、偏に私益に関
する個人的な財産上の法益のみを観察する見解であって採ることができない」。

■喫煙禁止事件

　「右の制限が必要かつ合理的なものであるかどうかは、制限の必要性の程度と
制限される基本的人権の内容、これに加えられる具体的制限の態様との較量の
うえに立って決せられるべきものというべきである」。「喫煙の自由は、憲法13
条の保障する基本的人権の一に含まれるとしても、あらゆる時、所において保障
されなければならないものではない」。

■どぶろく事件

　「これにより自己消費目的の酒類製造の自由が制約されるとしても、そのよう
な規制が立法府の裁量権を逸脱し、著しく不合理であることが明白であるとは
いえず、憲法31条、13条に違反するものでないことは、当裁判所の判例（最大判
昭60・3・27民集39巻2号247頁〔サラリーマン税金訴訟（➡第31章）。なお、最
判昭35・2・11集刑132号219頁〔酒税法が憲法13条、25条、31条に違反しないと
した事例〕参照）の趣旨に徴し明らかであるから、論旨は理由がない」。

■わいせつ物単純所持目的輸入規制事件

　「行政上の規制に必要性と合理性が認められる以上、その実効性を確保するた
めに、右の規制に違反した者に対して、それが単なる所持を目的とするか否かに
かかわりなく、一律に刑罰をもって臨むことが、憲法13条、31条に違反しない
ことは、右大法廷判例〔札幌税関検査事件（➡第14章・第32章・第33章）〕の趣旨
に徴し明らかであるというべきである」。

■ストーカー規制法事件

　「ストーカー規制法は、ストーカー行為を処罰する等ストーカー行為等につい
て必要な規制を行うとともに、その相手方に対する援助の措置等を定めること
により、個人の身体、自由及び名誉に対する危害の発生を防止し、あわせて国民
の生活の安全と平穏に資することを目的としており、この目的は、もとより正当
であるというべきである」。「ストーカー規制法による規制の内容は、合理的で相
当なものであると認められる」。「以上のようなストーカー規制法の目的の正当性、
規制の内容の合理性、相当性にかんがみれば、同法2条1項、2項、13条1項は、
憲法13条、21条1項に違反しないと解するのが相当である。このように解すべ

きことは、当裁判所の判例（最大判昭 59・12・12 民集 38 巻 12 号 1308 頁〔札幌税関検査事件（➡第 14 章・第 32 章・第 33 章）〕、最大判昭 60・10・23 刑集 39 巻 6 号 413 頁〔福岡県青少年保護育成条例事件（➡第 32 章）〕）の趣旨に徴して明らかである」。

Ⅱ 基本解説

Ⅰで取り上げた判例は、いずれも、人格的生存にとって不可欠とはいえないような行為・状態が制限されている事案である。そして、それらの行為・状態が憲法 13 条の保障範囲に含まれるかどうかの検討を行わず、あたかも法令による制限によって憲法上の権利が侵害されていることを前提としたかのように、当該行為を規制する法令の合憲性の審査を行っている点で共通している。以下、具体的にみてみよう。

1．13 条違反の主張に対する判例の対応

まず、**賭場開帳事件**である。本事案において、被告人側の上告趣意は、憲法 13 条は「……即ち公共の福祉に反しない限り国民は凡ゆる行為の自由を有して居るのであって、之を制限した法律等の無効であることは憲法第 98 条に於て明記宣示して居るのである」などと主張していた。このように上告趣意は、一般的行為自由説的な理解を前提に、「賭博の自由」は憲法上保障される行為である、という議論を展開している。これに対して判決は、「賭博の自由」ないし「賭場開帳の自由」、あるいは「娯楽の自由」が 13 条の保障内容に含まれるか否かについての論点を保留にしたまま、当該規定の合理性についての判断を行った。すなわち、制限される行為は、①13 条の保護領域に含まれるか（保護範囲論証）→②それが制限されているか（制限論証）という論証ステップを経ずに、「（何らかの）制約→正当化」という流れで検討を行ったのである。

喫煙禁止事件（➡第 29 章）で原告側は、「在監者に対する喫煙を禁止した監獄法施行規則 96 条は、未決勾留により拘禁された者の自由および幸福追求についての基本的人権を侵害するものであって、憲法 13 条に違反する」として、国賠請求訴訟を提起していた。これに対して判決は、制限が必要かつ合理的かどうかを比較衡量によって判断する旨を述べたが、そこにおいて、「制限される基本的人権の内容」が比較衡量の考慮要素に挙げられていたことにかんがみると、ここで制限される利益（喫煙の自由）が「基本的人権」であることが前提と

されているようにも見受けられる。本判決は、「喫煙の自由は、<u>憲法 13 条の保</u><u>障する基本的人権の一に含まれるとしても</u>、あらゆる時、所において保障されなければならないものではない」とも述べているが、このように「最高裁は、『喫煙の自由』の保護領域を問うことなく、単に仮定だけして議論を正当化の段階に進めている」（論点探究 113 頁〔松本和彦〕）のである。

　どぶろく事件は、自己消費目的の酒の醸造を処罰する法令の合憲性が問題となった事案である。被告人側の上告趣意は、「自己消費を目的とする酒類製造は、販売を目的とする酒類製造とは異なり、これを放任しても酒税収入が減少する虞はないから、酒税法 7 条 1 項、54 条 1 項は販売を目的とする酒類製造のみを処罰の対象とするものと解すべきであり、自己消費を目的とする酒類製造を酒税法の右各規定により処罰するのは、法益侵害の危険のない行為を処罰し、個人の酒造りの自由を合理的な理由がなく制限するものであるから、憲法 31 条、13 条に違反する」というものであった。ここでは、法益侵害のない「個人の酒造りの自由」を「合理的な理由なく制限すること」が、憲法 13 条、31 条に違反するという主張が展開されている。これに対して判決は、「自己消費目的の酒類販売の自由」が憲法 13 条によって保障されている行為であるか否かについて考察せず、それが「制約されるとしても」と仮定しつつ、「著しく不合理であることが明白であるとはいえ」ないとして、規制を合憲としている。

　わいせつ物単純所持目的輸入規制事件でも、「わいせつ物の単純所持をする自由」が憲法 13 条により保障されるか否かを明らかにしないまま、規制の必要性と合理性の審査を行い合憲としている。なお、本判決とどぶろく事件判決において 31 条が挙げられていることは、罪刑法定主義の一内容たる刑罰の謙抑主義の観点から整理可能である（➡**FAQ**）。

　最後に、**ストーカー規制法事件**は、ストーカー規制法の目的の正当性と規制内容の合理性を簡単に述べたうえで、憲法 13 条等に違反しないとしていたが、ここでも、ストーカー行為が憲法 13 条等によって保障される行為であるか否かの検討をせず、当該行為に対する制約の合理性・必要性と相当性の検討を行い、それを認めている。

2．整理

　このように、本章で通覧した判例は、いずれも、人格的生存に不可欠とはいえないような行為・状態が憲法 13 条の保護範囲に含まれるかどうかの検討を

行わず、あたかも法令による制限によって憲法上の権利が侵害されていることを前提としたかのように、当該行為を規制する法令の合憲性の審査に進んでいるという点で共通する。また、その検討に際して、特に審査を厳しく行うことを示唆するような表現が用いられていないことからすると、そこでの審査の密度は緩やかであるように見受けられる。したがって、「一般的自由の審査は、実質的には、制限→正当化という、2段階で行われる。また、審査密度……は、一般に、緩やかとなる」（小山98頁）というのが、まずは判例の立場であるといえそうである。

Ⅲ 発展解説 —— 判例と学説との関係

　そうすると判例は、〈一般的行為自由説に立ち、とりあえず自由な行動が制限を受けたら、憲法上の正当化が必要である〉と考えている、というように理解してもよいだろうか。判例の考え方をより深く理解し、別の事案への応用を可能とするためにその「射程」を測るには、ここで学説の整理をしておくことが有益である。

1. 人格的利益説における一般的行為の自由

　人格的利益説は、憲法上の権利がむやみに広がることへの懸念から、人格的生存にとって不可欠な行為・状態のみを13条の保障内容として捉える説である。しかしこの説は、人格的生存に不可欠とはいえない行為を憲法上一切保護しないというわけではないことに注意が必要である。

（1）人格的利益説の内容

　たとえば芦部信喜教授は、人権として認められない行為や状態であっても、それを「一部の人について制限ないし剥奪するには、もとより十分に実質的な合理的理由がなければならない。平等原則や比例原則（権利・自由の規制は社会公共の障害を除去するために必要最小限度にとどまらなければならないとする原則）とのかかわりで、憲法上問題となることもありうる」と述べていた（芦部122頁）。佐藤幸治教授も、「憲法が保障する個別的権利・自由（13条によって補充的保障対象となる独自の類型の権利を含む）によってカヴァーされない国民の活動領域について、国家はどのようにでも規制してよいとは直ちにはならない。この点、筆者は、かねて、13条前段の『個人の尊重』ないし『個人（人格）の尊厳』原理は、『まず、およそ公的判断が個人の人格を適正に配慮するものであること

を要請し、第二に、そのような適正な公的判断を確保するための適正な手続を確立することを要求する。したがって、例えば、一人ひとりの事情を不用意に概括化・抽象化して不利益を及ぼすことは許されない。行政の実体・手続きの適正性については諸説あるが、基本的にはまさしく本条によって要請されるところである』と述べてきた」としている（佐藤幸治『現代国家と司法権』（有斐閣・1988）108 頁）。

　人格的利益説をとる論者によるこのような説明に対しては、「この不合理な自由の剥奪を憲法のどの条文で問題とするのかは定かではない。もし憲法 13 条であれば、結局憲法 13 条は人格的自律に不可欠な権利だけを保障したものではなく一般的自由権を保障したのと変わりない」（松井茂記『LAW IN CONTEXT 憲法』（有斐閣・2010）93 頁）、といった趣旨の疑問が提起されることになる。この点についてはどのように考えればよいのだろうか。

（2）主観的権利と実質的法治国家原理

　まず、上記の説明は、必ずしも一般的行為の自由を主観的権利として認めようというものではない主張として理解できる。すなわち、ある行為が憲法上の主観的権利として保障されないとしても、「およそ公権力が個人の自由を制限する際には法律の根拠が必要であり、また制限するにしても、平等原則や比例原則に違反してはならない」という法治国家における当然の一般的要請——これは実質的法治国家原理と呼ばれるが、平等原則や比例原則等に反する恣意的な国家活動の禁止のことである——が依然として及ぶのであり、それを憲法上根拠づけるとすれば 13 条になる、という主張である。たとえば佐藤教授は、「日本国憲法は『基本的人権』のほかに一般的自由を保障しているという論法もありうるかもしれない。その際、一般的自由を保障する根拠規定は何かということになれば、結局は 13 条（幸福追求権）ということにな」る、と述べているが（佐藤幸治『現代国家と人権』（有斐閣・2008）107 頁）、これはそのような趣旨の指摘として理解できる。

２．判例との整合性の観点から

（1）判例の説明の仕方

　以上の立場から判例を説明すれば、次のとおりである。

　先にみてきた諸判例は、主観的権利として「喫煙の自由」とか「ギャンブルの自由」とか「わいせつ物を個人観賞する自由」などを認めたわけではない。

しかしだからといって、まったくの制約なしにそれらの自由を規制してよいとは考えない。だからこそ、規制の合理性など、憲法違反か否かの審査を行っていたはずである。そのような審査を行った背後には、「およそ公権力が個人の自由を制限する際には法律の根拠が必要であり、また制限するにしても、平等原則や比例原則に違反してはならない」といった、国家に対する客観法的な統制が存している。当該行為が憲法13条によって具体的に保障される主観的権利でないとしても、この客観法的な制約との抵触がありうるため、上記の諸判例はその合憲性を審査していたのである、と。

　この「憲法上の権利とは区別された『一般的自由』は、個人の行為の態様を問うことなく、それに対する国家の側の規制のあり方を問題にするものであり、『法治国家の原理』とも言い換えうる」（百選Ⅰ〔第7版〕47頁〔押久保倫夫〕）とか、「一般的行為の自由の意義は、国家行為に対する正当化要求を普遍化し、公共の福祉に適合しない、合理的理由のない国家行為をすべて排除しようとするところに求められる」（論点探究112頁〔松本和彦〕）などと説明されることになる。

（2）条文上の根拠

　実質的法治国家原理から求められる客観法的要請の反射的効果として、個人には「一般的自由」が保障されることになり、それを条文上根拠づけようとすれば、「違憲な強制を受けない自由」として13条によって保障される、といった説明が近年有力化している（小山95-97頁、宍戸18-19頁など）。要するに、憲法上の権利として一般的自由が他の人権規定と同じように保障されているのではなく、「違憲な強制を受けない自由」ないし「不合理な内容の法令によって処罰されない自由」が広く保障されており、人格的生存にとって不可欠といえない行為・状態であっても、それが制約される場合には、当該法令の不合理性をなお問うことができる、という理解である。

　以上を踏まえて、「人格的生存にとって不可欠とはいえない行為」の制約事案において、判例では省略されていた部分を補足して説明するとすれば、たとえば次のようになろう。「……確かに、△△は憲法13条の保障が直接に及ぶ行為とはいえないかもしれない。しかしだからといって、国家権力が合理的理由もなく恣意的に規制してもよいわけではない。規制の目的と手段に合理性があることがなお求められる（13条）」。「……憲法によって直接保障されない行為だからといって、当該行為に対していかなる刑罰を科してもよいわけではない。

具体的な法益侵害のない行為に対して刑罰を科す場合には、憲法31条が要請する刑罰の謙抑主義に違反し、ひいては個人の尊厳を中核とする憲法の基本原理（13条）にも違反すると解される」、等々。

3．人格的利益に深くかかわる利益の場合

なお、最高裁は、人格的利益に深くかかわる利益について、「個人の私生活上の自由」という定式のもとで、保障する旨を述べている（➡どのような行為・状態を人格的利益と深く関連すると認めているかという点も含め、第7章参照）。そうすると、憲法13条は、人格的利益に深くかかわる利益のみを「憲法上の権利」として保障しているが、それに加えて、国家行為が合理的になされること、恣意的になされないこと一般をも要求しており、それを「一般的行為の自由」として保障している、というような多層的な保障をする規定として読むことができる。すなわち、「憲法13条は、『一般的自由』か『人格的利益』のどちらか一方を保障しているものと考えるのではなく、『一般的自由』と『人格的利益』というレベルの異なるものを同時に保障していることになろう」（プラクティス33頁〔山本龍彦〕）。

まとめ

- □ 人格的生存にとって不可欠ではない行為を規制する法令の合憲性が問題となった事案においても、判例は、その合憲性を審査している。
- □ その際、規制される行為が憲法の保障範囲に含まれるか否かという検討を行っていない。
- □ そのような判例のアプローチ方法は、一般的行為自由説を採用しているかのようにみえるが、必ずしも人格的利益説と矛盾するわけでもない。
- □ 判例のアプローチの背後には、公権力が個人の自由を制限する際には、法律の根拠が必要であり、また制限するにしても、平等原則や比例原則に違反してはならないという要請が及んでいると解される。このような要請は、個人の主観的権利としてではなく、国家に対する客観法的義務であり、「実質的法治国家原理」などとよばれる。
- □ 最高裁判例のなかには、人格的利益に深く関わる利益について、「個人の私生活上の自由」という定式のもとで、13条によって保障される旨を述べるものもあり、それらとここでの議論を区別することが必要である。

FAQ

Q 実質的法治国家原理は、憲法のどこからでてくる原理なのですか？

A 本文で述べたとおり、実質的法治国家原理は、平等原則や比例原則に反するような恣意的な国家活動の禁止を意味する。この平等原則や比例原則は、それぞれ憲法13条や14条、さらには31条に淵源を有する原則ということができる。

....

Q 憲法13条や14条、31条がどのようにして実質的法治国家原理の根拠になるのですか？

A まず比例原則について、行政法学では行政法の基本原則としての比例原則を憲法13条から根拠づける説が有力であり、また、次のような指摘もなされている。「日本国憲法下の比例原則は、行政、裁判所、立法者に対しても向けられた法原則である。行政活動、立法活動は比例原則に適ったものでなければならず、裁判所は国家活動のすべてについて比例原則を適用して審査し得る。比例原則は日本国憲法下で憲法原則としての地位を得たといわれ、行政法における比例原則を行政上の一般原則として『公の行政活動全般に妥当する原則』として位置付ける学説が有力となっている」(髙木光＝宇賀克也編『行政法の争点』(有斐閣・2014) 25頁〔須藤陽子〕)。平等原則も、行政法上の一般原則として挙げられるが、その根拠は憲法14条1項である。

　刑事手続との関係では、憲法31条によって基礎づけることができる。実際、上述したどぶろく事件や、わいせつ物単純所持目的輸入規制事件では、上告人側から、13条とともに31条違反が主張されていた。31条は、手続の法定のみならず、手続の適正、さらには実体の法定・適正をも保障していると解する説が通説である。実体の適正の内容は、具体的には、「①法律の『規定の明確性』の原則(犯罪構成要件の明確性、表現の自由を規制する立法の明確性)、②『規制内容の合理性』の原則、③『罪刑の均衡』の原則、④『不当な差別の禁止』の原則などを言う」とされるが(芦部253頁)、ここでいう平等原則や比例原則に反する処罰は、②の規制内容の合理性や、③の罪刑の均衡との関係で問題となりうる。それゆえ、実質的法治国原理は、13条に加えて、31条も根拠として、刑罰法令の合憲性を問う根拠となりうると解される。そして、行政手続にも憲法31条の保障が及ぶというのが判例の立場である(➡第22章)。そうだとすれば、刑事手続のみならず、行政手続における比例原則＝実質的法治国家原理の根拠規

定として、憲法 13 条のみならず、それとともに 31 条を主張することも可能で
あろう。

....

Q 主観的な権利の侵害がないにもかかわらず、客観的な法原則との抵触
を審査することは司法権との関係で問題が生じないですか？

A 「一般的自由は、自己の行為に制約が加わる限りにおいて、憲法に反
する国家行為の違憲性を問題とするもの」である（小山 97 頁）。すなわ
ち、客観法違反を抽象的に審査する権限を司法に認めるわけではない。刑事事
件を例にしていえば、客観法に違反する法律に基づく処罰（＝恣意的ないし合理
性・必要性の欠如した法令による被告人の処罰）は、「不合理な法令によって処罰さ
れない自由」（＝小山剛教授の言葉を借りれば「違憲な強制を受けない自由」）を直接
に制約するため、それを訴訟で争うことに問題は生じない（演習ノート 74-75 頁
〔柴田憲司〕も参照）。 〔横大道 聡〕

7 「個人の私生活上の自由」の保障

通覧型

▶京都府学連事件（最大判昭 44・12・24 刑集 23 巻 12 号 1625 頁）
▶指紋押捺制度事件（最判平 7・12・15 刑集 49 巻 10 号 842 頁）
▶住基ネット事件（最判平 20・3・6 民集 62 巻 3 号 665 頁）
▶前科照会事件（最判昭 56・4・14 民集 35 巻 3 号 620 頁）
▶早稲田大学江沢民講演会名簿提出事件（最判平 15・9・12 民集 57 巻 8 号 973 頁）

はじめに　前章では、「憲法 13 条は、国家行為が合理的になされること、恣意的になされないこと一般を要求しており、それを『一般的行為の自由』として保障している」という見地から、判例の立場を説明してきた。

　他方で判例は、憲法 13 条に関して、国民ないし個人の「私生活上の自由」を保障している旨の説明をして検討に進む場合もある。それでは、判例はどのような行為・状態を一般的な自由とは区別される「私生活上の自由」として考えているのだろうか。また、「私生活上の自由」の制約について、どのような判断枠組みでその合憲性や合法性を判断しているのだろうか。

　本章では、「通覧型」の検討方法を用いて、上記の問いを検討していくことにしたい。

Ⅰ 判旨

1. 国民（個人）の「私生活上の自由」への言及がある判例

■京都府学連事件

　「憲法 13 条は、……<u>国民の私生活上の自由が、警察権等の国家権力の行使に対しても保護されるべきことを規定しているもの</u>ということができる。そして、<u>個人の私生活上の自由の一つとして、何人も、その承諾なしに、みだりにその容ぼう・姿態（以下「容ぼう等」という。）を撮影されない自由を有するもの</u>というべきである。これを肖像権と称するかどうかは別として、少なくとも、警察官が、正当な理由もないのに、個人の容ぼう等を撮影することは、憲法 13 条の趣旨に反し、許されないものといわなければならない」。

■**指紋押捺制度事件**
　「憲法 13 条は、国民の私生活上の自由が国家権力の行使に対して保護される
べきことを規定していると解されるので、個人の私生活上の自由の一つとして、
何人もみだりに指紋の押なつを強制されない自由を有するものというべきであ
り、国家機関が正当な理由もなく指紋の押なつを強制することは、同条の趣旨に
反して許されず、また、右の自由の保障は我が国に在留する外国人にも等しく及
ぶと解される」。

■**住基ネット事件**
　「憲法 13 条は、国民の私生活上の自由が公権力の行使に対しても保護される
べきことを規定しているものであり、個人の私生活上の自由の一つとして、何人
も、個人に関する情報をみだりに第三者に開示又は公表されない自由を有する
ものと解される」。

2．国民（個人）の「私生活上の自由」への言及がない判例

■**前科照会事件**
　「前科及び犯罪経歴（以下「前科等」という。）は人の名誉、信用に直接にかかわ
る事項であり、前科等のある者もこれをみだりに公開されないという法律上の
保護に値する利益を有するのであって、市区町村長が、本来選挙資格の調査のた
めに作成保管する犯罪人名簿に記載されている前科等をみだりに漏えいしては
ならないことはいうまでもないところである」。

■**早稲田大学江沢民講演会名簿提出事件（以下、早大江沢民事件とする）**
　「本件個人情報は、早稲田大学が重要な外国国賓講演会への出席希望者をあら
かじめ把握するため、学生に提供を求めたものであるところ、学籍番号、氏名、
住所及び電話番号は、早稲田大学が個人識別等を行うための単純な情報であって、
その限りにおいては、秘匿されるべき必要性が必ずしも高いものではない。……
しかし、このような個人情報についても、本人が、自己が欲しない他者にはみだ
りにこれを開示されたくないと考えることは自然なことであり、そのことへの
期待は保護されるべきものであるから、本件個人情報は、上告人らのプライバ
シーに係る情報として法的保護の対象となるというべきである」。「このような
プライバシーに係る情報は、取扱い方によっては、個人の人格的な権利利益を損
なうおそれのあるものであるから、慎重に取り扱われる必要がある」。

Ⅱ 基本解説

1. 「国民の私生活上の自由」の内実

　まず、憲法13条に明示的に言及している**Ⅰ** 1 で通覧した判例は、若干の言い回しの違いはあるものの、いずれも13条は「<u>国民の私生活上の自由</u>が、国家権力の行使から保護されるべきことを規定している」と理解している。しかし、そこでいう具体的な「国民の私生活上の自由」の具体的な中身の全貌を明らかにせず、事案に応じて、そこから「<u>個人の私生活上の自由</u>」を切り出しながら、「小出し」に保護を図る、という手法が採用されている。

　具体的に裁判で明示的に認められた「個人の私生活上の自由」の中身としては、「みだりに容ぼう等を撮影されない自由」（**京都府学連事件**）、「みだりに指紋の押なつを強制されない自由」（**指紋押捺制度事件**）、「個人に関する情報をみだりに第三者に開示又は公表されない自由」（**住基ネット事件**）を挙げることができる。他方、黙示的に認められたと解しうるのは、「みだりに前科を公表されない法的利益」（**前科照会事件**）、「プライバシーに係る単純個人情報を自己が欲しない他者にみだりに開示されない期待」（**早大江沢民事件**）、である。

　それでは、憲法13条からなぜこのような内実が導き出されるのだろうか。判例においてこの点が説明されていないものもあるが、指紋押捺制度事件では、「採取された指紋の利用方法次第では<u>個人の私生活あるいはプライバシーが侵害される危険性がある。このような意味で、指紋の押なつ制度は、国民の私生活上の自由と密接な関連をもつものと考えられる</u>」と説明されている。前科照会事件では、「前科及び犯罪経歴……は人の名誉、信用に直接にかかわる事項」とされており、早大江沢民事件では、「このような個人情報〔学籍番号、氏名、住所及び電話番号のこと〕についても、本人が、自己が欲しない他者にはみだりにこれを開示されたくないと考えることは自然なことであり、そのことへの期待は保護されるべきものであるから、<u>本件個人情報は、上告人らのプライバシーに係る情報として法的保護の対象となる</u>というべきである」とされている。

2. 情報の「収集」と「開示・公表」

　Ⅰでみた判例は、いずれも個人に関する情報との関連で、「私生活上の自由」を考えている点で共通する。そして具体的に述べられた自由を情報との関連で整理すれば、①情報の収集局面と、②情報の開示・公表局面とに区別できる。

①「情報収集からの自由」について述べたと解されるのは、京都府学連事件、指紋押捺制度事件である。なお両判決では、この自由が憲法13条により直接に保障されるという言い方ではなく、その保障の「趣旨」が及ぶという言い方がされていた。同様の言い方は、取材の自由に関する**博多駅事件**（最大決昭44・11・26刑集23巻11号1490頁）や、法廷でメモを取る自由に関する**レペタ事件**（最大判平元・3・8民集43巻2号89頁）でもなされていたが、それは保障の「程度」を弱める意味をもっていると解されることに留意が必要である（憲法読本96頁〔巻美矢紀〕。なお、判例における「尊重」の用法を通覧して整理した、御幸聖樹「『尊重』の意味」大林啓吾＝柴田憲司編『憲法判例のエニグマ』（成文堂・2018）91頁以下も参照）。

次に、②「情報の開示・公表からの自由」について述べたと解されるのは、住基ネット事件、前科照会事件、早大江沢民事件である。住基ネット事件は、直接には情報の開示がなされたことが問題とされた事案ではなかったものの、「個人に関する情報をみだりに第三者に開示又は公表されない自由」の事案として構成されているため、こちらに分類される。そして住基ネット事件では、憲法13条の「趣旨」ではなく、直接にその保障が及ぶとされているから、②「情報の開示・公表からの自由」の局面が、13条が直接に保障対象として念頭に置いている問題局面と解することができるだろう。

3. 情報の「質」

さらに判例は、京都府学連事件を除き、情報の「質」に言及している。換言すれば、個人の私生活にかかわる情報のすべてが憲法13条によって保障されるわけではなく、情報の「質」によるスクリーニングがなされている。

（1）判例における言及

まず、指紋押捺制度事件では、指紋それ自体は、個人の私生活や人格、思想、信条、良心等個人の内心に関する情報となるものではないものの、その性質上、万人不同性、終生不変性をもつため、採取された指紋の利用方法次第では個人の私生活あるいはプライバシーが侵害される危険性があるから、このような意味で、指紋の押捺制度は、国民の私生活上の自由と密接な関連をもつ、と説明されていた。この説明の仕方をみるかぎり、判例は、原則として個人の私生活情報、内心に関する情報のみが、「国民の私生活上の自由と密接な関連をも」ち、憲法13条によって保障されると考えているかのようである。本事案で憲法13条の制約があるとされたのは、指紋の万人不同性、終生不変性という特徴から、

利用方法次第で「個人の私生活あるいはプライバシーが侵害される危険性」があるが故に、例外的に、個人の私生活情報、内心に関する情報ではない指紋と「国民の私生活上の自由」との密接な関連が認められたためである。

　また、住基ネット事件では、問題となった個人識別情報は、「個人の内面に関わるような秘匿性の高い情報とはいえない」と述べられており、やはり、情報の「質」への言及がある（もっとも本判決の場合、このような情報の位置づけがどこまで結論と関連していたのかやや不明確である）。

　前科照会事件では、前科等が「人の名誉、信用に直接にかかわる事項」であることが、「その取扱いには格別の慎重さが要求される」根拠とされており、ここから、弁護士会の照会に応じて回答できる場面がかなり限定——前科等の有無が訴訟等の重要な争点となっており、かつ、市区町村長に照会して回答を得るのでなければ他に立証方法がないような場合に限定——されている。

　早大江沢民事件でも、情報の「質」を問題にし、個人識別のための単純情報は、「秘匿されるべき必要性が必ずしも高いものではない」としているが、「このような個人情報」であっても、「本人が、自己が欲しない他者にはみだりにこれを開示されたくないと考えることは自然なことであり、そのことへの期待は保護されるべきものであるから、本件個人情報は、上告人らのプライバシーに係る情報として法的保護の対象となる」としている。さらに、「このようなプライバシーに係る情報」は、「取扱い方によっては」、「個人の人格的な権利利益を損なうおそれ」があるから、「慎重に取り扱われる必要がある」とも述べられている。前科照会事件と比較すると、前科等が「人の名誉、信用に直接にかかわる事項」であることに照らし、「その取扱いには格別の慎重さが要求される」とされていたのに対して、本事案では、単に「慎重に取り扱われる必要」があるとされているという違いがある。これは情報の「質」の違いに起因している。

（２）整理

　以上に照らすと、一般論として、「個人の私生活や人格、思想、信条、良心等個人の内心に関する情報」ないし「個人の内面に関わるような秘匿性の高い情報」、または「人の名誉、信用に直接にかかわる事項」に関する情報のように、秘匿性・センシティブ性が高ければ高いほど、収集行為それ自体で侵害が認定されやすくなる一方、秘匿性・センシティブ性が低ければ低いほど、その侵害の認定のために具体的危険の存在が必要となる、というのが判例の考え方であ

ると整理できる。

Ⅲ 発展解説

1．制約の評価と正当化の程度

　一般論としていえば、京都府学連事件などが述べているように、「個人の私生活上の自由」も「国家権力の行使から無制限に保護されるわけでなく、公共の福祉のため必要のある場合には相当の制限を受けることは同条の規定に照らして明らかである」。そのことを前提に、当該自由を制限する法令の合憲性をどのように審査すればよいのかが問題となる。Ⅱで説明したとおり、判例は、情報のどのような局面が問題になっているのか、そしてその情報は秘匿性・センシティブ性がどの程度高いものなのか否か、という点に着目していたが、これらの要素によって、「個人の私生活上の自由」に対する「制約」の評価も変わることになる。

2．判例の整理

　京都府学連事件は、憲法13条と公共の福祉に関する一般論を述べたうえで、「犯罪を捜査することは、公共の福祉のため警察に与えられた国家作用の1つであり、警察にはこれを遂行すべき責務があるのであるから（警察法2条1項参照）、警察官が犯罪捜査の必要上写真を撮影する際、その対象の中に犯人のみならず第三者である個人の容ぼう等が含まれても、これが許容される場合がありうるものといわなければならない。そこで、その許容される限度について考察すると、身体の拘束を受けている被疑者の写真撮影を規定した刑訴法218条2項のような場合のほか、次のような場合には、撮影される本人の同意がなく、また裁判官の令状がなくても、警察官による個人の容ぼう等の撮影が許容されるものと解すべきである。すなわち、現に犯罪が行なわれもしくは行なわれたのち間がないと認められる場合であって、しかも証拠保全の必要性および緊急性があり、かつその撮影が一般的に許容される限度をこえない相当な方法をもって行なわれるときである。このような場合に行なわれる警察官による写真撮影は、その対象の中に、犯人の容ぼう等のほか、犯人の身辺または被写体とされた物件の近くにいたためこれを除外できない状況にある第三者である個人の容ぼう等を含むことになっても、憲法13条、35条に違反しないものと解すべきである」として、13条違反か否かを判断する考慮要件を設定し、その要

件を事案の事実関係にあてはめるかたちで、憲法判断を行っている。

　他方、指紋押捺制度事件は、13条と公共の福祉に関する一般論を述べたうえで、特に審査基準を明示せずに、「その立法目的には十分な合理性があり、かつ、必要性も肯定できるものであ」り、「方法としても、一般的に許容される限度を超えない相当なものであったと認められる」として、合憲と判断している。

　住基ネット事件は、「個人に関する情報をみだりに第三者に開示又は公表されない自由」の侵害の有無につき、①当該個人情報が個人の内面にかかわるような秘匿性の高い情報とはいえないこと、②住基ネットはシステム技術上、または法制度上の不備がないため、情報が第三者に開示または公表される具体的な危険が生じていないこと、を根拠に、そもそも権利侵害の存在自体を否定している。

　前科照会事件では、上記のとおり、その情報の「質」に照らして、「格別の慎重さ」をもって当該個人情報が取り扱われなければならないとしたが、その見地から、「市区町村長が漫然と弁護士会の照会に応じ、犯罪の種類、軽重を問わず、前科等のすべてを報告することは、公権力の違法な行使にあたると解するのが相当である」と判断している。

　早大江沢民事件も、やはり情報の「質」を踏まえて当該個人情報が「慎重に取り扱われ」たかを問い、「本件個人情報を開示することについて上告人らの同意を得る手続を執ることなく、上告人らに無断で本件個人情報を警察に開示した同大学の行為は、上告人らが任意に提供したプライバシーに係る情報の適切な管理についての合理的な期待を裏切るものであり、上告人らのプライバシーを侵害するものとして不法行為を構成するというべき」としている。

3．考え方

　判例が以上のとおりだとすると、「考え方の道筋としては、広く自己情報コントロール権を措定してそこから演繹的に事案への『あてはめ』を行えば、ある意味で明快に論証することはできるが、その場合、判例の慎重な姿勢とはやや距離が生ずる」（高井裕之「幸福追求権」法教357号（2010）32頁）といえるだろう。そこで、「ある利益が『人格的生存に不可欠』であるかどうかを大上段に振りかぶって説くのではなく、判例上すでに保護の対象として認められた利益からの類推によって議論を進めるという方法」（論点教室115頁〔田近肇〕）が、判例の立場と整合的で有効であると考えられる。

したがって、当該事案では情報のどの局面が問題になっているのか、その情報はどの程度重要なものなのか、その局面において利用可能な判例は何か、といった見極めを行い、当該情報が「個人の私生活上の自由」として保障されるのかを判断することが求められる。「いずれにせよ、ある利益が幸福追求権の保護領域に含まれると主張する場合には、その利益がすでに承認された利益とどのような意味で類似しているのかを力説することになろうし、反対に、保護領域に含まれないと主張する場合には、両者がどのような点で区別されるのかを説くことになろう」（論点教室 116 頁〔田近〕）との指摘のとおりである。

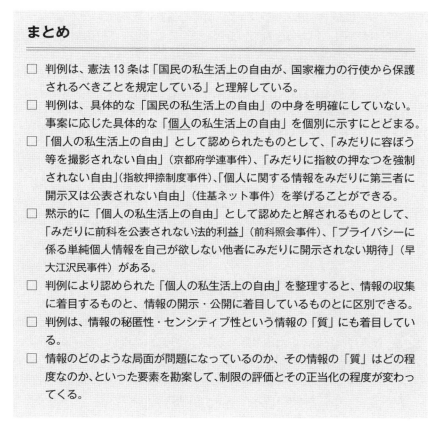

まとめ

- □ 判例は、憲法 13 条は「国民の私生活上の自由が、国家権力の行使から保護されるべきことを規定している」と理解している。
- □ 判例は、具体的な「国民の私生活上の自由」の中身を明確にしていない。事案に応じた具体的な「個人の私生活上の自由」を個別に示すにとどまる。
- □ 「個人の私生活上の自由」として認められたものとして、「みだりに容ぼう等を撮影されない自由」（京都府学連事件）、「みだりに指紋の押なつを強制されない自由」（指紋押捺制度事件）、「個人に関する情報をみだりに第三者に開示又は公表されない自由」（住基ネット事件）を挙げることができる。
- □ 黙示的に「個人の私生活上の自由」として認めたと解されるものとして、「みだりに前科を公表されない法的利益」（前科照会事件）、「プライバシーに係る単純個人情報を自己が欲しない他者にみだりに開示されない期待」（早大江沢民事件）がある。
- □ 判例により認められた「個人の私生活上の自由」を整理すると、情報の収集に着目するものと、情報の開示・公開に着目しているものとに区別できる。
- □ 判例は、情報の秘匿性・センシティブ性という情報の「質」にも着目している。
- □ 情報のどのような局面が問題になっているのか、その情報の「質」はどの程度なのか、といった要素を勘案して、制限の評価とその正当化の程度が変わってくる。

FAQ

Q 「個人の私生活上の自由」は、情報の「収集」と「開示・公表」の2つの局面に限られるのでしょうか？

A 情報は「収集 ⇒ 管理 ⇒ 開示・公表」というプロセスで利用される、ということを念頭に置いたとき、判例には、収集と開示・公表の中間に位置づけられる情報「管理」の局面の視点が直接に示されていないことに気がつくだろう。しかし、判例を子細にみれば、この点についての関心をみつけることができる。たとえば、指紋押捺制度事件では、個人の内面に関わらない情報である指紋が、「利用方法次第」で「個人の私生活あるいはプライバシーが侵害される危険性」があるとしているが、ここに「管理」の視点を読み取ることができる。早大江沢民事件も、「任意に提供したプライバシーに係る情報の適切な<u>管理</u>についての合理的な期待を裏切る」ものであったことが、不法行為責任を認めた根拠とされていた。より直接的には、住基ネット事件において、「行政機関が住基ネットにより住民である被上告人らの本人確認情報を<u>管理</u>、利用等する行為は、個人に関する情報をみだりに第三者に開示又は公表するものということはでき」ないことが、自己が欲しない他者にみだりに個人情報を開示されない利益を侵害しないと判断しているが、そのような結論を出すにあたって、住基ネットシステムの「堅牢性」、すなわち、管理のありようの検討を行っていた（百選 I〔第7版〕43頁〔山本龍彦〕）。

　以上に照らせば、判例は、その保障の程度は異なるものの、個人に関する情報の「収集」・「管理」・「開示・公表」という3つの局面を念頭に置きながら、「国民の私生活上の自由」の内実を考えていると推測できる。これらの判決が、自己情報コントロール権を事実上認めたものである、と評されるのもこのためである（佐藤183頁など）。

Q 個人の私生活上の自由を考える際に、注意点はほかにありますか？

A ここでも、「およそ公権力が個人の自由を制限する際には法律の根拠が必要であり、また制限するにしても、平等原則や比例原則に違反してはならない」という法治国家における一般的要請を忘れてはならない（➡第6章）。たとえばNシステム事件（東京高判平21・1・29判タ1295号193頁）において、組織法としての警察法2条1項が法的根拠となるか、といった論点が検討されていたことを想起してほしい。　　　　　　　　　　〔横大道　聡〕

別異取扱いの「合理性」審査と「事柄の性質」

通覧型

▶ **国籍法事件**（最大判平 20・6・4 民集 62 巻 6 号 1367 頁）
▶ **非嫡出子相続分規定事件**（最大決平 25・9・4 民集 67 巻 6 号 1320 頁）
▶ **再婚禁止期間事件**（最大判平 27・12・16 民集 69 巻 8 号 2427 頁）

はじめに　憲法 14 条 1 項は平等について規定している。判例は、ある法令の規定が憲法 14 条 1 項に違反するか否かについて、一貫して、後段列挙事由を例示と解したうえで、別異取扱いに合理的な理由があるか否かを問うという判断枠組みを採用している。他方で学説は、後段列挙事由に不合理性の推定という特別な意味を認めて、それを理由に別異取扱いがなされる場合には厳格ないし厳格な合理性の基準で判断すべきであるとか、区別にかかわる権利の性質の違いに応じて合憲性の審査基準を考えるべきであるとする立場が有力に主張されている。このように判例と学説との間には距離があるため、まずはきちんと判例の考え方を押さえたうえで、学説との異同を精確に測定することが肝要である。

　本章では、いずれも違憲判断が下された平等に関係する 3 つの判決を中心に判例を通覧して、平等問題に対する判例の考え方を明らかにし、その「射程」の明確化を試みることにしたい。なお、ここで主に取り上げる 3 つの判例は、いずれも立法事実の検討や救済に関しても重要な判断を示しているが、その論点については、第 35 章で扱われる。

Ⅰ 判旨

■国籍法事件

　「憲法 14 条 1 項は、法の下の平等を定めており、この規定は、<u>事柄の性質に即応した合理的な根拠に基づくものでない限り、法的な差別的取扱いを禁止する趣旨</u>であると解すべきことは、当裁判所の判例とするところである（最大判昭 39・5・27 民集 18 巻 4 号 676 頁〔**待命処分事件**〕、最大判昭 48・4・4 刑集 27 巻 3 号 265 頁〔**尊属殺人事件**〕等）」。

「憲法10条は、『日本国民たる要件は、法律でこれを定める。』と規定し、これを受けて、国籍法は、日本国籍の得喪に関する要件を規定している。憲法10条の規定は、国籍は国家の構成員としての資格であり、国籍の得喪に関する要件を定めるに当たってはそれぞれの国の歴史的事情、伝統、政治的、社会的及び経済的環境等、種々の要因を考慮する必要があることから、これをどのように定めるかについて、立法府の裁量判断にゆだねる趣旨のものであると解される。しかしながら、このようにして定められた日本国籍の取得に関する法律の要件によって生じた区別が、合理的理由のない差別的取扱いとなるときは、憲法14条1項違反の問題を生ずることはいうまでもない。すなわち、立法府に与えられた上記のような裁量権を考慮しても、なおそのような区別をすることの立法目的に合理的な根拠が認められない場合、又はその具体的な区別と上記の立法目的との間に合理的関連性が認められない場合には、当該区別は、合理的な理由のない差別として、同項に違反するものと解されることになる」。

　「日本国籍は、我が国の構成員としての資格であるとともに、我が国において基本的人権の保障、公的資格の付与、公的給付等を受ける上で意味を持つ重要な法的地位でもある。一方、父母の婚姻により嫡出子たる身分を取得するか否かということは、子にとっては自らの意思や努力によっては変えることのできない父母の身分行為に係る事柄である。したがって、このような事柄をもって日本国籍取得の要件に関して区別を生じさせることに合理的な理由があるか否かについては、慎重に検討することが必要である」。

■非嫡出子相続分規定事件

　「憲法14条1項は、法の下の平等を定めており、この規定が、事柄の性質に応じた合理的な根拠に基づくものでない限り、法的な差別的取扱いを禁止する趣旨のものであると解すべきことは、当裁判所の判例とするところである（〔待命処分事件〕、〔尊属殺人事件〕等）」。

　「相続制度は、被相続人の財産を誰に、どのように承継させるかを定めるものであるが、相続制度を定めるに当たっては、それぞれの国の伝統、社会事情、国民感情なども考慮されなければならない。さらに、現在の相続制度は、家族というものをどのように考えるかということと密接に関係しているのであって、その国における婚姻ないし親子関係に対する規律、国民の意識等を離れてこれを定めることはできない。これらを総合的に考慮した上で、相続制度をどのように定めるかは、立法府の合理的な裁量判断に委ねられているものというべきである。この事件で問われているのは、このようにして定められた相続制度全体のうち、本件規定により嫡出子と嫡出でない子との間で生ずる法定相続分に関する区別が、合理的理由のない差別的取扱いに当たるか否かということであり、立法府に与えられた上記のような裁量権を考慮しても、そのような区別をすることに合理的な根拠が認められない場合には、当該区別は、憲法14条1項に違反するも

のと解するのが相当である」。

■再婚禁止期間事件

「憲法14条1項は、法の下の平等を定めており、この規定が、事柄の性質に応じた合理的な根拠に基づくものでない限り、法的な差別的取扱いを禁止する趣旨のものであると解すべきことは、当裁判所の判例とするところである〔待命処分事件〕、〔尊属殺人事件〕等）。そして、本件規定は、女性についてのみ前婚の解消又は取消しの日から6箇月の再婚禁止期間を定めており、これによって、再婚をする際の要件に関し男性と女性とを区別しているから、このような区別をすることが事柄の性質に応じた合理的な根拠に基づくものと認められない場合には、本件規定は憲法14条1項に違反することになると解するのが相当である」。

「ところで、婚姻及び家族に関する事項は、国の伝統や国民感情を含めた社会状況における種々の要因を踏まえつつ、それぞれの時代における夫婦や親子関係についての全体の規律を見据えた総合的な判断を行うことによって定められるべきものである。したがって、その内容の詳細については、憲法が一義的に定めるのではなく、法律によってこれを具体化することがふさわしいものと考えられる。憲法24条2項は、このような観点から、婚姻及び家族に関する事項について、具体的な制度の構築を第一次的には国会の合理的な立法裁量に委ねるとともに、その立法に当たっては、個人の尊厳と両性の本質的平等に立脚すべきであるとする要請、指針を示すことによって、その裁量の限界を画したものといえる。また、同条1項は、『……』と規定しており、婚姻をするかどうか、いつ誰と婚姻をするかについては、当事者間の自由かつ平等な意思決定に委ねられるべきであるという趣旨を明らかにしたものと解される。婚姻は、これにより、配偶者の相続権（民法890条）や夫婦間の子が嫡出子となること（同法772条1項等）などの重要な法律上の効果が与えられるものとされているほか、近年家族等に関する国民の意識の多様化が指摘されつつも、国民の中にはなお法律婚を尊重する意識が幅広く浸透していると考えられることをも併せ考慮すると、上記のような婚姻をするについての自由は、憲法24条1項の規定の趣旨に照らし、十分尊重に値するものと解することができる。〔改行〕そうすると、婚姻制度に関わる立法として、婚姻に対する直接的な制約を課すことが内容となっている本件規定については、その合理的な根拠の有無について以上のような事柄の性質を十分考慮に入れた上で検討をすることが必要である。〔改行〕そこで、本件においては、上記の考え方に基づき、本件規定が再婚をする際の要件に関し男女の区別をしていることにつき、そのような区別をすることの立法目的に合理的な根拠があり、かつ、その区別の具体的内容が上記の立法目的との関連において合理性を有するものであるかどうかという観点から憲法適合性の審査を行うのが相当である」。

Ⅱ 基本解説

1. 平等条項の意味

判例上、平等違反が問われた事案において、待命処分事件と尊属殺人事件を引用するのが通例となっている。それは両判例で、平等違反か否かを判断する基本的な枠組みが示されたからである。待命処分事件は平等条項の意味につき、「国民に対し絶対的な平等を保障したものではなく、差別すべき合理的な理由なくして差別することを禁止している趣旨と解すべきであるから、事柄の性質に即応して合理的と認められる差別的取扱をすることは、なんら右各法条の否定するところではない」としており、表現は若干異なるものの、Ⅰで通覧した判例も同趣旨のことを述べている。このように判例は、①別異取扱いの合理的理由の有無によって平等違反か否かを判断しており、また、②合理的理由の有無の判断に際して、「事柄の性質」を考慮するということを確認できる。

なお、憲法の教科書の平等の記述部分をみると、相対的平等か絶対的平等か、法適用平等説か法内容平等説かという学説（史）上の対立が記されているが、判例では、そうした論点はほとんど争点化しない。これは当事者間でこの点が争われることを想定し難く、そもそも主張されないからである。

2. 区別の特定

平等の問題は他者との関係での「比較」の問題であるから、まずは比較の対象が特定されなければならない（小山 108 頁）。上記の判例はいずれも何の「区別」を問題とするのかについて言及しているが、「区別の特定」の重要性は、特に**国籍法事件**を詳しくみることで明確になる。

国籍法事件で違憲とされた区別は、「日本国民である父の非嫡出子について、父母の婚姻により嫡出子たる身分を取得した者に限り日本国籍の取得を認めていることによって、同じく日本国民である父から認知された子でありながら父母が法律上の婚姻をしていない非嫡出子は、その余の同項所定の要件を満たしても日本国籍を取得することができないという区別」であった。しかし、国籍法の規定によって生じる区別はこれだけではなかった（最判解民事平成 20 年度 287 頁〔森英明〕）。同事件の**第一審**（東京地判平 17・4・13 民集 62 巻 6 号 1449 頁）では、この準正子と非嫡出子差別の不合理性に加えて、①胎児認知と生後認知との差別の不合理性（国籍法 2 条 1 号は、子が胎児認知された場合には、両親の婚姻

がなくとも日本国籍取得を認めている）、②父子関係と母子関係との差別の不合理性（日本人母の子であれば、両親の婚姻がなくても、国籍法2条1号により出生によって日本国籍を取得する）も主張されたが、いずれもあっさり退けられた。その一方、③準正子と父母が内縁関係（重婚的なものも含む）の子との間の区別については、その不合理性が認められ、憲法14条1項に違反するとされた（ただしこの区別は上告理由の論旨で取り上げられていない）。

　このことからわかるように、何と何との間の区別を訴訟で争点化するかによって結論が分かれる可能性がある。だからこそ、慎重にその設定を行わなければならない。

３．別異取扱いの合理性審査

（１）平等審査の基本形

　別異取扱いの「合理的な根拠」の有無は、「事柄の性質」に応じて、綿密に審査されることも、緩やかに審査されることもある。すなわち、平等の文脈での「合理的」という語は、特定の審査基準を指示しない一般的意味で用いられている。学説で、「『合理的根拠』の有無を『厳格な合理性の基準』で審査するといった、ややこしい用語法」（宍戸109頁）になっているのはそのためである。

　そして、「一般平等原則については、審査密度……はそれほど厳格ではない。別異取扱いが恣意的でない限り、合憲となろう」（小山109頁）とされる。それは、「法は全ての人に対して同一の取扱いをすることができないことを（一般的な立法裁量ないしそれに準じるものとして）内在的に組み込んだ規範システムであり、『区別』（別異取扱い）は、法の機能のうちに、いわばデフォルトとして備わっていると解される」（蟻川恒正「判批」法教397号（2013）107頁）からである。国籍法事件や**再婚禁止期間事件**（➡第9章）では、「区別の立法目的」と、「具体的な区別と立法目的との間の合理的関連性」から、「合理的な根拠」の有無を探るという審査が示されているが、これが平等審査の基本形であり、それが「事柄の性質」に応じて、厳しく審査されたり緩やかに審査されたりするのである。

（２）事柄の性質

　国籍法事件では、「事柄の性質」が機能したことで、「区別の合理的根拠」の有無が「慎重に検討」されている。そこで考慮された「事柄の性質」とは、①日本国籍が「重要な法的地位」であること、②区別が「子にとっては自らの意思や努力によっては変えることのできない父母の身分行為に係る事柄」であっ

たことである。この「①は、区別の対象になる権利・利益が重要であることに着目するものである。……②は『本人の努力によってはどうしようもない』ことを理由に区別することに固有の差別性を疑ってきた学説の流れと一致する」（駒村163-164頁）。しかし、あくまで「流れと一致」しているだけであることには注意が必要である。すなわち学説では、①の「重要な法的地位」、②の「区別事由」の性質のどちらか一方が存在する場合に、審査を厳しくするべきであるとするが、判例は、この両者の「事柄の性質」が相まって、初めて、「慎重な検討」となるとする立場と解されるからである。このことは、国籍法事件後の**非嫡出子相続分規定事件**との「対比」によって明らかになる。すなわち、同決定で、非嫡出子か否かは「みずからの意思や努力では変えられない」とされていた（すなわち②の性質を備えていた）にもかかわらず、「慎重な検討」といった言い回しが用いられておらず、厳しく別異取扱いの「合理性」の有無が審査されなかったのは、①の「重要な法的地位」という性質がみられなかったからと考えられるからである（蟻川・前掲107-108頁）。むしろ、国籍法事件では、「重要な法的地位」であることが先に言及されていること、そして非嫡出子相続分規定事件との平仄から、①「重要な法的地位」が「審査密度を決定する主たる要因」（小山110頁）ともいえるかもしれない。

　この点、再婚禁止期間事件では、憲法24条1項の規定の趣旨に照らして十分尊重に値する「婚姻をするについての自由」に「直接的な制約を課すことが内容となっている」規定であるといった「事柄の性質」が機能して、それを「十分考慮に入れた上で検討をすることが必要」とされているが（➡第1章）、①「重要な法的地位」のなかに憲法上の権利・自由（ただし、「婚姻をするについての自由」は「趣旨に照らし、十分尊重に値する」とされているにすぎないことに注意）が含まれると解すれば、そうした理解に親和的であると考えられる。もっとも、上記の①、②の要素のみが審査を厳しくする「事柄の性質」というわけではなく、新たに審査を厳しくする要素として、「憲法上の権利・自由に対する直接的制約」という類型を加えたとも解することができるだろう（➡第9章）。

Ⅲ　発展解説

　Ⅲでは基本解説から視野を広げて、その他の平等判例との「対比」や「通覧」を通じて、もう一歩踏み込んで「事柄の性質」について検討する。

１．審査を緩やかにする「事柄の性質」

　サラリーマン税金訴訟の上告審（➡第 31 章）は、憲法 14 条 1 項の意味につき、従来と同様に待命処分事件等を引用しながら、「合理性」審査について述べているが、それに続けて租税立法の性質の説明を行い、「租税法の定立については、国家財政、社会経済、国民所得、国民生活等の実態についての正確な資料を基礎とする<u>立法府の政策的、技術的な判断にゆだねるほかはなく、裁判所は、基本的にはその裁量的判断を尊重せざるを得ない</u>ものというべきである。そうであるとすれば、租税法の分野における所得の性質の違い等を理由とする取扱いの区別は、その<u>立法目的が正当なものであり</u>、かつ、当該立法において具体的に採用された区別の態様が右目的との関連で<u>著しく不合理であることが明らかでない限り</u>、その合理性を否定することができず、これを憲法 14 条 1 項の規定に違反するものということはできないものと解するのが相当」と述べている。ここでは、政策的・技術的な判断に委ねられる領域については、「事柄の性質」上、別異取扱いの「合理的な根拠」の有無が緩やかに審査されることが示されている。

　憲法自体が、その形成を法律、すなわち国会に明示的に委ねているような「制度」のなかで別異取扱いが生じているような場合にも、立法裁量が前提となるため、裁判所はその「合理性」を緩やかに審査する傾向があるといえる（小山剛「私法の自律性と憲法上の権利」法研 88 巻 1 号（2015）186 頁）。たとえば、**堀木事件**の第一審（神戸地判昭 47・9・20 行集 23 巻 8・9 号 711 頁）は、平等問題として事案を処理していたが、「元来、手当の受給資格の要件をどのようなものとするかについては、立法時における立法者の裁量に属するわけではあるけれども、その裁量により制定された手当法上の差別的取扱が、<u>著しく合理性を欠く場合</u>には、当該差別を生ぜしめる規定は、憲法第 14 条第 1 項に違反し、無効なものといわなければならない」と述べ、緩やかな「合理性」審査を示している（ただし、結論として違憲。なお本判決は、「区別の特定」という点でも興味深い検討を加えており精読に値する）。また、**衆議院比例代表並立制事件**（➡第 30 章）では、選挙制度に「論理的に要請される一定不変の形態が存在するわけではない」こと、憲法が立法事項（43 条・47 条）としていることなどから、「国会が新たな選挙制度の仕組みを採用した場合には、その具体的に定めたところが、右の制約や法の下の平等などの憲法上の要請に反するため国会の右のような広い裁量権を考慮

してもなおその限界を超えており、これを是認することができない場合に、初めてこれが憲法に違反することになるものと解すべき」としたうえで、「候補者と並んで候補者届出政党にも選挙運動を認めることが是認される以上、候補者届出政党に所属する候補者とこれに所属しない候補者との間に選挙運動の上で差異を生ずることは避け難いところであるから、その差異が一般的に合理性を有するとは到底考えられない程度に達している場合に、初めてそのような差異を設けることが国会の裁量の範囲を逸脱するというべきである」と述べ、極めて緩やかな「合理性」審査を採用している。

２．審査を緩やかにしない「事柄の性質」

　婚姻・家族制度もまた、国会による制度形成に委ねられているという点で、別異取扱いの「合理性」を緩やかに審査する方向に親和的である。実際、平成７年の非嫡出子相続分規定事件（最大決平７・７・５民集49巻７号1789頁）では、「合理性」審査に言及したうえで、「本件規定を含む法定相続分の定めは、右相続分に従って相続が行われるべきことを定めたものではなく、遺言による相続分の指定等がない場合などにおいて補充的に機能する規定であることをも考慮すれば、本件規定における嫡出子と非嫡出子の法定相続分の区別は、その立法理由に合理的な根拠があり、かつ、その区別が右立法理由との関連で著しく不合理なものでなく、いまだ立法府に与えられた合理的な裁量判断の限界を超えていないと認められる限り、合理的理由のない差別とはいえ」ないとされていた。ここでは、当該規定が立法裁量の広く認められるべき「相続制度」にかかわるものであること、法定相続分の定めが「遺言等による相続分の指定等がない場合などにおいて補充的に機能する規定であること」が相まって、区別の「合理性」の審査基準を緩める機能を果たしている（小山・前掲175-176頁）。

　そうすると、平成25年の非嫡出子相続分規定事件の意義は、「合理的な根拠」の有無の審査を厳しく行わなかったという点よりはむしろ、緩やかに行わなかったという点にこそ認められるかもしれない。

　そこで、平成７年決定と、平成25年決定との「対比」をしてみると、両者の「合理性」審査の厳格さが異なったのは、本件規定を単なる補充的規定（＝不利益が小さい）とした平成７年決定の評価が変更されたことが大きいと解される。この点について平成25年決定は、次のように述べている。「平成７年大法廷決定においては、本件規定を含む法定相続分の定めが遺言による相続分の指定等

がない場合などにおいて補充的に機能する規定であることをも考慮事情としている。しかし、本件規定の補充性からすれば、嫡出子と嫡出でない子の法定相続分を平等とすることも何ら不合理ではないといえる上、遺言によっても侵害し得ない遺留分については本件規定は明確な法律上の差別というべきであるとともに、本件規定の存在自体がその出生時から嫡出でない子に対する差別意識を生じさせかねないことをも考慮すれば、本件規定が上記のように補充的に機能する規定であることは、その合理性判断において重要性を有しないというべきである」。

　国籍法事件も、法律による制度形成に委ねられた領域における別異取扱いの事案であったが、緩やかな「合理的な根拠」の有無の審査がなされていない。したがって、憲法が制度形成を法律に委ねた領域だからといって、必ずしも緩やかな「合理性」審査となるわけではない。やはり、事案に即して「事柄の性質」を丁寧に検討することが必要となる。

まとめ

- □ 平等違反が疑われる法令審査の基本形は、待命処分事件以来、別異取扱いの「合理的な根拠」の有無を、「事柄の性質」に応じて審査するというものである。
- □ 平等の問題は、何かと何かとの間の「区別」の問題であるから、検討するべき「区別」を明確に特定しなければならない。そしてその設定次第で結論が分かれうるので、慎重に区別を特定しなければならない。
- □ 別異取扱いの「合理的な根拠」の有無の審査を厳しくしたり、緩やかにしたりするのは当該事案における「事柄の性質」である。この「合理的」という語は、特定の審査基準を指示しない語であり、学説のいう「合理性の基準」などとは異なる。
- □ 国籍法事件判決は、①重要な法的地位について、②本人の意思や努力で変えることのできない理由で区別する場合に、別異取扱いの「合理的な根拠」の有無を「慎重」に検討するとしており、これは「合理性」審査を厳しくする要因として重要であるが、①と②の関係については解釈が分かれる。
- □ 判例を通覧すると、「合理性」審査を緩やかに行われたのは、専門的、技術的判断が求められる領域や、制度形成が法律に委ねられている領域である

が、後者の領域に属する区別だからといって、必ずしも緩やかな「合理性」
審査となるわけではない。
□　したがって、判例を参考にしつつ、事案に即して「事柄の性質」を分析し、
「合理性」審査に臨むというのが判例の考え方であり、それを踏まえた検
討が必要である。

FAQ

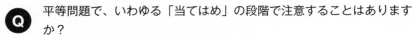

Q 平等問題で、いわゆる「当てはめ」の段階で注意することはありますか？

A 判例のなかには平等の問題を目的・手段の関係に分解することなく、直截に区別の合理性を問うているものが少なくない。たしかに、尊属殺人事件では、「立法目的」と「立法目的達成の手段」の合理性を問うという「二段構えの判断手法」が採用されている。しかしこの手法は、「その後の平等判例に必ずしも受け継がれなかった。また『二段構え』の正当化審査がなされる場合でも、『立法目的』と『区別の態様』……、『立法理由』と『区別』……に関する審査と定式化された」（百選Ｉ〔第7版〕57頁〔渡辺康行〕。渡辺康行「平等原則のドグマーティク」立教82号（2011）26頁も参照）。本章で通覧した判例も同様である。

　「立法目的」と「立法目的達成の手段」の合理性を問うという「二段構えの判断手法」を非嫡出子法定相続分に当てはめてみれば、相続分の2分の1から、4分の3に引き上げたら合憲なのか、5分の4、10分の9ならばどうか、ということを問うに等しい。しかしここでの問題の本質は、区別することそれ自体であってその程度ではないはずである。そうだとすれば、端的に、嫡出子と非嫡出子との「別異取扱い」の合理性を問うべきであろう。このように別異取扱いが程度問題ではなく、all-or-nothing の問題である場合、「そもそも目的・手段を人為的に分解するではなく、端的に区別の合理性を憲法上の価値判断や立法事実に照らして正面から問うべきであり、……実はそれこそが判例の主流的立場」なのである（宍戸113頁）。平等の問題では、安易に目的・手段審査に持ち込まないように注意したい。

Q 夫婦同氏事件（➡第1章・第9章）でも、憲法14条1項について言及が
あったと思いますが、同判決は平等の判例としてどのような意義をも
つでしょうか？

A 夫婦同氏事件でも、本章で触れた判例と同様、待命処分事件と尊属殺
人事件を引用して14条1項の内容を説明しており、その点に違いは
ない。そして「本件規定は、……その文言上性別に基づく法的な差別的取扱い
を定めているわけではなく、本件規定の定める夫婦同氏制それ自体に男女間の
形式的な不平等が存在するわけではない。我が国において、夫婦となろうとす
る者の間の個々の協議の結果として夫の氏を選択する夫婦が圧倒的多数を占
めることが認められるとしても、それが、<u>本件規定の在り方自体から生じた結
果であるということはできない</u>」として、14条1項違反の主張を退けている。
ここでは、区別が法令の「規定のあり方自体から生じた結果」でない場合には
14条1項に反しないという立場が示されたと解される。

　他方、同判決は、現状ほとんどの夫婦が夫の氏を選択している社会的事実の
背後に、差別的な意識や慣習による影響があるとすれば、それを排除すること
が憲法14条1項の「趣旨に沿う」としたうえで、そのことは、「憲法24条の認
める立法裁量の範囲を超えるものであるか否かの検討」における考慮事項の一
つであるとして、24条との抵触を中心に検討している。そして注目すべきは、
「……憲法24条の要請、指針に応えて具体的にどのような立法措置を講ずるか
の選択決定が……国会の多方面にわたる検討と判断に委ねられているもので
あることからすれば、婚姻及び家族に関する法制度を定めた法律の規定が<u>憲法
13条、14条1項に違反しない場合に、更に憲法24条にも適合するものとして
是認されるか否か</u>は、当該法制度の趣旨や同制度を採用することにより生ずる
影響につき検討し、当該規定が個人の尊厳と両性の本質的平等の要請に照らし
て合理性を欠き、国会の立法裁量の範囲を超えるものとみざるを得ないような
場合に当たるか否かという観点から判断すべきものとするのが相当」とされて
いることである。ここでは、婚姻および家族に関する法制度に関しては、14条
1項の規範的統制力よりも24条のそれのほうが強いとされており、実質的な
影響、実態としての社会的な差別の存在等にまで踏み込むべき理由が24条2
項に求められている。したがって本事案は、14条1項の判例というよりはむし
ろ、24条に関する判例としての意義が大きい。憲法24条の意義については、
第9章を参照してほしい。

〔横大道　聡〕

9 　家族制度

対比型

▶**再婚禁止期間事件**（最大判平 27・12・16 民集 69 巻 8 号 2427 頁）
▶**夫婦同氏事件**（最大判平 27・12・16 民集 69 巻 8 号 2586 頁）

はじめに　　憲法 24 条は、前近代的な「家」制度の廃止とともに、「個人の尊厳と両性の本質的平等」に基づく家族制度の構築を求める規定であるとされる（憲法読本 117 頁〔安西文雄〕）。だが、その法的意義の多くは、憲法 13 条と 14 条によって実現可能なものであり、24 条独自の意義があるのかについては、判例・学説上、さほど興味関心をもたれず、その内容は明らかでなかった。

　ところが、本章でとりあげる 2 つの最高裁判決において、改めて憲法 24 条の理論的考察がされることになり、13 条や 14 条には含まれない独自の法的意義が存在することが示された。もっとも、その内容は必ずしも具体性を有するものではなく、これがどのような裁判規範として機能するのかは明らかでない。とはいえ、最高裁が 24 条解釈を行い、その理論的発展可能性を示したのは間違いなく、今後の婚姻や家族に関する訴訟において 24 条を論拠とした主張が展開されることになろう。

　本章では、家族制度に関する 13 条や 14 条の法的意義に触れつつも、24 条に言及した 2 つの最高裁判決を対比し、その理論的展開可能性と射程について、家族制度に関する諸々の裁判例を手がかりにしながら検討していきたい。

Ⅰ　判旨

■再婚禁止期間事件
　「同条 1 項は、……婚姻をするかどうか、いつ誰と婚姻をするかについては、当事者間の自由かつ平等な意思決定に委ねられるべきであるという趣旨を明らかにしたものと解される。婚姻は、これにより、配偶者の相続権（民法 890 条）や

夫婦間の子が嫡出子となること（同法 772 条 1 項等）などの重要な法律上の効果
が与えられるものとされているほか、近年家族等に関する国民の意識の多様化
が指摘されつつも、国民の中にはなお法律婚を尊重する意識が幅広く浸透して
いると考えられることをも併せ考慮すると、上記のような婚姻をするについて
の自由は、憲法 24 条 1 項の規定の趣旨に照らし、十分尊重に値するものと解す
ることができる」。

■夫婦同氏事件
（1）判旨① ──「氏の変更を強制されない自由」と憲法 13 条

「家族は社会の自然かつ基礎的な集団単位であるから、このように個人の呼称
の一部である氏をその個人の属する集団を想起させるものとして一つに定める
ことにも合理性があるといえる。〔改行〕……本件で問題となっているのは、婚姻
という身分関係の変動を自らの意思で選択することに伴って夫婦の一方が氏を
改めるという場面であって、自らの意思に関わりなく氏を改めることが強制さ
れるというものではない。〔改行〕……氏に、名とは切り離された存在として社会
の構成要素である家族の呼称としての意義があることからすれば、氏が、親子関
係など一定の身分関係を反映し、婚姻を含めた身分関係の変動に伴って改めら
れることがあり得ることは、その性質上予定されているといえる」。

「以上のような現行の法制度の下における氏の性質等に鑑みると、婚姻の際に
『氏の変更を強制されない自由』が憲法上の権利として保障される人格権の一内
容であるとはいえない。本件規定は、憲法 13 条に違反するものではない」。

（2）判旨② ── 改姓による事実上の女性差別と憲法 14 条

「本件規定は、夫婦が夫又は妻の氏を称するものとしており、夫婦がいずれの
氏を称するかを夫婦となろうとする者の間の協議に委ねているのであって、そ
の文言上性別に基づく法的な差別的取扱いを定めているわけではなく、本件規
定の定める夫婦同氏制それ自体に男女間の形式的な不平等が存在するわけでは
ない。我が国において、夫婦となろうとする者の間の個々の協議の結果として夫
の氏を選択する夫婦が圧倒的多数を占めることが認められるとしても、それが、
本件規定の在り方自体から生じた結果であるということはできない。〔改行〕し
たがって、本件規定は、憲法 14 条 1 項に違反するものではない」。

（3）判旨③ ── 婚姻制度による事実上の婚姻の制約と憲法 24 条 1 項

「憲法 24 条は、1 項において……婚姻をするかどうか、いつ誰と婚姻をするか
については、当事者間の自由かつ平等な意思決定に委ねられるべきであるとい
う趣旨を明らかにしたものと解される」。

「本件規定は、……婚姻をすることについての直接の制約を定めたものではな
い。仮に、婚姻及び家族に関する法制度の内容に意に沿わないところがあること

を理由として婚姻をしないことを選択した者がいるとしても、これをもって、直ちに上記法制度を定めた法律が婚姻をすることについて憲法24条1項の趣旨に沿わない制約を課したものと評価することはできない」。

　「ある法制度の内容により婚姻をすることが事実上制約されることになっていることについては、婚姻及び家族に関する法制度の内容を定めるに当たっての国会の立法裁量の範囲を超えるものであるか否かの検討に当たって考慮すべき事項であると考えられる」。

（4）判旨④ ── 国会の立法裁量と憲法24条2項

　「婚姻及び家族に関する事項は、関連する法制度においてその具体的内容が定められていくものであることから、当該法制度の制度設計が重要な意味を持つものであるところ、憲法24条2項は、具体的な制度の構築を第一次的には国会の合理的な立法裁量に委ねるとともに、その立法に当たっては、同条1項も前提としつつ、個人の尊厳と両性の本質的平等に立脚すべきであるとする要請、指針を示すことによって、その裁量の限界を画したものといえる」。

　「憲法24条が、本質的に様々な要素を検討して行われるべき立法作用に対してあえて立法上の要請、指針を明示していることからすると、その要請、指針は……憲法上直接保障された権利とまではいえない人格的利益をも尊重すべきこと、両性の実質的な平等が保たれるように図ること、婚姻制度の内容により婚姻をすることが事実上不当に制約されることのないように図ること等についても十分に配慮した法律の制定を求めるものであり、この点でも立法裁量に限定的な指針を与えるものといえる」。

　「他方で、婚姻及び家族に関する事項は、国の伝統や国民感情を含めた社会状況における種々の要因を踏まえつつ、それぞれの時代における夫婦や親子関係についての全体の規律を見据えた総合的な判断によって定められるべきものである。特に、憲法上直接保障された権利とまではいえない人格的利益や実質的平等は、その内容として多様なものが考えられ、それらの実現の在り方は、その時々における社会的条件、国民生活の状況、家族の在り方等との関係において決められるべきものである」。

　「婚姻及び家族に関する法制度を定めた法律の規定が憲法13条、14条1項に違反しない場合に、更に憲法24条にも適合するものとして是認されるか否かは、当該法制度の趣旨や同制度を採用することにより生ずる影響につき検討し、当該規定が個人の尊厳と両性の本質的平等の要請に照らして合理性を欠き、国会の立法裁量の範囲を超えるものとみざるを得ないような場合に当たるか否かという観点から判断すべきものとするのが相当である」。

Ⅱ 基本解説

1．総説

　夫婦同氏事件と再婚禁止期間事件の両判決については、たまたま同じ日に出された2つの判決というよりも、「両判決は結論から言えば同根のようなものであり、その根底には、最高裁が想定する強固な憲法上の家族観がある」（巻美矢紀「憲法と家族」論ジュリ18号（2016）86頁）と評するのが妥当である。もっとも、ここで具体的に最高裁があるべき家族制度を示しているわけではなく、国会による法制度の設計に広い立法裁量を認めつつ、いくつかの憲法条文からの限界づけを行っているにすぎない。ただ、これまでは、憲法13条や14条の「意義を再確認し徹底化することを求めた規定であり、何か別の人権の保障がなされている訳ではない」（戸松秀典＝今井功編『論点体系判例憲法2』（第一法規・2013）85頁〔君塚正臣＝戸松秀典〕）と一般的に理解されてきた24条について、憲法上の独自の意義を判示した点は特に重要である。

　従来、憲法24条については、「民主主義の基本原理である個人の尊厳と両性の本質的平等の原則を婚姻および家族の関係について定めたものであり、男女両性は本質的に平等であるから、夫と妻との間に、夫たり妻たるの故をもつて権利の享有に不平等な扱いをすることを禁じたものであつて、結局、継続的な夫婦関係を全体として観察した上で、婚姻関係における夫と妻とが実質上同等の権利を享有することを期待した趣旨の規定」（最大判昭36・9・6民集15巻8号2047頁〔夫婦別産制事件〕）との判示がなされている程度であった。なお、これまで憲法24条に言及した裁判例としては、養親子間の婚姻禁止を定めた民法736条を合憲とするもの（大阪高判昭51・9・7判時853号57頁）、また、女子従業員が結婚したときは退職するとの慣行を公序良俗違反（民90条）で無効とするもの（東京地判昭41・12・20判時467号26頁〔住友セメント結婚退職事件〕、名古屋地判昭45・8・26判時613号91頁〔山一證券結婚退職事件〕）などがあるが、他の条文と併用されることがほとんどであった。

　ところが、夫婦同氏事件判決においては、憲法13条・14条に還元しえない24条独自の意義が示唆されている。それが、憲法の想定する「家族観」に結びついているようではあるが、必ずしも明確なものではないため、両判決を並べて子細に検討する必要がある。

２．憲法と家族制度

　従来の判例からうかがえるのは、憲法が一夫一婦制による法律婚主義を基調とする家族制度を想定していることであろう（**国籍法事件**（➡第8章・第35章）、**非嫡出子相続分規定事件**（➡第8章・第35章）など）。それ以外の具体的な家族のあり方については、婚姻、財産管理、相続、親子関係など個別的な文脈に即した検討が必要である。家族制度は個別の法制度の集合体であるから、それら具体的な制度の趣旨・目的などを分析することは不可避である。ここで漠然と「家族とは何か」と問う議論や権利制約ばかりを強調する議論は法律論としては有益でない。制度設計に関する広い立法裁量を前提に、いかにその範囲を絞り込んでいくかが基本的な審査枠組みとなる。

　たとえば、夫婦同氏事件判決において、氏名が人格権（憲13条）の一内容を構成するとの判例（最判昭63・2・16民集42巻2号27頁）を援用することについては、「具体的な法制度を離れて、氏が変更されること自体を捉えて直ちに人格権を侵害し、違憲であるか否かを論ずることは相当ではない」とされる。また、憲法14条1項との関係でも、差別にあたるかどうかは制度の目的やその手段の合理性、目的に対する手段の合理的関連性が検討されることになる。ただ、こうした審査枠組みが、現状肯定的判断に至りやすいことは否定しえない。特に、家族制度は「国の伝統や国民感情を含めた社会状況」を基礎として成り立ち、また、親子関係については「子の福祉」が重視されるので、そうした傾向が増幅されることになる。

３．憲法24条独自の意義

　しかしながら、今般の両判決により次の2つの場面で立法裁量に歯止めがかけられる可能性が示されたといえる。

（1）「婚姻をするについての自由」と立法裁量

　1つが、婚姻をするかどうか、いつ誰と婚姻をするかについて自由である「婚姻をするについての自由」に対する制約の態様が直接的でかつ程度が大きい場合である。まず、再婚禁止期間事件判決において最高裁は、婚姻をするについての自由が「尊重に値する」と述べている（最大決昭44・11・26刑集23巻11号1490頁〔**博多駅事件**〕参照）。

　しかしながら、博多駅事件決定が取材の自由を「21条の保護範囲の周辺部分に位置するものとしておき、さらに加えられている制限を間接的制限と見てい

る」（駒村119-120頁）のとは対照的に、再婚禁止規定は婚姻をするについての自由を直接的に制限する点に差異がある（➡第1章）。しかもその制限は「禁止」と、極めて強いものとなっている。こうした保護の程度は低いが制限の程度が高いケースにあっては、憲法上尊重される自由に見合った制約根拠が示されているかについて、審査密度を高めた判断が必要となろう。その点において、再婚禁止期間事件判決においては、父性の推定を定めた民法772条2項との整合性をも考慮し、立法裁量の認められる余地が比較的狭くなっているといえる。

　その結果が民法733条1項の再婚禁止期間のうち100日超過分についての違憲判断に結びついたといえる。判断枠組み自体は、憲法14条1項の適合性について立法目的とその実現手段の合理的関連性とを検討するというありがちな手法であるが（ちなみに、千葉勝美裁判官の補足意見によれば、手段自体の相当性も多数意見の前提となっている）、そこにあわせて憲法24条の趣旨および意義を考慮しており、結果として相当に厳格な態度で審査が行われている（➡第8章）。「本件において重視すべき観点は、区別そのものではなく、区別の対象となる権利利益の問題として、本件規定が憲法24条にいう『婚姻』を制約するものという点にあると考えられる」（最判解民事平成27年度(下)665頁〔加本牧子〕）ので、単に「区別」の目的と手段の合理性を審査する場合とは異なり、制約の正当化を論証する必要が生じてくる。

　そうした審査の態度は、民法733条1項の除外規定である同条2項に関する共同補足意見（櫻井・千葉・大谷・小貫・山本・大谷の6裁判官）での「再婚禁止による支障をできる限り少なくすべきとの観点」にも反映している。共同補足意見は、不妊手術等により生物学的に出産しないことが確実な場合や前婚の解消等の時点で懐胎していない女性についても、「100日以内部分の適用除外の事由があるといい得る旨を指摘」しており（最判解・前掲698頁〔加本〕）、木内・鬼丸の両裁判官も個別意見で同調する。つまり、合計8名の裁判官が、本判決との関係では必ずしも言及する必要のない論点に触れたのであるが、それは100日以内の再婚禁止規定についても憲法24条との関係で違憲となる余地が存することを示唆すべく、あえて「合憲限定解釈」を示したものと考えられる（本判決を受けて、民法733条が改正された）。

（2）個人の尊厳と両性の本質的平等の相互参照

　他方、夫婦同氏事件で問題となるのは婚姻そのものに対する直接的な制約で

はなく、しかも、姓の選択に関しては婚姻当事者の判断に委ねられており、再婚禁止期間事件の事案に比べると、権利・利益の保護の程度も制限の程度も低い事例といえる。そのため、憲法13条および14条からの審査も同事件に比べて緩やかになり、違憲判断を導き出すことは困難となる。

そこで、「憲法24条において、上記の局面ではすくい上げることのできなかった様々な権利や利益、実質的平等の観点等を立法裁量に限定的な指針を与えるものとして検討すべき」（最判解民事平成27年度㊦754頁〔畑佳秀〕）ということになる。これについて、最高裁は、①憲法上直接保障された権利とまではいえない人格的利益をも尊重すること、②両性の実質的な平等が保たれるように図ること、③婚姻制度の内容により婚姻をすることが事実上不当に制約されることのないように図ること、といった要素を示しつつ、これらに「十分に配慮した法律の制定を求めるものであり、この点でも立法裁量に限定的な指針を与える」と判示する。別々に個人の尊厳と両性の本質的平等の観点から検討するのではなく、家族制度の全般的な考察とともに両者を相互参照することで浮かび上がる利益や不利益を描き出し、「合わせ技一本」で家族制度の課題を憲法的に是正する場として憲法24条独自の意義を見出しうる。たとえば、社会的障壁や間接差別（杉山有沙『日本国憲法と合理的配慮法理』（成文堂・2020）106-113頁）による権利・利益侵害を可視化させる際に、このアプローチは有効であろう。

こうした場合の審査は、合理性の基準を用いることになるが、そこでは、立法目的と手段の合理的関連性を審査する方法よりも、「むしろ、より広く、当該法制度の趣旨や同制度を採用することにより生ずる影響がどのようなものであるのかといった点に着目することの方が適切に判断しうるように思われる」（最判解・前掲755頁〔畑〕）。この点、夫婦同氏制が「双方の協議によるものであるが、96％もの多数が夫の氏を称することは、女性の社会的経済的な立場の弱さ、家庭生活における立場の弱さ、種々の事実上の圧力など様々な要因のもたらすところであるといえ」、その点を考慮しないまま夫婦同氏の例外を設けないことは、個人の識別能力を損ね、自己喪失感を負わせるという「影響」に関する岡部意見の指摘は重要である。ただ、多数意見は「〔人権に〕フレンドリーな論理構成にもかかわらず、結局、通称使用の社会的拡大を理由に不利益は緩和されていると判断した」（百選Ⅰ〔第7版〕67頁〔駒村圭吾〕）にとどまり、「権

利の論理に制度の論理が交錯する場合に、自動的に権利を制度に従属させた感がある」（重解平成28年度23頁〔小山剛〕）などとも評され、憲法24条独自の意義を示した割には現状肯定的な判断に至る傾向がそのまま反映しただけという感がある。

とはいえ、本件については、交錯する「権利の論理」と「制度の論理」のうち、権利の側については、家族形態の多様化、社会状況や国民意識の変化などによりいずれ判例変更が起こりうる可能性が想定される。また、制度の側も決して盤石ではなく、そこにおいて、憲法24条がかかわる問題が生じる余地は十分に残されているのである。

Ⅲ 発展解説

1.「揺らぐ」家族法

近年の判例の動向をみると、家族法の「制度の論理」にある種の揺らぎが生じているように思われる。家族形態の多様化や社会状況の変化に国会による法整備が追いついていない部分の穴埋めを判例が行っているためであるが、それでは制度の全般的な一貫性整合性において疑義が生じたり、根本的な問題解決には不十分であったりする。

たとえば、民法772条の嫡出推定に関し、DNA鑑定により夫との間に生物学上の父子関係が認められなかったにもかかわらず、嫡出の推定が及ばなくなるものではないと判示した事件（最判平26・7・17民集68巻6号547頁）や、性同一性障害者の性別の取扱いの特例に関する法律（性同一性障害者特例法）に基づき、男性への性別取扱いの変更の審判を受けた者（夫）に関して、その妻が婚姻中に第三者から提供された精子により懐胎した子について、民法772条により夫の子と推定されると判示した事件（最決平25・12・10民集67巻9号1847頁）などが注目に値する。

子の福祉の観点からすれば、結論的には妥当な判断ともいえるのであるが、あまりにも生物学的な父子関係と乖離した法律上の父子関係の是非については議論の余地が残る。この点、夫婦同氏事件判決の寺田補足意見では、上記性同一性障害者の嫡出推定の事件における自らの補足意見を引用しつつ「法律婚は型にはまったものとならざるを得ない」とするが、その後、性同一性障害に関しては、性別変更における生殖能力要件（性同一性障害者特例法3条1項4号）

が憲法13条・14条1項に反しないとする判例（最決平31・1・23集民261号1頁）が出されており、性別を変更した者に「子が生まれることがあれば、親子関係等にかかわる問題が生じ、社会に混乱を生じさせかねないこと」を指摘する点との整合性も問われよう。

2．形式性からくる弊害

「型にはまった」嫡出推定の弊害に関して、近時、DV等で夫のもとを離れた妻が出生の届出をしないなどの事情から無戸籍児が発生することが社会問題となっている。その要因の1つが民法774条により嫡出否認の訴えが夫に限られている点にあるが、これについて大阪高裁は、憲法14条1項および24条2項に反するものではないと判示している（大阪高判平30・8・30訟月65巻4号623頁）。

ただ、その際の大阪高裁は、嫡出否認の訴えについて出訴期間を定めた民法777条が憲法13条・14条1項に反しないとした判例（最判平26・7・17判例集未登載）を引用しつつ、「夫にのみ嫡出否認権が認められることの合理性を肯定している」としているが、事案が異なると思われる。むしろ、届出をしない事情に照らした「当該法制度の趣旨や同制度を採用することにより生ずる影響」を考慮すれば、子の福祉の観点から無戸籍状態の解消が法的に要請されると思われ、そこに憲法24条2項の出てくる余地があるようにも思われる。この場合、子の不利益の程度だけをみれば、国籍法事件における非嫡出子と変わらないのであるから、広い立法裁量を前提としつつも、審査枠組みにおいて厳格性が要求されることにもなろう（➡第8章）。

なお、近時、共同親権制度の導入を求める主張もあるが、離婚後の単独親権制度を定める民法819条が憲法14条1項、24条2項などに違反するとの主張を退けた裁判例がある（東京高判平30・9・27判例集未登載（最決平31・2・26判例集未登載で確定））。

3．生殖補助医療と同性婚

このほか、新たな家族法の課題としては、生殖補助医療の発達による親子関係の確定にあたって生じる問題がある。ここでは、外国において代理懐胎によって出生した子について、卵子を提供した女性との間に母子関係の成立を認めることはできないとの判例（最決平19・3・23民集61巻2号619頁）、男性の死後、保存された男性の精子を用いて懐胎した子について、死亡した男性（父）と

の間の法律上の親子関係の形成は認められないとの判例（最判平18・9・4民集60巻7号2563頁）を注目すべき事例として挙げておく。

　海外では同性婚が法的に認められるようになっているが、同性カップルであっても、内縁関係の間の不貞行為に対する不法行為責任を認めた裁判例が注目される（東京高判令2・3・4判例集未登載）。また、婚姻に伴う法的効果を、同性愛者に一切提供しないことが立法裁量を超え、憲法14条1項に違反するとの判断もある（札幌地裁令3・3・17判時2487号3頁）。ただし、これらの裁判例は、法的に同性婚を認めないことを違憲とするものではない。なお、性同一性障害者が性別の変更が認められるための要件として、「現に婚姻していないこと」（性同一性障害者特例法3条1項2号）が規定されていることが憲法13条・14条1項・24条に違反しないか争われた裁判で、最高裁（最判令2・3・11判例集未登載）は「現に婚姻をしている者について性別の取扱いの変更を認めた場合、異性間においてのみ婚姻が認められている現在の婚姻秩序に混乱を生じさせかねない等の配慮に基づくものとして、合理性を欠くものとはいえない」として合憲の判断を示している。

　ちなみに、憲法24条1項が「両性」の語を用いていることから、憲法は同性婚を禁止しているとの解釈があるが、憲法制定当時に同性婚の禁止まで想定していたとは考えにくい。異性婚と別に制度を設けるかどうかは立法裁量として、同性婚そのものを制度化することは許容されると解される（齊藤笑美子「家族と憲法」憲法問題21号（2010）112頁）。

　以上みてきたように、「制度の論理」は、判例によって構築される家族法体系の揺らぎに大きく影響されるので、関連する判例の動向にも目を向けつつ、体系的統一的な理解をする必要がある。そうした作業を通じて個別的な制度の不合理性や一貫性の欠如を見出すことで、憲法24条の用途が具体的に明らかになると思われる。

まとめ

□　家族制度は個別の法制度の集合体であるから、事例の検討にあたって問題となる制度の趣旨・目的などを分析しつつ、制約されている権利・利益の性質・程度などの分析を行うことが必要になる。

□ 婚姻をするかどうか、いつ誰と婚姻をするかについて自由である「婚姻をするについての自由」は、憲法 24 条 1 項を根拠に主張しうるが、判例はそれが「尊重に値する」と評している。もっとも、婚姻を直接規制する制度はこの自由を強度に制約するので、正当化にあたっての審査密度が高くなる。

□ 一般に家族制度に関する論証として、個人の自己決定や自由意思に基づく選択が制約されているという観点から憲法 13 条、合理的理由のない不利益な扱いがされているという観点から憲法 14 条 1 項が用いられるが、憲法 24 条はそれらの条項ですくい上げることのできなかったさまざまな権利や利益、実質的平等の観点等を立法裁量に限定的な指針を与えるものとして検討すべきとされる。

□ 家族制度に関する問題は、「権利の論理」と「制度の論理」とが交錯する領域であるので、双方の視点からの検討が必要になる。このうち制度の側については、関連する諸判例が制度形成に寄与しており、それらを含めた考察が必要になる。

FAQ

Q 家族制度における「制度の論理」とはどういったものでしょうか。

A まず、家族制度といっても婚姻関係と親子関係とでは、背景にある法理念が異なってくる。憲法 24 条 1 項の定める婚姻の自由は、その裏返しとして非婚の自由、離婚の自由、再婚の自由も定めている（芹沢斉ほか編『新基本法コンメンタール憲法』（日本評論社・2011）212 頁〔武田万里子〕）が、民法 772 条の嫡出推定の場合にみられるように、親子関係においては、子の福祉の要請から自由意思に基づく選択の要素は抑制されるのが一般的である。ただ、民法 770 条が破綻主義のもとで裁判上の離婚を定めるように、婚姻関係も契約関係のようには構成できない（最判昭 27・2・19 民集 6 巻 2 号 110 頁など参照）。逆に、血縁上の親子関係にないことを知りながら認知をした者が民法 786 条の認知無効の主張をなしうる利害関係人にあたるとする判例（最判平 26・1・14 民集 68 巻 1 号 1 頁）があるように、親子関係においても自由意思に基づく選択の要素が認められる場合がある。家族制度に関しては諸々の事例の「原則—例外関係」を意識しつつ、その例外が認められる要素がどこにあるのか、あるいは例外を一切認めないことの合理性は何かといった分析をすることで、「制度の論理」

がみえてくる。

　また、家族法は法律の不備を判例が補っている部分が相当あり、法令の「制度」を踏まえつつも、判例も含めた「制度」理解が必要となる。たとえば、法律関係の安定という「制度の論理」は法令上の明文で規定されるものもあれば、判例に表れてくる場合もあり、後者の場合はむしろ「権利の論理」として捉えることも可能となる。親子関係不存在確認請求について権利濫用を理由に制限した判例（最判平 18・7・7 民集 60 巻 6 号 2307 頁）は、その一例となろう。

　そして、夫婦同氏事件判決での寺田補足意見がいうような形式的統一性が最も強力な「制度の論理」である。再婚禁止制も夫婦同氏制も戸籍などの実務と表裏一体の関係にあり、大量の届出を画一的かつ迅速に事務処理する必要性と、それらを必ずしも法律の専門家でない者が担うという実情とを考慮すれば、個別事案に応じた例外を容易には許容し難いことになる（税法上の親族を民法上の親族と規定する点について最判平 3・10・17 訟月 38 巻 5 号 911 頁）。もちろん、法理念が行政実務に引きずられるのは本末転倒であるが、この点をどう捉えるかという点も最高裁の裁判官の見解が分かれる要素となっているように思われる。もっとも、画一的な事務処理が必要なはずの共済組合による遺族給付において、法律上の配偶者との関係が破綻している状況では、重婚的内縁関係にある者を受給者とするとの判例（最判平 17・4・21 集民 216 号 597 頁、最判昭 58・4・14 民集 37 巻 3 号 270 頁）もあり、個別の法制度の目的や性質についての考慮から画一性の呪縛を解く道筋がみえてくることもある。　　　　　　　　　　〔岡田　順太〕

10　選挙権

▶**在外日本人選挙権事件**（最大判平 17・9・14 民集 59 巻 7 号 2087 頁）

はじめに　選挙権（憲 15 条 1 項）の保障構造は、国家による妨害排除を求める自由権のそれとは大きく異なる。自由権侵害は国家が不当な介入をしていないかどうかを考えればよいのに対して、選挙権は制度を抜きにしては行使しえず、その行使のための制度設計が必要である。そこで、選挙制度の構築に国の介入が求められており、憲法も国会に制度形成を託している（憲 44 条・47 条）。

　他方で、普通選挙原則は、現在、憲法原則の 1 つに数えられる（憲 15 条 3 項）。そうなると、選挙権はできるだけ多くの人々に保障すべきであり、国会はそれを旨として選挙制度の設計をしなければならない。そこで選挙権あるいはその行使を制限するとしても、最小限度に抑えなければいけない。以上のような、①国による選挙制度構築の要請と、②選挙権（行使）制限の最小限性という要請とを、どのように調整していくかが問題となる。

　本章でメインの判例として扱う平成 17 年の**在外日本人選挙権事件**で最高裁は、選挙権またはその行使の制限をする場合の正当化に関する厳格な判断基準を用いて、同行使制限を違憲であるとした。その後、この判決の判断枠組みを使い、さらなる選挙権（行使）制限の違憲判断を求める裁判が起こされるようになっている。もっとも、事例によっては、①その判断枠組みが用いられる場合とそうでない場合があり、また用いられたとしても、②必ずしも同様の結論が導かれるわけではない。では、在外日本人選挙権事件の最高裁の判断枠組みの射程は、どのように捉えられるべきであろうか。

Ⅰ 判旨

** 判断枠組み**

　憲法の諸規定の趣旨にかんがみれば、「自ら選挙の公正を害する行為をした者等の選挙権について一定の制限をすることは別として、国民の選挙権又はその行使を制限することは原則として許されず、国民の選挙権又はその行使を制限するためには、そのような制限をすることがやむを得ないと認められる事由がなければならないというべきである。そして、そのような制限をすることなしには選挙の公正を確保しつつ選挙権の行使を認めることが事実上不能ないし著しく困難であると認められる場合でない限り、上記のやむを得ない事由があるとはいえず、このような事由なしに国民の選挙権の行使を制限することは、憲法15条1項及び3項、43条1項並びに44条ただし書に違反するといわざるを得ない。また、このことは、国が国民の選挙権の行使を可能にするための所要の措置を執らないという不作為によって国民が選挙権を行使することができない場合についても、同様である」。

　「在外国民は、選挙人名簿の登録について国内に居住する国民と同様の被登録資格を有しないために、そのままでは選挙権を行使することができないが、憲法によって選挙権を保障されていることに変わりはなく、国には、選挙の公正の確保に留意しつつ、その行使を現実的に可能にするために所要の措置を執るべき責務があるのであって、選挙の公正を確保しつつそのような措置を執ることが事実上不能ないし著しく困難であると認められる場合に限り、当該措置を執らないことについて上記のやむを得ない事由があるというべきである」。

■ あてはめ ── 「やむを得ない事由」があるかどうかの判断

（1）平成10年公選法改正による比例代表選挙の在外投票制度設置前

　「公正な選挙の実施や候補者に関する情報の適正な伝達等に関して解決されるべき問題があったとしても、既に昭和59年の時点で、選挙の執行について責任を負う内閣がその解決が可能であることを前提に上記の法律案を国会に提出していることを考慮すると、同法律案が廃案となった後、国会が、10年以上の長きにわたって在外選挙制度を何ら創設しないまま放置し、本件選挙において在外国民が投票をすることを認めなかったことについては、やむを得ない事由があったとは到底いうことができない」。

（2）平成10年公選法改正による比例代表選挙の在外投票制度設置後

　投票日前に在外国民に候補者個人に関する情報を適正に伝達するのが困難であることは一定の理解ができるものの、「本件改正後に在外選挙が繰り返し実施されてきていること、通信手段が地球規模で目覚ましい発達を遂げていることなどによれば、在外国民に候補者個人に関する情報を適正に伝達することが著

しく困難であるとはいえなくなった」。

　平成 12 年 11 月から参議院比例代表選出議員の選挙制度が非拘束名簿式に改められ、在外国民も参議院名簿登載者名を自書する比例代表選挙が平成 13 年、16 年に行われたことから「本判決言渡し後に初めて行われる衆議院議員の総選挙又は参議院議員の通常選挙の時点においては、衆議院小選挙区選出議員の選挙及び参議院選挙区選出議員の選挙について在外国民に投票をすることを認めないことについて、やむを得ない事由があるということはでき」ない。

Ⅱ 基本解説

1．「選挙権の制限」と「選挙権の行使の制限」の意味するところ

　本判決の射程の 1 つは、本判決が、①選挙権が制限されている場合とともに、②選挙権の行使が制限されていることを同一に提示する点である。まず①については、法律が積極的に選挙権を制限している場合が考えられる。具体的には公選法 11 条 1 項に「次に掲げる者は、選挙権及び被選挙権を有しない」と規定するような場合である。これに対して②については、本来的には選挙権は保障されているものの、それが行使できない状況にある場合である。

　本事件で問題となった在外国民の選挙権の場合は、制度上、在外国民には国内の住民票への登録がないという理由で、選挙権自体の行使ができなかったということになろう。これについては、選挙権がそもそも制限された状態にあるようにもみえるが、最高裁は「在外国民は、選挙人名簿の登録について国内に居住する国民と同様の被登録資格を有しないために、そのままでは選挙権を行使することができないが、憲法によって選挙権を保障されていることに変わりはな」いとしている。このことから、本件の場合を「選挙権の制限」ではなく（選挙権制限はされていないものの、制度の設計の不備でその選挙権が行使できなくなっているという意味での）「選挙権の行使の制限」とみている。本問題は、国の制度設計において国内の住民票をベースとした選挙人登録制度を構築してきた結果、そこからこぼれ落ちてしまう「制度の谷間」があることから生じている。そこで重要なのは、「制限」と「行使制限」とを同等に捉える点である。

2．選挙権制限の原則・例外関係

　2 つ目は「国民の選挙権又はその行使を制限することは原則として許されず、国民の選挙権又はその行使を制限するためには、そのような制限をすることが

やむを得ないと認められる事由がなければならない」という判断枠組みの理解である。この判断枠組みは、選挙権（行使）制限の禁止が「原則」であり、制限が「例外」であるとして、単なる比較衡量でないことがわかる。

　そして「やむを得ない」かどうかを判断するのに必要なのは「選挙の公正を確保しつつ選挙権の行使を認めることが事実上不能ないし著しく困難」であるか否かであることから、選挙権を保障することにより「選挙の公正」が著しく侵害される場合を考慮要素とする。この点で、選挙の公正を侵すかどうかにかかわらず、制度設計が煩瑣である（制度を整えるための一定の障害がある）といった理由だけでは「やむを得ない」制約であるとはいえないことになる。

　本判決では、在外国民の選挙権を整備する法律が、昭和 59 年に国会に提出されながらも審議に入らず、衆議院が解散され、そのまま廃案になった点が注目されている。一定の制度構築ができることがわかってから、非常に長い間、法制化が進行していなかったのであれば、そこでは制度整備の障害ではない別の要素が、制度の構築を妨げてきたことになる。それはもう「やむを得ない」事由ではない、とされたのである。

3．「自ら選挙の公正を害する行為をした者等」の意味

（1）「自ら選挙の公正を害する行為」をした場合

　以上、「やむを得ないと認められる事由」がなければ選挙権制限は原則認められないとする枠組みをみてきたが、一方、この判断枠組みから外れる場合が設けられている点を忘れてはいけない。それが、「自ら選挙の公正を害する行為をした者等」の選挙権の一定の制限は別であるという記述である。これにあてはまるものはどのようなことが考えられるか。

　この点、まず浮かぶのが、「自ら選挙の公正を害する」ような選挙のルール違反をした人の選挙権はく奪である。現行法でいうならば、公選法には同法が選挙犯罪と認める行為を行った際には、刑罰とあわせて選挙権、被選挙権といった公民権停止が定められている場合がある。これはたしかに選挙権に対する制約にはなるものの、本判決が明示的に例外としている以上、これを憲法違反ではないかという立論を行うにあたって、在外国民の選挙権の行使制約と同様の厳しい審査を伴う判断枠組みを用いることは難しい。

（2）「等」の意味①──「自ら」ではない場合

　他方で、ここでは「等」という文言が使用されていることから、「自ら選挙の

公正を害する行為をした者」以外も広く「別として」、在外国民の選挙権制限に用いられた判断枠組みを使用しない選択はできるであろうか。

　この点について、まずは、「等」の意味を「自ら」との関係で読み、「自ら」ではなく「他者」が選挙の公正を害した場合をも同類に観念する方法が考えられる。この場合、選挙の立候補者が、選挙運動人等の選挙運動違反などを理由に「連座制」の適用を受け、立候補を制限されるといった事例においては、そうした読み方も可能ではないか。

（3）「等」の意味② ── その他の行為の場合

　もっとも、「等」の意味はそれだけにとどまらず、「選挙の公正を害する行為をした」場合以外に関する適用も考えられる。たとえば、公選法11条1項2号では、選挙犯罪以外も含まれる通常犯罪による禁錮刑以上の受刑者となった場合の選挙権・被選挙権を制限しているが、これはここにいう「等」に入るであろうか。この点、下級審において判断が分かれている。

　公選法11条1項2号が憲法に違反しているとして、禁錮刑を受けている間に行われた選挙で投票できなかった者が国に損害賠償を請求した訴訟で、大阪地裁（大阪地判平25・2・6判時2234号35頁）は、「平成17年最判〔在外日本人選挙権事件の最高裁判決のこと〕は、『自ら選挙の公正を害する行為をした者等の選挙権について一定の制限をすることは別』としていることからすると、欠格条項として禁錮以上の刑に処せられた者の選挙権を制限することについて、厳格な基準によって判断しなければならない趣旨であるとは解されない」とする。ここでは、在外国民の選挙権訴訟の判断枠組みにおける「自ら選挙の公正を害する行為をした者等の選挙権について一定の制限をすることは別として」のなかに受刑者を入れている。

　他方、同判決の控訴審判決で大阪高裁（大阪高判平25・9・27判時2234号29頁）は、「平成17年最判の内容は……自ら選挙の公正を害する行為をした者、すなわち、選挙違反の罪を犯した者に限って一定の範囲で選挙権の制限を認めるほかは、〔1〕選挙権それ自体を制限する場合及び〔2〕選挙権の行使を制限する場合の双方について、いずれも『やむを得ない事由』の存在を要求する趣旨と解すべきである」としており、在外国民の選挙権訴訟における「……別として」の枠組みではない「やむを得ない事由」のほうの枠組みを用いている。

　このように、在外日本人選挙権事件の最高裁判決による「自ら選挙の公正を

害する行為をした者等」の選挙権制限は別であるとする説示部分の理解の仕方によって、審査の厳格度が緩和され、「射程」に変化が生じる。

Ⅲ 発展解説

1. 他の事例における判断枠組みの採用 ── 精神的原因による投票困難者

（1）法律上、選挙権行使が整備されている場合とされていない場合との違い

　では、在外日本人選挙権事件の最高裁判決の判断枠組みは、具体的な別の事例で、どのように用いられてきたのであろうか。これを考えるにあたり、まずは、精神的原因（精神発達遅滞および不安神経症など）によって投票所に行くことのできない人々に郵便投票制度の利用などを認めていない現行の法律が、これらの投票困難者の選挙権の行使を過度に制約する状況があるにもかかわらず、国会が制度の改正を行わないことは、国会の怠慢であるとして、国家賠償を求めた**精神的原因による投票困難者事件**（最判平 18・7・13 判時 1946 号 41 頁）をみておこう。

　この問題ではまず、精神的原因によって投票所に行けない人々は、選挙人登録もされており、①法律上の選挙権がすでに確保されているものの、事実上投票所に行けないことを「選挙権の行使の制限」としている点に注意が必要である。この点、②法律上の選挙権が制度上、付与されない状況にあった在外国民との異同をどう評価すべきかが重要になる。

　①のような（法律では投票できるが）実質的に選挙権行使ができない事例は、ほかにも考えられる。たとえば仮に在外国民に法制度上、選挙権自体は付与されたとして、在外国民の投票は（在外領事館や郵便での投票ではなく）東京都庁に設置する投票所のみでしか行えないという制度設計がされたら、どう評価すべきか。この点、②の状態に比べたら①の状態は、権利制約はより弱いとみる考え方も、客観的要素だけを考えれば成立しよう。しかし、この訴訟で最高裁は、①と②の事態を同一のものと考えている節がある。ここでは投票が実質的にできないことが重視される。そうすると、①の状況に関する事例にも在外国民と同様の判断枠組みを用いてよいという帰結がもたらされる。

（2）判断が分かれたポイント

　しかし本件では、精神的原因による投票所での投票困難者の在宅投票制度の不在について「選挙権の行使」侵害を認定しない。では、どこで差がつくので

あろうか。それは、精神的原因による投票困難者については、身体に障害がある人の場合のように外出が物理的に（絶対的に）困難（という意味において投票所にもまた行くことが困難）であるという判定が必ずしも行われておらず、投票に行くことの困難さの程度とそれぞれの人の実際の精神状態とが常に結びつくとはいえないとされる点である。それが理由となって、「選挙の公正を確保しつつ」これらの人々のための在宅投票制度を設定する措置をとることが「必要不可欠であり、それが明白であるにもかかわらず、国会が正当な理由なく長期にわたってこれを怠る場合など」にあたるとはいえないとして、国賠法上の責任を認めなかった。

これに対して同判決で泉徳治補足意見は、最終的な結論としての国賠請求を認めないものの、現在の公選法が違憲状態にあると主張している。同意見は、投票に行けないかどうかの認定はたしかに難しいが、医師の診断書や療育手帳などの併用でできないわけではないとし、「認定が簡単ではないという程度のこと」では、「選挙の公正を確保しつつ選挙権の行使を認めることが事実上不可能ないし著しく困難である」とはいえないとする。精神的原因によって投票所に行けない人々の場合にも障害の程度とそれに伴う外出の可否に関する客観的判定が可能であるはずだとの立場を示したものであるといえよう。

２．他の事例における判断枠組みの不採用 ── 帰化日本人の投票制限

では在外国民の選挙権をめぐる大法廷判決は、選挙犯罪や一般犯罪の受刑者等を除く場合の選挙権制限事例にあまねく利用することができるのか。この点、興味深い判断が下級審で示されている。それが、**帰化日本人投票制限国賠請求事件**（東京高判平 25・2・19 判時 2192 号 30 頁）である。

（１）事案の説明

帰化によって日本国民となった満 20 歳以上（当時）の者は、衆議院議員および参議院議員の選挙権を有する（旧公選 9 条 1 項）ものの、かつての公選法 21 条 1 項では、選挙人名簿の登録が、当該市町村の区域内に住所を有する年齢満 20 年以上の日本国民で、その者にかかる登録市町村等の住民票が作成された日から引き続き 3 か月以上登録市町村等の住民基本台帳に記録されている者について行うとされていた。そこで、それまで住民基本台帳には登録されず、外国人登録のみがなされていた人は、住民基本台帳に記録されてから 3 か月未満の場合には、選挙人名簿に登録されなかった。そこで帰化をして日本人に

なったにもかかわらず、帰化して３か月未満の時期に行われた総選挙で投票を
できなった人が、これを日本国民に対する選挙権侵害ではないかといった点を
争った事件である（現在、法改正が行われ、新住民基本台帳法では外国人も住民基本
台帳に登録されたことで、帰化をしても、同様の事態は生じなくなった）。

（２）地裁判決と高裁判決の違い

　この事件では、東京地裁（東京地判平 24・1・20 判時 2192 号 38 頁）が、先の在
外日本人選挙権事件の最高裁判決の判断枠組みを採用し、「やむを得ない事由」
があるかどうかの審査を行った。これに対して上記東京高裁は、その判断枠組
みは、本事件では採用できないとした。その理由は、「日本国民でありながら、
国内の市町村の区域内に住所を有していないため国政選挙における選挙権の
行使が全部認められず（前記改正前）、あるいはその選挙権の行使の一部が認め
られない（前記改正後）場合と、公選法 21 条１項が選挙人名簿の登録に当たっ
て３か月記録要件を定めているため、ある時点において、同要件を満たさない
ことにより、選挙人名簿に登録されないが、３か月経過後は選挙人名簿に登録
されて国政選挙における選挙権行使の全部が認められる場合とでは……、選挙
権の行使に対する制限の程度は明らかに異なる」という理由からである。つま
り、「日本国民でありながら、全ての選挙の全部又は一部につき選挙権の行使
が排除される場合と、限定された期間において選挙権の行使が排除される場合
とを、その相違を一切捨象して当然に同列に論じなければならないとは断じ得
ない」とし、「３か月記録要件は、日本国民の選挙権の行使の全部又は一部を全
面的に排除するものではなく、本件が問題とされる事柄は、平成 17 年判決の
事案とは異なる点があることからすれば、同判決が掲げた基準の適用について
は更に検討を要する」としたからである。

（３）高裁判決をどう読むか？

　この点、高裁判決がいうように、３か月要件をみたさない場合の選挙権制限
は、在外国民の選挙権のような「全ての選挙の全部又は一部につき選挙権の行
使が排除される」事例とは異なり、期間限定付きである点に目を向けることは
１つの方法かもしれない。しかし、国民の選挙権については、１回の選挙でも
選挙権が行使できないのであれば、それは選挙権に対する重大な侵害として観
念されることも可能であろう。たとえば選挙無効訴訟等でも、一回的な選挙に
おいて明白かつ重大な瑕疵があれば、それ自体の無効が争われるからである。

また、平成17年の在外日本人選挙権事件の最高裁判決が、恒久的な選挙権制限と期間限定のそれとを意図的に区別をして判断枠組みを設定していることを判断枠組みから読み取れるかどうか。これらの点をどう評価すべきかによって、主張の仕方が変化するであろう（なお、本件では原告（控訴人）が上告したものの、最高裁は上告を棄却し、上告審として受理しなかった（最決平26・5・26判例集未登載））。

まとめ

☐ 在外日本人選挙権事件の判決は、（一部の場合を除き）選挙権制限あるいはその行使に対する制約について、原則的には制約できず、「やむをえない事由」があるときのみ制約が可能であるとしており、一般的には厳しい審査の枠組みを示している。

☐ 「選挙権の制限」と「選挙権行使の制限」には意味の違いがあるものの、最高裁はこれらを実質的に同一のものと考えている。

☐ 「自ら選挙の公正を害する行為をした者等の選挙権について一定の制限をすることは別として」といった部分をめぐっては、①「別として」ということにより一定の緩やかな審査を導くことになる。また、②「自ら選挙の公正を害する行為をした者等」をどのように理解するのかにより、この部分の射程が変化する。

☐ この判断枠組みをめぐっては、選挙権（行使）の制約に関する事例でも使える場合と使えない場合とが考えられる。

FAQ

Q 選挙権（行使）をめぐる制限の事例では、憲法15条1項・3項のほか、憲法44条を理由とする選挙における差別的取扱いの禁止についても論じる必要がありますか？　あるとして、15条の場合と異なる審査をする必要がありますか？

A 最高裁判決では、憲法15条1項・3項や44条に関する審査がまとめて審査されている向きがあるが、本来的には、事例によっては差異取扱いに特に視線を向けた審査が必要になろう。たとえば在宅投票制度をめぐっ

て、それが認められていない精神的原因による投票困難者と、認められている身体障害者との取扱いの違いなどは、差異取扱いの不合理性を取り上げる意義が強い。そこでは、障害がない人に在宅投票制度を認める必要はないとしても、障害がある場合にはそれらが同一に在宅投票制度を認められるべきであることをあえて取り上げる意義もあろう。他方で選挙権（行使）制限は、そもそも他者との比較をしなくてもそれだけで重要な権利が侵害されていると考えるのであれば、比較の視点が必ずしも必要でない場合がある。その場合には、選挙権（行使）制限のみをきちんと主張することが重要になろう。

Q 最高裁判所裁判官の国民審査が、在外国民に認められていないことについて、選挙権制限と同様に審査してよいでしょうか？

A この点、下級審（東京地判平 23・4・26 判時 2136 号 13 頁〔在外国民審査権事件〕）の判断では、国民審査の審査権も国民固有の権利であると考え、在外日本人選挙権事件の最高裁判決の判断枠組みを用いているようにみえる。もっとも同判決は、選挙権と（他国では必ずしも採用されていない）審査権とでは、憲法上の位置づけが異なること、これまで国会や学界においてその制約がそれほど多く問題視された場面が少ないことなどを考えると、同制度を設置する立法措置が執られていないことを直ちに憲法違反だとはいえないとしている。

他方で別の下級審（東京地判令元・5・28 判時 2420 号 35 頁）は、最高裁判所裁判官国民審査（2017 年 10 月 22 日執行）において当時の在外国民に同審査権の行使を認めなかったことを違憲であると判断している。この判決では、選挙権と同審査権との公務員選定罷免権としての同類性を見出している。また、在外日本人選挙権事件の最高裁判決の判断枠組みをほぼ踏襲している。

以上のように下級審レベルで判断が分かれているなかで、読者自身がどちらの筋がよいのかを読み比べてみてほしい。

また、選挙に関する訴訟における憲法判断では、時間の流れのなかでその違憲性が議論されることに加え、権利の制約ではなく、制約をしている側の行為の妥当性から違憲か否かを判断する「違憲の主観化」についても慎重に考える必要がある。 〔新井　誠〕

11 思想に反する外部的行為の強制

▶ピアノ伴奏事件（最判平 19・2・27 民集 61 巻 1 号 291 頁）
▶君が代起立斉唱事件（最判平 23・5・30 民集 65 巻 4 号 1780 頁）

はじめに　憲法 19 条の「思想及び良心の自由」によって人の内面領域における自由が保障されるが、ここでは特に、内面領域における自由としてどのような保障内容が導かれるかが問題となる。もし、公権力がかかわるのはおよそ人の外面領域にすぎず、たとえ公権力によってどのような強制がなされたとしても人の内面領域が侵されることはありえないと考えるのであれば、「思想及び良心の自由」を規定した意味は失われる。このような帰結を避けるため、公権力が人に対して外部的行為を強制する場合であっても「思想及び良心の自由」が重大な危機にさらされうることを認め、「思想及び良心の自由」の侵害として許されない行為類型を導出することが求められる。

　ただし、「思想及び良心」が人によって多様であるという点にも留意しなければならない。「思想及び良心」ゆえに精神的葛藤を生じさせる外部的行為について強制が一切許されないのであれば、およそ社会は成り立たない。このような観点からすると、たとえ本人に精神的葛藤が生じるとしても、外部的行為の強制が認められるべき場合が存在することも否めない。

　このような前提を踏まえつつ、①外部的行為の強制が「思想及び良心の自由」の制約に該当するか（制約該当性）、②制約に該当するとして許容されるか（制約許容性）という 2 点につき、判例がどのような判断枠組みを導出したかを理解する必要がある。

Ⅰ　判旨

■ピアノ伴奏事件
　「学校の儀式的行事において『君が代』のピアノ伴奏をすべきでないとして本

件入学式の国歌斉唱の際のピアノ伴奏を拒否することは、上告人にとっては、上記の歴史観ないし世界観に基づく一つの選択ではあろうが、一般的には、これと不可分に結び付くものということはできず、上告人に対して本件入学式の国歌斉唱の際にピアノ伴奏を求めることを内容とする本件職務命令が、直ちに上告人の有する上記の歴史観ないし世界観それ自体を否定するものと認めることはできない」。

「客観的に見て、入学式の国歌斉唱の際に『君が代』のピアノ伴奏をするという行為自体は、音楽専科の教諭等にとって通常想定され期待されるものであって、上記伴奏を行う教諭等が特定の思想を有するということを外部に表明する行為であると評価することは困難なものであり、特に、職務上の命令に従ってこのような行為が行われる場合には、上記のように評価することは一層困難であるといわざるを得ない。本件職務命令は、……公立小学校における儀式的行事において広く行われ、Ａ小学校でも従前から入学式等において行われていた国歌斉唱に際し、音楽専科の教諭にそのピアノ伴奏を命ずるものであって、上告人に対して、特定の思想を持つことを強制したり、あるいはこれを禁止したりするものではなく、特定の思想の有無について告白することを強要するものでもなく、児童に対して一方的な思想や理念を教え込むことを強制するものとみることもできない」。

（公務員を全体の奉仕者とする憲法15条2項等に触れた後、学校教育法等の関連規定を挙げたうえで）「入学式等において音楽専科の教諭によるピアノ伴奏で国歌斉唱を行うことは、これらの規定の趣旨にかなうものであり、Ａ小学校では従来から入学式等において音楽専科の教諭によるピアノ伴奏で『君が代』の斉唱が行われてきたことに照らしても、本件職務命令は、その目的及び内容において不合理であるということはできないというべきである」。

■君が代起立斉唱事件

「学校の儀式的行事である卒業式等の式典における国歌斉唱の際の起立斉唱行為は、一般的、客観的に見て、これらの式典における慣例上の儀礼的な所作としての性質を有するものであり、かつ、そのような所作として外部からも認識されるものというべきである。したがって、上記の起立斉唱行為は、その性質の点から見て、上告人の有する歴史観ないし世界観を否定することと不可分に結び付くものとはいえず、上告人に対して上記の起立斉唱行為を求める本件職務命令は、上記の歴史観ないし世界観それ自体を否定するものということはできない。また、上記の起立斉唱行為は、その外部からの認識という点から見ても、特定の思想又はこれに反する思想の表明として外部から認識されるものと評価することは困難であり、職務上の命令に従ってこのような行為が行われる場合には、上記のように評価することは一層困難であるといえるのであって、本件職務命令は、特定の思想を持つことを強制したり、これに反する思想を持つことを禁止したりす

るものではなく、特定の思想の有無について告白することを強要するものということもできない。そうすると、本件職務命令は、これらの観点において、個人の思想及び良心の自由を直ちに制約するものと認めることはできないというべきである」。

「もっとも、上記の起立斉唱行為は、教員が日常担当する教科等や日常従事する事務の内容それ自体には含まれないものであって、一般的、客観的に見ても、国旗及び国歌に対する敬意の表明の要素を含む行為であるということができる」。

「個人の歴史観ないし世界観に由来する行動（敬意の表明の拒否）と異なる外部的行為（敬意の表明の要素を含む行為）を求められることとなり、その限りにおいて、その者の思想及び良心の自由についての間接的な制約となる面があることは否定し難い」。「このような間接的な制約について検討するに、個人の歴史観ないし世界観には多種多様なものがあり得るのであり、それが内心にとどまらず、それに由来する行動の実行又は拒否という外部的行動として現れ、当該外部的行動が社会一般の規範等と抵触する場面において制限を受けることがあるところ、その制限が必要かつ合理的なものである場合には、その制限を介して生ずる上記の間接的な制約も許容され得るものというべきである」。

「したがって、このような間接的な制約が許容されるか否かは、職務命令の目的及び内容並びに上記の制限を介して生ずる制約の態様等を総合的に較量して、当該職務命令に上記の制約を許容し得る程度の必要性及び合理性が認められるか否かという観点から判断するのが相当である」。

本件職務命令は「上告人の思想及び良心の自由についての間接的な制約となる面がある」が「公立高等学校の教諭である上告人に対して当該学校の卒業式という式典における慣例上の儀礼的な所作として国歌斉唱の際の起立斉唱行為を求めることを内容とするものであって、高等学校教育の目標や卒業式等の儀式的行事の意義、在り方等を定めた関係法令等の諸規定の趣旨に沿い、かつ、地方公務員の地位の性質及びその職務の公共性を踏まえた上で、生徒等への配慮を含め、教育上の行事にふさわしい秩序の確保とともに当該式典の円滑な進行を図るものであ」り「必要性及び合理性が認められる」。

Ⅱ 基本解説

1．ピアノ伴奏事件の判断枠組み

ピアノ伴奏事件では、公立小学校の入学式における国歌斉唱の際に音楽専科の教諭にピアノ伴奏を命ずる旨の校長の職務命令につき、以下のように3つの理由から憲法19条に反しないと判断された。

まず、そのようなピアノ伴奏の拒否は、一般的に、上告人の歴史観ないし世

界観と不可分に結び付かないとする（理由①）。次に、そのようなピアノ伴奏は、客観的に、音楽専科の教諭にとって通常想定され期待されるものであって、特定の思想を有するということを外部に表明する行為であると評価することは困難とする（理由②）。最後に、法規範等を踏まえて、本件職務命令は目的および内容において不合理ではないとする（理由③）。

　これらのうち、理由①②が制約該当性に関係するのは明らかである。すなわち、本件職務命令によって強制されるピアノ伴奏という外部的行為（およびピアノ伴奏の拒否という外部的行動）について、その性質および外部からの認識という点から一般的または客観的に判断することにより、本件職務命令の制約該当性を否定したものと解される。しかし、職務命令の合理性につき論じる理由③については、制約該当性か制約許容性のどちらにかかわるのか不明確であった。

２．君が代起立斉唱事件の登場

　ピアノ伴奏事件の判断枠組みをさらに推し進めて、より明確化したのが**君が代起立斉唱事件**である。君が代起立斉唱事件は、表題に掲げた第二小法廷判決のほか、時期的に近接して同旨の判断が第一小法廷（最判平23・6・6民集65巻4号1855頁）および第三小法廷（最判平23・6・14民集65巻4号2148頁）でも示されており、実質的な大法廷判決とも評される。君が代起立斉唱事件ではピアノ伴奏事件は引用されていないものの、趣旨に徴する判例としてピアノ伴奏事件判決で引用されている判例と同一の判例が引用されており、意識されていたのは明らかである。そして、以下で述べるように、君が代起立斉唱事件はピアノ伴奏事件判決の判断枠組みを参考にしつつ、若干の表現を変更したうえで、制約該当性について間接的制約という新たなカテゴリーを認め、ピアノ伴奏事件判決では不明確であった職務命令の合理性の判断（理由③）を間接的制約の制約許容性判断として位置づけた。

３．君が代起立斉唱事件の判断枠組み

　君が代起立斉唱事件では、都立高校の卒業式における国歌斉唱の際に教諭に対し起立斉唱を命ずる旨の職務命令が19条に反しないかどうかが争われた。君が代起立斉唱事件の判断枠組みを具体的に整理すると、以下のとおりである。

（１）直接的制約と間接的制約の該当性判断

　まず、制約該当性について、直接的制約の該当性判断は、強制される外部的行為の性質と外部からの認識を一般的・客観的見地から判断する。すなわち、

①強制される外部的行為の性質が歴史観ないし世界観を否定することと不可分に結びつくものかどうか、②強制される外部的行為が特定の思想またはこれに反する思想の表明として外部から認識されるものと評価できるかどうかを、一般的・客観的見地から判断する。若干の表現が変更されているものの、この部分はピアノ伴奏事件判決の理由①②と同様の判断枠組みと考えられる。

次に、間接的制約の該当性判断は、強制される外部的行為につき、歴史観ないし世界観に由来する行動と異なる外部的行為と評価できるかどうかを、一般的・客観的見地から判断する。ここにおいて、思想良心の自由の間接的制約という新たなカテゴリーが判例上はじめて認められたことになるが、これに関連していくつか敷衍しておく。

（2）思想良心の自由の間接的制約に関する諸問題

第1に、ピアノ伴奏事件判決では論じられなかった間接的制約というカテゴリーが、君が代起立斉唱事件判決で論じられている理由についてである。この点につき、君が代起立斉唱事件判決は、強制される外部的行為たる起立斉唱行為が①教員の日常担当する教科等や日常従事する事務の内容それ自体には含まれないものであり、②一般的・客観的に国旗および国歌に対する敬意の表明の要素を含む行為であるという、ピアノ伴奏事件との事案の相違を理由としているようである。すなわち、ピアノ伴奏は音楽教諭にとって日常の職務内容に含まれ、かつ、一般的・客観的にも国旗・国歌への敬意の表明の要素はないと評価しうるため思想良心の自由の間接的制約とはいえないが、起立斉唱についてはそれと同様に評価することはできないため、間接的制約を論じる必要が生じたと解される。

第2に、直接的制約と間接的制約の差異についてである。君が代起立斉唱事件判決は、上述したように直接的制約と間接的制約の制約該当性をそれぞれ区別して判断しているが、この区別の理由はどこにあるのか。この点については、君が代起立斉唱事件の竹内行夫補足意見や須藤正彦補足意見が述べるように、両者を制約目的による区別と整理するのが説得的であろう。すなわち、外部的行為の強制については、①制限対象は表見的には人の外面領域であるが、その目的が人の内面領域の否定や告白の強制等である場合と、②制限対象はあくまで人の外面領域にすぎないが、そのような制限を介して結果として人の内面領域も制約を受けていると評価しうる場合の2つの類型があると考えられる。両

者の類型について、②よりも①の類型のほうが「思想及び良心の自由」への制約としてより許されない行為類型であることは明白であろう。そのため、違憲性の判断に際して①と②を区別して、①を直接的制約、②を間接的制約と整理したと解されるのである。もっとも、このように解されるとしても、君が代起立斉唱事件の判断枠組みからすると、制約目的は一般的・客観的見地から判断される点に注意が必要である（他方、制約対象による区別として整理する見解として、君が代起立斉唱事件の千葉勝美補足意見参照。同意見では、外部的行為には核となる思想信条と不可分一体の関係にあるものとそこまではいえないものがあり、前者を制約する場合を直接的制約、後者を制約する場合を間接的制約とする。判例について、制約「目的」と制約「対象」の一方または双方の観点から直接的制約といえれば直接的制約であり、そうでないものを間接的制約としていると分析する論考として、論点教室105-108頁〔曽我部真裕〕）。

　第3に、学説上の間接的制約・付随的制約概念の定義は論者によっても微妙に異なり、必ずしも学説の用語法がここでの間接的制約という概念と対応しているわけではないという点である（判例と学説の概念の整理として、論点教室108頁〔曽我部〕➡この点に関しては、第2章も参照）。

（3）制約許容性について

　以上が制約該当性についてであるが、最後に制約許容性について確認する。君が代起立斉唱事件判決は直接的制約の許容性判断について一切触れるものではないが、間接的制約の許容性判断については、職務命令の目的および内容ならびに制約の態様等を総合的に較量して、当該職務命令に上記の制約を許容しうる程度の必要性および合理性が認められるか否かという観点から判断すると論じる。このように、君が代起立斉唱事件判決は、間接的制約の許容性判断を制約目的・制約内容・制約態様等を踏まえた総合考慮型の比較衡量という判断枠組みとしたが、この判断枠組みはピアノ伴奏事件判決の理由③と同様の判断枠組みであることに注意が必要である。ピアノ伴奏事件判決では制約該当性か制約許容性のどちらにかかわるのか不明確であった記述につき、間接的制約の制約許容性の判断として位置づけたのである。そして、このような君が代起立斉唱事件判決の判断枠組みを踏まえて考えると、ピアノ伴奏事件判決の理由③は、仮にピアノ伴奏が間接的制約に該当するとしても、そのような制約が許容されることを示したものと解することができる。

（4）小括

　以上のとおり、ピアノ伴奏事件判決との関係を明示しつつ君が代起立斉唱事件判決の判断枠組みを整理した。そして、ピアノ伴奏事件と君が代起立斉唱事件は事案が異なるものの、前者の判断枠組みは後者の判断枠組みに組み込まれていることが明らかとなった。そして、前者が小法廷判決であり、後者は実質的に大法廷判決に準ずることも考慮すると、今後は後者の判断枠組みで外部的行為の強制事案の処理が行われていくことが予測される。そうすると、ピアノ伴奏事件判決の判断枠組みがどのような事案に対して用いられるかという射程の問題は、君が代起立斉唱事件の射程の問題へと基本的に発展解消されることになろう。

Ⅲ 発展解説

　令和2年3月現在、君が代起立斉唱事件が引用されている事件は、（各事案にはそれぞれ特徴があるものの）同種の式典における教職員へのピアノ伴奏・起立斉唱等の強制事案に限られている。もっとも、このような現在の状況は、君が代起立斉唱事件判決の射程がそのような同種事案に限られるという裁判所の理解に起因するというよりも、単純に19条違反がシビアに問われる新規事案がいまだ発生していないことにあるように思われる。君が代起立斉唱事件判決は「思想及び良心の自由」に関する外部的行為の強制の制約該当性・制約許容性につき一般的に転用可能な判断枠組みを示しており、同判例の射程は19条の外部的行為の強制事案に広く及ぶものと考えられる。そのような理解のもと、以下では同事件の判断枠組みを踏まえて従前の判例整理と今後の展望を行う。

1．制約該当性に関連する判例整理と今後の展望

（1）一般的・客観的見地からの制約該当性判断

　君が代起立斉唱事件判決の特徴は、直接的制約と間接的制約の両方につき、一般的・客観的見地から制約該当性を判断するというものである。このような一般的・客観的見地からの制約該当性判断については、いわば多数者の視点であるとして、少数者の人権の問題であることが考慮されていないと批判される（君が代起立斉唱事件判決・宮川光治反対意見）。しかし、もし権利制約の有無を一般的・客観的見地からではなく権利者（制約対象者）の主観に拠るとするのであれば、およそ法の客観性は阻害され、社会は成り立たなくなると反論される（君

が代起立斉唱事件判決・須藤補足意見および金築誠志補足意見）。この点は、裁判所という国家機関による事実認定のあり方にもかかわる難しい問題であるが、たとえ君が代起立斉唱事件判決の判断枠組みを前提としても以下のことは指摘しうるであろう。

　まず、たとえば絵踏みのような、思想良心の自由の制約の典型といえる外部的行為の強制については、当然ながら一般的・客観的見地からも制約該当性が認められる。判例で争われている多くの事例は、いわば限界事例であることに注意が必要である。

　次に、君が代起立斉唱事件判決は、卒業式等の式典における起立斉唱を一般的・客観的な見地から慣例上の儀礼的な所作として評価した。ただ、同事件の判断枠組みからすると、たとえ同じ起立斉唱という外部的行為の強制であっても、たとえば式典以外の場での起立斉唱の強制が争われる場合には、直接的制約と評価することもありえよう。この点、君が代起立斉唱事件後の裁判例ではあくまで教職員の卒業式等の式典における起立斉唱等の強制が争われており、そこでは君が代起立斉唱事件判決と同様に起立斉唱等の強制は直接的制約ではないものの間接的制約である（そして、間接的制約として許容される）とされている。しかし、式典以外の場での起立斉唱の強制はいまだ裁判では争われておらず、そのような事案の違いによって制約該当性が変わりうる余地があることには注意を要する。

（２）従前の判例整理

　なお、外部的行為の強制事案として、従前の判例として**謝罪広告事件**（最大判昭31・7・4民集10巻7号785頁）や**ポスト・ノーティス命令事件**（最判平2・3・6判時1357号144頁）が挙げられる。前者は、思想良心の自由のリーディングケースとして挙げられるが、「単に事態の真相を告白し陳謝の意を表明するに止まる程度の」謝罪広告は代替執行も可能であるといったような謝罪広告の内容に応じた分類を行ったうえで、陳謝文言を含む謝罪広告を新聞紙に掲載することを命ずる判決も良心の自由を害しないとするが、判断枠組みは不明である。また、後者は、「深く反省する」などの文言を用いた文章の掲示命令につき、同種行為を繰り返さない旨の約束文言を強調する意味を有するにすぎないものであり、反省等の意思表明を要求することは本旨ではないとして19条に反しないと述べたが、やはりその判断枠組みは不明であった。もし君が代起立斉唱

事件判決の判断枠組みを踏まえて両判例で問題となった外部的行為の強制を検討すると、一般的・客観的な見地からも間接的制約と評価しうるとも思われる。そのため、君が代起立斉唱事件と両判例の整合的な理解には困難が伴う。

なお、近時の裁判例として、NHK の放送受信料支払の強制を 19 条違反ではないとした、東京高判平 22・6・29 判時 2104 号 40 頁および札幌高判平 24・12・21 判時 2178 号 33 頁が興味深い。両裁判例は信条説の立場から結論を導いているが、君が代起立斉唱事件判決の判断枠組みからしても制約該当性は否定されるであろう。

２．制約許容性に関連する判例整理と今後の展望

君が代起立斉唱事件では、そもそも直接的制約の制約該当性が認められなかったこともあり、直接的制約の制約許容性の判断は示されていない。また、従前の判例でも直接的制約の制約該当性が認められた事件は存在しないため、判例が直接的制約の制約許容性判断をどのような判断基準で行うべきと考えているのか、やはり明らかではない。この点については、制約許容性を判断するまでもなく直ちに違憲と結論づけられるか、厳格な許容性判断がなされるかのいずれかになると考えうるが、今後の判例の展開を待つしかない。

間接的制約の制約許容性判断については、上述したように君が代起立斉唱事件判決にて総合考慮型の判断枠組みが示された。このような判断枠組みは、裁判所にとっては個別事例を踏まえて柔軟に結論を導きやすいため、今後も用いられることになろう。ただし、２点ほど留意すべき点がある。

まず、このような総合考慮型の判断枠組みを採用しながら、君が代起立斉唱事件判決では考慮事項が限定されている。たとえば、君が代起立斉唱事件判決では、式の円滑な進行にとって起立斉唱の強制がどの程度必要であったか、言い換えると、不起立行為等によって式の円滑な進行に具体的にどの程度支障が生じていたかといった点は考慮されていない。このような事情は、職務命令違反を理由とする不利益処分にかかる裁量論の領域では考慮事項とされている（最判平 24・1・16 判時 2147 号 127 頁、最判平 24・1・16 判時 2147 号 139 頁。なお、君が代起立斉唱事件判決・須藤補足意見）が、合憲性判断において考慮されていない理由は明らかではない。起立斉唱の強制が間接的であれ「思想及び良心の自由」の制約をもたらすのであれば、それにもかかわらず強制しなければ式の円滑な進行が妨げられるといった事情が必要とも思われる。

次に、間接的制約の制約許容性判断において、起立斉唱を強制される教職員が公務員であることが強調されている。そのため、児童・生徒のような非公務員に対する起立斉唱の強制については、間接的制約であっても憲法上の評価は基本的に異なりうるものとなろう（君が代起立斉唱事件判決・金築補足意見）。

まとめ

- □ 君が代起立斉唱事件判決はピアノ伴奏事件判決の判断枠組みを参考にしつつ、制約該当性について間接的制約という新たなカテゴリーを認め、職務命令の合理性の判断を間接的制約の制約許容性判断として位置づけた。
- □ 間接的制約の制約該当性について、ピアノ伴奏事件判決では論じられていないものの君が代起立斉唱事件判決では論じられている理由は、音楽教諭のピアノ伴奏と異なり、起立斉唱は教諭の日常の職務に含まれず、国旗・国歌に対する敬意の表明の要素を含むためである。
- □ 直接的制約と間接的制約の区別は、制約目的による区別と整理できる。
- □ 君が代起立斉唱事件判決が一般的・客観的見地から制約該当性を判断している点には批判も強い。しかし、このような基準を用いたとしても、起立斉唱の強制は直接的制約ではないといった特定の結論を常に導くとは限らず、事案の違いによって制約該当性判断が変わりうる余地がある。
- □ 間接的制約の許容性判断につき、起立斉唱を強制される対象が公務員である場合と、児童・生徒のような非公務員である場合は、憲法上の評価は基本的に異なりうる。

FAQ

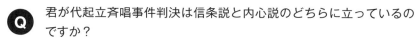

Q 君が代起立斉唱事件判決は信条説と内心説のどちらに立っているのですか？

A 信条説と内心説のどちらに立っているのか、多数意見は明らかにしていない。同事件では、上告人が起立斉唱を拒否する理由として同人の考えが記述されるとともに、そのような考えは上告人自身の歴史観ないし世界観から生ずる社会生活上ないし教育上の信念等であるとしている。このような記述は、上告人の考えが思想良心の自由の保障内容に含まれるとの趣旨であろ

うが、内心説的な理解を排除する趣旨までは読み取れない。

　なお、同事件の千葉補足意見は明示的に信条説を採用している。また、下級審の裁判例においては信条説を明示的に採用する裁判例も存在する。しかし、最高裁の多数意見において信条説と内心説のどちらに立脚するかを明らかにした判例は、**勤評長野方式事件**（最判昭 47・11・30 民集 26 巻 9 号 1746 頁）の理解次第ではあるものの、いまだ存在していないと考えられる。

Q 君が代起立斉唱事件のような類型の事件につき、起立斉唱を命ずる職務命令の合憲性のほかに検討すべき問題はありますか？

A 職務命令の合憲性とは別に、職務命令違反を理由とする不利益処分について裁量の逸脱・濫用が問題となる。後者ではあくまで適法性が問われており、許容される不利益処分の程度が問題とされている。

　後者が問題となった判例（前掲最判平 24・1・16）では、懲戒処分のなかで最も軽い戒告処分をすることは裁量の逸脱・濫用にあたらないとされる一方、戒告を超えてより重い減給処分以上の処分を選択することについては、過去の非違行為による懲戒処分等の処分歴や不起立行為等の前後における態度等にかんがみ、学校の規律や秩序の保持等の必要性と処分による不利益の内容との権衡の観点から当該処分を選択することの相当性を基礎づける具体的な事情が認められる場合であることを要する、とされている。

　そして、たとえば、過去に入学式の際の服装等にかかる職務命令違反による戒告 1 回の処分歴があることのみを理由としてなされた減給処分については、相当性を基礎づける具体的な事情があったとまではいえず裁量権の範囲を超えるものとして違法と評価している。また、過去の懲戒処分の対象は過去 2 年度の 3 回の卒業式等における不起立行為にとどまり、積極的に式典の進行を妨害する内容の非違行為は含まれていない等の事情のもとでなされた停職処分については、相当性を基礎づける具体的な事情があったとまではいえず裁量権の範囲を超えるものとして違法と評価している。

　なお、あくまで行訴法上の解釈が問題となるが、予防訴訟としてどのような訴訟が選択できるかにつき、最判平 24・2・9 民集 66 巻 2 号 183 頁参照。

〔御幸　聖樹〕

12 政教分離に関する事案

対比型

▶ 津地鎮祭事件（最大判昭 52・7・13 民集 31 巻 4 号 533 頁）
▶ 空知太神社事件（最大判平 22・1・20 民集 64 巻 1 号 1 頁）

はじめに　政教分離に関する事案における判断枠組みとして、**津地鎮祭事件判決**は、はじめて目的効果基準とよばれる定式を採用した。この目的効果基準については基準としてのあいまいさや緩やかさに対して学説から強い批判が加えられてきたが、目的効果基準を厳格に適用したといわれる**愛媛玉串料事件判決**（最大判平 9・4・2 民集 51 巻 4 号 1673 頁）などを経て、少なくとも判例においてこの判断枠組みが定着していることについては意見の一致をみていたといえよう。

　ところが、平成 22 年に下された**空知太神社事件判決**および**富平神社事件判決**（最大判平 22・1・20 民集 64 巻 1 号 128 頁）では、政教分離に関する事案であるにもかかわらず、目的効果基準とは異なる判断枠組み（以下、総合判断基準とする）が採用された。そのため、判例において目的効果基準が放棄されたのではないか、またそうではないとすれば目的効果基準の射程をどのように考えればよいのかといったことが問題になったのである。

I 判旨

■津地鎮祭事件

　「政教分離規定は、いわゆる制度的保障の規定であって、信教の自由そのものを直接保障するものではなく、国家と宗教との分離を制度として保障することにより、間接的に信教の自由の保障を確保しようとするものである」。そうすると、「わが憲法の前記政教分離規定の基礎となり、その解釈の指導原理となる政教分離原則は、国家が宗教的に中立であることを要求するものではあるが、国家が宗教とのかかわり合いをもつことを全く許さないとするものではなく、宗教とのかかわり合いをもたらす行為の目的及び効果にかんがみ、そのかかわり合

いが右の諸条件に照らし相当とされる限度を超えるものと認められる場合にこれを許さないとするものであると解すべきである」。

「憲法20条3項は、『国及びその機関は、宗教教育その他いかなる宗教的活動もしてはならない。』と規定するが、ここにいう宗教的活動とは、前述の政教分離原則の意義に照らしてこれをみれば、およそ国及びその機関の活動で宗教とのかかわり合いをもつすべての行為を指すものではなく、そのかかわり合いが右にいう相当とされる限度を超えるものに限られるというべきであって、当該行為の目的が宗教的意義をもち、その効果が宗教に対する援助、助長、促進又は圧迫、干渉等になるような行為をいうものと解すべきである。……そして、この点から、ある行為が右にいう宗教的活動に該当するかどうかを検討するにあたっては、当該行為の主宰者が宗教家であるかどうか、その順序作法（式次第）が宗教の定める方式に則ったものであるかどうかなど、当該行為の外形的側面のみにとらわれることなく、当該行為の行われる場所、当該行為に対する一般人の宗教的評価、当該行為者が当該行為を行うについての意図、目的及び宗教的意識の有無、程度、当該行為の一般人に与える効果、影響等、諸般の事情を考慮し、社会通念に従って、客観的に判断しなければならない」。

本件事案における「諸事情を総合的に考慮して判断すれば、本件起工式は、宗教とかかわり合いをもつものであることを否定しえないが、その目的は建築着工に際し土地の平安堅固、工事の無事安全を願い、社会の一般的慣習に従った儀礼を行うという専ら世俗的なものと認められ、その効果は神道を援助、助長、促進又は他の宗教に圧迫、干渉を加えるものとは認められないのであるから、憲法20条3項により禁止される宗教的活動にはあたらないと解するのが、相当である」。

■空知太神社事件

「憲法89条は、公の財産を宗教上の組織又は団体の使用、便益若しくは維持のため、その利用に供してはならない旨を定めている。その趣旨は、国が宗教的に中立であることを要求するいわゆる政教分離の原則を、公の財産の利用提供等の財政的な側面において徹底させるところにあり、これによって、憲法20条1項後段の規定する宗教団体に対する特権の付与の禁止を財政的側面からも確保し、信教の自由の保障を一層確実なものにしようとしたものである。しかし、国家と宗教とのかかわり合いには種々の形態があり、およそ国又は地方公共団体が宗教との一切の関係を持つことが許されないというものではなく、憲法89条も、公の財産の利用提供等における宗教とのかかわり合いが、我が国の社会的、文化的諸条件に照らし、信教の自由の保障の確保という制度の根本目的との関係で相当とされる限度を超えるものと認められる場合に、これを許さないとするものと解される」。「そうすると、国公有地が無償で宗教的施設の敷地としての用に供されている状態が、前記の見地から、信教の自由の保障の確保という制度

の根本目的との関係で相当とされる限度を超えて憲法89条に違反するか否かを判断するに当たっては、当該宗教的施設の性格、当該土地が無償で当該施設の敷地としての用に供されるに至った経緯、当該無償提供の態様、これらに対する一般人の評価等、諸般の事情を考慮し、社会通念に照らして総合的に判断すべきものと解するのが相当である」。

　本件事案における「事情を考慮し、社会通念に照らして総合的に判断すると、本件利用提供行為は、市と本件神社ないし神道とのかかわり合いが、我が国の社会的、文化的諸条件に照らし、信教の自由の保障の確保という制度の根本目的との関係で相当とされる限度を超えるものとして、憲法89条の禁止する公の財産の利用提供に当たり、ひいては憲法20条1項後段の禁止する宗教団体に対する特権の付与にも該当すると解するのが相当である」。

Ⅱ　基本解説

1．判例解説

（1）政教分離原則と目的効果基準

　日本国憲法のテクストを眺めても、「政教分離（原則）」という言葉は登場しない。しかし、憲法の教科書を読むと、「いかなる宗教団体も、国から特権を受け、又は政治上の権力を行使してはならない」と定める20条1項後段、および、「国及びその機関は、宗教教育その他いかなる宗教的活動もしてはならない」と定める同条3項が政教分離原則を定めており、「公金その他の公の財産は、宗教上の組織若しくは団体の使用、便益若しくは維持のため……これを支出し、又はその利用に供してはならない」とする89条前段がそれを財政面から裏付けている、と説明されている。このように、日本国憲法が政教分離原則を定めていることは、広く認められているといってよいだろう。

　もっとも、憲法の条文を子細にみると、20条3項は国が宗教活動を行う場面を念頭に置いているのに対し、同条1項後段と89条前段は国が宗教団体を援助する場面を念頭に置いており、それぞれの規定が問題としている国家行為の類型は異なっている（百選Ⅰ〔第5版〕97頁〔日比野勤〕）。そのうえで、政教分離原則についてのリーディングケースとされる津地鎮祭判決は、あくまで20条3項の「宗教的活動」に該当するか否かの判断枠組みとして目的効果基準を導出したのであった。ところが、愛媛玉串料事件判決が89条前段に関わる判断枠組みとしても目的効果基準を用いることを明らかにしたように、あるいは箕

面忠魂碑事件（最判平5・2・16民集47巻3号1687頁）において「宗教団体」（20条1項後段）・「宗教上の組織若しくは団体」（89条前段）該当性が目的効果基準によって判断されたように、その後の最高裁は、政教分離原則が問題になったあらゆる事例で目的効果基準を援用するようになる。こうして目的効果基準は、当該事案で問題になっている規定や行為類型の違いにかかわらず、「政教分離規定の基礎となり、その解釈の指導原理となる政教分離原則」に関する一元的な判断枠組みとしての地位を確立したように思われた（林知更「政教分離原則の構造」高見勝利ほか編『日本国憲法解釈の再検討』（有斐閣・2004）125頁以下）。

（2）空知太神社事件判決の登場

　ところが、平成22年に下された空知太神社事件判決は、政教分離原則が問題となった事案であるにもかかわらず、目的効果基準に言及しなかった。そこで、この判決が従来の最高裁の判断枠組みを変更するものであるか否かが問題となる。

　もっとも、本判決は明示的に判例変更を行っているわけではないばかりか、津地鎮祭事件判決と愛媛玉串料事件判決を引用してさえいる。そのことから本件調査官は、空知太神社事件判決によってもなお判例の連続性が途切れていないことを強調する。すなわち、津地鎮祭事件判決以来の最高裁の判断枠組みは、「国家と宗教とのかかわり合いは、宗教とのかかわり合いをもたらす行為の目的及び効果にかんがみ、我が国の社会的、文化的諸条件に照らし相当とされる限度を超えるものと認められる場合に許されないものとなる」というものであるところ、これは①「我が国の社会的、文化的諸条件に照らし相当とされる限度を超えるもの」にあたるか否かという中核的・基底的な判断枠組みに関する部分と、②「宗教とのかかわり合いをもたらす行為の目的及び効果にかんがみ」という、①の枠組みに沿った判断をするうえでの着眼点を提示する部分とから構成されているとしたうえで、たしかに②の部分については空知太神社事件判決によって変更が加えられたものの、①の部分については何ら変更が加えられていない、というのである（最判解民事平成22年度(上)40頁〔清野正彦〕）。

　この見解によると、政教分離原則に関する一般的な判断枠組みと考えられてきた目的効果基準は、「中核的・基底的な判断枠組み」ではなく、それを具体化した判断枠組みの1つにすぎなかったということになる。目的効果基準がそのようなものであったとすれば、たとえ本件で用いられなかったとしても、別の

事案で持ち出されることは十分にありうることになろう。実際、この半年後に下された**白山比咩神社事件判決**（最判平22・7・22判時2087号26頁）では極めて簡潔にではあるが目的効果基準の定式が用いられているようにみえることから、一般には、最高裁は目的効果基準をいまだ放棄したわけではないと考えられている。

２．目的効果基準の射程

しかしそうだとすると、どのような場合に目的効果基準が用いられるのか、逆にいえば、空知太神社事件判決がなぜ目的効果基準を用いなかったのかが問題となる。

（１）藤田補足意見の場合

この点について学説の注目を集めたのが、藤田宙靖補足意見である。いわく、「過去の当審判例上、目的効果基準が機能せしめられてきたのは、問題となる行為等においていわば『宗教性』と『世俗性』とが同居しておりその優劣が微妙であるときに、そのどちらを重視するかの決定に際してであって……、明確に宗教性のみを持った行為につき、更に、それが如何なる目的をもって行われたかが問われる場面においてではなかった」ところ、「本件における神社施設は、これといった文化財や史跡等としての世俗的意義を有するものではなく、一義的に宗教施設（神道施設）であって、そこで行われる行事もまた宗教的な行事であることは明らかである」から、「本件における憲法問題は、本来、目的効果基準の適用の可否が問われる以前の問題であるというべきである」。この見解は、さしあたり、空知太神社事件のように憲法89条前段における禁止事項の核心部分に該当する事例については、目的効果基準を適用するまでもないという趣旨に理解することができよう。

（２）調査官解説の場合

他方で本判決の調査官解説（以下、清野解説とする）は、空知太神社事件判決が目的効果基準を用いなかった理由を次のような事案の特殊性に求めている。すなわち、「従来の政教分離訴訟において憲法適合性が問題とされた対象がいずれも、ある一時点における公金の支出や公務員の儀式参列行為等といった1回限りの作為的行為であったのに対し、本件利用提供行為は、半世紀以上もの歴史を有する継続的行為であって、かつ、その行為には本件使用貸借契約の履行という作為的側面もあるものの、単に現状を放置しているという不作為の側面

も併せ有するものである」ところ、「このような無償提供行為については……どの時点におけるどの行為者の目的を問題にすればよいのか、どの時点における誰を基準とした効果を審査すればよいのかといった問題に直面せざるを得ない。他方、このような本件利用提供行為の憲法適合性について、従来の沿革や利用の態様等を一切無視して、単に口頭弁論終結時における〔市長〕の目的や住民に対する効果のみを審査すれば事足れりとするのは、いかにも安直かつ軽率な憲法審査とのそしりを免れないであろう」（最判解・前掲 40-41 頁〔清野〕）。この見解によれば、空知太神社事件は、とりわけ不作為的側面を有する「継続的行為」の合憲性が争われた事案であるために、目的効果基準が適用されなかったと説明されることになろう。

Ⅲ 発展解説

1. 両説の検討

　それでは、このどちらの立場が判例の解釈として妥当なのだろうか。この点について、空知太神社事件以降に出された 2 つの最高裁判決を手がかりに考えてみたい。

（1）白山比咩神社事件

　まず、すでに述べたように、目的効果基準が用いられたと一般に理解されている、白山比咩神社事件判決からみていこう。この事件は、石川県白山市長が市内にある白山比咩神社の鎮座 2100 年を記念する大祭を奉賛する団体の発会式に出席して祝辞を述べたことの合憲性が問題になったものである。

　これについて最高裁は、「本件神社は重要な観光資源としての側面を有していたものであり、本件大祭は観光上重要な行事であった」ことに言及しつつ、市長の行為は憲法に反しないと判断した。ここで空知太神社事件判決が「一般的には宗教的施設としての性格を有する施設であっても、同時に……観光資源……などといった他の意義を有していたりすることも少なくなく」と説示していたことにもかんがみると、藤田補足意見の立場からは、本件における市長の行為には「宗教性」と「世俗性」とが同居していたために目的効果基準が用いられたのだと理解することができよう（百選Ⅰ〔第 7 版〕106 頁〔長谷部恭男〕）。他方、知事の大嘗祭出席が問題になった事案（最判平 14・7・11 民集 56 巻 6 号 1204 頁〔鹿児島大嘗祭事件〕）などと同様に、この事件では市長による「1 回限りの作

為的行為」の合憲性が争われていた。そうであるとすれば、清野解説の見方からしても、この事案において目的効果基準が用いられたことは容易に正当化できるであろう（平成22年度重判解16頁〔常本照樹〕）。

このようにみると、白山比咩神社事件判決が目的効果基準を適用した理由については、いずれの立場からも整合的に説明することが可能であると思われる（以上については、判時2087号（2010）26-27頁も参照）。

（2）富平神社判決

続いて、空知太神社事件判決と同日に下された富平神社事件判決をみてみよう。この事件は、北海道砂川市が富平神社の敷地として無償提供していた市有地を町内会に譲与したことの合憲性が問題になったものである。

この点、まず清野解説の立場からは、「1回限りの作為的行為」の合憲性が争われた事案であるにもかかわらず目的効果基準が用いられていない点が、説明を要する事態であるようにもみえる。もっとも、清野解説は先の引用に続けて、「〔空知太神社事件判決〕は……1回限りの作為的行為についても、必ずしも目的及び効果という硬直的な着眼点に拘泥することなく……当該事案に即した多様な着眼点を抽出し、これらを総合的に検討して憲法適合性の判断をするという、より柔軟かつ事案に即した判断基準へと、従来の判断基準を深化させたところに重要な意義がある」と述べていた（最判解・前掲42頁〔清野〕）。そうであるとすれば、清野解説の立場からしても──「1回限りの作為的行為の憲法適合性が問題とされている場合」には目的効果基準がなお「一般的有用性を有することは」否定されていないとはいえ──、「1回限りの作為的行為」か「継続的行為」かという点だけが目的効果基準と総合判断基準とを分けるメルクマールとはいえないであろう。

それでは、富平神社事件判決が目的効果基準を用いなかった理由について、清野解説の立場からはどのように考えることができるだろうか。この点、清野解説が「事案に即した着眼点」を発見すべきことを強調していることからして、富平神社事件においても目的効果基準を適用すべきではない事案の特殊性があったと考えるのが自然であろう。このような観点から参考になるのが、同判決に対する「土地の譲与が1回限りの作為的行為であるとはいえ、かかる行為が行われるに至った背景に目を向けることなく、行為の目的が宗教的意義を有するかどうか、効果が宗教を援助、助長等するかどうかといった単純な定式に

照らして判断することは困難であったと思われる」というコメントである（野坂泰司『憲法基本判例を読み直す〔第2版〕』（有斐閣・2019）220頁注（27））。たしかにこの判決は、土地の譲与という「1回限りの作為的行為」に至るまでの歴史的経緯を詳細に論じて合憲判断を導いていた。かかる見解によれば、総合判断基準が採用されるのは、空知太神社事件や富平神社事件のような「一定の歴史的経緯を有する、宗教施設への公有地の無償提供といった事例に限定される可能性もある」ことになろう（野坂泰司「いわゆる目的効果基準について」高橋和之先生古稀記念『現代立憲主義の諸相(下)』（有斐閣・2013）319頁）。

　他方で、藤田補足意見の立場からはどうか。この点、同判決に「本件譲与は……本件町内会に一方的に利益を提供するという側面を有しており、ひいては、〔憲法89条の宗教上の組織ないし団体に当たる〕地域住民の集団に対しても神社敷地の無償使用の継続を可能にするという便益を及ぼすとの評価はあり得る」とあるように、この事件は憲法89条の構成要件に該当する事案であったとみる余地がある（吉崎暢洋「判批」姫路ロー・ジャーナル4号（2010）153-156頁）。そのうえで、藤田補足意見の趣旨が憲法89条の核心部分に該当する事例は原則として違憲であるというものであったとしても、例外的な事情があれば合憲となりうることまでが否定されているわけではない。実際、藤田補足意見によれば「〔市が公有地上にある本件神社施設を撤去しないという〕不作為を直ちに解消することが期待し得ないような特別の事情（例えば、施設の撤去自体が他方で信教の自由に極めて重大な打撃を与える結果となることが見込まれるとか……）がある場合に、現に公有地上に神社施設が存在するという事実が残っていること自体をもって直ちに違憲というべきか否かは、なお検討の余地がある」とされているところ、まさにこの事件は、違憲判断を下してしまうと地域住民の「信教の自由に極めて重大な打撃を与える」可能性のある事案であった（長谷部恭男『続・Interactive憲法』（有斐閣・2011）132-134頁）。そうであるとすれば、目的効果基準を適用せずに合憲判断を下した富平神社事件判決は、藤田補足意見の立場とも整合しうるように思われる。

２．若干の展望

（１）類型的アプローチのすすめ

　以上のように、どちらの立場からも空知太神社事件以降の判例の展開を説明することは可能であるように思われる。そのためでもあろうか、政教分離をめ

ぐる判例の理解について、学説の理解はいまだに定まっていないのが現状である。ただ、「目的効果基準の具体的な内容あるいはその適用の在り方については、慎重な配慮が必要なのであって、当該事案の内容を十分比較検討することなく、過去における〔最高裁〕判例上の文言を金科玉条として引用し、機械的に結論を導くようなことをしてはならない」という藤田補足意見の言葉が、現在の最高裁の立場として広く共有されていることはたしかであろう。そうであるとすれば、政教分離が問題となる事案においてどのような判断枠組みを採用すべきかについては、結局のところ、事案に応じた判断が必要になることに変わりはない。

　それでは、事案に応じた判断とやらをどのように行えばよいのか。ここで手がかりとなるのが、「類型的アプローチ」（宍戸 125 頁）である。すでに述べたように、日本国憲法はそれぞれの政教分離規定において異なる類型の国家行為を問題にしていることから、学説においては、政教分離が問題になる場面の類型化が試みられてきた。ここで、憲法 20 条 3 項から離れて 89 条および 20 条 1 項後段を適用した空知太神社事件判決を、「事案の類型ごとに異なる判断枠組みを使い分ける方向へと最高裁が進みつつある徴候である」（林知更『現代憲法学の位相』（岩波書店・2016）399 頁）と捉えることができれば、かような学説の試みを判例の理解にも活かせるのではないかと思われる。

　もとより、白山比咩神社事件判決が「憲法上の政教分離原則及びそれに基づく政教分離規定に違反するものではない」と条文を挙げることなく説示するように、最高裁が本当に事案の類型化へと歩を進めたのかについては予断を許さない。そもそも、目的効果基準も総合判断基準もその内実は「総合判断アプローチ」であるという点において（佐々木弘通「憲法学説は政教分離判例とどう対話するか」辻村みよ子＝長谷部恭男編『憲法理論の再創造』（日本評論社・2011）411 頁）、両者は質的に異なるものではないともいえよう。とはいえ、「〔基底的判断枠組み部分〕に沿った判断をするための着眼点は、個別事案に応じて最もふさわしいものが適切に抽出・選択されるべき」（最判解・前掲 43 頁〔清野〕）というのみでは、従来以上に目盛りのない物差しになってしまい、判決の予測可能性という観点からは問題があるといわざるをえない（片桐直人「砂川空知太神社判決の二つの理解」法時 91 巻 5 号（2019）68-69 頁）。それゆえ、答案作成のみならず判例法理の発展のためにも、事案の類型化は不可避であるように思われる。

（2）判例の類型化

そこで、学説を参考にしつつ政教分離に関する著名な事案を類型化すると、おおむね次のようになろう（渡辺ほか191-193頁〔渡辺〕）。

第1に、憲法89条および20条1項後段が規定する、国家による宗教団体への援助が問題になった事案である。すでに述べたように、もともと目的効果基準が20条3項の「宗教的活動」該当性の判断枠組みとして登場したことからすると、この類型の事案に目的効果基準を適用すべき必然性はない。それゆえ、この類型に属する空知太神社事件や富平神社事件に目的効果基準が適用されなかったことには、（後者については、なぜ20条1項後段ではなく同条3項が問題にされたのかという疑問は残るものの）十分な理由があるように思われる。

それに対し、憲法20条3項が規定する国家による宗教活動が問題となる事案については、なおも目的効果基準が適用される可能性がある。この類型に属するものとしては、津地鎮祭事件や愛媛玉串料事件のほか、宗教行事への地方公共団体の長その他の職員の出席が問題になった一連の事件（箕面忠魂碑事件、鹿児島大嘗祭事件、白山比咩神社事件等）を挙げることができよう（田近肇「判例における政教分離原則」宗務時報120号（2015）11-13頁）。なお、愛媛玉串料事件は第1の援助類型とみることもできるが、玉串料等の奉納はそれ自体が宗教的行為としての支出であることから、最高裁は公金支出を主に国家の宗教的活動として扱ったと説明できるかもしれない（安西文雄「政教分離と最高裁判所判例の展開」ジュリ1399号（2010）64頁）。

いずれにせよ、答案作成に際しては、当該事案で問題となっている公権力の行為類型や憲法の規定を明確に意識して判断枠組みを採用することが重要であると思われる（事案類型を造型するまた別の試みとして、蟻川恒正「政教分離規定『違反』事案の起案(1)〜(3)」法教434〜436号（2016〜2017））。ただし、ある年の採点実感で「判断基準に関する争いのみに終始して事足れりとし、与えられた事例に即した個別的・具体的検討ができていない答案も目立った」という苦言が呈されていたように（H24採点実感）、判断枠組みについての抽象的な議論を展開することにのみ目を奪われていては、答案としては本末転倒である。その意味において、本章の内容を答案上で全面的に展開する必要はないということを、蛇足ながら、最後に付言しておきたい。

まとめ

- □ 日本国憲法の政教分離諸規定は、①国家による宗教活動（20条3項）、②国家による宗教団体への援助（89条前段・20条1項後段）のように、条文ごとに異なる類型の国家行為を禁じている。
- □ 最高裁は、政教分離にかかわる事案について「国家と宗教とのかかわり合いは、宗教とのかかわり合いをもたらす行為の目的及び効果にかんがみ、我が国の社会的、文化的諸条件に照らし相当とされる限度を超えるものと認められる場合に許されないものとなる」という判断枠組みを採用しており、目的効果基準や総合判断基準は「相当とされる限度を超える」か否かを判断するための判断枠組みであると理解されているようである。
- □ 空知太神社事件判決において目的効果基準が用いられなかった理由については、藤田補足意見や担当調査官による説明が有力であり、富平神社事件判決や白山比咩神社事件判決とも整合すると思われるが、学説においてはいまだに理解が定まっていない。
- □ いずれにせよ、政教分離が問題となる事案においてどのような判断枠組みを用いるかについては、判例の事案との異同に注意しつつ、事案に即して判断されなければならない。

FAQ

Q 空知太神社事件判決は、当該事案における市有地の無償提供行為を違憲と判断しました。それでは、このような違憲状態を解消するために、自治体としてはどのような手段を講じることができるでしょうか？

A 本件において原告が求めていたのは、砂川市が神社施設の撤去および土地の明渡しを請求しないことの違法確認であった。しかるに、本判決は「違憲状態の解消には、神社施設を撤去し土地を明け渡す以外にも適切な手段があり得る」として、「本件利用提供行為の違憲性を解消するための他の手段の存否等について更に審理を尽くさせるため」に本件を原審に差し戻したのである。そこで砂川市は、差戻審の審理中に、神社施設の一部の移設・撤去等とあわせて市有地の一部を氏子集団の氏子総代長に適正な賃料で賃貸するという方針を策定したところ、差戻し後の上告審（最判平24・2・16民集66巻2

号 673 頁）は、総合判断基準を用いてかかる手段を合憲と判断した。他方で、市有地が神社の敷地となっているという憲法「の趣旨に適合しないおそれのある状態を是正解消するために」とられた無償譲与という手段の合憲性が問題になった富平神社事件判決において、最高裁は、すでに述べたように、総合判断基準を用いて合憲判断を下している。それでは、空知太神社事件の後始末についても、無償譲与という手段をとることができたのだろうか。

　この点、空知太神社事件判決は土地の「全部又は一部を譲与し、有償で譲渡し、又は適正な時価で貸し付ける等の方法によっても……違憲性を解消することができる」と説き、無償譲与、有償譲渡、有償貸付けという手段を例示していた。公有地が宗教的施設の敷地として無償提供されている事例は多数にのぼると考えられるところ、そのような判示をみると、公有地を宗教的施設に利用させるためにこれら３つの手段をとることは、どのような場合であっても許されるようにも思える。しかしながら、たとえば有償貸付けは無償譲与よりも宗教団体を利する側面が希薄である一方、公有地と宗教とのかかわり合いが持続するという点では無償譲与よりも問題が大きいといったように、これらの手法は同列に論じられるべきものではない（市川正人「判批」判評 647 号（2013）4 頁）。そのうえで、富平神社事件判決については、もともと町内会の前身であった団体に所有していた土地を市の前身である町に寄附したという歴史的経緯が重視されていたのではないか、との指摘がある（野坂泰司「判批」判評 622 号（2010）10 頁）。それに対して、空知太神社事件差戻上告審の調査官解説は、本件において土地を市の前身である町に寄附したのが第三者であったことを考慮して、もし本件において無償譲与という手段がとられていた場合に「合憲といえるか否かについてはなお議論の余地があり得よう」と指摘していた（最判解民事平成 24年度 172 頁注（11）〔岡田幸人〕）。

　いずれにせよ、どちらの判決においても総合判断基準が用いられていたことからもわかるように、判例の立場からすれば、違憲状態ないし違憲のおそれのある状態を解消するためにどのような措置を講じればよいかもまた、事案に即して判断されなければならないことになる。　　　　　　　　　　〔西村　裕一〕

13 中立的な法令の適用と信教の自由

対比型

▶ 日曜日授業参観事件（東京地判昭 61・3・20 判時 1185 号 67 頁）
▶ 神戸高専剣道実技履修拒否事件（最判平 8・3・8 民集 50 巻 3 号 469 頁）

はじめに 　憲法 20 条 1 項前段は「信教の自由」を保障する。宗教活動に対して負担や不利益を課すことを目的とする法令が信教の自由を侵害することは明らかであるが、そのようなあからさまな法令は稀である。むしろ今日問題となるのは、宗教活動に対する負担や不利益が、当該宗教を狙い撃ちにした法令によってではなく、一般に適用される法令を中立的に適用した結果として生じる場合である。ある宗教を信仰する者にだけ一般に適用される法令からの免除を認めるとなると、法令の実効性が損なわれてしまいかねず、また、政教分離原則（➡第 12 章）と衝突する可能性もある。他方で、免除を一切認めないとなると、信教の自由の保障が画に描いた餅に終わってしまう危険もある。

　本章ではこの問題に対する裁判所の考え方を、**日曜日授業参観事件**と**神戸高専剣道実技履修拒否事件**との「対比」を通じて探ることにしたい（なお、分析に適した最高裁判例がないので、例外的に下級審の裁判例を用いている）。

I 判旨

■日曜日授業参観事件

　「小学校において授業参観を日曜日に実施することは、……公教育として学校教育上十分な意義を有するものであり、かつ、法的な根拠に基づいているものであるから、これを実施するか否か、実施するとして午前、午後のいかなる時間帯に行うかは被告校長の学校管理運営上の裁量権の範囲内であるということができる。したがって、本件授業の実施とこれに出席しなかった原告児童らを欠席扱いにしたことが原告らに対して不法行為を構成する違法があるとすれば、それは、被告校長が右の裁量権の範囲を逸脱し、濫用した場合に限られることになる」。

「同欠席記載が出席に対する消極的な評価であるという面では原告児童らにとって精神的な負担となり、その意味でならこれを不利益な措置あるいは扱いということができないではない。……右欠席記載から、<u>右に述べた以外にさらに法律上あるいは社会生活上の処遇において何らかの不利益な効果が発生するとは認められない</u>」が、「それにしても、本件欠席記載が原告児童らにとって好ましくない事実である」。「そこで、原告らは、本件授業に出席するか同日の教会学校に出席するかという二者択一の形で本件授業を実施することは、原告らがキリスト教徒として有する信仰の自由を侵すことになり、不法行為に当たると主張する」。

　「宗教行為に参加する児童について公教育の授業日に出席することを免除する（欠席として扱うことをしない。）ということでは、宗教、宗派ごとに右の重複・競合の日数が異なるところから、結果的に、宗教上の理由によって個々の児童の授業日数に差異を生じることを容認することになって、公教育の宗教的中立性を保つ上で好ましいことではないのみならず、当該児童の公教育上の成果をそれだけ阻害し……、そのうえさらに、公教育が集団的教育として挙げるはずの成果をも損なうことにならざるをえず、公教育が失うところは少なくないものがあるといえる」。「このような見地から、学校教育法施行規則 47 条等の前掲関係法規は、公立小学校の休業日に授業を行い授業日に休業しようとするときの手続を定めるに当たっても、右宗教上の集会と抵触するような振替えを特に例外的に禁止するような規定は設けず、振替えについての公教育上の必要性の判断を『特別の必要がある場合』との要件の下に当該学校長の裁量に委ねたものと解されるのである。

　したがって、公教育上の特別の必要性がある授業日の振替えの範囲内では、宗教教団の集会と抵触することになったとしても、法はこれを合理的根拠に基づくやむをえない制約として容認しているものと解すべきである」。

■神戸高専剣道実技履修拒否事件

　「高等専門学校の校長が学生に対し原級留置処分又は退学処分を行うかどうかの判断は、<u>校長の合理的な教育的裁量にゆだねられるべきもの</u>であり、裁判所がその処分の適否を審査するに当たっては、校長と同一の立場に立って当該処分をすべきであったかどうか等について判断し、その結果と当該処分とを比較してその適否、軽重等を論ずべきものではなく、校長の裁量権の行使としての処分が、<u>全く事実の基礎を欠くか又は社会観念上著しく妥当を欠き、裁量権の範囲を超え又は裁量権を濫用してされたと認められる場合に限り、違法であると判断すべきものである</u>（最判昭 29・7・30 民集 8 巻 7 号 1463 頁〔**京都府立医大事件①**〕、最判昭 29・7・30 民集 8 巻 7 号 1501 頁〔**京都府立医大事件②**〕、最判昭 49・7・19 民集 28 巻 5 号 790 頁〔**昭和女子大事件**（➡第 3 章・第 28 章）〕、最判昭 52・12・20 民集 31 巻 7 号 1101 頁〔**神戸税関事件**〕参照）」。

「しかし、退学処分は学生の身分をはく奪する重大な措置であり、学校教育法施行規則13条3項も4個の退学事由を限定的に定めていることからすると、当該学生を学外に排除することが教育上やむを得ないと認められる場合に限って退学処分を選択すべきであり、その要件の認定につき他の処分の選択に比較して特に慎重な配慮を要するものである〔昭和女子大事件（➡第3章・第28章）参照〕」。

「高等専門学校においては、剣道実技の履修が必須のものとまではいい難く、体育科目による教育目的の達成は、他の体育種目の履修などの代替的方法によってこれを行うことも性質上可能というべきである」。「他方、……被上告人が剣道実技への参加を拒否する理由は、被上告人の信仰の核心部分と密接に関連する真しなものであった。……被上告人は、信仰上の理由による剣道実技の履修拒否の結果として、他の科目では成績優秀であったにもかかわらず、原級留置、退学という事態に追い込まれたものというべきであり、その不利益が極めて大きいことも明らかである。また、本件各処分は、その内容それ自体において被上告人に信仰上の教義に反する行動を命じたものではなく、その意味では、被上告人の信教の自由を直接的に制約するものとはいえないが、しかし、被上告人がそれらによる重大な不利益を避けるためには剣道実技の履修という自己の信仰上の教義に反する行動を採ることを余儀なくさせられるという性質を有するものであったことは明白である」。

「上告人の採った措置が、信仰の自由や宗教的行為に対する制約を特に目的とするものではなく、教育内容の設定及びその履修に関する評価方法についての一般的な定めに従ったものであるとしても、本件各処分が右のとおりの性質を有するものであった以上、上告人は、前記裁量権の行使に当たり、当然そのことに相応の考慮を払う必要があったというべきである」。代替措置についても、「本件各処分の前示の性質にかんがみれば、本件各処分に至るまでに何らかの代替措置を採ることの是非、その方法、態様等について十分に考慮するべきであったということができるが、本件においてそれがされていたとは到底いうことができない」。

「信仰上の理由による剣道実技の履修拒否を、正当な理由のない履修拒否と区別することなく、代替措置が不可能というわけでもないのに、代替措置について何ら検討することもなく、体育科目を不認定とした担当教員らの評価を受けて、原級留置処分をし、さらに、不認定の主たる理由及び全体成績について勘案することなく、二年続けて原級留置となったため進級等規程及び退学内規に従って学則にいう『学力劣等で成業の見込みがないと認められる者』に当たるとし、退学処分をしたという上告人の措置は、考慮すべき事項を考慮しておらず、又は考慮された事実に対する評価が明白に合理性を欠き、その結果、社会観念上著しく妥当を欠く処分をしたものと評するほかはなく、本件各処分は、裁量権の範囲を超える違法なものといわざるを得ない」。

Ⅱ 基本解説

　両事案は、学校において世俗的義務と宗教的義務が対立している事例という点で共通する（➡学校内での紛争については、第28章参照）。しかし、宗教を理由とした世俗的義務の不履行に不利益を課すことについて、日曜日授業参観事件では違法性が否定されて裁量の範囲内とされた一方、神戸高専剣道実技履修拒否事件では裁量権の範囲を超える違法なものとされている。この違いは何に起因しているだろうか。その理由に着目することで判例の「射程」がみえてくる。

1．判断枠組みの違い

　両事案ともに学校長の裁量権の範囲の逸脱、濫用の有無があった場合に処分が違法となるとしている点では共通するが、その裁量の広狭に違いがある。

　神戸高専剣道実技履修拒否事件では、いわゆる判断過程審査を示しつつ、「退学処分は学生の身分をはく奪する重大な措置であり、学校教育法施行規則13条3項も4個の退学事由を限定的に定めていること」に照らして、退学処分の要件をみたすかの判断において「特に慎重な配慮」が求められるとしている。

　他方、日曜日授業参観事件判決には、裁量判断に慎重さを求める箇所がない。神戸高専剣道実技履修拒否事件との対比で考えた場合、その理由は、「処分の重大性」がみられない事案であったことが影響していると考えられる。日曜日授業参観事件では、処分の軽さが強調されており、欠席記載され、それが記録として一定期間保存されることによって精神的な負担となるという「意味でならこれを不利益な措置あるいは扱いということができないではない」が、「右に述べた以外にさらに法律上あるいは社会生活上の処遇において何らかの不利益な効果が発生するとは認められない」という程度のものであった（取消しを求める訴えで処分性が認められなかったことからも、不利益の小ささを見て取れる）。

　このように両事案では、「処分の重大性」が異なっており、それに起因して処分権者の裁量の広狭に違いが生じている。角度を変えていえば、宗教的理由に基づく世俗的義務の履行拒否であるという事情が、裁量の広狭を左右する判断要素とされていない。神戸高専剣道実技履修拒否事件は、「特に慎重な配慮」に言及するにあたって昭和女子大事件（➡第3章・第28章）を引用しているが、同事件でも「退学処分が、他の懲戒処分と異なり、学生の身分を剥奪する重大な措置であることにかんがみ」、「特に慎重な配慮」が求められており、学生の政

154

治活動（表現の自由）を理由に退学処分がなされたために、「特に慎重な配慮」が求められたわけではなかった。

２．信教の自由の役割

（１）処分の性質と「相応の考慮」

では、信教の自由は両事案においてどのような役割を果しているのだろうか。

神戸高専剣道実技履修拒否事件では、上記の教育的裁量権の行使に逸脱濫用があるか否かの判断に際して、信教の自由に基づく行動であったことに「相応の考慮」を求めるというかたちで、信教の自由が検討されている。もっとも、信教の自由に基づく行動であることから直ちに「相応の考慮」が求められたわけではなく、「本件各処分が右のとおりの性質を有するものであった以上、上告人は、前記裁量権の行使に当たり、当然そのことに相応の考慮を払う必要があった」とされていることに注意が必要である。

ここでいう処分の「性質」とは、判旨を整理すれば、①剣道実技の履修が必須のものとはいい難く、代替措置が可能であったこと、②履修拒否の理由が信仰の核心部分と密接に関連する真しなものであったこと、③履修拒否が直接の理由となって原級留置、退学になっていること、④その不利益がきわめて大きいこと、⑤本件各処分は、信教の自由を直接的に制約するものとはいえないが、被上告人が重大な不利益を避けるためには剣道実技の履修という自己の信仰上の教義に反する行動をとることを余儀なくさせられるという性質を有するものであったこと、である。要するに、「剣道実技の履修自体が原告の信仰上の教義に直接反するものであり、また、確かに結果的に剣道実技の履修を強制されたということはないが、剣道実技を履修しなかった結果、原級留置（進級拒否）、さらには退学という措置がとられたものであって、具体的な不利益の程度が極めて大きい」（最判解民事平成8年度(上)188頁〔川神裕〕）という本件各処分の「性質」により、裁量権の逸脱濫用にあたるかの判断に際して、信教の自由に基づく行動であったことに「相応の考慮」が求められたのである。

他方で日曜日授業参観事件において「相応の考慮」といったフレーズが見あたらないのは、上述のように「不利益の大きさ」がきわめて軽微であること、免除が公教育の宗教的中立性を保つうえで好ましくないこと、公教育上の成果を阻害しうることなどといった事情が影響していると考えられる。

（2）信教の自由に対する負担の検討

信教の自由との関係で処分の性質を分析するにあたっては、処分自体の重大さだけでなく、世俗的義務と宗教的義務との衝突態様の検討も重要である。

日曜日授業参観事件では、日曜日の出席を求めること自体が信仰と相容れないわけではなく、「義務の競合の態様は……単に遂行時間帯の並行により二者択一を迫られた」にすぎなかった（芹沢斉「判批」芦部信喜ほか編『宗教判例百選〔第2版〕』（有斐閣・1991）22頁）。このことは、「原告らが原告児童らを本件授業に出席させるならば、……原告児童らは日本基督教団A教会における教会学校には（その開始時間を大巾に繰り上げる等の特別な措置がとられないかぎり）出席できなくなることは明らか」と述べている箇所に示唆されている。これに対して神戸高専剣道実技履修拒否事件では、「被上告人が剣道実技への参加を拒否する理由は、被上告人の信仰の核心部分と密接に関連する真しなもの」とされており、「義務の競合の態様は内容上両立不可」な事案であった。日曜日授業参観事件とは異なり、世俗的義務の履行拒否の理由と「信仰の核心部分」との距離が近く、両者が密着していた事案であったのであり、そのことが、信教の自由との関係での処分の性質の評価に違いを生じさせているのである。

（3）代替措置について

この処分の性質の違いは、代替措置に対する評価の違いにも反映されている。

日曜日授業参観事件では、代替措置について、①原告側が挙げた代替案（授業参観を礼拝が行われない日曜日午後にする、国民の祝日に実施する）を、教育の効率や午後に教師が父兄らと懇談を行うという「授業参観の通例」に照らして、日曜午前の実施に「強い合理性がある」として退けるとともに、②子どもの授業を受ける権利の侵害を理由に、当該児童に補充授業をすべきだという主張に対して、「本件授業は、法令に基づく適法かつ正規の授業であり、原告児童らがその主張のような理由で欠席したからといって、当該児童に補充授業をしなければならない法律上の根拠はない」と退けている。他方で神戸高専剣道実技履修拒否事件では、「本件各処分の前示の性質にかんがみれば、本件各処分にいたるまでに何らかの代替措置を採ることの是非、その方法、態様等について十分に考慮するべきであった」とされている（➡政教分離との関係は、**FAQ**参照）。このように、代替措置についての考慮義務の程度は、処分の性質に応じて変化するというのが判例の立場といえそうである。

Ⅲ 発展説明

以上の考え方は、刑事事件の場合でも同様に用いることができるだろうか。Ⅲでは、Ⅱの説明を踏まえながら、**加持祈祷事件**（最大判昭 38・5・15 刑集 17 巻 4 号 302 頁）と**牧会活動事件**（神戸簡判昭 50・2・20 刑月 7 巻 2 号 104 頁）との「対比」を通じて、この点について考えてみたい。前者は被告人の行為が正当業務行為にあたることを否定し、当該行為を罰することは信教の自由を侵害するものではないとしたのに対して、後者は、被告人の行為は正当業務行為に該当し違法性が阻却されるとしており、結論が異なっている。

1．信教の自由への配慮の程度と法益侵害の程度

まず、両判決における信教の自由の扱いをみてみよう。牧会活動事件では、牧会活動を、「牧師の神に対する義務即ち宗教上の職責」、「社会生活上牧師の業務の一内容」、「実質的には日本国憲法 20 条の信教の自由のうち礼拝の自由にいう礼拝の一内容（即ちキリスト教における福音的信仰の一部）をなすもの」であるから、「具体的諸事情に照らし、目的において相当な範囲にとどまり、手段方法において相当であるかぎり、正当な業務行為として違法性を阻却すると解すべき」とする。そしてその検討に際して、「外面的行為である牧会活動が、……公共の福祉による制約を受ける場合のあることはいうまでもないが、その制約が、結果的に行為の実体である内面的信仰の自由を事実上侵すおそれが多分にあるので、その制約をする場合は最大限に慎重な配慮を必要とする」と述べている。

他方、加持祈祷事件では、被告人の行為について、それが「一種の宗教行為としてなされたものであったとしても、……他人の生命、身体等に危害を及ぼす違法な有形力の行使に当るものであり、これにより被害者を死に致したものである以上、被告人の右行為が著しく反社会的なものであることは否定し得ないところであって、憲法 20 条 1 項の信教の自由の保障の限界を逸脱したものというほかはな」いとしている。

このように、信教の自由に対する配慮の程度について両判決は異なった態度をとっているように見受けられるが、その要因となっているのは法益侵害の大きさの違いであろう。上述のように加持祈祷事件では、被害者を死に至らしめた著しく反社会的な行為であるということが、「信教の自由の保障の限界を逸

脱」するという結論の理由となっている。他方で牧会活動事件では、「捜査は、他の少年達の出頭等によって取立てていう程の遅滞もなく進展していたし、両少年も8日後には牧会が効を奏し、自己の責任を反省し自ら責任をとるべく任意に警察に出頭したことではあるし、右程度の捜査の支障は、前述の憲法上の要請を考え、かつ、その後大きくは彼等が人間として救済されたこと、小さくは彼等の行動の正常化による捜査の容易化等の利益と比較衡量するとき、被告人の右牧会活動は、国民一般の法感情として社会的大局的に許容しうるものであると認めるのを相当とし、それが宗教行為の自由を明らかに逸脱したものとは到底解することができない」とされている。

２．宗教的義務と世俗的義務の衝突態様

　もっとも、法益侵害の程度のほか、信教の自由に対する制約の程度もまた一定の意味を有すると解することも可能である。

　牧会活動事件では、「両少年を取巻く前記諸般の事情を考え、彼等の将来に思いを致せば、第三者的傍観者はいざ知らず、その渦中に身を投じ彼等と共に真摯に悩む神ならぬ通常人にとっては、被告人の採った右処置以外に適当な方途を見出すことは至難の業であったであろうし、それは正に緊急を要する事態でもあった」とも述べられていたが、ここでは、世俗的義務の履行（犯人蔵匿行為をしないこと）と宗教的義務（牧会活動をすること）との競合の態様は「内容上両立不可」と評価されており、宗教活動としての牧会活動の重要性に照らして、課される負担・不利益がきわめて大きいものと評価されている。

　他方、加持祈祷事件の一審認定の事実によれば、「同女には大きな狸が憑いていて容易なことでは落せないので、この上はいわゆる『線香護摩』を焚いて加持祈祷し、狸を追い出すよりほかに方法がないと考え……」とされ、控訴審では、「被告人としては……同女を救おうとの一念からその狸を追い払うべき最後の有効適切な手段として本件所為に出たものであることを認めうる」とされており、宗教的義務の履行としての加持祈祷行為の真摯さを認めているかのように読める。しかし、加持祈祷行為それ自体が法令により禁止されたわけではなく、死に至らしめない方法・態様での加持祈祷が不可能であったとは解されないため、必ずしも宗教的義務と世俗的義務の競合の態様が「内容上両立不可」であったとはいえないだろう。

　したがって、被害者を死に至らしめたというように法益侵害の程度が甚だし

く反社会的である場合は別として、そうではない場合には刑事事件においても、法令の適用が信教の自由に与える負担や不利益の程度の検討が必要であろう。

まとめ

- □ 宗教に対して中立的な法令を適用した結果、特定の宗教に対して負担や不利益が発生する場合には、信教の自由との関係での検討が必要である。
- □ 行政事件（民事事件）の判例は、「処分の重大性」によって、処分権者に認められる裁量の広狭を判断しており、信教の自由は、判断枠組みとしての裁量の広狭に直接の影響を与えていない。
- □ もっとも行政事件（民事事件）の判例は、裁量審査のなかで信教の自由に対する考慮を求めている。
- □ そして裁量審査のなかでの信教の自由に対する考慮の程度は、信教の自由の内容、制約の目的、態様、程度等から総合的に判断されている。代替措置の検討に際しても同様である。
- □ 刑事事件の判例では、法益侵害の程度によって信教の自由への配慮の程度が異なっているように見受けられるが、信教の自由に対する負担・不利益の程度という視点がないわけではない。

FAQ

Q 日曜日授業参観事件と神戸高専剣道実技履修拒否事件では、政教分離原則についてどのような判断が示されていますか？

A 日曜日授業参観事件では、原告側から、旧教育基本法9条の「公教育の宗教的中立性の原則は、憲法上の政教分離原則と結びつくとき、公教育の宗教教育に対する教育上の特別配慮義務が要請されることになると解すべきである」という主張がなされたが、判決は、政教分離原則について言及せず、旧教育基本法の「この規定から、日曜日の宗教教育が本件授業の実施に優先して尊重されなければならないものと根拠づける原告らの主張は採用できないものと言わなければならない」として退けている。

他方、神戸高専剣道実技履修拒否事件では、代替措置をとることは憲法20条3項に違反するという学校側からの主張に対して、**津地鎮祭事件**（➡第12章）

を引用しながら、「信仰上の真しな理由から剣道実技に参加することができない学生に対し、代替措置として、例えば、他の体育実技の履修、レポートの提出等を求めた上で、その成果に応じた評価をすることが、その目的において宗教的意義を有し、特定の宗教を援助、助長、促進する効果を有するものということはできず、他の宗教者又は無宗教者に圧迫、干渉を加える効果があるともいえないのであって、およそ代替措置を採ることが、その方法、態様のいかんを問わず、憲法20条3項に違反するということができないことは明らかである。また、公立学校において、学生の信仰を調査せん索し、宗教を序列化して別段の取扱いをすることは許されないものであるが、学生が信仰を理由に剣道実技の履修を拒否する場合に、学校が、その理由の当否を判断するため、単なる怠学のための口実であるか、当事者の説明する宗教上の信条と履修拒否との合理的関連性が認められるかどうかを確認する程度の調査をすることが公教育の宗教的中立性に反するとはいえないものと解される」と述べている。

津地鎮祭事件判決において、政教分離原則を厳格に貫くことによって個人の信教の自由を制約する結果を招くことが不合理な事態の一例として挙げられていること、政教分離原則は信教の自由を保障するための制度的保障であると位置づけられていることを踏まえて、信教の自由と政教分離原則との調和を考える必要がある。

....

Q オウム真理教解散命令事件（最決平8・1・30民集50巻1号199頁）は、信教の自由の問題を考えるにあたって、どのような意味をもつ判例でしょうか？

A オウム真理教解散命令事件で最高裁は、宗教法人法81条に規定する宗教法人の「解散命令は、信者の宗教上の行為を禁止したり制限したりする法的効果を一切伴わない」としつつも、「宗教法人に関する法的規制が、信者の宗教上の行為を法的に制約する効果を伴わないとしても、これに何らかの支障を生じさせることがあるとするならば、憲法の保障する精神的自由の一つとしての信教の自由の重要性に思いを致し、憲法がそのような規制を許容するものであるかどうかを慎重に吟味しなければならない」としている。日曜日授業参観事件でも裁判所は、非常に軽微な不利益であっても信教の自由に対する不利益があるとしているが、ここから、信教の自由に対する制約の存在を比較的容易に認める判例の傾向を読み取ることができる。　　　〔横大道　聡〕

14 事前抑制の諸類型と表現の自由

メイン型

▶ **札幌税関検査事件** （最大判昭 59・12・12 民集 38 巻 12 号 1308 頁）

はじめに　　　憲法の教科書をみると、事前抑制は表現の自由の価値を損な
　　　　　　　　わせる可能性が強く、原則として違憲とされる旨が記載され
ていることだろう。しかし、事前抑制とひとくちに言ってもそのあり方は
多様であり、すべてを同列に扱うことはできない。あまり意識されていな
いが、判例もそれを踏まえた検討を行っている。

　そこで本章では、「検閲」を定義した事案として周知の**札幌税関検査事件**
をメイン判例として位置づけたうえで、そこで示されていた多段階的な「事
前抑制」の考え方を明らかにする。それとともに、各類型それぞれにおける
基本的な判例を取り上げて、その考え方をみていくことにしたい（なお学説
では、事前抑制という言葉を使うのが一般的であるが、判例では事前規制という
言葉を使う場合がある。本章では、両者を同義の言葉として互換的に用いている）。

I　判旨

■判旨① ── 21 条 2 項前段の「検閲」

　「憲法 21 条 2 項前段は、『検閲は、これをしてはならない。』と規定する。憲法
が、表現の自由につき、広くこれを保障する旨の一般的規定を同条 1 項に置きな
がら、別に検閲の禁止についてかような特別の規定を設けたのは、検閲がその性
質上表現の自由に対する最も厳しい制約となるものであることにかんがみ、こ
れについては、公共の福祉を理由とする例外の許容（憲法 12 条、13 条参照）をも
認めない趣旨を明らかにしたものと解すべきである」。「憲法 21 条 2 項前段の規
定は、これらの経験に基づいて、検閲の絶対的禁止を宣言した趣旨と解されるの
である」。「憲法 21 条 2 項にいう『検閲』とは、行政権が主体となって、思想内容
等の表現物を対象とし、その全部又は一部の発表の禁止を目的として、対象さ

れる一定の表現物につき網羅的一般的に、発表前にその内容を審査した上、不適当と認めるものの発表を禁止することを、その特質として備えるものを指すと解すべきである」。

■判旨② ── 税関検査の位置づけ

「税関検査の結果、輸入申告にかかる書籍、図画その他の物品や輸入される郵便物中にある信書以外の物につき、それが三号物件に該当すると認めるのに相当の理由があるとして税関長よりその旨の通知がされたときは、以後これを適法に輸入する途が閉ざされること前述のとおりであって、その結果、当該表現物に表された思想内容等は、わが国内においては発表の機会を奪われることとなる。また、表現の自由の保障は、他面において、これを受ける者の側の知る自由の保障をも伴うものと解すべきところ（最大決昭44・11・26刑集23巻11号1490頁〔博多駅事件〕、最大判昭58・6・22民集37巻5号793頁〔よど号ハイジャック記事抹消事件（➡第29章・第33章）〕参照）、税関長の右処分により、わが国内においては、当該表現物に表された思想内容等に接する機会を奪われ、右の知る自由が制限されることとなる。これらの点において、税関検査が表現の事前規制たる側面を有することを否定することはできない」。

「しかし、これにより輸入が禁止される表現物は、一般に、国外においては既に発表済みのものであって、その輸入を禁止したからといって、それは、当該表現物につき、事前に発表そのものを一切禁止するというものではない。また、当該表現物は、輸入が禁止されるだけであって、税関により没収、廃棄されるわけではないから、発表の機会が全面的に奪われてしまうというわけのものでもない。その意味において、税関検査は、事前規制そのものということはできない」。

■判旨③ ── 税関検査の検閲該当性

「税関検査は、関税徴収手続の一環として、これに付随して行われるもので、思想内容等の表現物に限らず、広く輸入される貨物及び輸入される郵便物中の信書以外の物全般を対象とし、三号物件についても、右のような付随的手続の中で容易に判定し得る限りにおいて審査しようとするものにすぎず、思想内容等それ自体を網羅的に審査し規制することを目的とするものではない」。

「税関検査は行政権によって行われるとはいえ、その主体となる税関は、関税の確定及び徴収を本来の職務内容とする機関であって、特に思想内容等を対象としてこれを規制することを独自の使命とするものではなく、また、前述のように、思想内容等の表現物につき税関長の通知がされたときは司法審査の機会が与えられているのであって、行政権の判断が最終的なものとされるわけではない」。「以上の諸点を総合して考察すると、三号物件に関する税関検査は、憲法21条2項にいう『検閲』に当たらないものというべきである」。

Ⅱ 基本解説

1. 3つの「事前抑制」

札幌税関検査事件判決（以下、本判決とする）は、憲法21条2項が禁止する「検閲」を、公共の福祉による正当化すら認めない絶対的禁止であると位置づける（判旨①）。そのため、検討の進め方は、絶対的に禁止される「検閲」とは何かを定義したうえで、問題となった国家行為が「検閲」に該当するかを判断する、という流れとなる（判旨③）。換言すれば、検閲該当性の判断段階において、目的手段審査や違憲審査基準論に進むことはない。

他方で本判決は、税関検査という仕組みは「検閲」には該当せず、また「事前規制そのもの」でもないが、「事前規制たる側面を有する」ものと位置づけられている（判旨②）。ここから、事前抑制には、①「検閲」、②「事前規制そのもの」、③「事前規制たる側面を有する」ものという3つの類型が想定されていることがわかる。

それでは、それぞれの類型について、どのような判例があり、またどのように考えていくべきであろうか。検閲についてはすでに触れたとおりなので、以下では、②「事前規制そのもの」、③「事前規制たる側面を有する」ものについてみていこう。

2.「事前規制そのもの」

（1）北方ジャーナル事件

「事前規制そのもの」について述べた判例としては、名誉毀損に基づく裁判所による事前差止めの事案である**北方ジャーナル事件**（最大判昭61・6・11民集40巻4号872頁）を挙げることができる。北方ジャーナル事件判決は、次のように述べている。「表現行為に対する事前抑制は、新聞、雑誌その他の出版物や放送等の表現物がその自由市場に出る前に抑止してその内容を読者ないし聴視者の側に到達させる途を閉ざし又はその到達を遅らせてその意義を失わせ、公の批判の機会を減少させるものであり、また、事前抑制たることの性質上、予測に基づくものとならざるをえないこと等から事後制裁の場合よりも広汎にわたり易く、濫用の虞があるうえ、実際上の抑止的効果が事後制裁の場合より大きいと考えられるのであって、表現行為に対する事前抑制は、表現の自由を保障し検閲を禁止する憲法21条の趣旨に照らし、厳格かつ明確な要件のもと

においてのみ許容されうるものといわなければならない。〔改行〕出版物の頒布等の事前差止めは、このような事前抑制に該当する……」。

　この引用部分は、事前抑制がもたらす弊害について述べられており重要である。そして憲法 21 条 1 項により、事前抑制は、「厳格かつ明確な要件のもとにおいてのみ許容されうる」ものであって、原則的には禁止されることを指摘したうえ、「出版物の頒布等の事前差止めは、このような事前抑制に該当する」とされている。ここから、本事案を「事前規制そのもの」と位置づけた事案として理解することができる。

　「事前規制そのもの」と位置づけられた場合、「厳格かつ明確な要件」に基づいて事前抑制がなされているか否かが検討の中心となる。この点について北方ジャーナル事件判決は、「その対象が公務員又は公職選挙の候補者に対する評価、批判等の表現行為に関するものである場合」について、「その表現内容が真実でなく、又はそれが専ら公益を図る目的のものではないことが明白であって、かつ、被害者が重大にして著しく回復困難な損害を被る虞があるときは、当該表現行為はその価値が被害者の名誉に劣後することが明らかであるうえ、有効適切な救済方法としての差止めの必要性も肯定されるから、かかる実体的要件を具備するときに限って、例外的に事前差止めが許されるものというべきであり、このように解しても上来説示にかかる憲法の趣旨に反するものとはいえない」としており、これに基づいて具体的検討がなされている。

（2）プライバシー侵害に基づく事前差止め

　北方ジャーナル事件は、公職の候補者に対する名誉毀損表現に基づく、裁判所による出版物の事前差止めの事案であった。そのため、例外的に事前抑制が認められる場面について述べた部分の「射程」はそのような場面に限定される可能性がある。たとえば、プライバシー権侵害に基づく裁判所による事前差止めに関する、「石に泳ぐ魚」事件（最判平 14・9・24 判時 1802 号 60 頁）をみてみよう。この事案は、すでに発表された作品の小説化が問題となっているので、純然たる「事前抑制」の事案とはいえないことに注意が必要であるが、「人格的価値を侵害された者は、人格権に基づき、加害者に対し、現に行われている侵害行為を排除し、又は将来生ずべき侵害を予防するため、侵害行為の差止めを求めることができるものと解するのが相当である。どのような場合に侵害行為の差止めが認められるかは、侵害行為の対象となった人物の社会的地位や侵害行

為の性質に留意しつつ、予想される侵害行為によって受ける被害者側の不利益と侵害行為を差止めることによって受ける侵害者側の不利益とを比較衡量して決すべきである。そして、侵害行為が明らかに予想され、その侵害行為によって被害者が重大な損失を受けるおそれがあり、かつ、その回復を事後に図るのが不可能ないし著しく困難になると認められるときは侵害行為の差止めを肯認すべきである」と述べ、北方ジャーナル事件とは異なる基準（比較衡量）でその是非を判断している。

3．「事前規制たる側面を有する」もの

（1）「事前規制たる側面」とは何か

　上述の判旨のとおり、札幌税関検査事件では、税関検査を、①「検閲」ではなく、②「事前規制そのもの」でもなく、③「事前規制たる側面を有する」ものと位置づけていた。そのように位置づけられた理由は、税関検査により、「わが国内においては、当該表現物に表された思想内容等に接する機会を奪われ、右の知る自由が制限されることとなる」ため、「事前規制たる側面を有する」ものとなるが、輸入を禁止される表現物はすでに国外において発表済みであり、「当該表現物につき、事前に発表そのものを一切禁止するというものではない」こと、「当該表現物は、輸入が禁止されるだけであって、税関により没収、廃棄されるわけではないから、発表の機会が全面的に奪われてしまうというわけのものでもない」こと、「その意味において、税関検査は、事前規制そのものということはできない」と説明されている（判旨②）。このように事前規制そのものではないとされた理由は、発表の自由、知る自由を制限するものの、発表の機会を全面的に奪うわけではない規制であると位置づけられたためである。

　札幌税関検査事件と同様に、「事前規制たる側面を有する」事案とされたのが、**第一次家永教科書訴訟**（➡第22章）における教科書検定制度である。同判決は、「所論引用の〔北方ジャーナル事件〕は、発表前の雑誌の印刷、製本、販売、頒布等を禁止する仮処分、すなわち思想の自由市場への登場を禁止する事前抑制そのものに関する事案において、右抑制は厳格かつ明確な要件の下においてのみ許容され得る旨を判示したものであるが、本件は思想の自由市場への登場自体を禁ずるものではないから、右判例の妥当する事案ではない」と述べ、北方ジャーナル事件の射程を限定している。この説明から、思想の自由市場への登場を禁止するものが「事前抑制そのもの」、それを禁止しないものの、その流

通を一定程度制限するものが「事前抑制たる側面を有する」ものとする区別を読み取ることができる。

（2）比較衡量

それでは、「事前抑制たる側面を有する」ものが問題となった場合、どのようにしてその合憲性を判断していけばよいだろうか。

札幌税関検査事件では、大要、①表現の自由といえども公共の福祉による制限に服する、②性的秩序を守り、最小限度の性道徳を維持することは公共の福祉の内容をなすものであって、わいせつ文書の頒布等を処罰することは憲法21条1項に反しない、③日本国内における健全な性的風俗を維持確保する見地から、わいせつ表現物がみだりに国外から流入することを阻止することも、公共の福祉に合致するものである、④刑法上、単なる所持自体は処罰対象とされていないが、わいせつ表現物の流入、伝播によりわが国内における健全な性的風俗が害されることを実効的に防止するには、単なる所持目的かどうかを区別することなく、その流入を一般的に、いわば水際で阻止することもやむをえない、⑤規制対象となる書籍、図画等は、もともとその頒布、販売が国内において禁止されているものであり、これについての発表の自由も知る自由も、他の一般の表現物の場合に比し、著しく制限されており、制限もやむをえないものとして是認せざるをえないとして、失われる利益と得られる利益の比較衡量によって判断がなされている。

第一次家永教科書訴訟は、比較衡量によってその合憲性を判断することを明示的に述べる。すなわち、「憲法21条1項にいう表現の自由といえども無制限に保障されるものではなく、公共の福祉による合理的で必要やむを得ない限度の制限を受けることがあり、その制限が右のような限度のものとして容認されるかどうかは、制限が必要とされる程度と、制限される自由の内容及び性質、これに加えられる具体的制限の態様及び程度等を較量して決せられるべきものである」とし、本件検定について、「普通教育の場においては、教育の中立・公正、一定水準の確保等の要請があり、これを実現するためには、これらの観点に照らして不適切と認められる図書の教科書としての発行、使用等を禁止する必要があること」、「その制限も、右の観点からして不適切と認められる内容を含む図書のみを、教科書という特殊な形態において発行を禁ずるものにすぎないことなどを考慮すると、本件検定による表現の自由の制限は、合理的で必

要やむを得ない限度のものというべきであって、憲法 21 条 1 項の規定に違反するものではない」と述べ、検定制度それ自体が憲法 21 条 1 項に違反しないと判断した。

　このように、「事前規制たる側面を有する」制度が問題となったこの事件では、その制度自体の合憲性について、比較衡量によって判断されている。しかし、この検討だけで終わったわけではないことこそが重要である。この点については、Ⅲでみることにしたい。

Ⅲ　発展解説

1．基準の明確性

　札幌税関検査事件判決は、関税定率法に定められている規定の文言の明確性についての検討も行っているが（➡第 32 章）、これは、「事前規制たる側面を有する」ものが、「事前規制そのもの」や「検閲」へと転化することのないように、基準の明確性が求められるからだと考えることができる。札幌税関検査事件判決は次のように述べている。「表現の自由は、前述のとおり、憲法の保障する基本的人権の中でも特に重要視されるべきものであって、法律をもって表現の自由を規制するについては、基準の広汎、不明確の故に当該規制が本来憲法上許容されるべき表現にまで及ぼされて表現の自由が不当に制限されるという結果を招くことがないように配慮する必要があり、事前規制的なものについては特に然りというべきである」。

　そして具体的に、「法律の解釈、特にその規定の文言を限定して解釈する場合においても、その要請は異なるところがない。したがって、表現の自由を規制する法律の規定について限定解釈をすることが許されるのは、その解釈により、規制の対象となるものとそうでないものとが明確に区別され、かつ、合憲的に規制し得るもののみが規制の対象となることが明らかにされる場合でなければならず、また、一般国民の理解において、具体的場合に当該表現物が規制の対象となるかどうかの判断を可能ならしめるような基準をその規定から読みとることができるものでなければならない……。けだし、かかる制約を付さないとすれば、規制の基準が不明確であるかあるいは広汎に失するため、表現の自由が不当に制限されることとなるばかりでなく、国民がその規定の適用を恐れて本来自由に行い得る表現行為までも差し控えるという効果を生むこ

ととなるからである」としているが、ここでの言及は、事前抑制が表現に対して有する弊害との関係を踏まえていることがわかるだろう。

２．制度の検証

第一次家永教科書訴訟では、憲法31条（➡第22章）との関連で、教科書検定制度が「検閲」や「事前規制そのもの」へと転化しないような仕組みとなっているかという検討がなされている。すなわち、「文部大臣の諮問機関として、教育的、学術的な専門家である教育職員、学識経験者等を委員とする前記審議会が設置され……、文部大臣の合否の決定は同審議会の答申に基づいて行われること……、申請者に交付される不合格決定通知書には、不合格の理由として、主に旧検定基準のどの条件に違反するかが記載されているほか、文部大臣の補助機関である教科書調査官が申請者側に口頭で申請原稿の具体的な欠陥箇所を例示的に摘示しながら補足説明を加え、申請者側の質問に答える運用がされ、その際には速記、録音機等の使用も許されていること、申請者は右の説明応答を考慮した上で、不合格図書を同一年度内ないし翌年度に再申請することが可能であることなどの原審の適法に確定した事実関係を総合勘案すると、前記（一）、（二）の事情〔（一）検定の審査手続が公開されていないこと、（二）検定不合格の場合は、事前に不合格理由についての告知、弁解、防御の機会が与えられず、事後の告知も理由の一部についてされるにすぎないこと〕があったとしても、そのことの故をもって直ちに、本件検定が憲法31条の法意に反するということはできない」と述べている。

３．処分の妥当性

加えて第一次家永教科書訴訟は、本件の具体的な処分の適法性の審査（処分審査）、すなわち、行政裁量の審査（➡第31章）まで行っている。いわく、「本件検定の審査、判断は、申請図書について、内容が学問的に正確であるか、中立・公正であるか、教科の目標等を達成する上で適切であるか、児童、生徒の心身の発達段階に適応しているか、などの様々な観点から多角的に行われるもので、学術的、教育的な専門技術的判断であるから、事柄の性質上、文部大臣の合理的な裁量に委ねられるものというべきである。したがって、合否の判定、条件付合格の条件の付与等についての教科用図書検定調査審議会の判断の過程（検定意見の付与を含む）に、原稿の記述内容又は欠陥の指摘の根拠となるべき検定当時の学説状況、教育状況についての認識や、旧検定基準に違反するとの評価

等に看過し難い過誤があって、文部大臣の判断がこれに依拠してされたと認められる場合には、右判断は、裁量権の範囲を逸脱したものとして、国家賠償法上違法となると解するのが相当である」。

このように判例は、制度そのものが合憲でも、制度が想定通りに機能しているかのチェックを行っている。そして同様の判断枠組みを用いた**第三次家永教科書訴訟**（➡第31章）では、この裁量審査の局面において、具体的な検定の審査それぞれを検討し、結論として一部に裁量の逸脱濫用を認め、違法判断を導いており参考になる。

まとめ

□ 判例では、表現の自由の「事前抑制」は、多段階的に、①「検閲」、②「事前規制そのもの」、③「事前規制たる側面を有する」ものに区別されている。
□ ①「検閲」の定義については、札幌税関検査事件で定義が示され、その定義はその後も踏襲されている。
□ ②「事前規制そのもの」が問題となった北方ジャーナル事件では、憲法21条1項により、事前抑制は、厳格かつ明確な要件のもとにおいてのみ許容されうるものとされた。
□ 北方ジャーナル事件の事案は、公職候補者に対する名誉毀損に基づく裁判所による差止めに関するものであり、その「射程」はプライバシー侵害に基づく裁判所による差止めにそのまま及ぶものではない。
□ 上記①から③の区別は、「事前抑制」が表現の自由にもたらす弊害を踏まえて、弊害が大きい順に類型化したものである。あくまで制度それ自体の類型にすぎず、運用によって、表現の自由に対してもたらす弊害の大きい類型へと転化する可能性を秘めている。そのために判例は、基準の明確性や、恣意的な運用を排除できる仕組みが導入されているかなどの検討も行っている。
□ そして場合によっては、制度それ自体の検討に加えて、制度や運用の中身に立ち入った審査も行い、違法判断を下すこともありうる。

FAQ

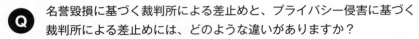

Q 名誉毀損に基づく裁判所による差止めと、プライバシー侵害に基づく裁判所による差止めには、どのような違いがありますか？

A 被害の回復困難性という観点からは、名誉毀損は事後的な金銭賠償や名誉回復処分によって救済が可能であるが、プライバシーの場合、知られてしまったらそれで「おしまい」というところがある。したがって、少なくとも、北方ジャーナル事件で示された名誉毀損表現に対する事前差止めを認める要件よりも、プライバシー権侵害表現に対する事前差止めを認める要件を厳しくする必要はないといえる。

　もっとも基準を変える必要があるかどうかは別途考慮する必要がある。回復困難性要件の認定の厳格化など、あてはめ段階でプライバシーの特殊性を考慮することでも対処できるためである。この点について考える参考になる裁判例として、「**週刊文春**」**事件第一審**（東京地決平 16・3・19 判時 1865 号 18 頁）とその**抗告審**（東京高決平 16・3・31 判時 1865 号 12 頁）を読んでみてほしい。

Q ほかに参考になる判例はありますか？

A 有害図書指定制度に関する**岐阜県青少年保護育成条例事件**（➡第 3 章）における伊藤正己補足意見が、「事前規制的な側面を有する」ものを考える際に参考になる。伊藤補足意見は、「事前規制的な側面をもつ」制度である有害図書指定制度について、「検閲」該当性も含め、「検閲」に近づく可能性を踏まえながら行っている。また、制度（仕組み）それ自体の必要性、合理性等の審査に加えて、基準の明確性など制度の中身の審査も行っている。

　下級審では、「事前規制的な側面を有する」制度に関する事案について、丁寧に検討されたものとして、「**宝島社**」**事件**の控訴審（東京高判平 16・6・30 判例集未登載）が参考になるので、各自で読んでみてほしい。　　　　　　〔横大道　聡〕

15 公共施設の管理権とその憲法的統制

▶ **泉佐野市民会館事件**（最判平7・3・7民集49巻3号687頁）

はじめに 　地方公共団体は、公民館、博物館、美術館など、さまざまな公共施設を設置し、住民に開放している。ただ、しばしば、地方公共団体は、施設管理権の行使として、公共施設の利用を拒否する場合があり、その適否が憲法上の問題として争われることがある。本章では、そのような公共施設の利用拒否が、どのようにして憲法上の問題として位置づけられることになるのか、また、利用拒否の適法性を判断するための判断基準としていかなるものが妥当であるのかということについて、**泉佐野市民会館事件**（以下、**判例①**とする）をメイン判例として位置づけたうえで考察していきたい。

Ⅰ 判旨

■判旨① —— 公の施設と集会の自由

　「地方自治法244条にいう普通地方公共団体の公の施設として、本件会館のように集会の用に供する施設が設けられている場合、住民は、その施設の設置目的に反しない限りその利用を原則的に認められることになるので、管理者が正当な理由なくその利用を拒否するときは、憲法の保障する集会の自由の不当な制限につながるおそれが生ずることになる。したがって、<u>本件条例7条1号及び3号を解釈適用するに当たっては、本件会館の使用を拒否することによって憲法の保障する集会の自由を実質的に否定することにならないかどうかを検討すべきである</u>」。

■判旨② —— 判断基準の導出

（1）第1段階の判断基準（利益衡量論と二重の基準論）

　「集会の用に供される公共施設の……利用を拒否し得るのは、利用の希望が競

合する場合のほかは、施設をその集会のために利用させることによって、他の基本的人権が侵害され、公共の福祉が損なわれる危険がある場合に限られるものというべきであり、このような場合には、その危険を回避し、防止するために、その施設における集会の開催が必要かつ合理的な範囲で制限を受けることがあるといわなければならない。そして、右の制限が必要かつ合理的なものとして肯認されるかどうかは、基本的には、<u>基本的人権としての集会の自由の重要性と、当該集会が開かれることによって侵害されることのある他の基本的人権の内容や侵害の発生の危険性の程度等を較量して決せられるべきものである</u>」。「このような較量をするに当たっては、<u>集会の自由の制約は、基本的人権のうち精神的自由を制約するものであるから、経済的自由の制約における以上に厳格な基準の下にされなければならない</u>」。

（2）第2段階の判断基準（明白かつ現在の危険基準と合憲限定解釈）

「本件条例7条1号は、『公の秩序をみだすおそれがある場合』を本件会館の使用を許可してはならない事由として規定しているが、同号は、広義の表現を採っているとはいえ、右のような趣旨からして、本件会館における集会の自由を保障することの重要性よりも、本件会館で集会が開かれることによって、人の生命、身体又は財産が侵害され、公共の安全が損なわれる危険を回避し、防止することの必要性が優越する場合をいうものと限定して解すべきであり、その危険性の程度としては、……<u>単に危険な事態を生ずる蓋然性があるというだけでは足りず、明らかな差し迫った危険の発生が具体的に予見されることが必要であると解するのが相当である</u>……。そう解する限り、このような規制は、他の基本的人権に対する侵害を回避し、防止するために必要かつ合理的なものとして、憲法21条に違反するものではなく、また、地方自治法244条に違反するものでもないというべきである」。「そして、右事由の存在を肯認することができるのは、<u>そのような事態の発生が許可権者の主観により予測されるだけではなく、客観的な事実に照らして具体的に明らかに予測される場合でなければならないことはいうまでもない</u>」。

■判旨③ ── 判断基準の適用

「本件集会が本件会館で開かれたならば、対立する他のグループがこれを阻止し、妨害するために本件会館に押しかけ、本件集会の主催者側も自らこれに積極的に対抗することにより、本件会館内又はその付近の路上等においてグループ間で暴力の行使を伴う衝突が起こるなどの事態が生じ、その結果、グループの構成員だけでなく、本件会館の職員、通行人、付近住民等の生命、身体又は財産が侵害されるという事態を生ずることが、客観的事実によって具体的に明らかに予見されたということができる」。

■判旨④ ── 敵意ある聴衆の法理

「<u>主催者が集会を平穏に行おうとしているのに、その集会の目的や主催者の思</u>

想、信条に反対する他のグループ等がこれを実力で阻止し、妨害しようとして紛争を起こすおそれがあることを理由に公の施設の利用を拒むことは、憲法21条の趣旨に反するところである。しかしながら、本件集会の実質上の主催者と目される中核派は、関西新空港建設反対運動の主導権をめぐって他のグループと過激な対立抗争を続けており、他のグループの集会を攻撃して妨害し、更には人身に危害を加える事件も引き起こしていたのであって、これに対し他のグループから報復、襲撃を受ける危険があったことは前示のとおりであり、これを被上告人が警察に依頼するなどしてあらかじめ防止することは不可能に近かったといわなければならず、平穏な集会を行おうとしている者に対して一方的に実力による妨害がされる場合と同一に論ずることはできないのである」。

Ⅱ 基本解説

1. 公の施設における侵害／給付二元論の揺らぎ

　泉佐野市民会館のように地方公共団体が設置する集会のための施設は、「公の施設」として、地方自治法244条の規律を受け、同条に基づき、地方公共団体は、「正当な理由」のない限り、公の施設の利用を拒むことはできない。この「正当な理由」については、多くの場合、各地方公共団体の条例中に、それを具体化する規定が置かれており、市立泉佐野市民会館条例7条の場合には、「公の秩序をみだすおそれがある場合」（1号）、「その他会館の管理上支障があると認められる場合」（3号）等が使用不許可事由として規定されていた（1号は3号の「例示」と解されている。最判解民事平成7年度（上）282頁、294頁〔近藤崇晴〕参照（以下、**判解①**とする））。そのような集会のための施設の使用不許可処分の適否については、直接的には、地方自治法244条や関連条例の解釈適用の問題として判断されることになり、判例①も、形式的にはそのような体裁を採用している。しかし、判例①の場合には、条例の解釈が、いわゆる合憲限定解釈という形式で行われ、条例上不許可が適法になる場合が憲法に基づき厳密に絞り込まれた点にその特色があった。

　ただ、そもそも、市民会館の利用拒否は、集会それ自体を禁止するものではなく、単に、集会のための施設を提供しないものにすぎない。そのため、伝統的な侵害／給付二元論、すなわち、憲法は、集会の自由を国家による「侵害」からの自由として保障したのであり、国家による「給付」を求める積極的権利としてそれを保障したのではないとする発想に依拠した場合には、公民館の利

用拒否の問題は、地方自治法や関係条例の法令解釈の問題として完結するものであり、憲法の規律が及ぶ問題ではないとの見解もありうる。これに対し、判例①は、市民会館の利用拒否は、憲法の保障する集会の自由を「実質的に否定する」ことになりうるとして、それを憲法の規律が及びうる問題として扱ったのである。このような判例①においては、いわば侵害／給付二元論に揺らぎが生じているといえるが、アメリカにおけるパブリック・フォーラムの法理の影響がそこにあったものと考えられている（判解①295頁）。その後の**上尾市福祉会館事件**（最判平8・3・15民集50巻3号549頁。以下、**判例②**とする）においても、判例①と同様、「公の施設の利用拒否」→「集会の自由の制限」の論理への言及がある。もっとも、判例①や判例②における侵害／給付二元論の揺らぎは、あくまでも、(i)集会の用に供することを目的として設置された(ii)一般公衆にその利用が原則として認められている(iii)公の施設の事案でのことであり、これらの要素が認められない事案にまでその射程が及びうるのか慎重に見極める必要がある。たとえば、**呉市立中学校体育館事件**（最判平18・2・7民集60巻2号401頁。以下、**判例③**とする）は、公立中学校の体育館を集会の会場として用いることについて、それを拒否した事案であったが、最高裁は、「学校施設は、一般公衆の共同使用に供することを主たる目的とする道路や公民館等の施設とは異なり、本来学校教育の目的に使用すべきものとして設置され、それ以外の目的に使用することを基本的に制限されている……ことからすれば、学校施設の目的外使用を許可するか否かは、原則として、管理者の裁量にゆだねられている」と述べ、「公の施設の利用拒否」→「集会の自由の制限」の論理に触れることなく、もっぱら法令解釈上の裁量権の逸脱・濫用の問題として事案を処理した（ただし、裁量統制の基準としての比例原則・平等原則への言及はある）。また、私人が運営するホテルの集会場の利用なども、直接的には、判例①の射程外の問題である（なお、東京高判平22・11・25判時2107号116頁〔**プリンスホテル事件**〕も参照）。

２．利益衡量論と明白かつ現在の危険基準

（１）判例①における判断基準の導出過程

　判例①の論証構造は基本的に、**よど号ハイジャック記事抹消事件**（➡第29章・第33章。以下、**判例④**とする）で示された枠組みを踏襲したものとなっており、全体としては、(A) 合憲限定解釈、(B) 限定された解釈に基づく条例の適用の２層構造をもつ。判例①の場合、直接に (A) 合憲限定解釈の対象となったのは条例

7条1号の「公の秩序をみだすおそれがある場合」の規定であったが、その合憲限定解釈は、さらに(ア)第1段階の判断基準としての利益衡量論の提示、(イ)第2段階の判断基準としての「明白かつ現在の危険」基準の提示を経て、(ウ)「明白かつ現在の危険」基準に条例の解釈を限定させるという3層構造をもっている。

　まず、(ア)第1段階の利益衡量論の提示においては、利益衡量において考慮されなければならない要素が提示されており、そこでは、単純に、(i)「集会の自由の重要性」と(ii)「集会が開かれることによって侵害されることのある他の基本的人権の内容」の2点が考慮要素として挙げられているだけではなく、さらに(iii)「侵害の発生の危険性の程度」も踏まえて、利益衡量をすべきとされている。最高裁の判例のなかには、このような利益衡量論を直接に具体的事件へと適用する場合も少なからずあるが、判例①の場合には、判例④と同様、利益衡量からさらに具体化された(イ)第2段階目の判断基準の提示が行われている点にその特色がある（判解①288-289頁参照）。この第2段階の判断基準の提示においては、まず、「精神的自由の制約は、経済的自由の制約における以上に厳格な基準を採用しなければならない」とのいわゆる二重の基準論を想起させる命題が前提として提示されていることが重要であり、実際、判例①は、他の判例と比較しても厳格度の高い基準を採用するにいたっている。

（2）明白かつ現在の危険基準とその射程

　そこで判例①が採用した判断基準は、利益衡量として挙げられた考慮要素のうち、特に利用拒否が許容される「侵害発生の危険性の程度」を具体化したものであったが、判断基準として利用される危険性の程度としては、理論的には、厳格度の高いものから、(i)明白かつ現在の危険基準、(ii)高度の蓋然性基準、(iii)相当の蓋然性基準、(iv)抽象的危険基準など、いくつかの種類が知られている。判例④が採用した基準は、(iii)相当の蓋然性基準であったが、判例①は、より厳格度の高い(i)明白かつ現在の危険基準を採用し、条例7条1号の解釈をその判断基準へと限定させた（合憲限定解釈）。

　このように、判例①が、特に厳格度の高い判断基準を採用した背景には、7条1号のような規定は、公の施設の管理という本来の目的を超えて、治安維持を目的とした警察的規制としても作用しうるものであり、特に限定して解釈する必要性があったものと考えられる（判例①の園部逸夫補足意見も参照）。そのため、同じように公の施設の利用拒否の事案であっても、解釈適用の対象となる

条例の規定によっては異なる判断基準が採用されうることになる。たとえば、判例②は、判例①と多くの点で共通点を有する事案であったが、当該事案においては、条例6条1項1号に規定された「会館の管理上支障があると認められるとき」の解釈適用が問題となっており、判例②が同条の解釈として示したものは、「会館の管理上支障が生ずるとの事態が、……客観的な事実に照らして具体的に明らかに予測される場合」というものであった。判例②は、この解釈を示すにあたって判例①のような大上段の憲法論を展開せず、また、実際に提示された解釈も、判例①と共通部分があるものの、判例①と比較すれば、特に、管理上の支障に「現在性」を要求していない、すなわち、将来的な管理上の支障の発生も回避の対象に位置づけうるものとなっている（最判解民事平成8年度〔上〕202頁、208頁〔秋山壽延〕は、判解①とは異なり判例②を合憲限定解釈の事案とは位置づけていない）。これは公共の秩序維持とは異なり、管理上の支障の回避は、公の施設管理の本来的な目的として位置づけることができ、当該目的に基づく利用拒否は相対的に広く許容されうるとの考慮があったものと考えられる。

　なお、各都道府県で制定されている公安条例においては、道路におけるデモ行進等を、公共の秩序維持を目的として不許可とすることができる旨の規定が置かれているが、判例①の判断基準を、道路におけるデモ行進等に対する規制の判断基準としても妥当させるべきか否かが問題となりうる。この点、判例①の明白かつ現在の危険基準は、そもそも、かつて**新潟県公安条例事件**（最大判昭29・11・24刑集8巻11号1866頁。以下、**判例⑤とする**）において言及されたものを参照したものであった。ただ、判例⑤は、いわゆる集団暴徒化論により集団行動の危険性を強調し、不許可事由の認定についての公安委員会の広範な裁量が認められた**東京都公安条例事件**（最大判昭35・7・20刑集14巻9号1243頁。以下、**判例⑥とする**）以後、参照されることはなくなっていたものである。厳密な判例の射程という観点からは、判例①は、道路での集団行動の事案ではなく、また、小法廷の理論が大法廷の理論に優先すると考えることはできないから、判例①により判例⑥の考え方が直接否定されたものとみることはできない。ただ、判例④をはじめとして、昭和50年代以降の一連の大法廷判決によって精神的自由に対する規制についての大法廷の考え方は大きく変化していること、パブリック・フォーラムの法理においては、道路は、伝統的パブリック・フォーラムとして市民会館と同等の保護が集会等に与えられること、デモ行進について

しばしば言及されてきた言論と行動の二分論の理論的根拠には疑いがあること等を考えると、今日においては、道路における集団行動の規制においても判例①の判断基準ないしその基本的発想が妥当すべきであると考えられよう。

3. 判断基準の適用と敵意ある聴衆の法理

　判例①は、判断基準としては厳格な基準を採用したものであったが、原告が対立するグループと闘争状態にあったことを根拠として、結論としては、会館の使用不許可処分が、判断基準に適合する適法なものであったとしている。ただ、判例①において特に重要であるのは、そのように明白かつ現在の危険がある場合でも、「主催者が集会を平穏に行おうとしているのに、その集会の目的や主催者の思想、信条に反対する他のグループ等がこれを実力で阻止し、妨害しようとして紛争を起こすおそれがあることを理由に公の施設の利用を拒むことは、憲法21条の趣旨に反する」とするいわゆる敵意ある聴衆の法理を提示し、さらに使用を不許可とできる場合について制限を加えていることである。判例①は、当該事案においては、警察に依頼をしても危険を予防することは不可能であったこと、原告自身が他のグループを攻撃しており「平穏に集会を行おうとしている者」に該当しない等の理由により、同法理の適用を回避したものの、その後、敵意ある聴衆の法理の考え方は判例②においても採用されており、そこでは、警察の警備による他の利用客の不安は、会館の管理上支障が生ずる事態には該当しないとの説示もなされている。(i)警察への依頼により危険を防止できるか、(ii)平穏に集会を行おうとする者か、ということが敵意ある聴衆の法理の適用を判断する重要な要素ということになろう。

　ただし、判例③のように本来的表現活動の場とはいえない公の施設の目的外使用の事案においては、判例①や判例②が展開したものと同様の意味での敵意ある聴衆の法理は適用されないと考えられている（最判解民事平成18年(上)206頁、229-231頁〔川神裕〕参照（以下、**判解②**とする）。判例③は、敵意ある聴衆の法理の適用以前にその前提となる妨害行動の可能性もしくはその直接的影響それ自体を否定している）。

Ⅲ　発展解説 —— 博物館と情報摂取の自由

1. 知る権利と情報摂取の自由

　主に、下級審裁判例を中心として、公の施設である博物館や美術館の利用拒否の適否をめぐる問題も憲法上の権利と関連づけられ、法的紛争として争われ

てきた（以下は、木下昌彦「博物館の管理と情報摂取の自由」地方自治825号（2016）2頁も参照）。

　市民会館等の集会のための施設について利用拒否をすることは、集会の自由の問題となるが、博物館や美術館等の利用拒否は、もっぱら知る権利の問題として議論されている。もっとも、知る権利は、それ自体多義的な概念であり、大きく分けて、(i) 報道の自由や表現の自由を根拠づけ、その解釈の指導指針としての役割を果たすものとしての知る権利（最大決昭44・11・26刑集23巻11号1490頁〔博多駅事件〕における「知る権利」はこれに該当）、(ii) 情報摂取行為を公権力によって妨げられないという消極的自由権としての知る権利（判例④の情報摂取の自由はこれに該当）、(iii) 公権力に対し保有する情報を開示するよう求める積極的請求権としての知る権利へと分類できる。このうち、博物館等の利用拒否については、(ii) 情報摂取の自由に対する制約と捉えるアプローチと (iii) 積極的請求権としての知る権利に対する制約と捉えるアプローチの２つがありえ、そのどちらに軸足を置くかで法的な理論構成は異なることになる。まず、(ii) 情報摂取の自由は、判例④以来、判例上、憲法上保障された権利として確立したものとなっている。ただ、博物館等の利用拒否は、情報摂取行為それ自体を妨げるものではなく、情報の提供という便益を提供しないものにすぎない。それ故に、博物館等の利用拒否については、それを消極的権利としての情報摂取の自由に対する侵害として捉えることはできないのではないかという指摘がありうる。他方で、(iii) 積極的請求権としての知る権利は、文字通り、公権力に対する請求権であり、侵害／給付二元論の頸木からは概念上解放されている。ただ、積極的請求権としての知る権利については、それを憲法上の権利として正面から論じた最高裁判例はなく、それを支持する学説も、知る権利が具体的請求権となるためには、それを具体化する立法措置が必要であるとしてきた。このような２つのアプローチのあり方を前提に、以下では、代表的事例である**富山県立近代美術館事件**と**太地町立くじらの博物館事件**をみておきたい。

２．富山県立近代美術館事件

　富山県立近代美術館事件は、当該美術館が所蔵していた「遠近を抱えて」と題する作品が問題となった事件である。当該作品は、コラージュの手法を用いて、昭和天皇の肖像と東西の名画、解剖図、裸婦などを組み合わせて構成された作品であったが、街宣活動等により、当該作品の廃棄等を求める激しい抗議

活動があり、美術館は、当該作品を非公開とすることとした。富山県立近代美術館条例は、美術館が展示または保管する美術品については、学術研究等のために模写、模造、撮影等の特別観覧をすることができる旨の規定（以下、特別観覧規定とする）を置いており、同規定に基づき、当該作品に対し、多数の特別観覧許可申請がなされたが、いずれも不許可とされた。当該不許可処分の適法性が争われた訴訟において、**第一審**（富山地判平 10・12・16 判時 1699 号 120 頁。以下、**裁判例①とする**）が採用したアプローチは、当該事件を、積極的請求権としての知る権利に対する制限の問題として捉えるというものであった。裁判例①は、「富山県立近代美術館条例は、……特別観覧制度を定めているが、これは、県立美術館に収蔵されている作品についての知る権利を具体化する趣旨のものである」「右条例は不許可の場合については規定していないものの、……正当な理由なく特別観覧許可申請を不許可とするときは、憲法の保障する知る権利を不当に制限することになると解するべきである」と論じ、特別観覧規定により知る権利が具体化され、さらに正当な理由なく特別観覧を不許可とするときは、憲法の保障する知る権利を制限することになるとしたのである。その後は、第1段階の利益衡量論の提示と第2段階の判断基準の導出という判例①と同様の論証がなされ、判断基準としては判例①と同様、明白かつ現在の危険基準が採用された。裁判例①は、この厳格な基準を適用し、不許可処分の違法性を肯定している。

　それに対し、その**控訴審**（名古屋高金沢支判平 12・2・16 判時 1726 号 111 頁。以下、**裁判例②とする**）は、まず、「美術品の特別観覧に係る条例等の規定は、美術館の開設趣旨やその規定の仕方、内容に照らしても、……憲法 21 条が保障する表現の自由あるいはそれを担保するための『知る権利』を具体化する趣旨の規定とまで解することは困難である」として、特別観覧規定により「知る権利」が憲法上の権利へと具体化されているとする裁判例①の見解それ自体を否定し、特別観覧拒否の問題を憲法上の統制が及ぶ問題とはせず、もっぱら法令解釈の問題として完結するものとして扱ったのである。そして、判断基準についても、裁判例①が採用した基準について、明白かつ現在の危険「基準は、憲法 21 条が保障する『集会の自由』を制約するおそれのある事案については相当であるが、本件のような美術品及びその図録の観覧あるいは閲覧に関する事案については厳格に過ぎて相当でないというべきである」として、それを排除し、

「管理運営上の支障を生じる蓋然性が客観的に認められる場合」には特別観覧許可申請を不許可とすることができるとする基準を採用した。当該基準は、抽象的危険基準に実質的に等しいものであり、その基準に基づき裁判例②は、申請不許可処分を適法としている。

3．太地町立くじらの博物館事件

　太地町立くじらの博物館は、鯨類や捕鯨等の関係資料の収集および鯨類等の飼育・展示等を目的とした博物館であり、鯨類に関する博物館としては世界最大規模を誇るものであった。反捕鯨活動をする原告らは、一度、同博物館を訪れ、館内で撮影活動等を行った後、再び、同博物館を訪れたが、「捕鯨反対の方は博物館には入館できません」旨のプラカードを見せられ、入館を拒否された。その入館拒否の適法性を判断した和歌山地判平28・3・25判時2322号95頁（以下、**裁判例③**とする）は、裁判例①や②とは異なり、博物館の入館拒否を判例④において言及された消極的権利としての知る権利である情報摂取の自由の制約として捉えるアプローチを採用した。この情報摂取の自由については、侵害／給付二元論が障害となるが、裁判例③は、地方自治法244条および博物館条例の諸規定を挙げたうえで、博物館が、教育的配慮のもとで、一般公衆に開放された公の施設であることを指摘し、端的に入館拒否が原告の情報摂取行為を制約するものであると論じ、入館拒否の違法性の判断においては、情報摂取行為が有する憲法上の価値を十分に考慮すべきであるとした。このような裁判例③の論理展開は、論理の飛躍を伴うようにみえるが、判例①が示したような侵害／給付二元論の揺らぎは、「集会の自由」という限定された分野にとどまるものではなく、その利用が原則的に認められた公の施設の利用関係という文脈においては、「情報摂取の自由」の分野においてもそれが及びうると捉えたものと考えることができる。その後の論証過程は、判例①とほぼ同一であり、まず、利益衡量論が示された後、判断基準の提示が行われている。そして、その判断基準は、「単に管理の支障が生じる一般的・抽象的なおそれがあるというだけでは足りず、具体的事情の下において、管理の支障を生じる相当の蓋然性がある場合に限る」というものであった。当該基準を示すにあたって参照判例としては判例①や判例②を引用しているが、基準それ自体は判例④に準ずるものとなっている。明白かつ現在の危険基準が採用されなかった理由は定かではないが、集会の自由と情報摂取の自由の違い、あるいは、公共の秩序維持で

はなく「他人に迷惑になるおそれがあるとき」「管理上支障があると認められるとき」との条例の文言に対する限定解釈であったことを意識したものと考えられる。

　なお、裁判例②と裁判例③との矛盾が問題となりうる。両者は、同じく博物館・美術館の利用が問題となる事案であったが、裁判例②はすでに一般には非公開となった展示物について特別観覧を求めた事案であったのに対し、裁判例③は一般に公開された展示物の観覧を求めた事案であったとして、さしあたり、両事件は異なる問題を扱ったものとして区別することはできるであろう。

まとめ

- □ 判例①は、集会の用に供する施設の利用拒否事由を定めた条例の解釈をするにあたっては、その施設の使用拒否が憲法の保障する「集会の自由を実質的に否定することにならないかどうか」を検討してなされるべきであるとする。ただ、この論理は、公の施設を集会の用に供することが、当該施設の目的外使用に該当する場合には適用されない。
- □ 判例①は、(ア) 第1段階の利益衡量論の提示、(イ) 第2段階の「明白かつ現在の危険」基準の提示を経て、(ウ)「明白かつ現在の危険」基準に条例の解釈を限定させるという論証構造をもっていた。ただし、「明白かつ現在の危険」基準は、あくまで、「公の秩序をみだすおそれがある場合」という公安的規制との関係で導き出された基準であった。
- □ 判例①によれば、明白かつ現在の危険が予見できる場合であっても、主催者が集会を平穏に行おうとしているのに、主催者の思想、信条に反対する他のグループ等がこれを実力で阻止し、妨害しようとして紛争を起こすおそれがあることを理由に公の施設の利用を拒むことは、憲法21条の趣旨に反することとなる（敵意ある聴衆の法理）。ただし、この法理も判例③のような目的外使用の事案にはそのまま適用されないと考えられる。
- □ 公の施設である博物館や美術館の利用拒否は、情報摂取の自由の実質的制約になりうるという観点から、判例①の枠組みが適用され、憲法上の統制が及びうる問題として捉える余地がある。

FAQ

Q 　判例①や判例②の背後には、パブリック・フォーラム論の影響がある といわれますが、それと、吉祥寺駅構内ビラ配布事件（最判昭 59・12・18 刑集 38 巻 12 号 3026 頁）において伊藤正己裁判官が補足意見で指摘したパブリッ ク・フォーラムとはどのような関係にあるのですか？

A 　アメリカ法において発展したパブリック・フォーラム論は、本来、公 の施設の利用規制は、所有権に基づく規制であり、統治権に基づく規 制ではないことから、そこに憲法の適用はないとする伝統的立場に対し、公の 施設がパブリック・フォーラムである場合、その利用規制には、憲法の適用は あるとのアンチテーゼを示した点にその意義があるものであった。日本法の文 脈においては、伝統的な侵害／給付二元論に抗し、公の施設の利用拒否も憲法 上の権利に対する実質的制約となりうるとしたことに、パブリック・フォーラ ム論の影響があったと捉えることができる。保護範囲・制約・正当化の分類で いえば、「制約」の有無を判断する法理としてパブリック・フォーラムの法理を 位置づけることができよう。これに対して、伊藤正己裁判官のパブリック・ フォーラム論は、刑事罰の適用の合憲性を判断するための利益衡量の一要素と して「一般公衆が自由に出入りすることのできる場所」＝パブリック・フォー ラムにおける表現行為の要保護性を参酌すべきとするものである。いわば、制 約に対する「正当化」の文脈においてパブリック・フォーラム概念が使用され たものと捉えることができよう。また、アメリカのパブリック・フォーラム論 が、政府の所有する施設にしか適用がないのに対し、伊藤裁判官のパブリック・ フォーラム論は、私人が所有する施設もその射程に置いている点についてもそ の違いを見出すことができる。なお、判解② 237 頁は、アメリカのパブリック・ フォーラム論に示唆を受け、㈵道路や公園等を伝統的パブリック・フォーラム、 ㈥公会堂等を指定的パブリック・フォーラム、㈧図書館や学校等をセミ・パブ リック・フォーラム、㈦公立病院や軍事施設等をノン・パブリック・フォーラ ムと整理しているが、実際、この分類にほぼ沿うかたちで、公共施設の管理権 の統制法理のあり方が判例上異なるものとなっている（判例⑤や⑥の事案は㈵に、 判例①と②の事案は㈥に、判例③の事案は㈧に、最判平 20・4・11 刑集 62 巻 5 号 1217 頁〔防衛庁立川宿舎ビラ投函事件〕の事案は㈦に分類できよう）。　　　〔木下　昌彦〕

16　職業の自由

メイン型

▶**薬事法事件**（最大判昭 50・4・30 民集 29 巻 4 号 572 頁）

はじめに　社会経済分野における法規制については、**小売市場事件**（➡第31 章）と**薬事法事件**の両判決を通じて、規制目的に着目した二分論が形成された、と捉えられてきた。前者は立法裁量を前提とする「明白性の原則」により憲法適合性を審査すべきものとし、後者は、このようなアプローチを積極目的の場合に限定して、消極目的の場合には「厳格な合理性の基準」が妥当する旨を明らかにした、というわけである。

　しかし、判例法理を形作った薬事法事件判決は、そもそも規制目的二分論を採用したのだろうか。また、そこにおいて規制の強度や態様は、審査基準ないし審査密度の設定に際し、どのように考慮されているのだろうか。

　本章では、メイン判決たる薬事法事件判決の読み直しを通じて、これらの問題について検討してみよう。

I　判旨

■薬事法事件

　「職業は、人が自己の生計を維持するためにする継続的活動であるとともに、……個人の人格的価値とも不可分の関連を有するものである。……このような職業の性格と意義に照らすときは、職業は、ひとりその選択、すなわち職業の開始、継続、廃止において自由であるばかりでなく、選択した職業の遂行自体、すなわちその職業活動の内容、態様においても、原則として自由であることが要請される」。

　「もっとも、職業は、……その種類、性質、内容、社会的意義及び影響がきわめて多種多様であるため、その規制を要求する社会的理由ないし目的も、国民経済の円満な発展や社会公共の便宜の促進、経済的弱者の保護等の社会政策及び経

済政策上の積極的なものから、社会生活における安全の保障や秩序の維持等の消極的なものに至るまで千差万別で、その重要性も区々にわたるのである。そしてこれに対応して、現実に職業の自由に対して加えられる制限も、……それぞれの事情に応じて各種各様の形をとることとなるのである。それ故、これらの規制措置が憲法22条1項にいう公共の福祉のために要求されるものとして是認されるかどうかは、これを一律に論ずることができず、具体的な規制措置について、規制の目的、必要性、内容、これによって制限される職業の自由の性質、内容及び制限の程度を検討し、これらを比較考量したうえで慎重に決定されなければならない。この場合、右のような検討と考量をするのは、第一次的には立法府の権限と責務であり、裁判所としては、規制の目的が公共の福祉に合致するものと認められる以上、そのための規制措置の具体的内容及びその必要性と合理性については、立法府の判断がその合理的裁量の範囲にとどまるかぎり、立法政策上の問題としてその判断を尊重すべきものである。しかし、右の合理的裁量の範囲については、事の性質上おのずから広狭がありうるのであって、裁判所は、具体的な規制の目的、対象、方法等の性質と内容に照らして、これを決すべき」である。

「一般に許可制は、単なる職業活動の内容及び態様に対する規制を超えて、狭義における職業の選択の自由そのものに制約を課するもので、職業の自由に対する強力な制限であるから、その合憲性を肯定しうるためには、原則として、重要な公共の利益のために必要かつ合理的な措置であることを要し、また、それが社会政策ないしは経済政策上の積極的な目的のための措置ではなく、自由な職業活動が社会公共に対してもたらす弊害を防止するための消極的、警察的措置である場合には、許可制に比べて職業の自由に対するよりゆるやかな制限である職業活動の内容及び態様に対する規制によっては右の目的を十分に達成することができないと認められることを要する」。

Ⅱ　基本解説

1．規制目的二分論

職業選択の自由の規制については、一般に、消極目的（警察目的）規制と積極目的（社会・経済政策的目的）規制との区別が説かれてきた。前者は、国民の生命および健康に対する危険の防止や秩序の維持といった目的をさし（これに基づく制約を内在的制約という）、後者は、経済的弱者の保護などの社会・経済政策上の目的をさす（これに基づく制約を外在的ないし政策的制約という）。このような区分は、小売市場事件判決と薬事法事件判決とを整合的に理解するために学説上導出されたものであり、この規制目的に応じて裁判所の審査密度も変化するの

だと説明されてきた。

　まず、小売市場事件判決では、中小企業保護政策の一環として制定された小売商業調整特別措置法の定める小売市場の許可制の合憲性が問題となった。最高裁は、「社会経済の分野において、法的規制措置を講ずる必要があるかどうか、その必要があるとしても、どのような対象について、どのような手段・態様の規制措置が適切妥当であるかは、……立法府の裁量的判断にまつほかな〔く、〕立法府がその裁量権を逸脱し、当該法的規制措置が著しく不合理であることの明白である場合に限って」違憲と判断すべきものとした（いわゆる「明白性の原則」）。

　これに対し、薬事法事件判決では、薬事法の定める薬局開設の許可制（および許可条件としての距離制限）の合憲性につき、小売市場事件判決と同じく立法裁量が尊重されることを原則としつつも、この裁量の範囲には「事の性質上」広狭があり、「裁判所は、具体的な規制の目的、対象、方法等の性質と内容に照らして、これを決すべき」だとした。そのうえで、許可制が「職業の自由に対する強力な制限」である点に着目して、①「その合憲性を肯定しうるためには、原則として、重要な公共の利益のために必要かつ合理的な措置であることを要し」（厳格な合理性の基準）、また、②消極目的による場合には、積極目的規制にかかる小売市場事件判決とは異なって、「許可制に比べて職業の自由に対するより緩やかな制限である職業活動の内容及び態様に対する規制によっては〔立法〕目的を十分に達成することができないと認められることを要する」とした。そのうえで、立法事実について立ち入った検討を行い、薬事法上の適正配置規制の必要性と合理性を否定して、違憲の判断を行ったのである。

２．規制目的二分論の難点

　この両判決を通じて規制目的二分論が形成されたと解されてきたが、しかし、職業の自由に対する規制は、そもそも、消極目的・積極目的というかたちで截然と二分しうるものだろうか。たとえば、公衆浴場の適正配置規制に関するある判決（最判平元・3・7判時1308号111頁）は、その目的を「国民保健及び環境衛生の確保」とともに、「既存公衆浴場業者の経営の安定を図ることにより、自家風呂を持たない国民にとって必要不可欠な厚生施設である公衆浴場自体を確保しようとすること」にあるとし、消極・積極の両目的を併有するという点に着目して合憲と判断している（なお、かつて最大判昭30・1・26刑集9巻1号89

頁は、同じ公衆浴場の適正配置規制を消極目的に立つものと捉えたうえで、合憲判断を
している。薬事法事件判決との関係につき、野坂泰司『憲法基本判例を読み直す〔第2
版〕』（有斐閣・2019）295-296頁）。

　また、酒類販売の免許制・免許基準について、最高裁は、薬事法事件判決の
基本的な判断枠組みを引用したうえで、**サラリーマン税金訴訟**の上告審判決（➡
第31章）の判示に従い、国民の租税負担を定めるには、「財政・経済・社会政策
等の国政全般からの総合的な政策判断を必要とするばかりでなく、課税要件等
を定めるについて、極めて専門技術的な判断を必要とする」ことを根拠に、立
法府の広範な裁量を認めている（最判平4・12・15民集46巻9号2829頁〔**酒類販売
業免許制事件**〕。なお同判決は、小売市場事件判決とは異なり、規制措置が著しく不合理
であることが「明白」であることまでは求めていない）。同判決は「租税の適正かつ
確実な賦課徴収を図るという国家の財政目的」に着目しているが、これは積極・
消極の規制目的二分論とはうまく整合しないことから、財政目的という新たな
カテゴリーを設定することで、従来の規制目的二分論を発展的に継承しようと
するものだという見解もみられた。

Ⅲ 発展解説

1.「事の性質」による審査密度の設定

　しかし、酒類販売業免許制事件判決に付された園部逸夫補足意見は、「財政
目的による規制は、いわゆる警察的・消極的規制ともその性格を異にする面が
あり、また、いわゆる社会政策・経済政策的な積極的規制とも異なる」としつ
つ、「一般論として、経済的規制に対する司法審査の範囲は、規制の目的よりも
それぞれの規制を支える立法事実の確実な把握の可能性によって左右される
ことが多い」として、規制目的二分論や、そもそも審査基準・審査密度の設定
に際して立法目的を重視する考え方自体に、疑問を呈している。学説でも、判
例が規制目的二分論を採用していると考えるかどうかはともかく、規制目的二
分論それ自体に対して、当初より有力な批判が向けられてきた。

　しかし、実は、薬事法事件判決自体、規制目的二分論に立脚するものである
かは疑わしい。そもそも同判決は、許可制（および許可条件としての距離制限）が
「職業の自由に対する強力な制限である」点に着目して審査密度を上げている
のであって、職業の自由に対する規制措置一般、いわんや経済的自由の規制措

置一般について議論を展開しているわけではない（野坂・前掲290-293頁）。許可制が強力な制限であるがゆえに、「事の性質上」、立法府に与えられる裁量の余地が縮減し、いわゆる厳格な合理性の基準が採用されたのである。

２．審査能力への着目

そして、審査基準ないし審査密度を上げるとすれば、裁判所は、みずから判断するに相応しい問題である限り、規制措置の目的・手段の適合性および比例性について、立法府の判断を尊重するのではなく、みずから立ち入って審査すべきこととなろう。しかしながら、その際、なんらかの社会政策・経済政策上の見地から許可制が採用されている場合には、裁判所はその政策的当否について判断すべき十分な資料や判断基準をもたない以上、なお立法府の判断を尊重すべきことになる。他方、なんらかの弊害の存在を前提に、その除去・防止のために規制が行われている場合には、裁判所が立法事実を踏まえて判断することが相対的に容易であるから、裁判所は目的・手段の適合性・比例性について、より立ち入った判断を行うべきだということになるだろう（裁判所の審査能力論）。薬事法事件判決が、「具体的な規制の目的、対象、方法等」の性質と内容に照らして立法裁量の範囲を決すべきだとしているのは、このような意味で読み解くことができるのではないかと思われる。

したがって、薬事法事件判決は、職業の自由一般に対する規制措置、さらには経済的自由一般に対する規制措置の規制目的にまず着目して、それが積極目的か消極目的かで審査基準ないし審査密度が変化する（規制目的二分論）と考えているわけではない。そもそも薬事法事件判決は、「規制を要求する社会的理由ないし目的も……積極的なものから……消極的なものに至るまで千差万別で、その重要性も区々にわたる」と述べているのであって、規制目的二分論的な発想に立っているわけではないのである。

３．メイン型による考察

（１）職業選択の自由それ自体が制約される場合

薬事法事件は、許可制という、狭義の職業選択の自由それ自体の制約にかかわるケースであった。この点で、酒類販売業免許制事件判決も、まさしく薬事法事件判決と同様の判断枠組みに立脚している。すなわち、同判決では、許可制（免許制）という強力な制限が合憲となるためには、原則として、重要な公共の利益のために必要かつ合理的な措置でなくてはならない、としつつ、この必

要性・合理性を判断するに際して規制目的が考慮され、それが国家の財政目的である、という論理構造がとられている。ただし、このような目的をもった租税立法については、社会政策・経済政策の見地に基づく規制の場合と同じく、立法府の政策的・技術的判断がポイントとなる結果、裁判所としては、一般論として、立法府の政策的な判断に委ねざるをえないことになろう（ただし、酒類への課税の有無・程度・態様について立法裁量を尊重すべきだとしても、一定内容の課税を前提として、その賦課徴収の仕組み（たとえば酒販免許制の採用）の適否については、裁判所としても判断しうるのではないか、という点に注意を要する。積極・消極の両目的を併有するとした公衆浴場の適正配置規制についても、酒類販売業免許制事件判決と同様に考えることができよう）。

（2）職業遂行の自由が強度に規制される場合

狭義の職業選択の自由それ自体に対する規制（参入規制）ではなく、選択した職業の遂行にかかわる規制（時・場所・方法等の規制）の場合はどうだろうか。これには、営業時間の規制、店舗の適正配置規制、商品の安全規制など、多様な規制が含まれる。後者は、職業選択の自由それ自体の規制の場合に比べて、一般的には制約の程度が軽いであろうから、薬事法事件判決の判断枠組みに従えば、一般論としては、立法裁量（立法部による比較衡量）を尊重すべきケースが多くなるものと考えられる。

もっとも、留意すべきは、職業遂行の態様規制だからといって、規制の程度が軽微だとは限らないことである。薬事法事件判決では、許可制の採用自体は重要な公共の利益のための必要かつ合理的な措置だと認めたが、許可条件たる適正配置規制については、特定場所における開業の不能は開業そのものの断念にもつながりうるものであって、それが職業選択の自由に対する大きな制約的効果を有する点に注意が促され、まさにこの点に着目して、立法事実に立ち入った審査が行われた。

薬事法施行規則の改正により、副作用等に注意の必要な医薬品（全医薬品の7割弱）について対面販売に限定したことが、薬事法の委任の趣旨を超えるのではないかが問題となった**医薬品ネット販売事件**（➡第24章）において、第一審の東京地裁（東京地判平22・3・30判時2096号9頁）は、従来インターネットで医薬品の通信販売を行ってきた事業者にとって、多くの医薬品のネット販売の禁止は、職業活動の継続それ自体を困難にするものであって、「法的性質としては

営業活動の態様に対する規制ではあるものの、上記の業態の業者に関する限り、当該規制の事実上の効果としては、規制の強度において比較的強いものということができる」点に着目した。そして、薬事法事件判決の判断枠組みに従い、このような強度の規制が消極目的（警察目的）で行われている場合には、代替的規制手段の有無について立法事実に立ち入った詳細な検討を要するとしている。最高裁（最判平25・1・11民集67巻1号1頁）は、受任命令の授権法律違反というかたちでこの問題を処理したが、改正規則がインターネット販売を事業の柱としてきた事業者の職業活動の自由を相当程度制約するものである旨を指摘しており、これが改正規則の違法・無効を導く実質的な理由になっているとの指摘がある（辰野嘉則ほか「判批」NBL995号（2013）4頁以下）。

（3）軽度の積極規制につき立法裁量が尊重された例

　以上の判断枠組みに従えば、職業の自由に対する制約の程度が軽微である場合には、裁判所は、立法裁量の枠内における比較衡量の結果を尊重するというのが基本的な出発点になるだろう（「明白性の原則」）。とりわけ、当該制約が社会政策・経済政策・財政政策など、裁判所として依拠すべき判断基準を欠くような場合には、この理が一層強くあてはまる。

　たとえば、生糸価格の安定と蚕糸業の経営の安定のために採られた外国産生糸の一元輸入措置の結果、従来の自由な国際糸価の2倍の価格で生糸を購入せざるをえなくなった織物業者が、「自由な市場で形成された価格で……生産活動を営むことができる自由」（第一審の京都地判昭59・6・29判タ530号265頁）としての「営業の自由」を侵害されたかどうかが争点になった**西陣ネクタイ事件**において、最高裁（最判平2・2・6訟月36巻12号2242頁）は、経済政策の観点から国家が市場価格に介入することは憲法の許容するところだとし、小売市場事件判決を引用しつつ、明白性の原則により判断すべきものとしている。これは、生糸の一元輸入措置をとっても、職業の自由に対して強度の規制が及ぶものではなく（原材料費が高騰したというにすぎない）、かつ経済政策に基づく積極規制であって裁判所として依るべき判断基準に欠けることから、社会経済分野における法規制について、立法裁量（による比較衡量の結果）が尊重されるという基本枠組みに立ち返ったものだと位置づけうる。

　また、農業経営の安定および農業生産力の発展という経済政策的目的のために、米作農家に農作物共済への当然加入を義務づける農業災害補償法の規定に

ついて、最高裁（最判平 17・4・26 集民 216 号 661 頁〔**農業災害補償法事件**〕）は、当然加入制が「職業の遂行それ自体を禁止するものではなく、職業活動に付随して、その規模等に応じて一定の負担を課するという態様の規制」にすぎず、職業の自由に対する制約の強度が低い点、および積極目的の規制である点に着目して、立法裁量を尊重する明白性の原則を用いた判断を行っている（なお、本件で問題となる自由が、職業の自由ではなく、憲法 13 条に含まれる契約の自由、または憲法 21 条 1 項による結社の自由であることを指摘する見解として、小山剛「判批」平成 17 年度重判解（2006）22 頁を参照）。

このようにみてくれば、（1）～（3）でみた諸判決はいずれも、（小売市場事件判決および）薬事法事件判決の判断枠組みを前提としながら、社会経済分野における法規制については立法裁量が尊重されることを原則としつつ、制約が強度である場合には審査基準ないし審査密度を高め、特に裁判所の判断に適した消極目的規制の場合には、立法裁量の幅を縮減させて、みずから立ち入った審査を行う（裁判所の審査能力論）、という立場をとっているものと解される。

まとめ

- □ 社会経済分野における法規制については、小売市場事件判決と薬事法事件判決を通じて、規制目的に着目した判断枠組み（規制目的二分論）が形成された、と捉えられてきた。
- □ しかし、判例の枠組みを形作った薬事法事件判決は、そもそも規制目的二分論を採用したものではなく、規制の強度に着目して審査密度を設定し、そのうえで立ち入った審査を行うべき場合には、裁判所の審査能力の観点からどこまで立ち入れるかを考察する（消極目的規制であれば立ち入った判断も可能である）という立場を採用したものと解される。
- □ この観点からすれば、そもそも規制の強度が弱い事例（たとえば職業選択ではなく「遂行」についての態様規制であって、かつ、その規制強度が比較的軽微であるような場合）であれば、審査密度を上げる必要はなく、立法裁量を尊重した比較衡量アプローチが基本となり（西陣ネクタイ事件判決、農業災害補償法事件判決）、また、規制の強度に着目して審査密度を上げるべき場合であっても、裁判所の審査能力の観点から、緩やかな審査にとどめるべき場合もある（酒類販売業免許制事件判決）。

FAQ

Q 「軽度の態様規制」については立法裁量が尊重されるのが原則だとありますが、たとえば西陣ネクタイ事件のように、国の政策によって突然原材料費が高騰したような場合、それをそもそも「軽度」の規制といえるのでしょうか？

A 社会経済分野における法規制が、まったくの白地領域に行われるという局面は限られており、むしろ、国民が従来自由に職業活動を展開していた生活領域について、一定の見地から、新たな法規制が事後的に導入されるケースが多い。これを財産権の制約として構成できる場合であれば、いわゆる現有財産の保障（既得権の保障。憲29条1項）の観点から、事後法の禁止や、被制限者に対する損失補償（同条3項）の要請を導くことができるが、同様の考え方は、職業の自由に対する制限によって得られるはずの利益が失われたり、事業の継続それ自体が困難になったりした場合にも、あてはまるのではないかと解される。

実際、医薬品ネット販売事件では、従来第1種・第2種医薬品につき合法的にインターネットを通じて通信販売業を営んできた者に対し、事後的に、店舗における対面販売を義務づけるような厚生労働省令の改正が問題になった。いくら職業活動の態様に関する規制だといっても、実質的には事業の継続それ自体が困難になるケースが多いことが予想され、その分、薬局店舗などで医薬品を販売してきた既存業者を保護するという側面をもっていたことは否めない。この事案では、従来インターネット販売事業を営んできた者については、対面販売の事後的な義務づけが過酷な制約となりうることを実質的な根拠として、厚生労働省令の違法無効が導かれている。

この観点からすれば、西陣ネクタイ事件において、適切な代替措置もないまま、蚕糸業者の経営の安定化という目的のために、真摯に織物業を営んできた事業者の一方的かつ多大な犠牲において、生糸の一元輸入措置をとったことは、職業の自由に対する過酷な制約だと観念する余地もあるように思われる（阿部泰隆「農畜産物価格の法的側面」ジュリ735号（1981）34頁）。

Q 公衆浴場法の距離制限規定については、かつて、その立法目的が「国民保健及び環境衛生」に求められていたのに（消極目的）、同じ規定について、後の判決では消極目的と積極目的が併存するとか、当初から積極目的

であった、などとされています。答案の作成や将来の裁判実務において、立法目的はどのようにして認定すればよいのでしょうか？

Ⓐ たしかに、立法目的の認定如何によって、裁判所の判断の仕方に変化が生じる可能性があるという点に着目すれば、この立法目的や、さらにはこの目的を達成するために採用された手段について、その内容や根拠を正確に知る必要がある。もっとも、この点に関する議論の蓄積は少なく（ただし近年の注目されるべき業績として、原竹裕『裁判による法創造と事実審理』（弘文堂・2000）がある）、「それを、いかなる資料に基づき、いかにして法廷に顕出すべきかについて明確なルールが確立していないのが現状」だとされる（野坂・前掲294頁）。

特に、近年の最高裁は、立法目的・手段の合理性を支える背景事実（立法事実）の変化を理由に憲法判断を変化させるという手法を、度々用いている（裁判所における立法事実の扱いについては、御幸聖樹「憲法訴訟における立法事実論の現況と展望」論ジュリ29号（2019）179頁➡第35章も参照）。さらに踏み込んで、立法事実の変化を背景に、裁判所が立法当時とは異なった立法目的を認定したり、立法手段に新たな正当化根拠を与えたりすることができるのかどうかは、裁判所の役割をどう考えるかという点もかかわり難しい問題であるが、裁判所は積極的に公共政策を形成する立場にない以上、原則として否定的に解すべきではないかと考えられる。

いずれにせよ、立法事実は立法目的・手段の合理性を支える背景事実である以上、憲法訴訟から離れて立法の局面においても、（両局面の次元の相違を念頭に置いたうえで、）公開の場で、この立法事実が詳細に提示され、議論・批判にさらされることが重要である（川﨑政司『法を考えるヒントⅠ』（日本加除出版・2016）339頁以下）。そして、そのことが、裁判所が立法事実に立ち入った審査を行うための前提条件でもある。また、公開の場における議論・論証プロセスを経た法律であってはじめて、たとえば国民の自由・財産を侵害するような法規範を法律に留保すべきだという考え方（法律の留保論）も意味をもちうるし、多元的な民主政観に依拠しつつ競争過程の透明化の観点から新たに規制目的二分論を根拠づける見解（長谷部253頁以下）も、有効に成り立ちうることになるだろう。

このようにみてくると、答案作成や司法審査の局面を念頭に置いたプラグマティックな観点からのご質問も、直ちに、わが国における統治構造改革の問題（立法過程の透明化・合理化）と直結していることが理解されるだろう（なお巽智彦「立法事実論の再構成—事実認定論からみた違憲審査」石川健治＝山本龍彦＝泉徳治編『憲法訴訟の十字路—実務と学知のあいだ』（弘文堂・2019）1頁以下も参照）。〔赤坂　幸一〕

17 学問の自由と大学の自治

メイン型

▶東大ポポロ事件（最大判昭 38・5・22 刑集 17 巻 4 号 370 頁）

はじめに 憲法 23 条の学問の自由には、①研究活動の自由、②研究発表の自由、および、③教授の自由が含まれ、①および②については広く一般国民に対して保障されるが、③の完全な保障は大学における研究者にのみ及ぶ。そして、大学が社会における学術研究の中心であることから、制度的保障として大学の自治が 23 条には当然に含まれると解される。これが一般的な 23 条の説明である。しかし、その具体的な保障範囲や対象など、緻密に考察をしていくといまだに不明確な点が少なくない。そもそも、①および②は、19 条の思想良心の自由や 21 条の表現の自由にも還元しうる保障領域でもあり、23 条固有の意味がどこにあるのか明確にしていく必要がある。

　本章では、23 条に関する数少ない判例である**東大ポポロ事件**を取り上げ、その判旨から 23 条の本質と判例の射程について考察する。その際、大学において生じたさまざまな法的紛争に関する裁判例の分析を通じて 23 条の射程と展開可能性について検討してみたい。

Ⅰ 判旨

■判旨① ── 研究活動の自由および研究発表の自由の意義

　「同条の<u>学問の自由</u>は、<u>学問的研究の自由</u>とその<u>研究結果の発表の自由</u>とを含むものであって、同条が学問の自由はこれを保障すると規定したのは、一面において、広くすべての国民に対してそれらの自由を保障するとともに、他面において、大学が学術の中心として深く真理を探究することを本質とすることにかんがみて、特に大学におけるそれらの自由を保障することを趣旨としたものである」。

■判旨② —— 教授の自由の意義

「教育ないし教授の自由は、学問の自由と密接な関係を有するけれども、必ずしもこれに含まれるものではない」。しかし、大学については、憲法の趣旨と学校教育法52条（現行83条）に基づき「<u>大学において教授その他の研究者がその専門の研究の結果を教授する自由は、これを保障されると解するのを相当とする</u>」。

■判旨③ —— 学問の自由の限界と大学における保障

学問の自由は、「すべて公共の福祉による制限を免れるものではないが、<u>大学における自由は、右のような大学の本質に基づいて、一般の場合よりもある程度で広く認められると解される</u>」。

■判旨④ —— 大学の自治の保障

「<u>大学における学問の自由を保障するために、伝統的に大学の自治が認められている</u>。この自治は、とくに大学の教授その他の研究者の人事に関して認められ、大学の学長、教授その他の研究者が大学の自主的判断に基づいて選任される。また、大学の施設と学生の管理についてもある程度で認められ、これらについてある程度で大学に自主的な秩序維持の権能が認められている」。

■判旨⑤ —— 大学における自由と自治の範囲

「<u>大学の学問の自由と自治</u>は、大学が学術の中心として深く真理を探求し、専門の学芸を教授研究することを本質とすることに基づくから、<u>直接には教授その他の研究者の研究、その結果の発表、研究結果の教授の自由とこれらを保障するための自治とを意味すると解される</u>」。

■判旨⑥ —— 大学における学生の活動と大学の自治

「もとより、憲法23条の学問の自由は、学生も一般の国民と同じように享有する。しかし、大学の学生としてそれ以上に学問の自由を享有し、また大学当局の自治的管理による施設を利用できるのは、大学の本質に基づき、大学の教授その他の研究者の有する特別な学問の自由と自治の効果としてである」。「<u>大学における学生の集会も、右の範囲において自由と自治を認められるもの</u>であって、大学の公認した学内団体であるとか、大学の許可した学内集会であるとかいうことのみによって、特別な自由と自治を享有するものではない。<u>学生の集会が真に学問的な研究またはその結果の発表のためのものでなく、実社会の政治的社会的活動に当る行為をする場合には、大学の有する特別の学問の自由と自治は享有しないといわなければならない</u>。また、その集会が学生のみのものでなく、とくに一般の公衆の入場を許す場合には、むしろ公開の集会と見なされるべきであり、すくなくともこれに準じるものというべきである」。

Ⅱ 基本解説

1．総説

　本事件において、多数意見が述べているのは、大学構内での学生の政治的社会的活動に対しては大学の自治が及ばないという点にとどまる。その意味で、本事件を 23 条のリーディング・ケースとするには「あまり筋のいい事件ではないという感じがある」（我妻栄ほか「（座談会）ポポロ事件最高裁判決をめぐって」ジュリ 277 号（1963）27 頁〔雄川一郎発言〕）と評される点に注意する必要がある。

　とはいえ、最判昭 50・12・25 刑集 29 巻 11 号 1007 頁〔東北大学事件〕は、大学移転に反対する学生が大学職員に対して行った加害行為について、学生に「大学の自治権能に参加」する権利（参加権）があるという考え方のもとに無罪とした原審判決（仙台高判昭 46・5・28 刑集 29 巻 11 号 1074 頁）を破棄しているが、これは学生が大学の自治の担い手ではないとする東大ポポロ事件での判示に沿ったものといえる。「本判決は、憲法 23 条の意義を正面から論じたほぼ唯一の最高裁判例として、当該分野に関する最高裁の見解を豊かに示唆している」（精読人権編 209 頁〔堀口悟郎〕）ことはたしかであろう。

　労働者が団体交渉と無関係にデモを行ったとしても、憲法 28 条の労働基本権の保障が及ばないのと同様（最大判昭 25・10・11 刑集 4 巻 10 号 2012 頁参照）、大学で行われる集会であるから大学の自治の対象となるわけではない。そもそも大学では多様な人物がさまざまな活動を行っており、学問の自由ないし大学の自治の保障の程度・範囲については、場所・状況、活動主体・目的などを個別具体的に検討せざるをえない。その際、本判決を参照することは不可避といえよう。

2．学問の自由と大学における研究者

（1）研究活動・研究発表の自由

　研究活動の自由と研究発表の自由については、大学の研究者に限らず、広く一般国民にも保障されるが、研究者とその他の者との間でどの程度保障に差異があるのかは必ずしも明確ではない。これについては、大学における研究者の研究・教育目的との関係で、個別具体的に検討していく必要がある。

　憲法 35 条の令状主義との関連で、東京地決昭 45・3・9 刑月 2 巻 3 号 341 頁は、大学での捜索にあたり、「研究室が本来もっとも直接に学問研究にかか

わる施設であるだけに、学問の自由を保障する憲法 23 条の趣旨を十分に尊重し、必要最少限度の範囲は限定して表示するよう格別の慎重な配慮が必要である」との判断を示している。また、学術研究団体の研究発表に関してではあるが、機関誌への論文掲載が拒否されたことに対する損害賠償請求に対し、「学術研究団体である被告学会の学術研究活動は、憲法上国の干渉からの自由が保障されている」などとして、東京地判平 23・9・7 判例集未登載〔**日本気象学会事件**〕は、部分社会の法理により司法審査を行わずに訴えを退けているが、大学においても同様の司法判断となろう。

　ちなみに、学校教育法 21 条等に基づき文部科学大臣が行う教科書検定が研究活動の自由を侵害するかについては、教科書が学術研究の結果の発表を目的とするものではなく、教科書の形態における研究結果の発表を制限するにすぎないなどとして、東大ポポロ事件を引用しつつ、いずれも憲法 23 条に違反しないとされている（**第一次家永教科書訴訟**（➡第 22 章）、**第三次家永教科書訴訟**（➡第 31 章）、最判平 17・12・1 判時 1922 号 72 頁）。

（2）教授の自由

　教授の自由には、授業内容および教育方法について教員が自由に決定しうる権利が含まれている。ただし、それらの保障範囲は必ずしも明確ではなく、単位認定や試験などの授業運営に担当教員の判断がどの程度及ぶのか問題となる。この点、授業担当を停止する旨の教授会の決定に反し、当該担当教授からの講義を受講した学生が、大学に対して単位認定を求めた**富山大学事件**（➡第 25 章）で最高裁は、純然たる大学内部の問題として大学の自主的、自立的な判断に委ねられるべきものであるとしたが、そこにおいて担当教員の教授の自由が考慮される余地はなかった。また、国立大学の教授が、学生自治会のストライキ決議に従い試験を受けなかった学生について、謝罪文を提出した者に対してのみ再試験の受験の許可を与えたため、再試験を受験できずに卒業が遅れた者が損害賠償を求めた事件において、最判昭 59・11・1 訟月 31 巻 7 号 1539 頁〔**金沢大学再試験拒否事件**〕は、「再試験の許否は、科目担当教官等の教育的見地からする裁量に委ねられた教育上の措置である」として請求を退けている。ただし、この場合は、教授の自由の保障の文脈ではなく、再試験を認める学則の「特別の事情」の存否に関して担当教員の判断に委ねられた裁量権の問題として理解すべきであろう。

なお、教授会の決定に反対の意思を示すべく授業のボイコットを行った教員に対する解雇処分が争われた事例で、東京高判昭 61・10・16 判タ 640 号 134 頁〔関東学院大学事件〕は、「その信条に基づく行為によって、その職場の規律を乱し、業務を阻害して他人の権利を侵害することは許され」ないとして、本件における諸般の事情を考慮すれば、解雇はやむをえないものであって、社会通念上著しく妥当性を欠くものではないとした原審の判断を是認した。当然、授業放棄の自由が教授の自由によって保障されるわけではない。

　ちなみに、東大ポポロ事件では、初等中等教育機関の教員の教授の自由は否定されていると解されるのであるが、その後の**旭川学力テスト事件判決**（➡第 3 章・第 21 章）が、大学教員とは異なり「普通教育における教師に完全な教授の自由を認めることは、とうてい許されない」と述べており、一定範囲での教授（教育）の自由が保障されることを示唆している。

３．大学の自治の意義

　次に制度的保障である大学の自治について、教員人事、施設管理、学生管理の各場面でどのような争点となって表れてくるのかをみていく。

（1）教員人事

　大学の自治の具体化である「教授団の自治」に関して、名古屋地判昭 36・2・13 労民 12 巻 1 号 57 頁〔**名城大学教授懲戒解雇事件**〕は、「憲法及び教育基本法に謂う『学問の自由』とはその本来の目的たる学問的研究、活動の自由を最大限に保証するため、その最高の場である大学に対し信条、研究成果等に基く外部（そのうちには大学経営者、或いは任免権を有する理事会を含む）からの指示、圧迫、強制等を排除し、大学内における学問研究の従事者に対し最大限の自主性を与え、その地位を強く保障しなければならない」などとし、私立大学の学則の規定に反して、教授会の審議決定を経ないでなされた教授の解雇処分は違法であるとした。

　大学によっては、主として全学的な事項について審議する機関として大学評議会を置くことがあるが、学長権限の代行者についての評議会での決議の有効性に関して、福岡高判昭 56・9・2 刑月 13 巻 8・9 号 511 頁〔**九州大学教養部占拠事件**〕は、「評議会はその組織、権限からして明らかであるように教授会の自治の延長線上にあるものであって、大学の自治に沿ったものである」とし、特定の学部特有の事項でなければ、「特定の学部教授会の意思決定に反する決

定がなされたとしても」大学の自治に反するものではないと判示し、代行者による機動隊出動要請を有効としている。

　従来、大学の自治は、地位の安定した大学教員により構成される教授会によって担われていたが、近年では、大学の教員等の任期に関する法律（任期法）が制定され、その前提が揺らぎつつある。そうしたなか、任期制で採用された教授が、任期満了退職日の通知を受けたため失職処分の取消しを求めた訴訟において、大阪高判平17・12・28判タ1223号145頁〔**京大再任拒否事件**〕は、憲法23条により「大学の教員、研究者による大学の自治が認められ、この具体的内容として、大学の教員、研究者の選任や免職等は大学の自主的判断に基づいてされなければならない」としつつ、憲法の規定から「教員らの自由意思に基づいて一定の任期付きで任用することが禁止されていると解することはできない」などとして、訴えを退けている。

（2）施設管理

　大学の施設管理権に関して、京都地判昭54・3・31判時943号123頁〔**京都府立医大事件**〕は、「国公立大学は、憲法23条の精神に則り大幅な自律権が与えられており、大学の紛争の収拾にあたっても、大学自体の自主的判断が十分尊重されなければならず、大学は実定法上明記されているかどうかを問わず、必要かつ合理的な手段を適宜自主的に用い、大学紛争の収拾、解決に当り得ることはいうまでもない」とし、大学による退去命令に従わなかった学生に対する建造物不退去罪の成立を認めている。

　東京高判平6・6・30判自127号89頁〔**法政大学学生会館捜索事件**〕は、大学構内の学生会館に対する捜索押収にあたり、大学職員に令状が示されたのみで、学生の了解・立会いがなかった事例において、特段の事情のない限り、学生は当該施設の日常的管理運営を委ねられるにとどまるとして、警察官の立入りに違法性がないとしている。また、東京地判平18・4・26判タ1244号195頁〔**明大サークルボックス事件**〕では、東大ポポロ事件を引用しつつ、大学の施設管理の包括的権能を認め、原則として、「学生固有の施設利用請求権なるものを当然に観念することはできない」などとして、大学から学生団体に対するサークルボックス（部室）の明渡請求を認容した。

　私立大学の理事会が教授会の判断に反して、学内の警備のためにガードマンを雇用することに関して、東京地判昭47・5・30刑月4巻5号1074頁〔**芝浦工**

大学長監禁事件〕は、「学校の経営、施設の管理等の責任は、私立の学校においては、最終的には理事会がこれを有する」として理事会の措置を是認する。その際、「私立の学校においては教学の面についてはともかく、大学の経営、管理については、教授会の自治が直接支配するものではない。ただ経営管理と教学管理とは密接な関連を持つものであることにかんがみ、学問の自由の見地から、経営管理についても教授会の意向が反映して運用されることが望ましいというにすぎない」と判示している。

（3）学生管理

　私立大学における学生管理に関しては、**昭和女子大事件判決**（➡第3章・第28章）が大学一般に在学生を規律する包括的権能を認めつつ、特に私立学校においては、「伝統ないし校風と教育方針を学則等において具体化し、これを実践することが当然認められるべきであり、学生としてもまた、当該大学において教育を受けるかぎり、かかる規律に服することを義務づけられるものといわなければならない」と判示する。ただ、そのうえで、当該包括的権能は「無制限なものではありえず、在学関係設定の目的と関連し、かつ、その内容が社会通念に照らして合理的と認められる範囲においてのみ是認されるものである」とし、さらに、「具体的に学生のいかなる行動についていかなる程度、方法の規制を加えることが適切であるとするかは、それが教育上の措置に関するものであるだけに、必ずしも画一的に決することはできず、各学校の伝統ないし校風や教育方針によってもおのずから異なることを認めざるをえない」等と述べつつ、大学の教育方針に反して政党に加入した学生に対する退学処分を是認している。

　学生に対する懲戒処分権限は大学の学長が有しているが、処分にあたって教授会の判断を踏まえるのが通例である。ただし、教授会の決議がいかなる法的拘束力を有するかは必ずしも明確ではなく、佐賀地判昭50・11・21訟月21巻12号2548頁は、「一般的に教授会の決議が学長に対し、法的拘束力を有し、学長がこれと異なる処分を選択することが全く禁止されているとまで解することは困難」と判示している。

　入学許可の判断についても大学の自治が認められるところ、東京地判平23・12・19判タ1380号93頁〔**東京工業大学事件**〕は、国立大学が、国連安保理決議1737号に基づく文部科学省通知を受けた安全保障上の配慮により、同大学附置の原子炉工学研究所へのイラン人の入学を不許可としたのに対し、国籍を理

由とした不合理な差別で憲法 14 条 1 項および教育基本法 4 条 1 項に違反するとして、当該決定を無効としている。同判決では、当該イラン人が難民認定をされているという事情についての考慮不尽に違法性を見出している。ただし、入学可否の判断については、「なお調査を尽くして判断させるのが相当で」あるとして、裁判所としての実体判断を避けている。

　国立大学医学部の入学試験で不合格になった原告が、被告による判定は原告の年齢を理由にしたものであるなどとして、入学許可を求めた事案について前橋地判平 18・10・27 判タ 1273 号 315 頁〔**群馬大学医学部入試事件**〕は、合否判定の当否については本来的に裁判所の審判権が及ばないと判示したうえで、「例えば年令、性別、社会的身分等によって差別が行なわれたことが明白である場合には」、司法審査が及ぶとしつつ、本件においては原告が年齢により差別されたことが明白であるとは認められないとする。特に憲法 23 条への言及はないものの、その背景に大学の自治に基づく学生管理（入学許可）の自由が強く意識されているとも考えられる。もっとも、この点、会社や公務員の採用試験や各種検定試験などのような、処分の特質に基づく裁量権の問題とみることもでき、ことさら大学の自治を援用する必要はないようにも思われる。

Ⅲ　発展解説

1．大学における警察機関の活動

　一般的な精神活動の自由と区別して、学問の自由が憲法に規定されたのは、信教の自由と同じく、公権力によって直接的に弾圧された歴史を反映している。そうした経緯を考慮すれば、警察の立入りに関しては厳しい判断とならざるをえず、東大ポポロ事件での入江俊郎ほかの補足意見では、警察官が「単に、警備情報の収集の目的を以って大学の教育の場、学問の場に立ち入ることは、憲法 23 条の保障する学問の自由ないし大学の自治を侵す違法行為である」（ただし、本件集会はそれに該当しない）との見解が示されている。

　もっとも、大学に治外法権を認めることはないから、犯罪捜査のための警察官の立入りを大学が常に拒否しうるとするわけにはいかない。この点、大学の自治に対する急迫不正の侵害ありと誤信した学生が警察官に対して行った加害行為について、過剰防衛としつつ刑の免除を行った事例である名古屋高判昭 45・8・25 刑月 2 巻 8 号 789 頁〔**愛知大学事件控訴審**〕は、「緊急その他已むこと

を得ない事由ある場合を除き、大学内への警察官の立入りは、裁判官の発する令状による場合は別として、一応大学側の許諾または了解のもとに行うことを原則とすべきである」とし、「結局、学問の自由、大学の自治にとって、警察権の行使が干渉と認められるのは、それが、当初より大学当局側の許諾了解を予想し得ない場合、特に警備情報活動としての学内立入りの如き場合ということになる」と判示している。犯罪が起きた後に行われる刑事捜査活動と、重大事件の発生を未然に防ぐための警備情報活動とを区別し、後者の目的で警察官が無断で大学構内に立ち入ることは大学の自治の侵害となるということは、一応の判断枠組みとなろう。

２．政治的社会的活動と大学

　大学をはじめとする「学校」では、国公立・私立の別を問わず、「特定の政党を支持し、又はこれに反対するための政治教育その他政治的活動をしてはならない」（教基14条2項）とされている。ただ、実際上、政治活動と学術活動との区別は必ずしも明確ではない。この点、昭和女子大事件では、東大ポポロ事件を先例として引用し、「実社会の政治的社会的活動にあたる行為を理由として退学処分を行うことが、直ちに学生の学問の自由及び教育を受ける権利を侵害し公序良俗に違反するものでない」とするが、学生側は、学外政治団体への加入の動機が「学問的要求を満たす為」であるなどと主張していた。

　東大ポポロ事件での垂水克己補足意見は、演劇を専門にする学生が教授の指導のもとに演劇を行い、鑑賞する行為は「憲法上の自由に属する」との判断を示す。ただ、こうした価値観が強く反映する事柄に関する憲法的論証は、法的三段論法に不向きであり、学術・教育的な観点からの裁量権を広く認めつつ、明白な逸脱・濫用がないか個別具体的な事例の特徴に着目しつつ判断していき、学術・教育的な価値の論争に巻き込まれないようにするのが賢明である。

３．大学の自治と学問の自由の相克

　一般に、大学の自治は、学問の自由の保障という目的のための制度的保障であると理解されており、東大ポポロ事件判決でもそのように意義づけられていた。しかし、司法判断において大学の自治を尊重するために、研究者個人の学問の自由を制約しうるという逆転現象が起こることもある。たとえば、軍事目的での研究は行わない方針を大学が定めていたにもかかわらず、軍事転用可能な研究を行う教員に対して、教授会の決定に基づき学長が懲戒処分を行うとい

うような場合である。こうした両者の「相克」は一概に判断ができない。

　私立大学の教授が、戒告処分等の無効確認などを求めた訴訟において、最判平 19・7・13 判時 1982 号 152 頁〔鈴鹿国際大学事件〕は、原審判断を破棄し、教授側の請求を認容する判断を示している。当該戒告処分では、比較政治論等の科目を担当する同教授が授業において、東条英機に関する映画を観た学生に加点したこと、戦艦大和の大砲の音を収録した録音テープを再生したことなどが問題とされていた。この点について、最高裁は、「それが大学における講義等の教育活動の一環としてされたものであることなどを考慮すると、それのみを採り上げて直ちに本件就業規則所定の懲戒事由に該当すると認めるのは困難というほかない」と判示し、「最も軽微な懲戒処分であることを考慮しても、客観的に合理的と認められる理由を欠くものといわざるを得ないから、懲戒権を濫用するもの」であるとしている。私人間の法的紛争ということもあってか、憲法 23 条への言及はないが、「大学における講義等の教育活動の一環」である点に着目し、憲法が保障する教授の自由の趣旨を踏まえつつ、懲戒権濫用の有無を判断する考慮要素としていることが注目される。

　なお、学校教育法上の教授会の位置づけについては、従来「重要事項」審議機関とされていたが、学長主導の大学運営体制を構築するために、2014 年の同法改正法（平成 26 年法律 88 号）により審議事項が教育研究領域に限定され、学長に意見を述べる機関と位置づけられた（学教 93 条 2 項）。これによる司法判断への実際の影響は各大学の学則等の規定に依拠するが、概して、大学の自治が、教授会の自治から大学執行部の自治へとシフトしており、学問の自由との「相克」を生じる要因となりつつある。

まとめ

- □ 東大ポポロ事件判決は、学問の自由と大学の自治の「輪郭」を描き出しているが、事案としては、大学の自治の主張ができない場合を示すという消極的な意義にとどまるので、23 条の具体的な射程を十分には示していない。
- □ ①大学構内で行われている（場所）、②大学教授（主体）の、③授業（内容）に、④警察官（公権力）が、⑤警備情報収集目的（目的）で、許可なく立ち入った場合、大学の自治を侵害することになる（愛知大学事件控訴審参照）。

ただ、①〜⑤をみたさなくとも、大学の設置目的や正常な運営の観点から
大学の自治の侵害の問題は起こりうる。

□ 明確に 23 条を援用しなくても、裁量権の判断要素と、大学における学問
の自由が考慮されている裁判例が散見される。

□ 大学の自治は、本来、学問の自由という人権保障に資する制度的保障とし
て理解されるが、教授会の決定により、教授個人の研究活動を制約といっ
た場合のように、その位置づけが逆転する場合がある。

FAQ

Q 大学構内での演劇が、後から政治活動であったとわかった場合に、や
はり警察官の立入りは正当であったと論じてもよいのでしょうか？

A 東大ポポロ事件判決での石坂修一補足意見は、本事件での演劇の実態
が、ある種「違法な集会」であったとの評価をし、警察官が本件集会
に立ち入る合理的な理由があったと述べている。多数意見も、石坂補足意見と
同様の「結果違法」を判断の基礎にしているようにも読め、入江補足意見等と
は対照的である。ただ、これでは警察官の行為を後付けで正当化しているとい
わざるをえず、フタを開けてみなければ正当な警察権行使かどうかわからない
というのでは、警察権行使の際の行動規範となりえない。

この点、大学の自治と警察権の行使との調整が問題となるが、憲法的論証の
観点からは、横田正俊意見が注目に値する。同意見では、東京都公安条例（昭和
25 年東京都条例 44 号）の解釈につき、文部次官通達（昭和 25 年 7 月 25 日）を取り
上げる。同条例では、公共の場での集会を開催するためには、事前に都公安委
員会の許可を要すると定めているが、通達によると、学校の定める手続による
許可を得て、特定の者を対象として開催するものは、同条例の対象外であると
されている。すなわち、横田意見は、第一次的に大学による許可の判断を尊重
し、少なくとも学内の許可手続と非公開性の 2 条件が具備されている限り、「警
察官のこれに対する職務行為としての立入りは、正規の法的手続を踏み、必要
の限度をこえないでする場合のほかは、許されない」と述べる。さらに、非公
開性を欠く場合においても、警備情報活動としての立入りは、「学内集会（こと
に学問的会合）の運行を不当に妨げることとなり」、主催者側に立入りを拒否す
る正当な理由があることとなる場合も考えうるとしている。 〔岡田 順太〕

18　財産権の制約

▶森林法共有林事件（最大判昭 62・4・22 民集 41 巻 3 号 408 頁）
▶証券取引法 164 条事件（最大判平 14・2・13 民集 56 巻 2 号 331 頁）

はじめに　伝統的な憲法学の体系において、財産権は、職業の自由ととも に、経済的自由権を構成する権利として位置づけられてき た。そして、従来の通説は、職業の自由における規制目的二分論が財産権の 制約事案も規律していると説明していた。しかしながら、今日では、財産権 には、職業の自由とは異質な保障構造が存在していると考えられている。 そして、財産権についての判例を規制目的二分論によって説明しようとす る議論の説得力も失われつつある（➡第 16 章）。

　では、財産権をめぐる判例の射程は、どのように整理できるか。財産権分 野におけるもっとも著名な判決は、**森林法共有林事件**である。しかし、現在 では、森林法共有林事件が先例として引用されることはなく、**証券取引法 164 条事件**が先例として機能している。本章では、森林法共有林事件判決と 証券取引法 164 条事件判決はなにが異なるのか、そして現在の最高裁が証 券取引法 164 条事件のみを先例として引用するのはなぜなのかを明らかに する。

　さらに、近時の有力な学説は、財産権の制約事案のなかで、財産権の内容 形成の統制と既得の財産的権利の制限の 2 つの類型が区別されるべきであ ると考える。そして、当事者に経済的損失が生じている後者の事案類型に おいては、より慎重な司法審査が必要になると主張する。本章では、判例が 実際にこの 2 つの類型を区別しているのかを検討する。

Ⅰ　判旨

■森林法共有林事件

　「財産権に対して加えられる規制が憲法 29 条 2 項にいう公共の福祉に適合す

るものとして是認されるべきものであるかどうかは、規制の目的、必要性、内容、その規制によって制限される財産権の種類、性質及び制限の程度等を比較考量して決すべきものであるが、裁判所としては、立法府がした右比較考量に基づく判断を尊重すべきものであるから、立法の規制目的が前示のような社会的理由ないし目的に出たとはいえないものとして公共の福祉に合致しないことが明らかであるか、又は規制目的が公共の福祉に合致するものであつても規制手段が右目的を達成するための手段として必要性若しくは合理性に欠けていることが明らかであって、そのため立法府の判断が合理的裁量の範囲を超えるものとなる場合に限り、当該規制立法が憲法 29 条 2 項に違背する……と解するのが相当である」。

「森林法 186 条が共有森林につき持分価額 2 分の 1 以下の共有者に民法 256 条 1 項所定の分割請求権を否定しているのは、森林法 186 条の立法目的との関係において、合理性と必要性のいずれをも肯定することのできないことが明らかであって、この点に関する立法府の判断は、その合理的裁量の範囲を超えるものであるといわなければならない。したがって、同条は、憲法 29 条 2 項に違反し、無効というべきである」。

■証券取引法 164 条事件

「財産権に対する規制が憲法 29 条 2 項にいう公共の福祉に適合するものとして是認されるべきものであるかどうかは、規制の目的、必要性、内容、その規制によって制限される財産権の種類、性質及び制限の程度等を比較考量して判断すべきものである」。

「法 164 条 1 項は証券取引市場の公平性、公正性を維持するとともにこれに対する一般投資家の信頼を確保するという目的による規制を定めるものであるところ、その規制目的は正当であり、規制手段が必要性又は合理性に欠けることが明らかであるとはいえないのであるから、同項は、公共の福祉に適合する制限を定めたものであって、憲法 29 条に違反するものではない」。

Ⅱ 基本解説 —— 立法裁量の役割

1．総説

　財産権制約事案において引用されるべき主要な先例としては、森林法共有林事件、証券取引法 164 条事件および**国有農地売払特措法事件**（最大判昭 53・7・12 民集 32 巻 5 号 946 頁）が挙げられる。では、森林法共有林事件と証券取引法 164 条事件の判旨は、なにが異なるのか（国有農地売払特措法事件の意義はⅢで論じる）。さらに、近時の最高裁は財産権制約事案の先例として、森林法共有林事件では

なく証券取引法 164 条事件のみを引用しているが、それはなぜか（証券取引法164 条事件のみを引用する判例として、農地法 4 条・5 条が問題となった最判平 14・4・5 刑集 56 巻 4 号 95 頁、Ⅲで後述する証券取引法 42 条の 2 事件、建物の区分所有等に関する法律 70 条が問題となった最判平 21・4・23 判時 2045 号 116 頁などがある）。

2．2つの事件の異同をめぐる議論の状況

（1）学説

2 つの事件における合憲性判断基準の定立部分を比較すると（Ⅰの各事件の前段部分）、森林法共有林事件判決において存在していた立法裁量への言及が、証券取引法 164 条事件では消滅していることに気づく。したがって、判断基準定立部分の判示を重視した場合、森林法共有林事件判決が立法裁量逸脱濫用審査を採用していたのに対して、証券取引法 164 条事件判決においては判断代置型審査が適用された、との読み方が可能になる（大石和彦「財産権制約をめぐる近時の最高裁判例における違憲審査基準について」慶応ロー 13 号（2009）139 頁）。

しかし、証券取引法 164 条事件判決が立法裁量の存在を前提としない判断代置型審査を採用したという理解には、批判も強い。第 1 に、判断基準の適用部分において（Ⅰの各事件の後段部分）、証券取引法 164 条事件判決は、森林法共有林事件と同様に、規制目的と手段との間の合理性・必要性の欠如が「明らか」といえるかを問題にしている。したがって、判断基準適用部分の判示を重視すれば、証券取引法 164 条事件判決も立法裁量の存在を前提として立法者による比較衡量の誤りが「明らか」であるかを問題にしているようにも読める（松本哲治「財産権」ジュリ 1400 号（2010）104-105 頁参照）。第 2 に、そもそも財産権は法制度の存在を前提にした権利である。したがって、財産権制限の合理性・必要性を考察する際には、当該財産権の基礎にある法制度を構築した立法者の判断を、何らかのかたちで考慮せざるをえないように思われる（憲法読本 196 頁〔巻美矢紀〕）。

（2）調査官解説

両事件で採用された判断基準の異同について、調査官は、「その〔証券取引法164 条事件判決の〕基本的な立場は、森林法事件判決のそれと実質的に異なるものではない」（最判解民事平成 14 年度 193 頁〔杉原則彦〕）と考える。調査官によれば、両事件は、ともに、立法裁量の存在を考慮した違憲審査を行っている。そして、森林法共有林事件判決が財産権制限事案の「違憲審査の基準」を設定す

る際には、「当該規制立法が、どこまで立法事実に踏み込んだ司法判断がされるべき分野に属するのか、換言すれば、立法事実の把握、ひいては規制措置の必要性と合理性についての立法裁量をどの程度尊重すべき分野に属するのかを検討すること」（同 193 頁。さらに、最判解民事平成 4 年 582 頁〔綿引万里子〕参照）が重要だったとする。

3．立法裁量の位置づけの変化

（1）審査基準決定要因ではなく衡量の一要素としての立法裁量

　このような議論状況を前提にすると、森林法共有林事件判決と証券取引法 164 条事件判決の判断基準の異同について、確立した見解が存在していると断言することはできない。もっとも、両事件の異同に関しては以下のような説明が可能かもしれない。すなわち、たしかに、証券取引法 164 条事件判決も、森林法共有林事件判決と同様に、立法裁量の存在を前提とした判断を行っている。しかしながら、両事件では、判旨の論理構造全体のなかで立法裁量という要素の果たす役割が異なっている。以下、敷衍する。

　たしかに、証券取引法 164 条事件判決においても、立法裁量の存在は一定の役割を果たしている。すなわち、判旨は、証券取引市場が「国民経済上重要な役割を果たしている」ことを強調し、証券取引法が「経済政策に基づく目的を達成するためのものと解することができる」と説示する。このような説示は、証券取引法の基礎にある立法事実の司法的把握可能性が低く、その制定に際して広汎な立法裁量が存在することを示唆する。調査官が、同事件における合憲判断の最大の根拠を、証券取引法が「相当の立法裁量が認められるべき分野に属すると考えられたこと」（最判解・前掲 194 頁〔杉原〕）に求めるのにも、十分な理由がある。

　しかしながら、問題は、証券取引法 164 条事件判決において、「国民経済」や「経済政策」に言及し立法裁量の広汎性を示唆する議論が、判断基準定立部分ではなく、判断基準適用部分のなかで、展開されている点にある。この点、森林法共有林事件判決は、判断基準定立部分において、立法裁量に言及していた。同事件において、立法裁量は、違憲審査の基準、すなわち問題解決の基本的な方向性を決定する要因として、重視されていたのである。これに対して、証券取引法 164 条事件判決は、判断基準定立部分では立法裁量に言及せず、判断基準適用部分において、総合衡量の基礎となる多様な事情のなかの 1 つの考慮要

素として、立法裁量の存在を示唆する。

（2）その後の展開

　このように、証券取引法 164 条事件判決は、証券取引法分野における立法裁量の広汎性を、違憲審査基準を上下させる要因ではなく、総合衡量の際の 1 つの要素として利用した。そして、同事件の論理構造は、その後の判例においても踏襲される。たとえば、**租税特別措置法遡及事件**（最判平 23・9・22 民集 65 巻 6 号 2756 頁。長期譲渡所得にかかる損益通算を認めないこととした租税特別措置法 31 条の規定をその施行日より前に個人が行う土地等の譲渡について適用することの憲法適合性が争われた事件）で最高裁は、判断基準定立部分において、立法裁量の存在には言及せずに、「諸事情を総合的に勘案して」違憲審査を行うべきであると説示する（なお、租税特別措置法遡及事件が証券取引法 164 条事件とは異なる類型に属する事案とされる可能性については Ⅲ で論じる）。ところが、同事件においても、判断基準適用部分では、「租税法規は……専門技術的な判断を踏まえた立法府の裁量的判断に基づき定立される」点が、その他の諸事情と混在するかたちで、列挙されている（大石和彦「判批」判時 2151 号（2012）152-153 頁参照）。ここでも、立法裁量の広汎性は、審査基準の決定要因ではなく、総合衡量の 1 つの要素とされた。

４．小括

　以上の議論をまとめると、森林法共有林事件判決は違憲審査基準を上下させる要因として立法裁量に言及していたが、証券取引法 164 条事件判決は総合衡量の 1 つの要素として立法裁量の存在を考慮する。近時の最高裁が森林法共有林事件ではなく証券取引法 164 条事件のみを引用するのは、立法裁量を審査基準の厳格度の決定要因とする森林法共有林事件判決の立場が忘却され、それを総合考慮の 1 つの要素として位置づける理解が優勢となっているからであろう。

Ⅲ　発展解説 —— 既得権の役割

１．国有農地売払特措法事件

（1）財産権の内容形成の統制と既得権の制限

　有力な学説は、国有農地売払特措法事件判決が、森林法共有林事件・証券取引法 164 条事件とは区別された類型の問題についての考察を含んでいると考

える。すなわち、財産権の内容形成の統制が問題となった後二者とは異なり、国有農地売払特措法事件においては既得の財産的権利の制限の問題が重要であったとされる（渡辺ほか 344-358 頁〔宍戸常寿〕）。このような事案類型の区別をする実質的意義は、既得権としての具体性が成熟した財産権の制限が問題となる場合に、比較的厳しい審査基準を導入するところにあると思われる（駒村 213 頁参照）。では、判例は財産権内容形成事案と既得権制限事案とを類型的に区別しているのであろうか。

（2）多数意見と高辻意見

　国有農地売払特措法事件においては、国有農地の旧所有者への売払対価を旧所有者の不利に変更する国有農地売払特措法の規定が憲法 29 条に違反するかが争われた。第 1 に、同判決は、判断基準の定立部分において、財産権が事後法により変更される場合には、①従来の財産権の性質、②財産権の内容変更の程度、③内容変更が実現する公益の性質の総合衡量を通じて、内容変更の合理性を審査すべきであるとする。第 2 に、同判決は、判断基準の適用部分において、総合衡量を行い、特措法の規定が、権利と公益の調和を図った、「合理的な制約として容認されるべき性質のものであって、公共の福祉に適合する」と判示する（特措法の客観的合理性）。そして、第 3 に、特措法により旧所有者の「権利が害されることになることを否定することができない」が、「その権利が害されるといっても、それは……権利自体が剥奪されるようなものではなく」、第 2 点において特措法が「公共の福祉に適合するものと認められる以上」、この程度の権利制限は許容されると結論づける（既得権侵害の許容性）。

　他方、高辻正己意見は、多数意見が「社会政策上の一般的見地に主眼のおかれた、『公共の福祉』に適合するものとする理由」を説明するのみで、「変更をした法律を既に国との間に設定されている……個別の法律関係に適用し、よって旧所有者の財産的利益を害すること」が独自の問題を惹起することを理解していない、と批判する。すなわち、高辻意見によれば、多数意見は、財産権の内容形成の統制と既得の財産的権利の制限の問題を不当に混同している。仮に高辻意見の多数意見理解が正しいとすれば、国有農地売払特措法事件の多数意見は既得権制限類型を区別する立場を基礎づける先例とはならない（既得権制限類型を区別する立場を基礎づけるためには、多数意見ではなく高辻意見が引用されなければならない）。

（3）審査基準決定要因ではなく衡量の一要素としての既得権

　では、国有農地売払特措法事件の多数意見が既得権制限事案と内容形成統制事案を区別していないという高辻意見の理解は適切か。おそらく、多数意見は、既得の財産的権利の存在を、総合衡量を通じて合憲の結論を導く際に乗り越えなければならない1つの要素として考慮してはいる（プラクティス222頁〔山本龍彦〕参照）。しかし、判旨は、権利の既得性が違憲審査基準を上下させる要因になるとは考えていない。すなわち、既得権の存在は、一応の事案の区別要素ではあるが、審査基準の厳格度と問題解決の方向性を決定するもっとも重要な要因ではない。以下、敷衍する。

　第1に、国有農地売払特措法事件の多数意見は、「第1説示（上記判断基準①②③の定立）→第2説示（特措法の客観的合理性）→第3説示（既得権侵害の許容性）」と議論を展開する。そして、第3説示では、第1説示と異なる判断基準は定立されておらず、第1説示で定立された判断基準の具体的適用が問題とされている。すなわち、第3説示は、①従来の財産権の性質や②財産権の内容変更の程度を評価する1つの考慮要素として、本件財産権の既得性に言及する。このように、多数意見は、既得権の存在を理由に審査基準の厳格度を上下させているわけではない。それは総合衡量の際の1つの要素である。

　第2に、既得の財産的権利利益の存在が、審査基準の厳格度と事案解決の方向性を決定する要素として重視されているのであれば、国有農地売払特措法事件の被引用状況が完全には説明できない。既得の財産的権利利益の保障が問題となる事案としては、**証券取引法42条の2事件**（最判平15・4・18民集57巻4号366頁。有効に成立した損失保障等を内容とする契約に基づく請求権の行使を事後的に許さないことにする証券取引法42条の2の規定が29条に違反するかが問題となった事件）や租税特別措置法遡及事件（➡Ⅱ3（2））が挙げられる。両者は、ともに、既得権制限事案として考察されるべき問題を含んでいる。しかし、証券取引法42条の2事件判決においては、証券取引法164条事件が先例として引用され、租税特別措置法遡及事件判決においては国有農地売払特措法事件が引用された。仮に、内容形成統制事案と既得権制限事案の類型区分が審査基準の厳格度を決する要因として重要なのであれば、証券取引法42条の2事件においても国有農地売払特措法事件が引用されなければならなかったはずである。

　他方、権利の既得性が審査基準や問題解決の方向性を決定するわけではなく、

総合衡量の際の1つの要素にすぎないとすれば、国有農地売払特措法事件の被引用状況の説明は容易である。すなわち、証券取引法42条の2事件においては、財産権の既得性よりも、証券取引分野における立法事実把握可能性の欠如が総合衡量に際して重視されたため、証券取引法164条事件が引用された。他方、租税特別措置法遡及事件では、財産的利益の既得性が、総合衡量の際に他の考慮要素と比べて相対的に重要な位置を占めていたため、国有農地売払特措法事件が引用されたのであろう。

（4）小括

　以上の議論をまとめると、国有農地売払特措法事件は違憲審査基準を上下させる要因として財産的権利の既得性に言及しているわけではない。それは、総合衡量の1つの要素として既得権の存在を考慮している。総合衡量の際、既得権の存在をめぐる考察が重要な比重を占める場合には国有農地売払特措法事件が先例として引用されるが、その他の要素が重視される場合には証券取引法164条事件が引用される。判例上、財産権内容形成事案と既得権制限事案の類型は一応区別されるが、その区別は相対的である。

２．類型化と総合衡量 —— 財産権以外の分野の判例との関係

　財産権制約事案をめぐる判例の特徴は、立法裁量の広狭や既得権の存在といった事情を、審査基準を決定する要因ではなく、総合衡量の際の1つの要素として考慮する点にある。このように、本来は審査基準を上下させるはずの要因が、総合衡量のなかに取り込まれるという傾向は、財産権以外の分野の判例にも散見される。

　そのような判例のなかでもっとも著名なものは、**猿払事件**（➡第1章・第2章）であろう。すなわち、表現の規制態様が直接的か間接的・付随的かといった類型区分は、一般的には、審査基準の厳格度を決する局面で利用される。しかしながら、猿払事件判決は、「利益の均衡」という一般的判断基準を定立し、「利益の均衡」を公益側に傾ける1つの要素として、規制の間接性・付随性を挙げた。

　吉祥寺駅構内ビラ配布事件（最判昭59・12・18刑集38巻12号3026頁）の伊藤正己補足意見も、同様の傾向を示していた。すなわち、本来、パブリック・フォーラム論は、パブリック・フォーラム性の有無や特質に応じて審査基準の厳格度を類型化する議論である。しかしながら、伊藤補足意見は、一般的判断基準としては総合衡量を採用したうえで、衡量の秤を権利の側に傾ける1つの要素と

して、表現の行われた場所のパブリック・フォーラム性に言及した。

　では、なぜ、判例は、立法裁量の広狭、既得権の存在、規制の態様、表現の場といった事情を、審査基準を決定する要因ではなく、総合衡量の１つの要素と位置づけるのであろうか。最高裁は、将来の事案の衡量を審査基準によって事前に枠づけることを嫌い、事案ごとに全事情を考慮した判断を行う余地を残したいと考えているのかもしれない。すなわち、立法事実把握可能性や既得権の具体的権利性といった事情のみを重視して審査基準を決するといった先例が構築されると、将来発生した新たな事案の特殊性を考慮する余地が狭められてしまう。財産権分野の諸判例は、事案を類型化することで将来の判断を拘束することを嫌い、事案ごとの柔軟な衡量による解決を志向する判例の傾向を表現しているようにも思われる（ただし、他分野における同様の傾向の有無については慎重な検討が必要である）。

まとめ

- □ 森林法共有林事件では、立法裁量が審査基準の厳格度を決定する要因とされていたが、証券取引法164条事件では、総合衡量の１つの要素とされている。
- □ 財産権制限事案において現在引用されている判例は証券取引法164条事件であり、立法裁量を総合衡量の１つの要素として考慮するのが現在の判例の立場である。
- □ 既得の財産的権利の存在も、審査基準の厳格度と問題解決の方向性を決定する要因ではなく、総合衡量を通じて合憲判断にいたる前に乗り越えなければならない１つの要素である。
- □ 総合衡量の際、既得権の存在をめぐる考察が重要な比重を占める場合には国有農地売払特措法事件が先例として引用されるが、その他の要素が重視される場合には証券取引法164条事件が引用される。
- □ 財産権分野の判例は、事案を類型化して問題解決の方向性を事前に決定することには消極的であり、事案ごとの柔軟な衡量による解決を志向している。

FAQ

Q 財産権事案を検討する場合、立法事実の把握可能性や既得権の具体的権利性といった事情は、総合衡量の１つの要素として用いなければならず、審査基準を上下させるために利用してはいけないのでしょうか？

A 現状の判例の立場から議論する場合には、これらの事情を総合衡量の１つの要素として用いるのが適切であると思われる。しかしながら、学説上、立法事実の把握可能性や既得権の具体的権利性といった要素は、審査基準を上下させる要因であると理解されている。学説の意図は、権利の重要性などに応じて審査基準を決定し、裁判官による衡量を通じた問題解決の方向性を事前に拘束することで、司法判断の安定性・予測可能性を高めたい、というところにある。したがって、判例の立場に反論する局面では、立法裁量や権利の性質についての議論を、審査基準設定の際に考慮されるべき要因として用いてもよい。

Q 財産権事案を検討する場合、規制目的二分論に言及してはいけないのでしょうか？

A 規制目的二分論が財産権制約事案における判例の立場であるという説明には批判が強い。したがって、判例の立場を規制目的二分論で説明するのは避けるべきである。しかしながら、判例上、規制目的の積極性や消極性が、審査基準を上下させる要因ではなく、総合衡量の際の１つの要素として考慮される可能性は残されている。すなわち、規制目的の積極性は立法事実の司法的把握可能性を減ずるものであり、衡量の秤を合憲側に傾ける１つの要素となりうる。他方、規制目的の消極性については、それが違憲判断を導く１つの要素であると同時に、合憲判断の根拠にもなりうることに注意が必要である。すなわち、国民の生命・身体という重要な利益を保護するためには広汎な規制もやむをえない、といった議論も可能となる。　　　　〔村山　健太郎〕

19　「正当な補償」の意義と補償の要否

通覧型

▶農地改革事件（最大判昭 28・12・23 民集 7 巻 13 号 1523 頁）
▶土地収用補償金請求事件①（最判昭 48・10・18 民集 27 巻 9 号 1210 頁）
▶土地収用補償金請求事件②（最判平 14・6・11 民集 56 巻 5 号 958 頁）

はじめに　憲法 29 条 3 項にいう「正当な補償」とは、多数説によれば、適法な公権力の行使によって生じた各財産権の損失、およびそれに付随する損失に対する塡補である。この法的な強制力を背景としてもたらされる財産的な不利益のうち、国民の公平負担の見地からみて回復されるべき「特別の犠牲」にのみ、公金による財産的補償が行われると解されてきた。そもそも憲法 29 条は、第 1 項において財産権の保障を約束しつつ、第 2 項では、社会的・公共的利益などとの均衡を実現する観点から、財産権保障に関する内容の調整（変更）は法律事項であると定めており、「財産権」のコンセプトは相応の制約可能性を含んだものであることがわかる。この 2 つの規定を受けて、第 3 項は、公益目的を達成するために、国・地方公共団体等が私人の各財産に対して意図的・強制的に制約を加えることを一面で正当化しながら、財産権者に生じた犠牲の是正を図る制度的な枠組みの確保が憲法上要請されることを、「正当な補償」として明らかにしていると解される。そこで、財産権保障の本旨から導かれるものとして、各財産権に対応する《正当な》補償の意義が問題となる。

　以下、本章では、損失補償制度の基礎にある「正当な補償」の目的およびその意義について、土地所有権を念頭に検討を行いたい。多くの判例からひとまず**農地改革事件**とその後の判例（**土地収用補償金請求事件①**、さらには**土地収用補償金請求事件②**）とを通覧する。なお、損失補償の要否（特別の犠牲）に関しては、後の発展解説（**Ⅲ**）で取り上げる。

Ⅰ 判旨

■農地改革事件（以下、昭和 28 年最大判とする）

「憲法 29 条 3 項にいうところの財産権を公共の用に供する場合の正当な補償とは、その当時の経済状態において成立することを考えられる価格に基き、合理的に算出された相当な額をいうのであって、必しも常にかかる価格と完全に一致することを要するものでないと解するを相当とする。けだし財産権の内容は、公共の福祉に適合するように法律で定められるのを本質とするから（憲法 29 条 2 項）、公共の福祉を増進し又は維持するため必要ある場合は、財産権の使用収益又は処分の権利にある制限を受けることがあり、また財産権の価格についても特定の制限を受けることがあって、その自由な取引による価格の成立を認められないこともあるからである」。

「わが国の全土にわたり自作農を急速且つ広汎に創設する自創法の目的を達するため自創法 3 条の要件を具備する農地を買収し、これによって大多数の耕作者に自作農としての地位を確立しようとするのであるから、各農地のそれぞれについて、常に変化する経済事情の下に自由な取引によってのみ成立し得べき価格を標準とすることは許されないと解するのを相当とする」。

■土地収用補償金請求事件①（以下、昭和 48 年最判とする）

「おもうに、土地収用法における損失の補償は、特定の公益上必要な事業のために土地が収用される場合、その収用によって当該土地の所有者等が被る特別な犠牲の回復をはかることを目的とするものであるから、完全な補償、すなわち、収用の前後を通じて被収用者の財産価値を等しくならしめるような補償をなすべきであり、金銭をもって補償する場合には、被収用者が近傍において被収用地と同等の代替地等を取得することをうるに足りる金額の補償を要するものというべく、土地収用法 72 条……は右のような趣旨を明らかにした規定と解すべきである」。

■土地収用補償金請求事件②（以下、平成 14 年最判とする）

「憲法 29 条 3 項にいう『正当な補償』とは、その当時の経済状態において成立すると考えられる価格に基づき合理的に算出された相当な額をいうのであって、必ずしも常に上記の価格と完全に一致することを要するものではないことは、当裁判所の判例〔昭和 28 年最大判〕とするところである。土地収用法 71 条の規定が憲法 29 条 3 項に違反するかどうかも、この判例の趣旨に従って判断すべきものである」。

「なお、土地収用法は、事業認定の告示があった後は、権利取得裁決がされる前であっても、土地所有者等が起業者に対し補償金の支払を請求することができ、請求を受けた起業者は原則として2月以内に補償金の見積額を支払わなければならないものとしている……から、この制度を利用することにより、所有者が近傍において被収用地と見合う代替地を取得することは可能である。これらのことにかんがみれば、土地収用法71条が補償金の額について前記のように規定したことには、十分な合理性があり、これにより、被収用者は、収用の前後を通じて被収用者の有する財産価値を等しくさせるような補償を受けられるものというべきである」。

Ⅱ 基本解説

1．総説

　　昭和28年最大判は、「耕作者の地位を安定し、その労働の成果を公正に享受させるため自作農を急速且つ広汎に創設し、又、土地の農業上の利用を増進し、以て農業生産力の発展と農村における民主的傾向の促進を図ること」を目的として昭和21年に制定された自作農創設特別措置法（以下、自創法とする）3条に基づき、国が不在地主の所有する小作地と在村地主の所有する一定面積を超える小作地を強制的に買収し、その買収した農地等を、その買収の時期において当該農地で耕作業務を営んでいた小作農等に売り渡したことの憲法29条3項適合性について、判断したものである。しかし、その憲法解釈は、終戦直後の特殊な文脈に位置づけざるをえないものと理解されていた。昭和48年最判が、土地収用法において具体化される「損失の補償」の内容に関して「完全な補償、すなわち、収用の前後を通じて被収用者の財産価値を等しくならしめるような補償」との定式化を行ったことも、おそらくは29条3項の「正当な補償」の本来的な解釈を受けての趣旨であるはずと考えられた。ところが、平成14年最判は、「合理的に算出された相当な額」を「正当な補償」とした昭和28年最大判を判例として引用し、事業認定の告示があった後の土地の値上がりを考慮しない事業認定告示時の価格固定制を定める土地収用法71条の合憲性を理由づけるものとしたのである。かくして、この3つの最高裁判決の関係を整理する必要性が生じた。

２．判例の整理

（１）昭和 28 年最大判と昭和 48 年最判との関係

　昭和 28 年最大判と昭和 48 年最判とはそれぞれ、農地所有者からの農地の強制取得に伴う自創法上の損失補償、土地所有者からの公共用地の強制取得に伴う土地収用法上の損失補償が、主たる争点の事案である。昭和 48 年最判は、昭和 28 年最大判を引用せず、憲法 29 条 3 項の解釈にまで踏みこむことなく、土地収用法 72 条（昭和 42 年法律 74 号による改正前のもの）について、同条により被収用者に補償されるべき相当な価格を定める際、当該都市計画事業のため被収用地に課せられていた建築制限を斟酌してはならないと、法律レベルの解釈を行うにとどまった（最判解民事昭和 48 年度 152 頁〔柴田保幸〕）。昭和 48 年最判において、土地収用法旧 72 条に基づく補償額は被収用者が近傍に同等の代替地を入手しうる金額でなければならないとして、土地収用に関して「完全な補償」の考え方が述べられたことは、昭和 28 年最大判を先例たりえないものとする趣旨にも解されるが、必ずしも同最大判を実質的に否定する趣旨であるとは限らない。個別法上の「完全な補償」の選択によっても、なお憲法解釈のレベルでは、ある程度の幅をもった合理的かつ相当な額による「正当な補償」が一貫して考えられていたとみる余地はある（プラクティス 227 頁〔山本龍彦〕）。

（２）平成 14 年最判の位置づけ

　他方、平成 14 年最判では、昭和 48 年最判と異なり、昭和 42 年改正後の土地収用法 71 条による損失補償の「正当な補償」該当性が、正面から問われた。同条は、事業認定告示時を基準として近傍類地の取引価格等を考慮して算定した被収用地の価格に、権利取得裁決の時までの間の物価の変動に応ずる修正率を乗じた額を、補償金の額と定める。しかし、事業認定の告示後の開発期待などで地価の上昇が著しい場合には、地価変動率と物価変動率との間で収用の時点に看過できない差が生じうるため、同条における損失補償の合憲性が争われたのである。平成 14 年最判は合憲判断を示すにあたり、「正当な補償」について、「その当時の経済状態において成立することを考えられる価格に基き、合理的に算出された相当な額」との昭和 28 年最大判の判示を引用した。このことは、改めて上記の判示が「一般的な説示として述べられているもので、当該事案限りの判断ではなく、同項の『正当な補償』の意義を示した法理」であることを再確認する趣旨とも考えられた（最判解民事平成 14 年度 482 頁〔青野洋士〕）。それ

でも、平成 14 年最判は、実は昭和 48 年最判が「完全な補償」として定式化していた内容と同じく、「収用の前後を通じて被収用者の財産価値を等しくさせるような補償」（以下、「完全な補償」定式とする）に言及しているのである。

（3）「完全な補償」定式と完全補償説との間

このように平成 14 年最判にあらわれた「完全な補償」定式への言及に対する評価として、被収用者保護の観点も付加された合理的かつ相当な額の補償であるという趣旨で用いられたと考えるべきか、それとも、「本判決〔平成 14 年最判〕の実質的な判示の部分は、完全補償説を基礎とした『仕組み解釈』に他なら」ず、「相当な補償とは、通常の場合、完全な補償であるということに等しい」（塩野宏『行政法Ⅱ』（有斐閣・2019）393 頁注 1〔394 頁〕）のであって、完全補償説が判決の基本にあると考えるべきか、が問題となる。平成 14 年最判の調査官解説は、昭和 48 年最判の「完全な補償」定式をそっくり引用していた最判平 9・1・28 民集 51 巻 1 号 147 頁（以下、平成 9 年最判とする）を挙げて、「平成 9 年最判は……昭和 42 年改正法により補償額の算定方法が変更されていることに十分な配慮を払うことなく、昭和 48 年最判をそのまま踏襲した可能性があると考えられる」と指摘し、上記の「収容の前後を通じて被収用者の財産価値を等しくならしめるような補償」の定式と完全補償説とをイコールで結びつけて踏襲する平成 9 年最判への疑問を示唆する（最判解・前掲 480 頁〔青野〕）。たしかに、平成 14 年最判にみる「完全な補償」定式では、昭和 48 年最判の定式に含まれていた「完全な補償、すなわち、……」の部分がないのである。

３．憲法上の「正当な補償」の意義を探して

（1）土地収用法における損失補償と財産価値の評価

物の価格であれ土地の価格であれ、時の経過とともに不断に変動するものであり、昭和 48 年最判や平成 14 年最判の事案は、土地所有権の消滅に対する正当な補償に関して、どの時点を基準に被収用地の財産価値を評価していくのが適切か、という視点を提供する。昭和 42 年改正前の土地収用法 71 条・72 条では、権利取得裁決時を基準に、近傍類地価格等を考慮して算定した被収用地の価格に基づいて、損失補償金額が出されることになっており、事業認定を受けてから裁決を行うまでの期間中の地価の変動を考慮に含むものであった（したがって、被収用者は裁決の遅延により地価の上昇の恩恵を受ける余地があった）。任意での用地買収に応じなかった被収用者が近傍類地を取得できなくなる可能性

を勘案すると、改正前の算定方法では「『完全な補償』が行われ得るということができる」（最判解・前掲479-480頁〔青野〕）のに対して、事業認定時における相当な価格に権利取得裁決の時までの物価の変動に応ずる修正率を乗じて算定する改正後の方法は、被収用地の価格が下落した場合はともかくとして、地価が上昇する状況のように「地価の変動率と物価の変動率との間に格差がある場合には、権利取得裁決において決定される補償額は、その時点において上記判示がいうところの『完全な補償』であるということは困難である」（最判解・前掲480頁〔青野〕）という。昭和48年最判の定式による損失補償とは、「裁決時までに将来の開発利益（損失）を折り込んで値上（下）がりした価格は被収用者に帰属するのが通説判例であり……補償すべき金額は近傍に同等の代替地を入手しうる金額でなければならないであろう。本判決はこの趣旨を明らかにしたものである」（最判解・前掲152頁〔柴田〕）と、調査官解説で説かれていたように、改正前の規定のもとで、被収用者に対し、権利取得裁決時において近傍に同等の代替地を入手しうる価格を、権利取得裁決時に補償していることであった。それが、昭和48年最判の「完全な補償」定式の意味するところであった。

　法の変更を受けて、平成14年最判の判断対象となったのは、権利取得裁決時の土地価格から、事業認定の告示時以降の近傍類地の値上がり分を被収用者に帰属させない算定方法によって決定される補償額（事業認定告示時価格固定制）の合憲性であった。「事業により近傍類地に付加されることとなった価値と同等の価値を被収用地の所有者等が当然に享受し得る理由はない」ことや、事業認定の告示後は、被収用地の取引価格が一般の土地と同様に変動するものとはいえないこと、任意買収に応じた場合の契約価格と収用価格との間で均衡がとれること、事業認定の告示後から被収用者が利用できる補償金の支払請求制度が法律で講じられていることなど、補償の仕組みを検討した結果、「これらのことにかんがみれば……十分な合理性があ」ると、憲法29条3項適合性を認めたのである。「正当な補償」としての評価は、もっぱらどの点にあったのか。「所有者が近傍において被収用者と見合う代替地を取得することは可能である」ことや昭和48年最判の部分的引用である「完全な補償」定式からは、昭和48年最判のいう完全補償を憲法29条3項が求めていると解したようにも読めるし、他方で、「これら」や「十分な合理性」の語にあらわれるように、事業認定の告示の時点での「完全な補償」が合憲の決め手ではないとも読める。実際、

補償金の支払時期にいたる間にも地価上昇の恩恵を被収用地一帯の土地が受ける場合、土地の収用に抵抗した被収用者は、不運な結果を招きやすい。事業認定の告示時に近接する時期に直ちに支払請求権を行使しないと、そのときの時価に見合った金額を手にできず、「完全な補償」の欠落が自己決定の結果として起きる。このことは、財産権者に生じた特別の犠牲の回復を図る損失補償の厚薄の観点からいえば、改正後規定が改正前よりも後退した内容といいうる。

（2）限られた範囲の最適解としての「正当な」補償

平成14年最判は、収用前の財産価値に対する完全な補償の「完全さ」に関して、昭和48年最判とは異なる見解をとりつつ、どの制度がより「正当な」補償であるかとか、何に合致する補償であるから憲法29条3項に適合するのかを、特に明らかにはしない。そのかわり、合憲性の判断において、被収用者の利益にとどまらない総合的な考慮がうかがわれるあたりは、全体として平等で適正な損失負担を担保する見地によるものと考えられる。被収用者は、一面では、特別の犠牲を強いられ損失が生じている者であるが、他面では、同じ社会にあって特別の犠牲を被るまた別の被収用者によって利益を受ける者でもある。そして、29条3項とは、適法な公権力の行使により、公益的な機能・効用を発揮させる必要性のために特定の土地の所有権などに生じた損失が、公金をもって補填しないと合憲とならないような場合についての規定である。平成14年最判において、この「正当な補償」性が、「その当時の経済状態において成立することを考えられる価格に基き、合理的に算出された相当な額」と提示しなおされたのを敷衍するならば、各制約条件下における最適解のような解もしくは解候補として認識されていると考えられる。

もっとも、平成14年最判は、「完全な補償」定式から外れた補償でも足りる場合を広く捉えようとしたものとはいえない。近傍において被収用地と見合う代替地を取得する可能性を与える補償金支払請求制度へ着目していたところから、「土地収用法における『合理的』かつ『相当な』補償の具体的内容として、なお財産価値の完全な補償を要求するものと解することができる」（林知更「判批」法教270号・判例セレクト（2002）11頁）との指摘がある。

Ⅲ 発展解説

1. 損失補償の要否

　本章が取り上げてきたのは、本来は社会全体で負担すべき損失が特定の土地の所有者に限って課される場合に、土地所有権の損失についてどの意味での「完全な補償」が認められるか、という問題である。その一方で、土地利用権の損失については、憲法29条2項により合憲化された制限である（憲法29条2項・3項の分離説）とか、2項による制限でも3項により補償されうるとの立場に立ちつつ、結局は財産権の内在的制約の範囲内である（結合説）とかを理由に、損失補償の必要性はほぼ認められてこなかった。以下では、土地利用規制を念頭に、特に判例が2項と3項との区別を問わず、財産権の内在的制約の範囲内であるのか、「特別な犠牲」にあたるのかで「正当な補償」の要否を判断してきたことを振り返りながら、補償を要するとされた場合についても扱いたい。

　「特定個人の『特別な犠牲』において社会公共が利益を得るというのでは、犠牲となる個人を『個人として尊重』したとはいえない」（高橋和之『立憲主義と日本国憲法〔第5版〕』（有斐閣・2020）295頁）ことは一般論としては妥当するが、自由な財産権の行使に対する強制的な制限であれ「特別の犠牲」にあたらない場合もないではない、という条件がついている。一例として、所定の「ため池」の堤とうに竹木または農作物を植えるなどの行為を禁止する条例によって、ため池の堤とうを使用する財産上の権利を著しく制限された原告らが、従前どおりに農作物の栽培などを続けた結果、条例違反に問われた刑事事件の**奈良県ため池条例事件**（最大判昭38・6・26刑集17巻5号521頁）がある。最高裁は、同条例の規定によって、原告らのような、ため池の堤とうを使用する財産上の権利の行使を著しく制限される者が出ることにつき、「結局それは、災害を防止し公共の福祉を保持する上に社会生活上已むを得ないものであり、そのような制約は、ため池の堤とうを使用し得る財産権を有する者が当然受忍しなければならない責務」として、かかる権利者の損失への補償を不要とした。

　奈良県ため池条例事件での土地利用規制それ自体は、「本来適法な財産権の行使を公共の福祉のために制限するというのではなく、実に公衆に多大の危害を及ぼすべき権利濫用行為の禁止に外ならない」と、一方的に断定された面はある。それでも公共の安全・秩序の維持という消極目的の規制（警察制限）に関

しては、社会に害悪を及ぼすリスクのある財産権の行使という側面から、財産権者は受忍すべき場合であるとして、損失補償に否定的な憲法学説が多数である（たとえば、高橋・前掲 295 頁）。しかし、消極規制ならば補償は不要、積極規制ならば補償は必要、と規制二分論的に検討することには、都市計画法等の線引き制度のような積極目的とされる規制でも、市街化調整区域への厳しい土地利用規制に補償を要しないとされる例があることから、いずれかに割り切ることのできない場合もあると注意が喚起されている（塩野・前掲 389 頁）。また、財産権に対する一定の規制目的のうち、何が公益を増進する積極目的で、何が消極目的かを一義的明確に区別しうるかについても、「各人の価値観によって判断が異なりうるし、時代により社会通念も変化する」などと、疑問が呈されている（宇賀克也『行政法概説Ⅱ〔第 6 版〕』（有斐閣・2019）509 頁）。

　そこから補償の要否の基準としては、①財産権侵害行為の特殊性、②規制（侵害行為）の強度、そして③規制（侵害行為）の目的、等を総合的に判断する必要があると整理される（宇賀・前掲 505 頁）。①の財産権侵害の特殊性は、具体的には「侵害行為の対象が一般的か特殊的か」という、形式的な面の基準であり、法令に基づく規制であればその形式において一般的なものであるのがほとんどであるから、あまり問題とならない。②の侵害行為の強度は、「財産権の本質的内容を侵害するほどの強度のものか」という実質的な面の基準であるが、その具体的なあてはめに際しては、規制の態様、損失の程度、社会通念などを個々に判断することになろう（塩野・前掲 386 頁）。奈良県ため池条例事件でいうと、上述のとおり、権利者の損失の程度は大きかったものの、災害を防止し公共の福祉を保持するとの規制の目的が重視されて、無補償による財産権の制限が正当化された。その一方で、自然公園法に基づく財産権の制限（造林業者による岩石等の採取行為の制限）による損失につき、東京地判昭 61・3・17 行集 37 巻 3 号 294 頁（以下、**昭和 61 年東京地判**とする）も、自然公園法 64 条による補償を不要と解した。昭和 61 年東京地判では、すぐれた自然の風景地を保護するとの法の目的よりは、「所有者……の土地所有権の行使につき……公共の福祉を実現するために必要でかつ合理的な範囲内の制限を加えることは、その土地が自然公園内にあり、すぐれた風致及び景観をもつものとして存在し、利用されてきたという当該財産権本来の性質に応じてその財産権の内容を定めるもの」として、従前の土地の用途や、その土地の所在する地域の状況に応じて利用の目

的・態様も規定されるという「状況拘束性」（宇賀・前掲 509-510 頁）を反映した視点から、財産権の本質的内容への侵害がないことがより重視されている。

２．補償を要する場合

　では、いかなる場合において、公金を原資とする補償の必要性は認められるか。参考判例としては、**河川附近地制限令事件**（最大判昭 43・11・27 刑集 22 巻 12 号 1402 頁）がある。旧河川附近地制限令上の河川附近地に指定された民有地での、被告人による自由な砂利採取行為ができなくなったことにつき、「従来、賃借料を支払い、労務者を雇い入れ、相当の資本を投入して営んできた事業が営み得なくなるために相当の損失を被る筋合である……とすれば、その財産上の犠牲は、公共のために必要な制限によるものとはいえ、……特別の犠牲を課したものとみる余地が全くないわけではなく、憲法 29 条 3 項の趣旨に照らし……本件被告人の被った現実の損失については、その補償を請求することができるものと解する余地がある」と判示された点からは、許可制により、業として行うことができた行為を制限されて事業者に実際に損失が生じるときは、補償を要する場合として解されうるとの示唆が得られる。より広くは、行政法学説によれば、強制を伴う適法な財産権の取得・剥奪、また、財産権の取得ではないがその本質的内容を侵害するもの、もしくは、財産権の本来の効用の発揮を妨げるような財産権の侵害にあたるものには、補償を要すると考えられてきた（たとえば、藤田宙靖『行政法総論(下)』（青林書院・2020）279 頁の整理を参照）。

　強制を伴った財産権の取得・剥奪の例としては、土地収用のほか、消防法に基づく破壊消防が挙げられる。火災発生の際、周囲の建物の消化等の緊急の必要のため、火災、延焼の発生やそのおそれがない建物を適法に破壊するような場合には、その建物が公共の安全に危害を及ぼす状態にはないことをもって、補償を要するとされる（消防法 29 条 3 項、最判昭 47・5・30 民集 26 巻 4 号 851 頁）。また、公用制限の昭和 61 年東京地判を踏まえれば、従前認められてきた事業経営のための樹木の伐採を禁止するような規制は、財産権の本質的内容を侵害する場合として、補償が肯定される余地があろう。逆に、規制が権利者の土地利用の現状を固定するような規制の場合、補償は難しいであろう。

まとめ

□ 個別法上で「完全な補償」の考え方が選択される一方、最高裁判例を通じて、憲法解釈のレベルでは、「正当な補償」は合理的かつ相当な額で足りるとする相当補償説が採用されているのかは、評価が分かれる。昭和42年の土地収用法改正での制度変更を、相当補償説の見地から正当化したとも読める平成14年最判がいう「合理的に算出された相当な額」は、昭和28年最大判がいうものと「かなり内容を異にするように思われる」（宇賀・前掲521頁）と指摘されている。もっぱら"合理性"の有無の観点から憲法上の「正当な補償」の該当性が論じられていることは、共通する。

□ 憲法29条3項解釈について判例が相当補償説を採用していたとしても、同説は、完全補償を行ってはならないという趣旨ではないと解されるため、土地収用法に関して「完全な補償」が行われうる制度の存在をもって「正当な補償」というに足る十分な合理性が肯定されても、矛盾はない。

FAQ

Q 平成14年最判は、「完全な補償」定式を示しつつ補償金支払制度を合憲の論拠としている一方で、昭和28年最大判にいう相当補償説のような判示もあります。結局、憲法29条3項に関して完全補償説と相当補償説とどちらが採用されていると理解すればよいのですか？

A まず、「『完全な補償』『相当な補償』という表現は……場合によりややニュアンスの異なった用いられ方をすること」（藤田・前掲281-282頁）から、いつも対比的に整理できるわけではない。補償金支払制度は、平成14年最判の調査官解説によれば、「収用地の所有者に事業認定の告示の時（に近接する時期）に補償金の支払を受け得る機会を与え、これによりその時点における収用地と同等の代替地等を近傍において取得することを可能とするものであり、同条の合憲性を補強するものということができる」（最判解・前掲485頁〔青野〕）制度と説明されている。たしかに、「合憲性を補強」するものと位置づけられる理由としては、判決文上の「なお書き」の部分に、当該制度が、「正当な補償」のための補償額算定の基準の合理性を支えていることが付記される点が挙げられる。また、「完全な補償」とは明言されていないが「完全な補償」定式の

規範的意義も認められている。あわせて昭和28年最大判による、戦前の農地立法によって切り詰められてきた農地所有権の価値に対する低められた評価を踏まえると、（批判的な文脈ながら）「社会的制約の結果低落した財産価値については、完全に補償しているとみることもできないわけではない」（宇賀・前掲518頁）との指摘も、相当補償説的な理解に疑問を投げかける。

　上記補償金支払制度は、事業認定の直後から支払請求権の行使を認めるため、「この制度を利用することにより、所有者が近傍において被収用地と見合う代替地を取得することは可能」と、判示されるものである。しかし、原則的方法である任意の売却を拒むような被収用者は、単にゴネ得をねらって売り惜しみをした者ばかりではなく、人生の記憶においてかけがえのない場所として当該土地に執着するような被収用者にとっては、同制度の利用は時宜を逸した結果となるおそれがあり、その時点における近傍類地の取得の実現は、もはや困難である。権利取得裁決時における結果の差を承知しながら、「被収用者は、収用の前後を通じて被収用者の有する財産価値を等しくさせるような補償を受けられる」ことを、「完全な補償」とは形容しなかった平成14年最判の趣旨は、実質的には、事業認定の告示の時点で経済合理的な対応をしない被収用者をひとまず措いた限定的な制度であることを、黙示に認めるものであるといえる。それでも、最高裁においては、当該制度は十分な合理性があり、（合理的時点での）「完全な補償」のレベルに達するものとして「正当な」補償と認識されているようである。また、（平成9年最判とは違う観点から）昭和48年最判が論じていた土地収用への「完全な補償」も、当然に憲法とも矛盾しない「正当な」補償であると認識されていたであろう。土地収用法の解釈における「完全な」の意味が分かれる補償と憲法上の「正当な補償」とが両立しうる以上、平成14年最判にあらわれた憲法解釈について、「『正当な補償』は、……『相当な補償』で足りるという考え方である」（最判解・前掲493頁注40〔青野〕）が、もちろん完全な補償も「相当な」補償に含まれるとして、相当補償説的に理解する余地はある。まとめると、補償されるべき額は財産価値の変動や算定方法等により相対化される面があるから、「正当な」補償はある程度の幅をもって理解するほうが適当ではないかと考える。この幅に関しては、たとえば、「問題は、損失補償の基準に合理性があるか否かということ」として解説を進める神橋一彦『行政救済法〔第2版〕』（信山社・2016）405-407頁も、参照されたい。

〔西山　千絵〕

20 生存権訴訟

▶堀木事件（最大判昭 57・7・7 民集 36 巻 7 号 1235 頁）

はじめに　生存権訴訟については、**堀木事件**における広範な立法裁量論を前に、どのようにして事案を堀木事件と区別して原告勝訴に持ち込めるかが課題となる。本章では、まず堀木事件における最高裁の判断の論旨を、先例との関係も含めて確認し、自由権の場合とは異なった、生存権の作為請求権的側面に特徴的な合憲性審査の基本構造を確認する。そのうえで、堀木事件判決以降の判例の動向や下級審による工夫などを参照しつつ、同判決との事案の区別の可能性を探る。

I 判旨

■判旨① ── 憲法 25 条の法的性格

「憲法 25 条 1 項……の規定が、いわゆる福祉国家の理念に基づき、すべての国民が健康で文化的な最低限度の生活を営みうるよう国政を運営すべきことを国の責務として宣言したものであること、また、同条 2 項……の規定が、同じく福祉国家の理念に基づき、社会的立法及び社会的施設の創造拡充に努力すべきことを国の責務として宣言したものであること、そして、同条 1 項は、国が個々の国民に対して具体的・現実的に右のような義務を有することを規定したものではなく、同条 2 項によって国の責務であるとされている社会的立法及び社会的施設の創造拡充により個々の国民の具体的・現実的な生活権が設定充実されてゆくものであると解すべきことは、すでに当裁判所の判例とするところである（最大判昭 23・9・29 刑集 2 巻 10 号 1235 頁〔**食糧管理法事件**〕）」。

■判旨② ── 憲法 25 条違反の有無を判断する枠組み（立法裁量論）

「このように、憲法 25 条の規定は、国権の作用に対し、一定の目的を設定しその実現のための積極的な発動を期待するという性質のものである。しかも、右規

定にいう『健康で文化的な最低限度の生活』なるものは、きわめて抽象的・相対的な概念であって、その具体的内容は、その時々における文化の発達の程度、経済的・社会的条件、一般的な国民生活の状況等との相関関係において判断決定されるべきものであるとともに、右規定を現実の立法として具体化するに当たっては、国の財政事情を無視することができず、また、多方面にわたる複雑多様な、しかも高度の専門技術的な考察とそれに基づいた政策的判断を必要とするものである。したがって、憲法25条の規定の趣旨にこたえて具体的にどのような立法措置を講ずるかの選択決定は、立法府の広い裁量にゆだねられており、それが著しく合理性を欠き明らかに裁量の逸脱・濫用と見ざるをえないような場合を除き、裁判所が審査判断するのに適しない事柄であるといわなければならない」。

■判旨③ —— 併給調整条項は憲法25条に違反するか

児童扶養手当も国民年金法上の障害福祉年金も「いずれも憲法25条の規定の趣旨を実現する目的をもって設定された社会保障法上の制度であり」、国民年金法・児童扶養手当法に示された「各制度の趣旨・目的及び支給要件の定めを通覧し」、両法およびその施行規則「所定の支給金額及び支給方法を比較対照した結果等をも参酌して判断すると、児童扶養手当は、もともと国民年金法61条所定の母子福祉年金を補完する制度として設けられたものと見るのを相当とするのであり、児童の養育者に対する養育に伴う支出についての保障であることが明らかな児童手当法所定の児童手当とはその性格を異にし、受給者に対する所得保障である点において、前記母子福祉年金ひいては国民年金法所定の国民年金（公的年金）一般、したがってその一種である障害福祉年金と基本的に同一の性格を有するもの、と見るのがむしろ自然である。そして、一般に、社会保障法制上、同一人に同一の性格を有する二以上の公的年金が支給されることとなるべき、いわゆる複数事故において、……事故が二以上重なったからといって稼得能力の喪失又は低下の程度が必ずしも事故の数に比例して増加するといえないことは明らかである。このような場合について、社会保障給付の全般的公平を図るため公的年金相互間における併給調整を行うかどうかは、さきに述べたところにより、立法府の裁量の範囲に属する事柄と見るべきである」。

■判旨④ —— 憲法14条違反について

「憲法25条の規定の要請にこたえて制定された法令において、受給者の範囲、支給要件、支給金額等につきなんら合理的理由のない不当な差別的取扱を……するような内容の定めを設けているときは、別に所論指摘の憲法14条……違反の問題を生じうることは否定しえない……。しかしながら、本件併給調整条項の適用により、上告人のように障害福祉年金を受けることができる地位にある者とそのような地位にない者との間に児童扶養手当の受給に関して差別を生ずることになるとしても、さきに説示したところに加えて……とりわけ身体障害者、

母子に対する諸施策及び生活保護制度の存在などに照らして総合的に判断すると、右差別がなんら合理的理由のない不当なものであるとはいえない」。

Ⅱ 基本解説

1．生存権の法的性格・構造

　判旨①からは、立法措置なく憲法25条から直接権利が導かれるとする見解（直接給付請求権説：言葉通りの具体的権利説）を最高裁が否定していることは読み取れる。他方で、著しく不合理な立法措置は同条違反の可能性がある旨を述べ（判旨②）、実際に本件で問題となった法律上の規定の合憲性を審査している（判旨③）。そのため、憲法25条には法規範性も裁判規範性も認められないとする考え（純然たるプログラム規定説）を、本判決が採用していないことも読み取れる。この、①立法等による具体化の必要性、②立法措置の際の憲法による枠づけ（法規範性）、③（弱い）裁判規範性、という諸点は、生存権判例の一貫した特徴をなしている。また、控訴審が示した1項（救貧）・2項（防貧）区分論の是非については明示的な判断は示されていない（判時1051号29頁）。

2．関連判例との関係の整理

（1）食糧管理法事件との関係

　判旨①で引用された食糧管理法事件は、時にプログラム規定説を採用したといわれる。だがひとくちにプログラム規定説と言ってもその内容は論者により多様であり、抽象的権利・具体的権利についても事情は同様である。プログラム規定性とは(a)憲法25条から直接権利が導かれないことを指し、このことと(b)裁判規範性の有無は別問題であり、食管法事件が述べたのは(a)のみだという説明もある（最判解民事昭和57年度525頁〔園部逸夫〕。高橋・後掲15頁は、食管法事件は(b)も肯定していると読む）。

　こうした事情もあり、近時、少なくとも判例の立場の理解の脈絡では、これら従来の学説の枠組みからいったん離れ、客観法と権利の区別という視点で判例を整理する見解が有力化している（高橋和之「生存権の法的性格論を読み直す」明治ロー12号（2013）1頁）。すなわち、①憲法25条1項・2項はいずれも個人の権利を直接保障しておらず、1項のいう権利も含め、個人の権利は立法等の創造拡充（2項）を通じて具体化されるが、②この具体化に際して憲法が国に

課している客観法上の枠づけもあり、③その違反について裁判所の審査も及ぶ、というのが判例の立場だとする。この①〜③の特徴をもつ規範を抽象的権利とよぶことも、定義の問題という側面もあるが、もちろん可能であろう。

（2）朝日事件との関係

同様の趣旨を**朝日事件判決**（➡第31章）は、特に憲法25条1項を中心に述べている。すなわち、①同項は個人の権利を直接保障しておらず（食糧管理法事件）、「具体的権利としては、憲法の規定の趣旨を実現するために制定された<u>生活保護法によって、はじめて与えられている</u>」とする。そして、②同法8条1項の委任により「厚生大臣の定める保護基準は、法8条2項所定の事項を遵守したものであることを要し、結局には<u>憲法の定める</u>健康で文化的な最低限度の生活を維持するにたりるものでなければならない」。他方で「健康で文化的な最低限度の生活……は、抽象的な相対的概念であり」、その判断の際には「多数の不確定的要素を総合考量」する必要があるため、「何が健康で文化的な最低限度の生活であるかの認定判断は、いちおう、<u>厚生大臣の合目的的な裁量に委されて</u>」いる。だが、③「現実の生活条件を無視して著しく低い基準を設定する等<u>憲法および生活保護法の趣旨・目的に反し</u>、法律によって与えられた裁量権の限界をこえた場合または裁量権を濫用した場合には、違法な行為として<u>司法審査の対象となる</u>」と。

もっとも堀木事件判決は、食糧管理法事件のみを引用し、朝日事件は引用していない。その理由として、(i)堀木事件では法律の合憲性が争点となったのに対し、(ii)朝日事件では行政作用（生活保護法8条1項の委任に基づいて厚生労働大臣が制定する保護基準：告示・行政立法・委任命令）の法律適合性が争点となっていた点が考えられうる。だが後述のように、(ii)の局面である**老齢加算廃止事件東京訴訟**（最判平24・2・28民集66巻3号1240頁）、**同福岡訴訟**（最判平24・4・2民集66巻6号2367頁）も、朝日事件は引用せず堀木事件のみを引用する。この点も含めて考えると、朝日事件判決の上記説示が傍論だという点が影響している可能性がある。同判決の調査官解説は、同判決の憲法25条解釈は「もとより、判例となるものではない」と明言する（最判解民事昭和42年度250頁〔渡部吉隆〕）。

（3）生存権判例の全体像

生存権訴訟には主に3つの類型がある。(i)法律の合憲性（食糧管理法事件、堀木事件、**学生無年金事件**（最判平19・9・28民集61巻6号2345頁）など）、(ii)法律

の委任等に基づく行政立法（委任命令）の適法・合憲性（朝日事件、老齢加算廃止事件、**児童扶養手当法施行令事件**（➡第24章）など）、(iii)法令に基づく行政処分等の適法・合憲性（**中島事件**（最判平16・3・16民集58巻3号647頁）など）がそれである。

多くの場合、(iii)処分等の取消し等を求める裁判のなかで、必要に応じ処分等の根拠たる(i)法律や(ii)命令の違憲性・違法性が争われる。「権利」と明定する憲法25条1項を含めて同条全体を客観法と解することの理論的当否は議論の最中にあるが、その構成でも出訴可能性の点で不都合が顕在化しないとされるのは、こうした事情にもよる。

3．合憲性の判断枠組み

堀木事件判決の判旨②は、判旨①の点を踏まえ、(a)憲法25条は国家の積極的作為を要求する旨を確認する。そして、(b)「健康で文化的な最低限度」の抽象性・相対性という朝日事件判決が示した点に加え、(c)財政事情の考慮の要請をより前景化し、(d)「高度の」専門技術的・「政策的」な判断の必要性から、立法府に「広い」裁量が認められる点を強調し、きわめて緩やかな審査を行う旨を宣言する（➡第31章）。

判旨③で示された具体的な合憲性の論証過程は、基本的には総合考量であろう。他方で、(a)憲法25条の趣旨を実現すべく立法者が採用した法制度の基本趣旨（児童扶養手当は障害福祉年金と「同一の性格」であり「社会保障給付の全般的公平」を図る必要）を確認し、(b)その基本趣旨と、争点となった制度（両者の併給禁止）との首尾一貫性を緩やかに審査しているとも再構成しうる。

この立論・結論に対しては、併給の全面禁止の不必要・過剰性等、種々の疑問が提起されうる。だが、出発点における広範な立法裁量論、あるいは最終的には生活保護制度が利用可能だという観点（判旨④）も影響してか、踏み込んだ論証はみられない。この堀木事件判決の広範な裁量論を前にしてなお原告勝訴の道を開く可能性があるかを、以下、後の裁判例をみながら探ってみたい。

Ⅲ 発展解説

1．立法裁量 —— 学生無年金事件

（1）平等原則

学生無年金事件で最高裁は、堀木事件判決の判旨④を引用し、憲法25条違

反の問題とは「別に」同 14 条 1 項違反の問題が生じうる旨を指摘し、双方について審査している。もっとも、堀木事件で最高裁は、同 25 条についての合憲判断を前提に、平等原則について立ち入った審査は行わず、この点は学生無年金事件でも同様である。

　学生無年金事件で原告側は、旧国民年金法のもとで学生は任意加入とされ、他方で 20 歳未満で障害を負った者には救済措置が設けられていたこと等について、任意加入していないため障害基礎年金を受給できない、20 歳を過ぎて障害を負った学生が、①20 歳以上の非学生、②20 歳未満で障害を負った者との比較で不合理な差別的取扱いを受けていると主張した。最高裁は、①一方で学生の経済的負担を考えて強制加入にしなかったことは合理的だといい、②他方で学生も任意加入していれば受給できたはずだという、厳密に考えれば①との整合性が問われうる理由を挙げつつ、後出（2）の裁量論を持ち出し合憲判断を示した。平等審査の密度を高めるためには、時間的には前後するが、**国籍法事件判決**（➡第 8 章・第 35 章）によると、その区別が「重要な法的地位」にかかわり、「自らの意思や努力によっては変えることのできない……事柄」にかかわる旨を示す必要がある。また、グループ間比較を扱う平等審査の場合には、適切な比較対象を発見することも重要である。

（2）裁量の広狭の差異

　他方で堀木事件判決が児童扶養手当を国民年金法上の年金の系列に位置づけたこと、つまり拠出制が原則である社会保険にあって、国民皆保険の早期実現のために無拠出で支給することとされた母子福祉手当（死別母子世帯）をさらに「補完」する制度が児童扶養手当（生別母子世帯）だと強調したことは、事案の区別の可能性も示唆しうる。学生無年金訴訟でも最高裁は、国民年金法上の無拠出制の障害基礎年金につき、受給資格の設定等に関し立法者は「拠出制の年金の場合に比べて更に広範な裁量を有している」とする（「経過措置」を強調する**塩見事件判決**（最大判平元・3・2 訟月 35 巻 9 号 1754 頁）も同旨）。

　もちろん拠出制か否かが裁量の広狭と対応するかは議論の余地があるが、これらの判示について、1 項 2 項区分論には触れられていないものの、事案の性質により裁量の広狭に差があるという思考がここに示されていると読む余地もある。一般論として考えても、たとえば生活保護制度を採用するか否かのレベルと、高齢者の福祉のためにゲートボール場を公費で設置すべきか否かとい

うレベルとで、国の裁量の広狭に大幅な差異があることはいうまでもない。最終的には生活保護制度が残されている、との両判決の説示も、その理論的当否は大いに議論の余地があるが、事案ごとの裁量の広狭の差、あるいは「最低限度」と「＋α」の区別という思考を裏付ける一材料にもなりうる。

２．行政立法（委任命令）① ── 老齢加算廃止事件

こうした"最低限度の最後の砦"たる生活保護制度が問題となったのが、老齢加算廃止事件である。この事件では、厚労大臣により保護基準が改定され、老齢加算（70歳以上の者には「特別な需要」があるとの前提で、原則70歳以上の高齢者には生活保護の額が加算される制度）が減額・廃止されたことの適法性・合憲性が問題となった。とりわけ本件の福岡訴訟の高裁（福岡高判平22・6・14民集66巻6号2505頁）が「判断過程審査」を採用して違法・違憲の判断を示し、最高裁も結論としては適法・合憲判断であったが同じく判断過程審査を採用した点で注目されている。

（１）判断過程審査

判断過程審査は、主に行政裁量の統制の際に活用されているものであり、裁量行使の結果ではなく（その統制が困難な場合などに）裁量行使の過程を審査するものとされる。具体的には、(a)判断過程の合理性を審査するものと、(b)考慮要素に着目するものがあり、後者はさらに(b)-1：考慮すべき事情を考慮し、考慮すべきでない事情を考慮しなかったかに着目するものと、(b)-2：それぞれの考慮要素に重みづけを行い、その評価を誤ったか否かを検討するものがあるとされる。この順に実体・結果統制に近づくとされる（➡第31章）が、判断過程審査は特定の審査の密度・厳格度と直ちには結びつかないといわれる（村上裕章「判断過程審査の現状と課題」法時85巻2号（2013）10頁）。だが、高裁も最高裁も、堀木事件判決の広範な裁量論のみに依拠し、老齢加算の廃止が最低限度を下回るものか否かという結果のみに着目するだけでなく、その廃止の決定過程にも審査を及ぼしており、その限りで生存権訴訟で違法・違憲の主張ができる可能性を広めた側面もある。

（２）高裁判決の概要

高裁はまず、①憲法25条の趣旨を具体化した法律上の保護受給権（朝日事件判決）の内容として、特に「正当な理由」のない不利益変更を禁止する生活保護法56条に着目する。②この観点から、保護基準に基づいて保護を受けること

が決定した者については、原則として「その決定された内容において保護を実施することを請求する具体的権利を有する」ため、その者との関係では、保護基準の減額改定についても「正当な理由」が必要になる、という。③他方で堀木事件判決のいう高度の専門技術的・政策的裁量論が、厚労大臣による保護基準の設定・改訂（行政裁量）にも妥当する点を確認する。④この裁量も考慮したうえで、「正当な理由」を判断する際には、同大臣による「その判断要素の選択や判断過程に合理性を欠くところがないかを検討し、その判断が、重要な事実の基礎を欠くか、又は社会通念に照らし著しく妥当性を欠くものと認められる場合に限って、裁量権の逸脱又は濫用として『正当な理由』のない不利益変更に当たる」とする。

　結論として違法の判断を示す際、高裁が特に注目したのは、厚生労働省の社会保障審議会福祉部会に設置された専門委員会が提示した「中間とりまとめ」の作成過程である。その議事録によれば、高齢者の社会生活に必要な費用への配慮を引き続き検討すべき旨や、激変緩和措置をとるべき旨が、委員の一意見という位置づけから本文ないしただし書きへと格上げされた。高裁いわく、この点は重要な考慮要素であるにもかかわらず、厚労大臣は、この中間とりまとめの発表からわずか４日で老齢加算の廃止を決定している等、上記の考慮要素を十分に検討したとはいえないとして、「正当な理由」の存在を否定した。

（3）最高裁判決の概要

　これに対し最高裁は、①生活保護法 56 条は保護の実施機関（福祉事務所など）に対して向けられた規定であり、保護基準自体が減額改定される場合は適用されないとし、②本件では、保護基準設定の際の要考慮要素や保護の下限・上限としての「最低限度」を定める同法 8 条 2 項が基準になるという。③そして、「最低限度」の要件判断（老齢加算の要否、特別需要の存否）について、高度の専門技術的・政策的裁量論（堀木事件）が保護基準設定行為にも妥当し（ただし「財政事情」の位置づけは東京訴訟と異なる。百選Ⅱ〔第 7 版〕294 頁〔柴田憲司〕）、この裁量の「逸脱又はその濫用」があるか否かについては、「老齢加算の支給根拠及びその額等についてはそれまでも各種の統計や専門家の作成した資料等に基づいて高齢者の特別な需要に係る推計や加算対象世帯と一般世帯との消費構造の比較検討等がされてきた経緯」があることにかんがみ、「老齢加算の廃止に至る判断の過程及び手続に過誤、欠落があるか否か等の観点から、統計等の客

観的な数値等との合理的関連性や専門的知見との整合性の有無等について」裁判所が審査すべきであるという。さらに、④老齢加算が最低限度を超えるものならば、その廃止は、一方で法的に要請されうるが（保護基準は最低限度を超えてはならない（生活保護8条2項））、他方で被保護者の「期待的利益の喪失を来すものであ」り、厚労大臣は「その廃止の具体的な方法等について、激変緩和措置を講ずることなどを含め、……専門技術的かつ政策的な見地からの裁量権を有して」おり、同措置の採否による被保護者の生活への影響も含めた同大臣の判断について、裁判所は「上記の統計等の客観的な数値等との合理的関連性等を含めて審査」すべきだという。

　結論として、高裁が重視した中間とりまとめの作成経緯に最高裁は重きを置かず、保護基準改定の際に伝統的にとられてきた手続・経緯に着目して、専門家作成の「統計等の客観的な数値等との合理的関連性」を重視し、この点の審理を高裁が十分に尽くしていないとして、高裁の判断を破棄した。

（4）保護基準の憲法上の位置づけと信頼保護

　憲法の観点から争点となりうるのは、堀木事件判決のような広範な裁量論に終始せず、こうした判断過程を裁判所が、場合によっては踏み込んで審査すべき根拠を、いかにして憲法から導きうるかという点にある。控訴審は、正当な理由のない不利益変更を禁止する生活保護法56条を、朝日事件判決のいう憲法25条の具体化立法として位置づけ、これを手がかりに踏み込んだ審査を行ったと解しうる。最高裁はこの構成を採用しなかったが、しかし広範な裁量論に議論を吸収させず判断過程を審査している。その理由は、判決文からは明らかではないが（上記の「経緯」のみ）、調査官解説は、①保護基準自体が憲法25条の具体化だという点（優越的法益論）と、②被保護者の信頼（期待的利益）は一般に無視できない点を挙げる（最判解民事平成24年度㊦470頁〔岡田幸人〕）。この点に関しては、東京訴訟の控訴審の説示が注目される。いわく、いったん導入され45年以上継続した老齢加算は、その間、それ自体が最低限度の生活の一内容をなすとされてきたのであるから、「相応の合理的な理由」のない廃止は憲法・生活保護法の趣旨に適った合目的な裁量（朝日事件判決）の範囲を超える、と（最低限度を下回る「蓋然性」論につき宍戸173頁）。また、特に②に関し、福岡訴訟の須藤正彦意見が信頼保護原則（通例、法の一般原則や法治国原理の要請とされる）の観点から、激変緩和措置の採用を憲法25条の要請として導いた点

も参考になりうる。

（5）最低限度を「探求」する「責務」（行為義務・努力義務）

こうした諸理由は、裁判所がある程度踏み込んだ審査を行うべき理由にはなるにしても、判断の結果のみならず過程を審査すべきことの憲法上の根拠としては、決定打を欠くところかもしれない。この点、朝日事件判決の奥野健一補足意見が参考になりうる。いわく、「最低限度の生活を営み得るような施策を講ずべきことを国の責務として要請する権利」が憲法上の要請として明文化されている以上、「憲法は、……時の政府の施政方針によって左右されることのない客観的な最低限度の生活水準なるものを想定して」おり、「厚生大臣の保護基準設定行為は、客観的に存在する<u>最低限度の生活水準の内容を合理的に探究</u>してこれを金額に具現する法の執行行為であって、その判断を誤れば違法となって裁判所の審査に服」する、と。この観点から、たとえば最高裁が憲法25条の趣旨の実現を国の「責務」と一貫して語っていること、あるいは同条2項の「努めなければならない」という文言に着目し、ここには結果義務のみならず最低限度を「探求」すべき行為義務（努力義務）も表明されていると再解釈し、その行為義務に違反したか否か（あるいは判断過程）についても裁判所が審査すべき要請を、同条から導く方途もありえよう。

3. 行政立法（委任命令）② ── 児童扶養手当法施行令事件

児童扶養手当法施行令事件（➡第24章）では、行政立法（政令・委任命令）の法律適合性が中心的に扱われ、判決文中に憲法論は正面からは登場しない（最判解民事平成14年度⊟180頁〔竹田光広〕は、憲法論・違憲論の展開は、社会保障施策に関する国の裁量の妨げになり、堀木事件とも矛盾するという）。しかし他方で、老齢加算廃止事件と異なり、行政裁量を広く認める旨の判示もなく、違法の結論が示されている。この相違は、基本的には授権法たる児童扶養手当法4条1項と生活保護法8条の規定ぶり・規律密度の相違に起因すると考えられる。

憲法論としてみた場合、"政令の括弧書きで支給対象から外された「父から認知された子」と、児童扶養手当法4条1項で列挙されている「他の支給対象者との均衡」"という判示について、これを平等原則の視点から再構成し、特に不平等性を基礎づけうる明確な比較対象（法の列挙事由）が発見できるケースであったと再解釈する余地もある。また、仮に本件政令の括弧書きが法律で規定されていた場合には、法の基本趣旨（父からの扶養が期待できない子へ支給）との

首尾一貫性を欠く規定だというかたちで、本判旨を応用する方途もありうる。

4．行政処分 —— 中島事件

中島事件では、行政立法ではなく行政処分の適法性が争点となった。すなわち、生活保護受給者が子の高校進学のための費用を学資保険として積み立て、その払い戻しを受けたことについて、福祉事務所がこれを被保護者の「資産」（生活保護4条1項）・「金銭」（同8条1項）として収入認定し、保護費の減額処分を行ったところ、最高裁はこの処分を違法と判断した。いわく、①生活扶助が原則として金銭給付で世帯単位に1か月の前倒しで支払われる等の同法上の仕組みにかんがみると、「同法は、世帯主等に当該世帯の家計の合理的な運営をゆだねて」おり、「法4条1項、8条1項の各規定も、要保護者の保有するすべての資産等を最低限度の生活のために使い切った上でなければ保護が許されないとするものではない」、②ほとんどの者が高校に進学する現状では、その進学にかかる費用は「自立」という法目的に適合的である、③「生活保護法の趣旨目的にかなった目的と態様で保護金員等を原資としてされた貯蓄等は、収入認定の対象とすべき資産には当たらない」、と。

ここでも憲法論は登場せず、他方で福祉事務所の裁量を認める旨の言及もない。この点、生活保護法の趣旨目的（上記②③）とは憲法25条の趣旨のことであり（生活保護1条）、実質的には憲法論が介在していると解する余地もある。また、最低限度は「相対的」な概念（堀木事件判決）であるからこそ、そこには一定の「幅」があるという観点から、上記①の家計の合理的運営論を導くこともできる（最判解民事平成16年度(上)205頁〔杉原則彦〕）。

まとめ

□ 生存権判例の立論の基本的特徴は、①憲法25条2項は社会的立法等を行うべき国の責務を課し、同条1項の権利も立法等を通じて具体化することになるが、②その具体化の際には憲法による枠づけがあり（法規範性）、③裁判規範性もある、という点である。

□ 立法裁量統制を扱った堀木訴訟は、①国家の積極的作為の必要、②「最低限度」の相対性・抽象性、③財政事情への配慮の要請、④高度の専門技術的・政策的判断の必要性から、広範な立法裁量を導き、裁判所の審査は原

則として緩やかになるとする。
□　立法裁量を統制する方法として平等原則を用いる場合には、適切な比較対象を設定し、さらに審査密度を高める要素（国籍法事件参照）を探求することが重要である。
□　他方で、堀木事件・学生無年金事件で最高裁は、事案の性質に応じた立法裁量の広狭の差異を前提にしていると読む余地がある。
□　行政裁量を扱った老齢加算廃止事件は堀木事件を引用しつつも、広範な裁量論のみに終始するのではなく、判断過程審査を行った。
□　その際、①保護基準自体が憲法25条の実現にかかること、②信頼保護原則（期待的利益）、③最低限度の探求義務（行為義務）、等々の視点で、判断過程審査を（踏み込んで）行うべき旨を補強する方途がありうる。

FAQ

Q　生存権の事案で三段階審査・目的手段審査・比例原則を用いることはできますか？

A　堀木事件につき、①「憲法25条の趣旨を具体化」した法律が定める児童扶養手当受給権と障害福祉年金受給権が、②-1：「社会保障給付の全般的公平」という目的のために、②-2：併給禁止条項という手段によって制限されている、と構成できれば、三段階・目的手段審査の芽も生まれうる。議論の分かれ目は、①を憲法上の原則・権利の具体化、②をその権利制約（過剰な要件）とみるか、それとも①②双方を憲法25条の具体化とみるかによる（首尾一貫性の場合、①の制度目的と②-1を基本趣旨とみる）。判例はおそらく後者であろうが（渡辺ほか379頁〔工藤達朗〕）、いずれの構成でも違憲審査の際には、請求権の①発生を基礎づけうる法令・要件等の保護法益と、②妨げうる法令・要件等の保護法益との衡量が必要になる。最低生活保障の核心にかかわる重要な法益が問題となる場合には、①に重みづけが与えられ、②の側に比較的高度の正当化義務が要請される、という比例原則的な思考は、踏み込んだ審査を行うべき場面（多くは不利益変更の際）での思考の助けにもなりうる（生存権領域で比例原則が適用可能な事案については、演習ノート第16章〔柴田憲司〕）。　　〔柴田　憲司〕

▶旭川学力テスト事件（最大判昭 51・5・21 刑集 30 巻 5 号 615 頁）

はじめに　教育権の所在という論点については、国民教育権説と国家教育権説という2つの学説が対立していたが、**旭川学力テスト事件**で最高裁は、両者とも「極端かつ一方的であり、そのいずれをも全面的に採用することはできない」として斥け、教育権を特定の者に独占させるのではなく、親、教師、国等の各関係者に分配すべきだという見解を示した。そして、国の教育権は正当な目的のために必要かつ相当な範囲で認められるとしたうえで、本件学力調査は国の教育権の範囲内であり、「不当な支配」（旧教基 10 条 1 項、現教基 16 条 1 項）にはあたらないと判断した。

　憲法判例を一通り学んだ読者であれば、旭川学力テスト事件判決について、この程度の知識は身につけていることだろう。しかし、それでは、本件学力調査が「不当な支配」にあたらないと判断された理由を、具体的に説明できるだろうか。そもそも、教育に対する国の介入が「不当な支配」にあたるか否かについて審査する際、いかなる要素を考慮すべきか、理解しているだろうか。本判決は判決文が長く、説示内容も広範にわたるため、一般的な教科書・判例集では冒頭に示した程度の解説にとどまることが多い。だが、それだけの知識では、現実の事案解決において本判決を「使う」ことはできない。そこで、本章では、本判決の判断枠組みを詳細に分析し、その射程を明らかにしたい。

I 判旨

■判旨① ── 教師の教育の自由

　「普通教育の場においても、例えば教師が公権力によって特定の意見のみを教授することを強制されないという意味において、また、……<u>教授の具体的内容及</u>

び方法につきある程度自由な裁量が認められなければならないという意味においては、一定の範囲における教授の自由が保障されるべきことを肯定できないではない」が、児童生徒に教授内容を批判する「能力がなく、教師が児童生徒に対して強い影響力、支配力を有することを考え、また、……子どもの側に学校や教師を選択する余地が乏しく、教育の機会均等をはかる上からも全国的に一定の水準を確保すべき強い要請があること等に思いをいたすときは、普通教育における教師に完全な教授の自由を認めることは、とうてい許されない」。

■判旨② —— 国の教育権

　親や教師等に教育の自由が認められるべき領域「以外の領域においては、一般に社会公共的な問題について国民全体の意思を組織的に決定、実現すべき立場にある国は、国政の一部として広く適切な教育政策を樹立、実施すべく、また、しうる者として、憲法上は、あるいは子ども自身の利益の擁護のため、あるいは子どもの成長に対する社会公共の利益と関心にこたえるため、必要かつ相当と認められる範囲において、教育内容についてもこれを決定する権能を有する」。

■判旨③ —— 教育行政機関の介入と「不当な支配」

　「教基法10条は、国の教育統制権能を前提としつつ、教育行政の目標を教育の目的の遂行に必要な諸条件の整備確立に置き、その整備確立のための措置を講ずるにあたっては、教育の自主性尊重の見地から、これに対する『不当な支配』となることのないようにすべき旨の限定を付したところにその意味があり、したがって、教育に対する行政権力の不当、不要の介入は排除されるべきであるとしても、許容される目的のために必要かつ合理的と認められるそれは、たとえ教育の内容及び方法に関するものであっても、必ずしも同条の禁止するところではないと解するのが、相当である」。

　「国の教育行政機関が法律の授権に基づいて義務教育に属する普通教育の内容及び方法について遵守すべき基準を設定する場合には、教師の創意工夫の尊重等……のほか、……教育に関する地方自治の原則をも考慮し、右教育における機会均等の確保と全国的な一定の水準の維持という目的のために必要かつ合理的と認められる大綱的なそれにとどめられるべきものと解しなければならない」。

■判旨④ —— 本件学力調査の「不当な支配」該当性

　「本件学力調査における生徒に対する試験という方法」は、「あくまでも生徒の一般的な学力の程度を把握するためのものであって、個々の生徒の成績評価を目的とするものではなく、教育活動そのものとは性格を異にするものである」。

　「また、試験実施のために試験当日限り各中学校における授業計画の変更を余儀なくされることになるとしても、右変更が年間の授業計画全体に与える影響についてみるとき、それは、実質上各学校の教育内容の一部を強制的に変更させ

る意味をもつほどのものではなく、前記のような本件学力調査の必要性によって正当化することができないものではない」。

「右調査の実施によって、……中学校内の各クラス間、各中学校間、更には市町村又は都道府県間における試験成績の比較が行われ、それがはねかえってこれらのものの間の成績競争の風潮を生み、教育上必ずしも好ましくない状況をもたらし、また、教師の真に自由で創造的な教育活動を畏縮させるおそれが絶無であるとはいえ」ないが、「試験問題の程度は全体として平易なものとし、特別の準備を要しないものとすることとされ、また、個々の学校、生徒、市町村、都道府県についての調査結果は公表しないこととされる等一応の配慮が加えられていたこと……等を考慮するときは、法的見地からは、本件学力調査を目して、前記目的のための必要性をもってしては正当化することができないほどの教育に対する強い影響力、支配力をもち、教基法 10 条にいう教育に対する『不当な支配』にあたるものとすることは、相当ではな」い。

Ⅱ 基本解説

1．「不当な支配」該当性の判断枠組み

（1）教師と国の間の権限配分

　旭川学力テスト事件の中心的な争点は、本件学力調査が旧教育基本法 10 条 1 項の禁ずる「不当な支配」に該当するか否かである。この点について、本判決は、「許容される目的のために必要かつ合理的」であれば「不当な支配」に該当しない、という判断基準を示した（判旨③）。当該判断基準の意味を具体的に把握するためには、教育権の所在に関する憲法論を理解する必要がある。というのも、本判決によれば、旧教育基本法 10 条の解釈は、教育権の所在に関する憲法論を「背景として」いるからである（一種の憲法適合的解釈）。

　本件学力調査は文部省（当時）が学校教育に介入する行為であるから、教育権の所在のうち、特に教師と国の間の権限配分が問題となる。この点については、国の教育権を正当な目的のために「必要かつ相当と認められる範囲」で承認した説示（判旨②）が有名であるが、これは「不当な支配」該当性の判断基準と同様にきわめて抽象的であり、当該判断基準の具体的な意味を明らかにするものではない。むしろ、より重要なのは、その直前に位置する、国に教育権が認められうるのは教師等に教育の自由が認められる領域「以外の領域において」である、と述べた箇所であるといえる。教師に教育の自由が認められる領

域については、国に教育権は認められない。とすれば、教師と国の間の権限配分は、教師の教育の自由が承認される範囲によって決せられることになる。

そこで教師の教育の自由に関する説示（判旨①）をみると、教師には「公権力によって特定の意見のみを教授することを強制されないという意味」や「教授の具体的内容及び方法につきある程度自由な裁量が認められなければならないという意味」等において教育の自由が認められるが、「教育の機会均等をはかる上からも全国的に一定の水準を確保すべき強い要請があること」等から制限が加えられるとされている。これは、教育の機会均等の観点から最小限必要な全国共通の教育内容は国（文部省：当時）が決定し、各学校における具体的な教育内容・方法は教師が決定する、という権限配分を示したものといえる。

この憲法論にかんがみれば、国の学校教育に対する介入が「不当な支配」にあたるか否かを審査する際には、それが教師の「裁量」（具体的な教育内容・方法を創意工夫する余地）を侵すものでないかという点が重要な考慮要素になると考えられる。

（2）教師の裁量の余地

実際、本判決は、本件学力調査の方法が教育に対する「不当な支配」の要素をもつものではないと判断した際、その理由として次の点を挙げている。すなわち、「生徒に対する試験」という方法は「教育活動そのものとは性格を異にする」こと、「試験実施のために試験当日限り各中学校における授業計画の変更を余儀なくされる」としても「年間の授業計画全体」との関係では「実質上各学校の教育内容の一部を強制的に変更させる意味をもつほどのものではな」いこと、そして、本件学力調査の実施により「教師の真に自由で創造的な教育活動を畏縮させるおそれ」があることは否定できないが、それを防ぐための「一応の配慮」がなされていたこと等である（判旨④）。これらの点は、本件学力調査が教師の裁量を侵すものではないということを指摘したものといえる。

かかる指摘は、国が「教育活動そのもの」を行ったり、「各学校の教育内容の一部を強制的に変更させ」たり、「教師の真に自由で創造的な教育活動を畏縮させ」たりした場合には、教育に対する「不当な支配」に該当する、ということを示唆している。本判決は国に広範な教育権を認めたものと評価されることが多いが、このように国の教育権に重要な限界線を引いているのである。

なお、判旨④に引用したとおり、本判決は、手段の合理性について、教育に

対する介入の直接性（「教育活動そのもの」か否か）と教育に対する影響力の程度という２点を検討しており、このうち教育に対する影響力の程度については、「目的のための必要性をもってしては正当化することができないほど」か否かを審査している（必要性との比較衡量）。本判決を「使う」際には、この点にも留意が必要である。

２．学力調査以外の行為類型

　旭川学力テスト事件は、全国学力テスト（学力調査）の「不当な支配」該当性について審査した判例であるが、そこで用いられた判断枠組みは、教育に関する国による他の行為類型にも基本的に妥当するものである。そのことを確認すべく、①学習指導要領、②教科書検定、③国歌斉唱の指示という類型ごとに、関連判例を概観していこう（なお、「不当な支配」の主体は国に限られるものではないが、他の主体の問題については割愛する）。

（１）学習指導要領

　まず、学習指導要領については、旭川学力テスト事件判決自身が、「教師の創意工夫の尊重」等を考慮し、「教育における機会均等の確保と全国的な一定の水準の維持という目的のために必要かつ合理的と認められる大綱的なそれにとどめられるべき」だと述べている（判旨③）。そして、「教師による創造的かつ弾力的な教育の余地」等が「十分に残されて」いるということを、本件当時の中学校学習指導要領を「必要かつ合理的な基準の設定として是認」しうる理由の１つとして挙げている。

　学習指導要領が教師に裁量を認めるものでなければならないということは、**伝習館高校事件**（最判平２・１・18民集44巻１号１頁）においても説かれている。同事件で最高裁は、学習指導要領等違反を理由とする懲戒処分の適法性について審査した際、「教育の具体的内容及び方法につき高等学校の教師に認められるべき裁量を前提としてもなお、明らかにその範囲を逸脱して、……学習指導要領の定め等に明白に違反する」と述べており、教師に「裁量」が認められることを明示しているのである。

　また、**七生養護学校事件**（東京高判平23・９・16判例集未登載）でも、「学習指導要領の記述のうち、理念や方向性のみが示されていると見られる部分、抽象的ないし多義的で様々な異なる解釈や多様な実践がいずれも成り立ち得るような部分、指導の例を挙げるにとどまる部分等は、法規たり得ないか、具体的に

どのような内容又は方法の教育とするかについて、その大枠を逸脱しない限り、教育を実践する者の広い裁量に委ねられており、少なくとも、学習指導要領に違反したと断ずるためには、そのような広い裁量の範囲をも逸脱していることが認められなければならない」と説かれている。

（2）教科書検定

　伝習館高校事件について同日に下された別の判決（最判平2・1・18判タ719号72頁）によれば、教師には教科書を使用する義務がある。この義務を前提にした場合、教科書の内容を統制する教科書検定は、国が教育内容決定に深く関与する制度であると評価しうる。しかしながら、**第一次家永教科書訴訟**（➡第22章）では、「右のような検定を経た教科書を使用することが、教師の授業等における……裁量の余地を奪うものでもない」とされ、教科書検定の「不当な支配」該当性が否定されている。

　同判決自身はその具体的な理由を明示していないが、これはおそらく、教科書使用義務について、教科書の使用自体を義務づけるものにとどまると解し、その使用の方法について教師に裁量を認めたものと思われる（実際、同事件の第一審判決・第二審判決は、程度の差こそあれ、いずれも教科書の使用方法について教師の裁量を認めている）。とすれば、たとえば法令で「教科書に書かれていない事項を教えてはならない」などと定めた場合、それは教師の教育の自由を侵害するものと判断されうるだろう。教科書検定を合憲・適法とした同判決が、同時にこのような限界を示唆していたことは、重要である。

（3）国歌斉唱の指示

　国歌斉唱をめぐる憲法問題としては思想良心の自由に関する議論が有名であるが（➡第11章）、下級審レベルでは、「不当な支配」該当性も重要な争点とされてきた（なお、この点について判断を明示した最高裁判例は存在しない）。東京都教育委員会から都立学校の各校長宛に発せられた、入学式等における国歌斉唱等のあり方を詳細に指示する通達について、教育に対する「不当な支配」にあたらないかが争われてきたのである。

　この点、**君が代予防訴訟第一審**（東京地判平18・9・21判タ1228号88頁）は、当該通達が「国旗掲揚、国歌斉唱の実施方法等については、各学校の裁量を認める余地はほとんどないほどの一義的な内容になっている」ことなどを考慮し、「不当な支配」にあたると判断した。それに対し、**君が代予防訴訟第二審**（東京高

判平 23・1・28 判タ 1364 号 94 頁）や**君が代懲戒処分事件第二審**（東京高判平 23・3・10 判タ 1364 号 117 頁）は、「不当な支配」該当性を否定した。その理由について、後者の判決は、たしかに「教育現場における創意工夫の尊重という点から考えて、いささか詳細にすぎるとみる余地のある事項が含まれている」が、国歌斉唱等を求める職務命令の根拠となった部分に限ってみれば、「学習指導要領の国旗・国歌条項をより具体化したものであって、合理性を否定すべき理由はない」と述べている。

　このように、国歌斉唱を指示する通達についても、教師（あるいは学校）に裁量の余地があるか否かという点が、「不当な支配」該当性の重要な考慮要素とされている。なお、前掲・君が代懲戒処分事件第二審は、「卒業式は、各教師が個別に担当する一般の教科と異なり、全校的な規模で執り行われる儀式的行事であるから、その基本的な進行については、個々の教師がそれぞれの創意工夫に基づいて自由に生徒を指導すればよいというものではなく、全校的に決定されたところに従って統一のとれた行動が教師に要請される」と述べ、この場面での教師の裁量が比較的狭いことを示唆している。

Ⅲ　発展解説

　一口に「国の教育権」といっても、そこでいう「国」にはさまざまな公的機関が含まれうる。旭川学力テスト事件判決は、このうち文部省（当時）という中央の教育行政機関の行為について「不当な支配」該当性を審査したものであるが、その判断枠組みの射程は、地方の教育行政機関や教育行政以外の公的機関の行為にまで及ぶのだろうか。

1．地方の教育行政機関

　まず、地方の教育行政機関、すなわち教育委員会の場合についてみてみよう。

　旭川学力テスト事件判決は、「国の教育行政機関」が教育内容・方法の基準を設定する場合には、「教師の創意工夫の尊重等」のほか「教育に関する地方自治の原則」をも考慮し、「教育における機会均等の確保と全国的な一定の水準の維持という目的のために必要かつ合理的と認められる大綱的なそれにとどめ」なければならないとした（判旨③）。ここで示された国の教育権の限定要因のうち、「教育に関する地方自治の原則」は、地方機関である教育委員会には妥当しない。とすれば、教育内容・方法の基準は「大綱的」なものにとどめなければ

ならないという上記規範の射程も、教育委員会には及ばない可能性がある。

　実際、前掲・君が代懲戒処分事件第二審は、「教育委員会は、教育に関する地方自治を担う機関として設置されているものであり、その管理執行権限に基づき、国の教育行政機関との対比において、より細目にわたる事項についても、教師の創意工夫の余地を残しつつ、必要かつ合理的な範囲内で、基準を設定し、一般的指示を与えるなどすることができ、特に必要であれば具体的な命令を発することができると解すべきである」と述べている。

　ただし、当然のことながら、国の教育権の限定要因のうち「教師の創意工夫の尊重等」は、教育委員会にも要求される。君が代懲戒処分事件第二審判決も、「各学校における教師の創意工夫の余地を全く奪うような細目的事項について、教育委員会が基準を設定し、指示を与えるなどすることは、『不当な支配』に当たることがあり得るというべきである」と述べている。このように、行為の主体が教育委員会だからといって、教師の裁量を軽視した審査を行うことは許されないということには、十分な注意が必要である。

２．教育行政以外の公的機関

　次に、教育行政以外の公的機関（公人）の場合として、比較的問題となることの多い、政治家が教師の教育活動を批判したケースについてみてみよう。

　旭川学力テスト事件判決は、国の教育権を「必要かつ相当と認められる範囲」で承認した際（判旨②）、それに続けて、「政党政治の下で多数決原理によってされる国政上の意思決定は、さまざまな政治的要因によって左右されるものであるから、本来人間の内面的価値に関する文化的な営みとして、党派的な政治的観念や利害によって支配されるべきでない教育にそのような政治的影響が深く入り込む危険があることを考えるときは、教育内容に対する右のごとき国家的介入についてはできるだけ抑制的であることが要請される」と説いた。この説示にかんがみれば、「政党政治」の中心にいる議員（政治家）は、教育行政機関に比べて、教育内容への介入をより一層「抑制」すべきだと考えられる。

　実際、**深川商業高校事件**（東京高判昭50・12・23判時808号57頁）では、公明党に所属する都議会議員が、都立高校教師に対し、「倫理の授業中に創価学会を誹謗した。これは信教の自由を認めた憲法に違反する」などと非難・叱責した行為について、「創価学会という宗教団体を背後にもった政党の立場から特定の教員に対して加えられた党派的圧力であり、教育の中立性、自主性を阻害す

る一党一派に偏した教育への干渉として、教育に対する『不当な支配』に当たる」との判断がなされている。また、前掲・七生養護学校事件判決も、都議会議員が都立養護学校の性教育の内容について教師らを批判した行為について、「政治家である被告都議らがその政治的な主義、信条に基づき、本件養護学校における性教育に介入・干渉するものであり、本件養護学校における教育の自主性を阻害しこれを歪める危険のある行為として、『不当な支配』にも当たる」と判断している（最決平 25・11・28 判例集未登載はこれに対する上告を棄却した）。

　これらの裁判例からは、政治家による教育内容への介入については、教育行政機関による場合よりも「不当な支配」該当性の審査が厳格化する、ということを読み取ることができる。現に、七生養護学校事件判決は、上記判断に続けて、「仮に本件性教育に学習指導要領に違反する点があるとしても、その是正は、被告都教委等の教育行政機関を通じて行われるべきものであり、特定の党派に属する被告都議らが直接本件養護学校の教員と相対してその教育の内容や方針を非難する方法によって行われるべきものではないから、上記の判断は左右されない」と付言している。これは、教育行政機関と政治家を明確に区別し、後者については学習指導要領に違反する教育の是正すら認めないとするものであり、政治家の教育権を相当狭く限定する趣旨であると考えられる。

　なお、上記両判決とも、政治家の行為について「不当な支配」該当性を審査する際、「許容される目的のために必要かつ合理的」か否かという判断基準（判旨③）を用いていない。深川商業高校事件判決は旭川学力テスト事件以前の判決であるから当然だが、最近の裁判例である七生養護学校事件でも、教育行政機関の行為については当該判断基準を用いつつ、政治家の行為についてはそれを用いていないのである。これは、当該判断基準の射程が政治家の行為には及ばない可能性を示唆するものと思われる。

まとめ

□　教育行政機関の行為が「不当な支配」に該当するか否かは、それが「許容される目的のために必要かつ合理的」と認められるかどうかによって判断すべきところ、当該判断基準を適用する際には、その「背景」にある、教育権の所在に関する憲法論（特に教師と国の間の権限配分）を踏まえる必要

がある。

- [ ] この点、旭川学力テスト事件判決は、教育の機会均等の観点から最小限必要な全国共通の教育内容は国（文部省：当時）が決定し、各学校における具体的な教育内容・方法は教師が決定する、という権限配分を示している。
- [ ] したがって、国の行為について「不当な支配」該当性を審査する際には、具体的な教育内容・方法について教師に裁量の余地が残されているか否かという点が、重要な考慮要素となる。
- [ ] 旭川学力テスト事件判決は、全国学力テスト（学力調査）という行為について「不当な支配」該当性を審査したものであるが、そこで示された上記判断枠組みの射程は、教育に関する国による他の行為類型（学習指導要領、教科書検定、国歌斉唱の指示等）にも基本的に及ぶ。
- [ ] もっとも、旭川学力テスト事件判決は、中央の教育行政機関である文部省（当時）を念頭に置いて上記判断枠組みを示したものであるから、地方の教育行政機関や、教育行政以外の公的機関については、その射程は完全には及ばない。
- [ ] まず、地方の教育行政機関である教育委員会は、地方自治を担う機関であるがゆえに「教育に関する地方自治の原則」による制約を受けないため、大綱的基準にとどまらず、より細目にわたる事項まで、教育内容・方法の基準を設定すること等が許されうる。
- [ ] 他方、教育は党派的な政治的観念や利害によって支配されるべきでないため、政治家による教育内容への介入については、教育行政機関による場合よりも相当厳格に「不当な支配」該当性が審査される。

FAQ

Q 教育権の所在という論点については、国民教育権説、国家教育権説、そして旭川学力テスト事件判決という3つの見解がありますが、主張・反論・私見型の論文試験の答案では、原告は国民教育権説、被告は国家教育権説、私見は旭川学力テスト事件判決と書き分けるのがよいでしょうか？

A 試験問題の内容にもよるが、旭川学力テスト事件判決が判例として確立している以上、原則として、原告・被告・私見のすべてにおいて本判決の見解を前提とした論述をすべきだろう。そもそも、国民教育権説をとるから「不当な支配」にあたる、国家教育権説をとるから「不当な支配」にあた

らないといった論述は、事例中の具体的事情とは無関係に結論を導くものであるから、少なくとも事例問題に対する解答としては妥当でない。

Q 旭川学力テスト事件判決は、憲法 26 条の「背後」には子どもの学習権があると説いていますが、教育を受ける権利を学習権と解することに何か意味はあるのですか？

A たしかに、権利侵害を争う場面においては、教育を受ける権利を純然たる社会権と解するか学習権を基礎とする権利と解するかで、その帰結にどのような差異が生じるのかは、必ずしも明らかではない（➡第 3 章）。そのため、学習権は法的には無意味な概念だといわれることもある。

　しかし、少なくとも教育権の所在との関係では、学習権説には大きな意味がある。というのも、教育を受ける権利を純然たる社会権（国に対する請求権）と解した場合には、生存権を具体化する社会保障制度の創設が国の責務であるのと同様に、教育内容の決定も国の責務だと解されやすい。それに対して、教育を受ける権利を学習権を基礎とする権利と解すれば、教育内容の決定は「大人一般」の責務となり、その権能を国に独占させる必然性はなくなる。このように、学習権説は、教育権の所在において、国家教育権説を排斥し、教育権分配への道を開くという意味をもっているのである。

　なお、旭川学力テスト事件判決は、あくまでも憲法 26 条の「背後」に学習権という観念が存在すると述べているにとどまり、教育を受ける権利が社会権という法的性格を有することを否定してはいない、ということに注意してほしい。

〔堀口　悟郎〕

22 行政手続と憲法 31 条

通覧型

▶川崎民商事件 (最大判昭 47・11・22 刑集 26 巻 9 号 554 頁)
▶成田新法事件 (最大判平 4・7・1 民集 46 巻 5 号 437 頁)
▶第一次家永教科書訴訟 (最判平 5・3・16 民集 47 巻 5 号 3483 頁)
▶象のオリ事件 (最判平 15・11・27 民集 57 巻 10 号 1665 頁)
▶逃亡犯罪人引渡法 35 条事件 (最決平 26・8・19 判時 2237 号 28 頁)

はじめに　　憲法は 31 条以下で刑事手続についての詳細な規定を置いている。31 条以下の規定をめぐる最大の論点の 1 つは、その規律が行政手続にも及ぶかどうかである。まず、**川崎民商事件**では、35 条の令状主義と 38 条の自己負罪拒否特権について、その射程が行政手続にも及ぶ可能性が認められた。その後、**成田新法事件**では、31 条の事前手続の要請が行政手続を規律する余地があるとされた。もっとも、成田新法事件判決の採用した総合衡量の基準は、各考慮要素のもつ意味や比重を明示していない。そこで、本章では、成田新法事件をとりまく諸判例を通覧することで、成田新法事件の総合衡量の内実を明らかにする。さらに、違憲審査の方法という観点から、31 条における法令審査と適用審査のあり方についても解説を加える。

I 判旨

■川崎民商事件

「同法〔旧所得税法〕63 条所定の収税官吏の検査は、……その性質上、刑事責任の追及を目的とする手続ではない。また、……右検査が、実質上、刑事責任追及のための資料の取得収集に直接結びつく作用を一般的に有するものと認めるべきことにはならない。……さらに、この場合の強制の態様は、……間接的心理的に右検査の受忍を強制しようとするものであり、……実質上、直接的物理的な強制と同視すべき程度にまで達しているものとは、いまだ認めがたいところである。国家財政の基本となる徴税権の適正な運用を確保し、所得税の公平確実な賦課徴収を図るという公益上の目的を実現するために収税官吏による実効性のある検査制度が欠くべからざるものであることは、何人も否定しがたいものである

ところ、その目的、必要性にかんがみれば、右の程度の強制は、実効性確保の手段として、あながち不均衡、不合理なものとはいえないのである」。

「憲法35条1項の規定は、本来、主として刑事責任追及の手続における強制について、それが司法権による事前の抑制の下におかれるべきことを保障した趣旨であるが、当該手続が刑事責任追及を目的とするものでないとの理由のみで、その手続における一切の強制が当然に右規定による保障の枠外にあると判断することは相当ではない。しかしながら、前に述べた諸点を総合して判断すれば、旧所得税法70条10号、63条に規定する検査は、あらかじめ裁判官の発する令状によることをその一般的要件としないからといって、これを憲法35条の法意に反するものとすることはでき……ない」。

■成田新法事件

「憲法31条の定める法定手続の保障は、直接には刑事手続に関するものであるが、行政手続については、それが刑事手続ではないとの理由のみで、そのすべてが当然に同条による保障の枠外にあると判断することは相当ではない」。

「しかしながら、同条〔31〕による保障が及ぶと解すべき場合であっても、一般に、行政手続は、刑事手続とその性質においておのずから差異があり、また、行政目的に応じて多種多様であるから、行政処分の相手方に事前の告知、弁解、防御の機会を与えるかどうかは、行政処分により制限を受ける権利利益の内容、性質、制限の程度、行政処分により達成しようとする公益の内容、程度、緊急性等を総合較量して決定されるべきものであって、常に必ずそのような機会を与えることを必要とするものではないと解するのが相当である」。

「本法〔成田新法〕3条1項に基づく工作物使用禁止命令により制限される権利利益の内容、性質は、前記のとおり当該工作物の3態様における使用であり、右命令により達成しようとする公益の内容、程度、緊急性等は、前記のとおり、新空港の設置、管理等の安全という国家的、社会経済的、公益的、人道的見地からその確保が極めて強く要請されているものであって、高度かつ緊急の必要性を有するものであることなどを総合較量すれば、右命令をするに当たり、その相手方に対し事前に告知、弁解、防御の機会を与える旨の規定がなくても、本法〔成田新法〕3条1項が憲法31条の法意に反するものということはできない」。

■第一次家永教科書訴訟

「本件検定による制約は、思想の自由市場への登場という表現の自由の本質的な部分に及ぶものではなく、また、教育の中立・公正、一定水準の確保等の高度の公益目的のために行われるものである。これらに加え、検定の公正を保つために、文部大臣の諮問機関として、教育的、学術的な専門家である教育職員、学識経験者等を委員とする前記審議会が設置され……、文部大臣の合否の決定は同

審議会の答申に基づいて行われること（旧検定規則2条）、申請者に交付される不合格決定通知書には、不合格の理由として、主に旧検定基準のどの条件に違反するかが記載されているほか、文部大臣の補助機関である教科書調査官が申請者側に口頭で申請原稿の具体的な欠陥箇所を例示的に摘示しながら補足説明を加え、申請者側の質問に答える運用がされ、その際には速記、録音機等の使用も許されていること、申請者は右の説明応答を考慮した上で、不合格図書を同一年度内ないし翌年度に再申請することが可能であることなど……を総合勘案すると、……本件検定が憲法31条の法意に反するということはできない」。

■象のオリ事件

「①上記暫定使用は、……必要な期間に限って、従前からの使用の継続を認めるにすぎないものであること、②上記暫定使用は、我が国が負っている前記の条約上の義務の不履行という事態に陥ることを回避するために必要な措置として定められたものであること、③上記暫定使用は、引き続き駐留軍の用に供するためその使用について特措法5条の規定による内閣総理大臣の認定がされていることをその要件の一つとしているが、この認定は、土地の所有者又は関係人の意見書等を添付した上でされた防衛施設局長の認定申請に基づいて行われるものとされており（特措法4条1項）、土地の所有者又は関係人には当該土地等を引き続き駐留軍の用に供することについての意見を述べる機会が与えられていることが明らかである。以上の諸点にかんがみると、上記暫定使用の権原の発生を定めた上記各規定が憲法31条の法意に反するということはできない」。

■逃亡犯罪人引渡法35条事件

「逃亡犯罪人引渡法14条1項に基づく逃亡犯罪人の引渡命令は、東京高等裁判所において、同法9条に従い逃亡犯罪人及びこれを補佐する弁護士に意見を述べる機会や所要の証人尋問等の機会を与えて引渡しの可否に係る司法審査が行われ、これを経た上で、引渡しをすることができる場合に該当する旨の同法10条1項3号の決定がされた場合に、これを受けて、法務大臣において引渡しを相当と認めるときに上記決定の司法判断を前提とする行政処分として発するものである。このような一連の手続の構造等を踏まえ、当該処分により制限を受ける逃亡犯罪人の権利利益の内容、性質、制限の程度、当該処分により達成しようとする公益の内容、程度、緊急性等を総合較量すれば、同法35条1項の規定〔犯罪人引渡命令について行政手続法の適用を除外する規定〕が、……上記の手続全体からみて逃亡犯罪人の手続保障に欠けるものとはいえず、憲法31条の法意に反するものということはできない」。

Ⅱ 基本解説 ── 手続と権利

1. 総説

　成田新法事件判決は、行政手続における事前の告知、弁解、防御の機会の付与が不十分な場合に、当該手続が「憲法31条の法意に反する」とされる可能性を承認した。その後、同事件の定立した総合衡量の基準は、行政手続と憲法31条の関係が問題となる事案の先例として引用される。また、行政手続法制定以後、同事件は、行政手続法の適用を除外する規定の31条適合性を判断する基準としても参照される（逃亡犯罪人引渡法35条事件）。もっとも、31条適合性を判断する総合衡量の際に、いかなる要素がどのような比重で考慮されるのかは、判例上必ずしも明確でない。そこで、本章では、行政手続と憲法上の適正手続の関係が問題となる判例を通覧することで、同事件の総合衡量の内実を明らかにする。

2. 川崎民商事件と成田新法事件

（1）川崎民商事件 ── 手続的制度的考察と比例原則

　成田新法事件に対して強い影響を及ぼしたと考えられるのが、憲法35条についての川崎民商事件の説示である（プラクティス251頁〔宍戸常寿〕）。川崎民商事件は、まず、行政手続であることのみを理由に35条の適用を排除するのは妥当でないと説示する。しかし、判旨は、①税務調査が刑事責任の追及を目的とする手続ではないこと（手続の一般的性質）、②刑事責任追及のための資料の収集に直接結びつく作用を一般的には有しないこと（手続の一般的作用）、③調査の実効性確保の手段が間接強制であること（強制手段の間接性）、④調査に公益上の目的があり、当該目的を実現するための手段が不均衡、不合理なものでないこと（目的と手段との比例性）、といった「諸点を総合して判断」し、結論として、税務調査が「あらかじめ裁判官の発する令状によることをその一般的要件としていなからといって、これを憲法35条の法意に反するものとすることはでき」ないとした。同事件の①〜④の考慮要素は、考察の対象という観点から、①②と③④に二分できる。すなわち、①②は、手続制度の性質や構造を考察の対象としているが、③④は、権利利益に対する制約のありようを検討の対象とし、比例原則の適用を通じて私益と公益との最適な調整点を探求するものである（同事件における比例原則の適用について、水野忠恒ほか編『租税判例百選〔第

4 版］』（有斐閣・2005）209 頁〔石川健治〕参照）。

（2）成田新法事件 ── 手続的制度的考察の消失

　他方、成田新法事件判決も、川崎民商事件を踏襲して、行政手続であること
のみを理由に憲法 31 条の適用を排除するのは妥当でないとする。そのうえで、
成田新法事件は、「総合較量」の結果として、「事前に告知、弁解、防御の機会
を与える旨の規定がなくても、本法〔成田新法〕3 条 1 項が憲法 31 条の法意に
反するものということはできない」とした。もっとも、同事件が総合衡量の際
の考慮要素として列挙するのは、「権利利益の内容、性質、制限の程度、行政処
分により達成しようとする公益の内容、程度、緊急性」である。すなわち、成
田新法事件の総合衡量においては、川崎民商事件において問題とされた手続制
度の性質や構造（①②）が明示的には考察の対象とされていない。そこでは、権
利利益に対する制約のありよう（③④）のみが問題とされている。

　実際、成田新法事件における総合衡量基準の具体的適用に際しては、権利と
公益の衡量のみが問題とされ、手続の性質や構造は検討されなかった。同事件
において問題とされた「成田国際空港の安全確保に対する緊急措置法」（「成田
新法」）は、処分の際の事前手続をまったく欠いており、その手続構造上の瑕疵
を否定できないものであった（野中俊彦「判批」ジュリ 1009 号（1992）31 頁参照）。
しかし、判旨は、このような手続構造上の瑕疵には言及せず、(i) 集会の自由等
の行使態様が暴力主義的であること（権利の非重要性）と (ii) 新空港の安全とい
う公益が高度かつ緊急のものであること（公益の重要性）を指摘し、権利と公益
の衡量という観点のみから、成田新法が違憲ではないとした。したがって、判
旨は、手続の性質や構造がいかなるものであれ──たとえ刑事手続と類似して
いたり、事前手続が完全に欠如していたりしても──権利利益に対する制約が
実体的に正当化されれば、31 条に違反しないとの立場を表明しているように
も思われる。

3．31 条審査の 2 面性 ── 手続構造と実体的衡量

（1）成田新法事件判決の解釈 ── 手続的制度的考察の必要性

　しかしながら、このような成田新法事件の理解は、憲法 31 条の趣旨と必ず
しも適合的ではない。たしかに、通説は、31 条が「人身の自由についての基本
原則を定めた規定」であると理解する（芦部 252 頁）。そのため、人身の自由と
いう消極的自由権を保障した 31 条の審査に際しては、一般の自由権と同様の

判断手法——たとえば、比例原則の適用を通じた権利と公益の衡量——が中心になるとの理解にも一理ある。しかし、31条には、自由権そのものを実体的に保障するという側面だけではなく、「適正な諸手続を定め、このことによって、一方では国家権力を手続的に拘束し、他方では市民に対して手続的保障の請求権を与えている」という側面もある（奥平康弘『憲法Ⅲ』（有斐閣・1993）298頁参照）。このような31条の手続的請求権としての側面を考慮すると、行政手続の31条適合性審査に際しては、当該手続の性質や構造の検討も不可欠であると考えられる。

　この点に関連して、調査官は、成田新法事件判決が手続の性質や構造を明示的に検討しなかった理由を、川崎民商事件との事案の相違に求めることができると示唆する。すなわち、調査官の認識によれば、川崎民商事件で問題となった税務調査が「その実質的な機能の点では、刑事手続における捜索、検証に類似する面があることは否定できない」のに対して、成田新法事件の工作物使用禁止命令は「典型的な行政手続」である（最判解民事平成4年度250頁〔千葉勝美〕）。工作物使用禁止手続が「典型的な行政手続」であるという調査官の認識が判旨の前提にあるとすれば、判旨は、本件手続の非刑事手続性が自明であると考え、手続的制度的な保障構造を明示的には検討しなかったにすぎないということになる。このように考えると、その非刑事手続性が自明とはいえないような手続の31条適合性が問題となる場合には、成田新法事件判決が重視した権利と公益の衡量に加えて、川崎民商事件判決が問題とした手続の性質や構造の審査が必要になるといえる。

（2）成田新法事件の被引用状況 —— 手続的制度的考察の重視

　さらに、成田新法事件を引用する諸判例は、同事件の総合衡量基準の具体的適用の際に、権利と公益の衡量のみでなく、手続の性質や構造を問題にしている。

　たとえば、**第一次家永教科書訴訟**で最高裁は、教科書検定手続の憲法31条適合性判断に際して、(i)教科書検定は表現の自由それ自体の禁止を意味しないこと、(ii)教育の公正といった公益は重要であること、(iii)学識経験者の参加する審議会の答申に基づいた決定が行われること、(iv)教科書調査官に対する告知・聴聞の機会があること、を考慮した。ここでは、権利と公益が衡量されるが（(i)(ii)）、同時に、手続の構造が問題とされている（(iii)(iv)）。

さらに、**象のオリ事件**では、(ⅴ) 在日米軍軍用地利用のための権利制限が暫定的であること、(ⅵ) 条約上の義務の履行のために必要であること、(ⅶ) 土地所有者等に事前の意見陳述の機会が与えられていること、を根拠に 31 条違反の主張が退けられた。象のオリ事件においても、権利と公益の衡量（(ⅴ)(ⅵ)）のみではなく、手続構造上、事前の意見陳述の機会が付与されているか（(ⅶ)）、が考慮要素とされている。

　これらの判例の展開を受けて最高裁は、**逃亡犯罪人引渡法 35 条事件**において、権利と公益の衡量に加えて、「手続の構造」の適切性を、31 条審査の際の考慮要素の 1 つとして明示した。同事件における判断基準定立に際しては、権利と公益の衡量という成田新法事件の基準自体は維持されている。しかし、その事案への適用の場面では、実体的利益の衡量が具体的に展開されることはなく、「手続の構造」の適切性のみが審査の主眼とされた。

　このように、成田新法事件を引用する諸判例を通覧すると、31 条審査の総合衡量の際には、同事件の明示した権利と公益の衡量に加えて、手続構造の検討が重視されていることがわかる。

４．小括

　以上の議論をまとめると、31 条審査の基準を定立した成田新法事件判決は、総合衡量の際に、権利と公益の衡量のみを強調し、手続の性質や構造を考慮要素として明示しなかった。しかしながら、同判決は手続的制度的考察を排除する趣旨のものではない。たとえば、刑事手続と類似する側面がある手続が問題となる場合には、手続の性質の検討を通じて 31 条違反の結論が導かれる余地がある。また、何らの事前手続もなく不利益処分が下されるような手続構造をもつ立法は、権利と公益の衡量の結果にかかわらず、違憲とされる可能性がある。

Ⅲ 発展解説 —— 法令審査と適用審査

１．適用審査の重要性

　成田新法事件判決は、「本法〔成田新法〕3 条 1 項が憲法 31 条の法意に反するもの」といえるかどうかを検討の対象とした。すなわち、そこでは成田新法における法令違憲の有無のみが問題とされており、適用違憲の成否は検討されない。同様に、象のオリ事件判決も、「暫定使用の権原の発生を定めた上記各規定

が憲法31条の法意に反する」といえるかを問題にしており、独立した適用審査を行わない。しかしながら、手続を規定する法令が一般的に31条に違反しない場合でも、将来的な事案への適用が31条違反となる余地は残されている点に注意が必要である（長谷部265頁参照）。

２．措置法の審査 ── 適用審査の省略

もっとも、成田新法事件における上告人の主張の主眼は、適用違憲にあった（北野弘久「判批」法時64巻8号（1992）3-4頁）。それにもかかわらず、判旨は、新法が法令違憲ではないと回答するのみで、独立した適用審査を拒絶する（宇賀克也ほか編『行政判例百選Ⅰ〔第6版〕』（有斐閣・2012）251頁〔木佐茂男〕参照）。そのため、憲法31条との関係で、判例は、法令違憲とならない立法について、適用違憲の余地を認めない趣旨であるとも考えられる。

しかし、同事件における適用審査の省略は、成田新法の特殊性に由来すると考えるべきである。すなわち、成田新法は緊急措置法であり、成田空港周辺における「暴力主義的破壊活動」のみを規制対象とする。したがって、成田新法の全適用事例において、その利益状況は近似している。そこで、判旨は、法令審査で考察の対象とされた一般的利益状況が、個別的適用事例のほとんどに妥当すると考え、適用審査を省略したのであろう。

象のオリ事件判決において適用審査が省略された理由についても、同様の説明が可能である。ここでは、駐留軍用地特措法の一部を改正する法律の31条適合性が問題となった。同法は、駐留軍用地の取得が沖縄県知事等の土地調書等への署名拒否によって期日までに完了しないという特殊な事態に備えるために制定された。同法の規律する事案の射程はきわめて狭く、法令審査と適用審査とを区別する実益は乏しい。

３．一般法の審査 ── 適用審査の示唆

他方、第一次家永教科書訴訟で問題とされた教科用図書検定制度や、逃亡犯罪人引渡法35条事件で検討された逃亡犯罪人引渡法の射程は広く、その適用事例は多様である。このような広い射程をもつ立法については、個々の事件における具体的状況を踏まえて対立する利益を衡量することが重要であり、法令審査以上に具体的状況を念頭に置いた適用審査の果たすべき役割が大きい。実際、第一次家永教科書訴訟では、「本件検定が憲法31条の法意に反する」ものであるかを検討し、逃亡犯罪人引渡法35条事件は、「当該手続」を対象に「当

該処分により制限を受ける……権利」と「当該処分により達成しようとする公益」とが衡量されている。両事件の判示では、「本件」事案における「当該」状況に着目した適用審査の重要性が示唆されていると考えることもできる。

4．適用違憲の例外性

　もっとも、第一次家永教科書訴訟や逃亡犯罪人引渡法 35 条事件においては、法令一般の合憲性を根拠づける事情に加えて適用審査に固有の事情が検討されているわけではない。判例は、法令違憲ではない手続法が適用違憲になるのは例外的であるとの見解に立脚し、両事件における例外的事情の不在を黙示的に認定したのであろう。このような判例の立場の前提には、法令違憲ではない行政手続について安易な適用違憲判断を積み重ねることで行政手続の円滑な運営を阻害するべきではない、との配慮があると理解することも可能である（38 条の文脈であるが、奥平・前掲 358 頁参照）。

まとめ

□ 31 条審査の基準を定立した判例として引用されるのは、成田新法事件である。

□ 成田新法事件判決の総合衡量では、手続の性質や構造が明示的には考察の対象とされず、権利利益に対する制約のありようの検討が重視された。もっとも、成田新法事件は手続的制度的考察を排除する趣旨のものではない。

□ 成田新法事件を引用する判決のなかには、手続の性質や構造の検討を重視するものもある。刑事手続との類似性や事前手続の欠如といった手続的考慮要素は、実体的衡量から独立して、憲法 31 条違反の結論を導く可能性がある。

□ 措置法のように射程の狭い立法が問題となる場合には、憲法 31 条の適用審査が省略されることがある。他方、一般法の 31 条審査に際しては適用審査も重要となるが、適用違憲が成立するのは例外的場合に限られる。

ＦＡＱ

Q 行政手続が憲法31条以下の規定に適合しているかが問題となる場合、33条・34条・35条・38条といった個別規定には違反しないけれども、31条には違反するということはありますか。事案を検討する際、35条などの個別規定の問題と31条の一般規定の問題を別々に議論しなければなりませんか？

A 川崎民商事件判決の法律構成に従うと、行政手続における侵入・捜索・押収に対して令状が要求されるか、あるいは行政手続において不利益供述の強要が禁止されるかが問題となる場合には、35条・38条適合性のみを検討すればよく、31条違反の有無を再度検討する必要はない。ただし、出題された事案に、35条・38条のカバーしない問題──事前告知等の機会の不存在や法文の不明確性──が含まれている場合には、31条違反の有無を別途検討する必要がある。他方、行政手続における身体拘束時の手続の適正性が問題となる事案についても、33条・34条違反の有無のみを検討すればよいと思われる。行政手続の33条・34条適合性を検討する場合には、川崎民商事件と成田新法事件の判断枠組みを手がかりに、手続の構造や性質の検討と実体的権利の衡量を行うことになるが、その過程は31条審査と重なるからである。

Q 事案を検討する際、行政手続に憲法31条以下の規定がそもそも適用されるかという問題と、規定の適用自体はあるがその要請が非刑事手続において緩和されるために制限が許容されるかという問題を、区別して論じる必要はありますか？

A 精密な法律構成という観点からは、2つの問題が論理的に区別されることを理解しておく必要がある。しかし、川崎民商事件も成田新法事件も、2つの問題を明示的には区別せずに議論を進めている（川崎民商事件について、最判解民事昭和47年度225頁〔柴田孝夫〕）。判例の法律構成の不明確性に対しては学説上の批判があるが（樋口陽一ほか編『憲法の基本判例〔第2版〕』（有斐閣・1996）161頁〔松井茂記〕）、いずれの法律構成を採用するかによって事案の結論自体が左右されるわけではない。したがって、行政手続が31条以下の規定に違反しないかを検討する場合には、2つの問題を区別せずに議論を進めてもかまわない。

〔村山　健太郎〕

23 裁判を受ける権利

通覧型

▶**裁判所法施行令事件**（最大判昭 23・7・7 刑集 2 巻 8 号 801 頁）
▶**即決裁判手続事件**（最判平 21・7・14 刑集 63 巻 6 号 623 頁）
▶**強制調停事件**（最大決昭 35・7・6 民集 14 巻 9 号 1657 頁）
▶**夫婦同居審判事件**（最大決昭 40・6・30 民集 19 巻 4 号 1089 頁）
▶**過料決定事件**（最大決昭 41・12・27 民集 20 巻 10 号 2279 頁）

はじめに　憲法 32 条は、「何人も、裁判所において裁判を受ける権利を奪はれない」と規定しており、これは、民事、行政、刑事の各事件について独立かつ公平な裁判所による裁判を受ける権利を保障するものと解されている。とはいえ、憲法 32 条は、裁判所の裁判によらなければ刑罰を科せられないという自由権的・防御権的内容を除けば、何らの具体的権利を保障するものではなく、裁判を受ける権利の実現は、立法者による具体的な制度形成に依存せざるをえない。そこで、本章では、立法者による制度形成や裁判所による裁判の運用に対して、判例がどのような態度をとってきたのかを通覧することで、憲法 32 条が有する統制機能や裁判を受ける権利の具体的内実を、明らかにしていく。

I 判旨

■裁判所法施行令事件
　「裁判所の裁判権、審級その他の構成は、<u>憲法上原則として法律において定められることとなつており、その内容が公共の福祉に反しない限り有効であることは論をまたぬ</u>。……<u>国民はこれらの規定の定めるところに従つて、裁判所において裁判を受ける権利が保障されている</u>」。

■即決裁判手続事件
　「審級制度については、憲法 81 条に規定するところを除いては、憲法はこれを法律の定めるところにゆだねており、事件の類型によって一般の事件と異なる<u>上訴制限を定めても、それが合理的な理由に基づくものであれば憲法 32 条に違</u>

反するものではない」。

■**強制調停事件**

　「性質上純然たる訴訟事件につき、当事者の意思いかんに拘わらず終局的に、事実を確定し当事者の主張する権利義務の存否を確定するような裁判が、憲法所定の例外の場合を除き、公開の法廷における対審及び判決によつてなされないとするならば、それは憲法 82 条に違反すると共に、同 32 条が基本的人権として裁判請求権を認めた趣旨をも没却する」。

■**夫婦同居審判事件**

　「民法は同居の時期、場所、態様について一定の基準を規定していないのであるから、家庭裁判所が後見的立場から、合目的の見地に立つて、裁量権を行使してその具体的内容を形成することが必要であり、かかる裁判こそは、本質的に非訟事件の裁判であつて、公開の法廷における対審及び判決によつて為すことを要しない」。「〔夫婦同居の〕審判確定後は、審判の形成的効力については争いえないところであるが、その前提たる同居義務等自体については公開の法廷における対審及び判決を求める途が閉ざされているわけではない。従つて、同法の審判に関する規定は何ら憲法 82 条、32 条に牴触するものとはいい難く、……違憲の廉はない」。

■**過料決定事件**

　「民事上の秩序罰としての過料を科する作用は、国家のいわゆる後見的民事監督の作用であり、その実質においては、一種の行政処分としての性質を有する」。「過料を科する作用は、もともと純然たる訴訟事件としての性質の認められる刑事制裁を科する作用とは異なるのであるから、憲法 82 条、32 条の定めるところにより、公開の法廷における対審及び判決によつて行なわれなければならないものではない」。

　「非訟事件の裁判については、非訟事件手続法の定めるところにより、公正な不服申立の手続が保障されていることにかんがみ、公開・対審の原則を認めなかつたからといつて、憲法 82 条、32 条に違反するものとすべき理由はない」。

Ⅱ　基本解説

1．基本的な枠組み —— 広範な立法裁量

　憲法 32 条の裁判を受ける権利の実現に関する最高裁の基本姿勢は、**裁判所**

法施行令事件に鮮明にあらわれている。本件で最高裁は、まず「裁判所の裁判権、審級その他の構成は、憲法上原則として法律において定められる」と明示し、裁判制度に関して法律による具体化が憲法上要請されていることを確認している。続いて、「国民はこれらの規定の定めるところに従つて、裁判所において裁判を受ける権利が保障されている」と判示しており、ここからは、裁判を受ける権利の保障が、立法による制度形成を待ってはじめてその具体的内容を明らかにできる性質のものであることが示唆されている。同様のことは、多くの判例で繰り返し述べられており、裁判所法 26 条が一定の事件については地方裁判所の 1 人の裁判官で取り扱いうるとしていることの合憲性が問題となった最大判昭 23・7・29 刑集 2 巻 9 号 1007 頁は、この趣旨をよりストレートに、「すべては立法当時における理想的な又現実的な国の立法政策によつて決せらるべき問題である」と表現している。したがって、立法による裁判制度の構築にあたっては非常に広い立法裁量が認められるということを、一般論としては、指摘することが可能であろう。とはいえ、実際には、具体的な局面ごとで裁量の認められ方に違いがないわけではない。そこで、以下では、各局面における憲法 32 条による「裁判を受ける権利」保障のあり方をみることで、同条が有している規範的要請の内実を浮かび上がらせていくことにする。

2．裁判所の管轄・構成、裁判の対象等

（1）憲法 32 条の「裁判所」

　憲法 32 条は「裁判所において裁判を受ける権利」を保障しているが、まず同条にいう「裁判所」とはなにかが問題となる。たとえば、管轄違いの裁判所による刑事裁判であっても、同条の「裁判所」において裁判を受けたことになるのであろうか。最高裁は、**町村長選挙罰則違反事件**（最大判昭 24・3・23 刑集 3 巻 3 号 352 頁）において、32 条は「訴訟法で定める管轄権を有する具体的裁判所において裁判を受ける権利を保障したものではない」と判示している。よって、同条は、法律上正当な管轄権をもつことまでを「裁判所」に要求してはいない。また、上告理由が限定されているため最高裁で裁判を受けられないことが問題となった最大判昭 25・2・1 刑集 4 巻 2 号 88 頁は、「憲法第 32 条は、何人も裁判所において裁判を受ける権利あることを規定したに過ぎない」と述べ、「如何なる裁判所において、裁判を受くべきかの裁判所の組織、権限等については、すべて法律において諸般の事情を勘案して決定すべき立法政策の問題」だとし

ている。これは、32 条は同条の「裁判所」のあり方をもっぱら法律による内容
形成に委ねていることを意味する。だとすれば、このような判例法理による限
り、たとえば下級裁判所の訴訟法上の管轄区域の定め方は、特段の例外的事情
でもない限り、32 条に抵触することはないであろう。

　また、裁判員制度との関係で、職業裁判官でない裁判員が裁判体を構成する
場合、この裁判体が 32 条の「裁判所」に該当するか否かも問題となりうる。た
だ最高裁は、裁判員裁判においても公平な「裁判所」における法と証拠に基づ
く適正な裁判が行われることなどを根拠に、32 条違反等の主張を退けている
（最大判平 23・11・16 刑集 65 巻 8 号 1285 頁〔**裁判員裁判事件**〕）。

（2）裁判拒絶の禁止

　憲法 32 条は裁判請求権を保障するとともに、裁判拒絶の禁止を命じている。
だとすれば、憲法 32 条のもと、一切の利益侵害について裁判所で救済を求め
ることが可能なのかというと、そういうわけでもない。地方議会議員の除名処
分の取消を求める訴訟が議員の任期満了により訴えの利益を欠くことになる
かが問題となった最大判昭 35・12・7 民集 14 巻 13 号 2964 頁は、「憲法 32 条
は、訴訟の当事者が訴訟の目的たる権利関係につき裁判所の判断を求める<u>法律
上の利益を有することを前提として</u>、かかる訴訟につき<u>本案の裁判を受ける権
利を保障したもの</u>」であるとし、法律上の利益の有無にかかわらず「常に本案
につき裁判を受ける権利を保障したものではない」と判示している。したがっ
て、権利保護の利益を欠き「法律上の争訟」性を有さない場合には、憲法 32 条
の保護は及ばず、裁判所が本案審理を拒絶しても同条違反とはならない。もっ
とも、「具体的な権利義務ないし法律関係に関する紛争であつても、法令の適
用により解決するのに適しないものは裁判所の審判の対象となりえない」（最
判昭 56・4・7 民集 35 巻 3 号 443 頁〔**板まんだら事件**〕）として、本案審理が拒絶さ
れることもあるので、この点には留意が必要である。

　法令による出訴期間の短縮も、裁判拒絶の禁止との関係で問題となりうる。
最高裁は、「その期間が<u>著しく不合理</u>で実質上裁判の拒否と認められるような
場合でない限り憲法第 32 条に違反するということはできない」（最大判昭 24・
5・18 民集 3 巻 6 号 199 頁）と述べ、立法者の広範な裁量を認めている。ただし、
ここでは「著しく不合理」という限界が設定されていることにも、注意が向け
られるべきである。あまりにも短い出訴期間は裁判提起の重大な障害になりう

るため、不合理性の判断に際しては、出訴期間短縮の目的だけではなく、実際に裁判提起が可能かといった視点からも検討がなされるべきであろう。

（3）上訴制限

最高裁は、上訴や審級制度に関しても広範な立法裁量を認めてきた。そして、数多くの判例において、《憲法が 81 条に規定するところを除いて、すべて立法が適宜に定めるところにゆだねている》旨の判示が繰り返されてきた。

しかし、こうした広い立法裁量に一定の歯止めを設ける判例もあらわれてきている。その一例が、即決裁判手続において事実誤認を理由とする控訴を制限する（刑訴 403 条の 2 第 1 項）ことの合憲性が争われた**即決裁判手続事件**である。ここでは、審級制度が立法裁量に委ねられることを前提にしつつも、その裁量に、「憲法 81 条に規定するところ」と「合理的な理由」という 2 つの憲法上の枠が与えられた。前者は従来の判例でも言及されてきたものであるが、これは、違憲審査の終審が最高裁でなければならない（憲 81 条）こととの関係で生ずる憲法上の限界である。他方、「合理的な理由」は、憲法 32 条自身が設定した立法裁量の限界と考えられる。なお、本件の最判では、合理的理由の内容は事案類型ごとで異なることが示唆されている。即決裁判手続については、同手続の実効性確保、被告人に対する手続保障、科刑の制限といった点が、合理性を判断する際の考慮事項とされていた。

３．非訟手続と裁判における手続保障

（1）訴訟・非訟峻別論

憲法 32 条は、82 条と相まって、裁判に対して一定の手続を要求している。とはいえ、憲法は裁判所が扱うあらゆる事件においてこれらの手続を要求しているわけではない。判例は、訴訟事件と非訟事件とを区別し、訴訟事件においてのみ 32 条や 82 条の保障が及ぶとする立場（「訴訟・非訟峻別論」）を貫いている。そして、この判例理論の嚆矢となったのが、**強制調停事件**である。

本件の最高裁決定は、訴訟事件の裁判についてのみ、公開の法廷における対審および判決が憲法上要求されるとし、それがなされない場合には、「憲法 82 条に違反すると共に、同 32 条が基本的人権として裁判請求権を認めた趣旨をも没却する」と判示している。すなわち、公開・対審・判決は訴訟事件の裁判でしか保障されず、訴訟事件にもかかわらず公開・対審・判決によらない場合には、その裁判は 82 条と 32 条に違反するというわけである。ここでは 82 条

と 32 条との関係が気になるところであるが、本件決定が《82 条が要請する公開・対審・判決を経なければ、その裁判は 32 条の趣旨にも反する》旨を判示していることにかんがみれば、82 条の手続的要求が 32 条にもビルトインされていると解するのが相当であろう。加えて本件決定は、この手続的要求の対象を訴訟事件の裁判のみに限定し、非訟事件については公開・対審・判決は不要との立場をとっている。だとすれば、この判例理論は、結局のところ、《32 条の「裁判」の内容を 82 条の「裁判」と同一視し、訴訟事件の裁判には公開・対審・判決の保障を約束する一方で、非訟事件の裁判における手続保障は立法政策の問題とする》、画一的な二分論だと評価することができよう。

（2）訴訟事件と非訟事件の区別

では、訴訟事件と非訟事件はどのように区別されるのだろうか。一般的な理解に従えば、所与の権利義務（刑罰権を含む）を確定するための裁判をする場合が訴訟事件であり、私人間の生活関係に裁判所が後見的に関与し、権利義務の具体的内容を形成するための裁判をする場合が非訟事件である。強制調停事件での判示に従えば、「当事者の意思いかんに拘わらず終局的に、事実を確定し当事者の主張する権利義務の存否を確定」するための裁判が、訴訟事件ということになる。もっとも、この区別はアプリオリに存在するものではない。訴訟事件か非訟事件かの別は、まずもって、実定法がある種の権利義務を所与のものとして定めているか否かによって決せられることになる。それゆえ、たとえば実体法の文言に一般条項を用いるなどして権利義務の定め方を抽象的なままにとどめておき、その権利義務の具体的内容を裁判所が裁量的に形成できるように立法しておきさえすれば、この内容形成のための裁判は非訟手続に委ねることが可能となる。ただ、そうすると、両者の区別は、結局は実定法での定め方次第となってしまうため、これに対しては、憲法 32 条等の手続的要請が立法により骨抜きにされることになりかねない、との批判もある。

（3）夫婦同居審判事件

そこで次の 2 つの問いについて考えてみたい。①民法は、夫婦の同居時期や場所、態様について具体的基準を定めていない。それゆえ、家庭裁判所は裁量権を行使してその具体的内容を形成することが必要となる。この場合、そのための審判（夫婦同居審判）は非訟事件の裁判だと解されるので、この審判には、公開・対審・判決は不要といえるであろうか。②夫婦同居の具体的内容を定め

るためには、夫婦同居義務の存在を前提としなければならない。この前提には、夫婦同居義務という実体的権利義務の存否に関する判断が伴うはずなので、夫婦同居審判には、むしろ公開・対審・判決が必要なのではないか——。

　夫婦同居審判事件において、この問いに対する最高裁なりの回答が与えられた。まず①に関して、本件の最高裁決定は、訴訟事件には公開・対審・判決が必要であるとする一方で、夫婦同居審判は「本質的に非訟事件の裁判」であるため、公開・対審・判決は不要と判断している。だが、②については、「前提たる同居義務等自体については公開の法廷における対審及び判決を求める途が閉ざされているわけではない」こと（別訴可能性）を強調し、これを根拠に、公開・対審・判決がなくても 32 条・82 条に違反しない旨を判示している。

　ここでは②への回答に注目しておきたい。本件決定では、別訴可能性が正当化根拠として挙げられている。その含意するところを噛み砕いて説明するならば、次のようにいえるであろう。すなわち、《たしかに夫婦同居審判では、前提問題として夫婦同居義務の存否に関する判断が不可避である。しかし、夫婦同居審判は 32 条の手続的要請の及ばない非訟事件の裁判なので、ここでは実体的権利義務自体（夫婦同居義務の存否）を終局的に確定することはできない。換言すれば、公開・対審・判決が保障されていない非訟事件の裁判でなされた実体的権利義務の存否に関する判断には、そもそも既判力が及ばず、それゆえ、この実体的権利義務の存否については後に別訴で争うことが可能といえる。そして、この別訴では、公開・対審・判決といった 82 条・32 条の要請を満たす訴訟手続での裁判が保障されているので、最終的には憲法上の手続的要請に応えることができている》、というわけである。ここでの思考の軸は徹頭徹尾、訴訟と非訟との峻別にある。別訴による手続保障も実体的権利義務の判断に限られている。だとすれば、この別訴可能性という論拠も、判例法理たる訴訟・非訟峻別論のなかに位置づけられてしかるべきであろう。

（4）別の訴訟手続を予定しない非訟事件

　ただ、非訟事件の裁判には、後の訴訟で実体的権利義務の存否について終局的に確定されることを予定するものと、そうでないものとの 2 種類が存在する。夫婦同居審判は前者、次にみる過料の裁判は後者の例である。

　過料の裁判では、過料を科せられた者の不服申立手続として即時抗告があるだけで、夫婦同居審判のように、不服があったときに別途、公開の訴訟手続で

争うことは予定されていない。それゆえ、非公開の過料裁判を正当化するにあたり、別訴可能性という論拠を用いることは不可能である。

そこで、**過料決定事件**において、最高裁がどのような論拠に基づいてその正当化を行ったのかをみてみると、《過料の裁判が「一種の行政処分としての性質」を有しており、訴訟事件の裁判とは異なるため、公開・対審・判決は不要である》こと、ならびに、《非訟事件手続法により「公正な不服申立手続」が保障されている》こと等を論拠に、憲法32条・82条に違反しない旨判断している。ここでは2つの論拠が示されているが、このうち「一種の行政処分としての性質」を有しているとの論拠は、過料の裁判それ自体の手続における正当化にかかわるものである。これに対して、「公正な不服申立手続」の保障という論拠は、公開・対審等を欠く過料の裁判それ自体ではなく、その不服申立手続において公開の対審が保障されていないことにかかわる。

この点、もし過料の裁判自体とこれに対する不服申立手続とは別個に観念されるべきと考えるのであれば、不服申立手続のうち訴訟事件の部分については、手続保障を伴う別訴の途が必要となろう。これにつき、本件決定の立場は判然としないが、《過料の裁判を公開・対審によらないで行うことが許される以上、その不服申立手続も公開・対審によらないのは当然》との判示がなされていることからすれば、ここでは、両者は一連で一体の非訟事件と理解されているように思われる。

ただ、そうだとすると、「公正な不服申立手続」の保障が論拠となって32条違反の主張が退けられている点は、ややわかりにくい。この論拠について、夫婦同居審判事件における別訴可能性の論拠に対応させたものと考える余地もなくはないが、32条の手続保障が非訟事件に関連づけられる限りで、ここでは訴訟・非訟峻別論との整合性が問題とならざるをえない。そして、その後の判例でも、訴訟・非訟峻別論が堅持されていることにかんがみれば、本件における「公正な不服申立手続」の保障という論拠は、ややもすれば非訟事件手続法上の手続保障を追認する程度の意味しか有していないと解すべきなのかもしれない（ただ反対に、訴訟・非訟峻別論には依拠せず、非訟事件に対しても一定の手続保障が憲法上与えられるべきと考える立場からすれば、この論拠ないし判示は、非訟事件に手続保障を求める足がかりとして、重要な役割を果たすものと理解されよう）。

Ⅲ 発展解説

1. 審問請求権

判例法理である訴訟・非訟峻別論によれば、憲法 32 条の保障は非訟事件には及ばないため、非訟事件における手続保障は、基本的に立法政策の問題にすぎない。しかし、非訟事件のなかには、争訟性があり、複数人の利害が対立するものも存在する。このような場合に審問請求権（当事者が裁判所に対して自己の見解を表明し、かつ、聴取される機会を与えられることを要求できる権利）が保障されなくても、憲法上の疑義はないのだろうか。

即時抗告申立書の写しを即時抗告の相手方に送付するなどして相手方に攻撃防御の機会を与えることなく、相手方の申立てを却下するなどした抗告裁判所の審理手続の違法性が問われた事件がある。最高裁は、ここで次のような注目すべき判断を行った。すなわち、「攻撃防御の機会を与えることのないまま……抗告人に不利益な判断をしたことは、明らかに民事訴訟における手続的正義の要求に反するというべきであり、その審理手続には、裁量の範囲を逸脱した違法がある」（最決平 23・4・13 民集 65 巻 3 号 1290 頁）と判断したのである。これは、審問請求権の保障という意味では大いなる前進である。とはいえ、この説示から、非訟事件の裁判において審問請求権が承認されたと断ずるのは、性急に過ぎよう。というのも、ここでは、攻撃防御の機会を与えなかったことが「手続的正義」の要求に反するとの点が強調されたにとどまり、この「手続的正義」は、あくまで裁判所の裁量統制のための基本原則として言及されたにすぎないからである。したがって、本件決定における違法判断は憲法 32 条に基づく憲法上の帰結そのものではない点には、注意が必要である。

2. 実効的権利救済

判例法理によれば、憲法 32 条は「法律上の利益」を有することを前提に、本案の裁判を受ける権利を保障したにとどまる（前掲最大判昭 35・12・7）。しかし、たとえば行訴法の訴訟類型や訴訟要件の規定のされ方次第では、訴えの提起が認められず、それが実効的な救済の妨げとなるという事態も生じよう。

かつて、土地区画整理事業計画決定の段階で取消訴訟を提起できるかについて争われた**青写真事件**（最大判昭 41・2・23 民集 20 巻 2 号 271 頁）では、最高裁は、「土地区画整理事業のように、一連の手続を経て行なわれる行政作用について、

どの段階で、これに対する訴えの提起を認めるべきかは、立法政策の問題とも
いいうるのであつて、一連の手続のあらゆる段階で訴えの提起を認めなければ、
裁判を受ける権利を奪うことになるものとはいえない」と判示し、取消訴訟の
訴えの却下は 32 条には違反しない、と結論づけていた。

　しかし、最大判平 20・9・10 民集 62 巻 8 号 2029 頁は、この判例を変更し、
土地区画整理事業計画決定について取消訴訟の提起を認めた。この判例変更に
際して、最高裁は、「事業計画の適否が争われる場合、実効的な権利救済を図る
ためには、事業計画の決定がされた段階で、これを対象とした取消訴訟の提起
を認めることに合理性がある」として、「実効的な権利救済を図る」ことを理由
に、取消訴訟の対象となる処分の範囲を拡張している。この判示は、裁判を受
ける権利保障の実質化という点で非常に重要な意味をもつといえよう。とはい
え、ここでは 32 条に一切触れられていないので、この判示だけでは、実効的権
利救済を求める権利が 32 条の裁判を受ける権利の一内容として承認されたと
まではいえまい。ただ、この判示から、「実効的な権利の救済を図る」ことが立
法者ないし裁判所にとっての義務的考慮事項として 32 条から導出しうる段階
に至ったと評価することは、許されてよいかもしれない。

まとめ

□ 裁判を受ける権利は、立法者による制度形成に依拠した権利であり、裁判
　所の組織、権限、審級その他の構成は、基本的に立法政策の問題である。
　ただし、出訴期間の短縮や上訴制限の場合には、「著しく不合理」や「合理
　的な理由」といった立法裁量の歯止めが存在することもある。
□ 最高裁は、訴訟には公開・対審・判決のすべてを保障し、非訟にはこれら
　を保障しなくても憲法 32 条・82 条に反しないとする「訴訟・非訟峻別論」
　に立っている。
□ 後の訴訟において実体的権利義務の存否について終局的に確定されるこ
　とを予定するものであるか否かで、非訟事件の裁判が非公開であることの
　正当化根拠に違いが生じうる。
□ 審問請求権や実効的権利救済の趣旨を踏まえた判例があらわれてきたが、
　判例は、憲法 32 条から直接これらを導出しているわけではない。

FAQ

Q 判例法理に依拠した場合、家事審判手続で権利義務の具体的内容を争った後に、不服のある当事者が、権利義務の存否それ自体を訴訟手続で争うことができることになりますが、これでは家事審判を非訟手続で行うこととした意義自体が没却されてしまうのではないでしょうか。

A 家事審判法が夫婦同居に関する処分を家庭裁判所の審判事項にしているのは、夫婦同居義務を履行する場所・時期・態様等の具体的内容に関する紛争は、倫理的・道義的要素を含む身分関係に関するものであるため、訴訟事件の場合のような対立抗争形式によるものよりも当事者の協議による解決のほうが望ましく、簡易迅速に処理されることが望ましいと考えられたからである。それゆえ、多くの学説は、夫婦同居の審判確定後に権利義務自体について別に訴訟手続で争いうるとすることは、1つの手続で紛争を終局的に解決することを妨げることにつながると考え、このような判例法理を、家事審判の存在意義自体を没却するものだと批判している。その限りで、この質問者の見解は、学説による判例批判と軌を一にするものといえる。

こうした学説による批判の背後には、判例のように訴訟と非訟の峻別にこだわるのではなく、それぞれの事件の性質に応じた適正な手続保障を備えた審理方式を模索すべきとの考えがある。夫婦同居審判のように実体的権利義務の存否の確定とその具体的内容の形成とを一体的に処理するほうが制度の趣旨に合致する場合もあれば、訴訟事件であってもプライバシー等の理由から公開・対審にそぐわないものもある。また、非訟事件であっても争訟性の高い場合には、公開・対審、その他手続保障を充実させることが望ましいときもあろう。しかし、訴訟・非訟峻別論という判例法理に依拠する限り、このような柔軟な対応は困難である。場合によっては、判例を乗り越えることが必要なときもあるかもしれない（たとえば、**寺西判事補事件**（➡第1章・第33章）のような事案であれば、懲戒手続においては特に手続の公正さが要請されること、一般の公務員の懲戒では取消訴訟の提起が可能であること等を理由に、分限裁判の公開を求めたとしても、それはありうべき1つの憲法上の主張といえるのではなかろうか）。　　〔丸山　敦裕〕

▶監獄法施行規則接見制限事件（最判平3・7・9民集45巻6号1049頁）
▶児童扶養手当法施行令事件（最判平14・1・31民集56巻1号246頁）
▶医薬品ネット販売事件（最判平25・1・11民集67巻1号1頁）

はじめに　行政機関の制定する法形式を総称して命令という。憲法が命令の存在を予定した規定を置き（16条・81条・98条1項）、内閣の職務として、命令の1つである政令制定権を明示していること（73条6号）、行政機関が法令を制定する必要性、合理性が強く認められることなどを理由に、命令の制定が憲法上認められるということに争いはない。

　もっとも、憲法41条が国会を「国の唯一の立法機関」としていることから、命令の制定には法律による個別的・具体的な委任が必要であり、一般的・抽象的な委任は許されない。また委任を受けた命令は、法律による委任の範囲内でその制定が認められたにすぎず、委任の範囲を逸脱するものであってはならない。このように委任立法の問題は、①委任する法律側の白紙委任性の問題と、②委任を受けて制定された命令が法律の授権の範囲を逸脱するか否かの問題に大別されて議論されている。

　本章では、②の問題について、命令を委任の範囲を逸脱し違法とした近時の最高裁判例をいくつか取り上げて「通覧」し、その考え方を明らかにしたうえで、それを踏まえ①の問題についても考えることにしたい。

I 判旨

■監獄法施行規則接見制限事件（以下、監獄法施行規則事件とする）

　「被勾留者には一般市民としての自由が保障されるので、〔監獄〕法45条は、被勾留者と外部の者との接見は原則としてこれを許すものとし、例外的に、これを許すと支障を来す場合があることを考慮して、……障害発生の防止のために必要な限度で右の接見に合理的な制限を加えることができる、としているにすぎないと解される。この理は、被勾留者との接見を求める者が幼年者であっても異

なるところはない」。

「これを受けて、法50条は、『接見ノ立会……其他接見……ニ関スル制限ハ命令ヲ以テ之ヲ定ム』と規定し、命令（法務省令）をもって、面会の立会、場所、時間、回数等、面会の態様についてのみ必要な制限をすることができる旨を定めているが、もとより命令によって右の許可基準そのものを変更することは許されない」。

他方、監獄法施行「規則120条が原則として被勾留者と幼年者との接見を許さないこととする一方で、規則124条がその例外として限られた場合に監獄の長の裁量によりこれを許すこととしていることが明らかである。しかし、これらの規定は、たとえ事物を弁別する能力の未発達な幼年者の心情を害することがないようにという配慮の下に設けられたものであるとしても、それ自体、法律によらないで、被勾留者の接見の自由を著しく制限するものであって、法50条の委任の範囲を超えるものといわなければならない」。

■児童扶養手当法施行令事件

「〔児童扶養手当〕法は、父と生計を同じくしていない児童が育成される家庭の生活の安定と自立の促進に寄与するため、当該児童について児童扶養手当を支給し、もって児童の福祉の増進を図ることを目的としている（法1条）が、父と生計を同じくしていない児童すべてを児童扶養手当の支給対象児童とする旨を規定することなく、その4条1項1号ないし4号において一定の類型の児童を掲げて支給対象児童とし、同項5号で『その他前各号に準ずる状態にある児童で政令で定めるもの』を支給対象児童としている。同号による委任の範囲については、その文言はもとより、法の趣旨や目的、さらには、同項が一定の類型の児童を支給対象児童として掲げた趣旨や支給対象児童とされた者との均衡等をも考慮して解釈すべきである」。

「法が4条1項各号で規定する類型の児童は、……1条の目的規定等に照らして、世帯の生計維持者としての父による現実の扶養を期待することができないと考えられる児童、すなわち、児童の母と婚姻関係にあるような父が存在しない状態、あるいは児童の扶養の観点からこれと同視することができる状態にある児童を支給対象児童として類型化しているものと解することができる」。

「婚姻外懐胎児童が認知により法律上の父がいる状態になったとしても、依然として法4条1項1号ないし4号に準ずる状態が続いているものというべきである。そうすると、施行令1条の2第3号（「母が婚姻（婚姻の届出をしていないが事実上婚姻関係と同様の事情にある場合を含む。）によらないで懐胎した児童（父から認知された児童を除く。）」とする規定）が本件括弧書〔後者の（父から認知された児童を除く。）の部分のこと〕を除いた本文において、法4条1項1号ないし4号に準ずる状態にある婚姻外懐胎児童を支給対象児童としながら、本件括弧書により父から認知された婚姻外懐胎児童を除外することは、法の趣旨、目的に照ら

し両者の間の均衡を欠き、法の委任の趣旨に反するものといわざるを得ない」。

■医薬品ネット販売事件

　「新薬事法成立の前後を通じてインターネットを通じた郵便等販売に対する需要は現実に相当程度存在していた上、郵便等販売を広範に制限することに反対する意見は一般の消費者のみならず専門家・有識者等の間にも少なからず見られ、また、政府部内においてすら、一般用医薬品の販売又は授与の方法として安全面で郵便等販売が対面販売より劣るとの知見は確立されておらず、薬剤師が配置されていない事実に直接起因する一般用医薬品の副作用等による事故も報告されていないとの認識を前提に、消費者の利便性の見地からも、一般用医薬品の販売又は授与の方法を店舗における対面によるものに限定すべき理由には乏しいとの趣旨の見解が根強く存在していたものといえる。しかも、憲法22条1項による保障は、狭義における職業選択の自由のみならず職業活動の自由の保障をも包含しているものと解されるところ（最大判昭50・4・30民集29巻4号572頁参照）、旧薬事法の下では違法とされていなかった郵便等販売に対する新たな規制は、郵便等販売をその事業の柱としてきた者の職業活動の自由を相当程度制約するものであることが明らかである」。

　「これらの事情の下で、厚生労働大臣が制定した郵便等販売を規制する新施行規則の規定が、これを定める根拠となる新薬事法の趣旨に適合するもの（行政手続法38条1項）であり、その委任の範囲を逸脱したものではないというためには、立法過程における議論をもしんしゃくした上で、新薬事法36条の5及び36条の6を始めとする新薬事法中の諸規定を見て、そこから、郵便等販売を規制する内容の省令の制定を委任する授権の趣旨が、上記規制の範囲や程度等に応じて明確に読み取れることを要するものというべきである」。

　「新施行規則による規制は、……一般用医薬品の過半を占める第一類医薬品及び第二類医薬品に係る郵便等販売を一律に禁止する内容のものである。これに対し、新薬事法36条の5及び36条の6は、いずれもその文理上は郵便等販売の規制並びに店舗における販売、授与及び情報提供を対面で行うことを義務付けていないことはもとより、その必要性等について明示的に触れているわけでもなく、医薬品に係る販売又は授与の方法等の制限について定める新薬事法37条1項も、郵便等販売が違法とされていなかったことの明らかな旧薬事法当時から実質的に改正されていない。また、新薬事法の他の規定中にも、店舗販売業者による一般用医薬品の販売又は授与やその際の情報提供の方法を原則として店舗における対面によるものに限るべきであるとか、郵便等販売を規制すべきであるとの趣旨を明確に示すものは存在しない。なお、検討部会における議論及びその成果である検討部会報告書並びにこれらを踏まえた新薬事法に係る法案の国会審議等において、……そもそも国会が新薬事法を可決するに際して第一類医薬品及び第二類医薬品に係る郵便等販売を禁止すべきであるとの意思を有し

ていたとはいい難い。そうすると、新薬事法の授権の趣旨が、第一類医薬品及び第二類医薬品に係る郵便等販売を一律に禁止する旨の省令の制定までをも委任するものとして、上記規制の範囲や程度等に応じて明確であると解するのは困難であるというべきである」。

「したがって、新施行規則のうち、店舗販売業者に対し、一般用医薬品のうち第一類医薬品及び第二類医薬品について、①当該店舗において対面で販売させ又は授与させなければならない……ものとし、②当該店舗内の情報提供を行う場所において情報の提供を対面により行わせなければならない……ものとし、③郵便等販売をしてはならない……ものとした各規定は、いずれも上記各医薬品に係る郵便等販売を一律に禁止することとなる限度において、新薬事法の趣旨に適合するものではなく、新薬事法の委任の範囲を逸脱した違法なものとして無効というべきである」。

Ⅱ 基本解説

1．法律の委任の内容

Ⅰで通覧した判例は、いずれも、問題となった命令は法律の委任の範囲を逸脱した違法なものであるとして無効と判断した。それでは、そのような結論はどのようにして導き出されたのだろうか。まずこの点を確認しよう。

（1）判旨の確認

監獄法施行規則事件では、命令では被勾留者との面会の態様についてのみ必要な制限をすることができるにすぎず、許可基準そのものを変更することは許されないにもかかわらず、その旨を定めていた監獄法施行規則を違法と判断した。委任の範囲をこのように限定したのは、監獄法の他の規定の定めと、被勾留者は当該拘禁関係に伴う制約の範囲外においては原則として一般市民としての自由を保障されること等に照らして、監獄法の規定を解釈した結果としてであった。すなわち、監獄法 45 条は、原則として被勾留者と外部の者との接見を容認するものであり、例外的に、これを許すと支障を来す場合に、それを防止するために必要かつ合理的な範囲において接見制限を加えることができるとする趣旨の規定であり、それを受けて、接見制限について命令に委任している監獄法 50 条の趣旨を限定的に解釈したからであった（➡刑事施設被収容者の権利・自由の問題については、第 29 章参照）。

児童扶養手当法施行令事件では、児童扶養手当の支給対象児童を定める旧児

童扶養手当法施行令1条の2第3号「母が婚姻（婚姻の届出をしていないが事実上婚姻関係と同様の事情にある場合を含む。）によらないで懐胎した児童（<u>父から認知された児童を除く。</u>）」のうち、「父から認知された児童を除く」という括弧書部分（下線を引いた部分）について、同法の委任の趣旨に反し違法であるとしたが、この結論にいたったのは、法律による委任の範囲について、「その文言はもとより、法の趣旨や目的、さらには、同項が一定の類型の児童を支給対象児童として掲げた趣旨や支給対象児童とされた者との均衡等をも考慮して解釈」して明らかにされた児童扶養手当法の委任の趣旨と命令とが整合しないと判断されたためであった。

医薬品ネット販売事件では、薬事法施行規則の医薬品のネット販売を一律に禁止していた部分について、新薬事法の委任の範囲を逸脱した違法なものとして無効としたが、その理由は、行政内部でこの問題に対する意見対立があったことや、当該規制が職業活動の自由を相当程度制約するものであるといった事情を踏まえ、「立法過程における議論をもしんしゃくした上で、新薬事法36条の5及び36条の6を始めとする新薬事法中の諸規定を見て、そこから、郵便等販売を規制する内容の省令の制定を委任する授権の趣旨が、上記規制の範囲や程度等に応じて明確に読み取れ」なかったため、新薬事法の授権の趣旨が、第一類医薬品および第二類医薬品に係る郵便等販売を一律に禁止する旨の省令の制定までをも委任するものとして、上記規制の範囲や程度等に応じて明確であると解するのは困難とされたからであった。

（2）委任法律の解釈

このように、法律の委任を受けた命令が委任の範囲を逸脱すると判断された際に決め手となっているのは、委任法律が委任をした趣旨の解釈である。そして、その解釈に際して、法律の当該規定の文言のみならず、さまざまな事柄——法全体の趣旨や目的、他の規定との関係、命令により規制を受ける行為の性質、立法過程における議論など——が検討されていることがわかる。

法律の委任を受けた命令が委任の範囲を逸脱するかが争点となった事案において、最高裁は比較的厳しい姿勢を見せており、無効と判断された事案も少なくない（最判昭38・12・24集刑149号369頁、最大判昭46・1・20民集25巻1号1頁、最決平15・12・25民集57巻11号2562頁、最判平18・1・13民集60巻1号1頁、最大判平21・11・18民集63巻9号2033頁など）。**I**で通覧した判例はその一部で

あるが、それを含む従来の判例の立場について、医薬品ネット販売事件の調査官解説は、「委任命令が授権規定による委任の範囲内といえるか否かについての考慮要素として、①授権規定の文理、②授権規定が下位法令に委任した趣旨、③授権法の趣旨、目的及び仕組みとの整合性、④委任命令によって制限される権利ないし利益の性質等が一応挙げられるのではないかと考えられる」と整理している（曹時67巻11号（2015）311頁〔岡田幸人〕）。この整理からも、法律の委任を受けた命令が委任の範囲を逸脱するかの判断に際して重視されているのが、「法律が何を委任したのか」という授権規定たる法律側の意味内容や趣旨の解釈であり、その際にさまざまな事柄が考慮されているということがわかる。

２．憲法上の権利の役割

　法律の委任の趣旨を限定的に解釈するにあたって、監獄法施行規則事件では、「当該拘禁関係に伴う制約の範囲外においては、原則として<u>一般市民としての自由を保障される</u>」（**よど号ハイジャック記事抹消事件**（➡第29章・第33章）等を引用している）ということが、児童扶養手当法施行令事件では、「支給対象児童とされた者との<u>均衡</u>」（＝平等）が、考慮要素とされていた。ここでは、（憲法上の）自由や平等が、委任をした法律規定の趣旨を限定する役割を果たしている。

　医薬品ネット販売事件では、「郵便等販売をその事業の柱としてきた者の<u>職業活動の自由を相当程度制約するものであること</u>」が、「上記規制の範囲や程度等に応じて明確に読み取れることを要する」理由の１つとされていた。この点につき同判決の調査官解説は、憲法22条１項により保障される職業活動の自由を制約する命令であったが故に、命令が「新薬事法の授権の趣旨に反するか否かが厳格に審査されてもやむを得ないであろう」と指摘している（岡田・前掲340頁）。ここでは、法律の委任を受けた命令により制約を受ける権利や自由の性質に応じて、当該命令が委任法律に適合するかの判断の寛厳が変化することが示されている。このように（憲法上の）権利や自由の性質は、委任した法律の趣旨を限定する際にも、委任を受けて制定された命令が委任の趣旨を逸脱するかを判断する際にも、考慮要素として機能している。

　この立場によれば、法律の委任を受けた命令により制約を受ける権利や自由が重要でない場合などには、委任の趣旨を広く解することも可能となる。たとえば、旧銃砲刀剣類登録規則４条２項が、銃砲刀剣類所持等取締法14条１項の登録の対象となる刀剣類の鑑定基準として、美術品として文化財的価値を有

する日本刀に限定し、外国刀剣を除外する旨を定めていることは、同条5項の委任の趣旨を逸脱するものではないとした事案（最判平2・2・1民集44巻2号369頁）について、当該銃砲刀剣類登録制度は、「美術品・骨董品としての鑑賞のために必要であるとの観点から、例外的な所持の余地を認めようとするものであって、登録による銃砲刀剣類の所持が一種の特権としての性格を有する（したがって、これをいかなる場合に認めるかについて行政機関の広範な裁量を認めても構わない。）との価値判断が背景にあるものと考えられる」という指摘（曹時・前掲335頁〔岡田〕）は、このことを示している。

Ⅲ 発展解説

上述したように、委任立法の問題は、委任する法律側の白紙委任性の問題と、法律の委任を受けて制定された命令が委任の範囲を逸脱するかという問題に大別されるが、基本解説でみたとおり、後者の問題を判断するにあたって最高裁が重視しているのは、委任法律の意味内容・趣旨の解釈であった。それでは、委任した法律それ自体の憲法適合性（白紙委任であるか否か）を問う前者の問題において行われる法律解釈と、後者の問題に際して検討される委任法律の解釈は、同じように行われるものなのだろうか。以下、関連判例を概観してこの点を考えてみよう。

1．猿払事件

（1）多数意見

法律の白紙委任性は、特に犯罪構成要件を命令へと委任する法律規定の合憲性というかたちで争われてきた。国家公務員の政治的行為規制に関する**猿払事件**（➡第1章・第2章）でもこれが主要論点の1つであった。すなわち、一般職の国家公務員に関し、「職員は、政党又は政治的目的のために、寄附金その他の利益を求め、若しくは受領し、又は何らの方法を以てするを問わず、これらの行為に関与し、あるいは選挙権の行使を除く外、人事院規則で定める政治的行為をしてはならない。」と規定する国公法102条1項の白紙委任性である。

多数意見は、「政治的行為の定めを人事院規則に委任する国公法102条1項が、公務員の政治的中立性を損うおそれのある行動類型に属する政治的行為を具体的に定めることを委任するものであることは、同条項の合理的な解釈により理解しうるところである。……右条項は、それが同法82条による懲戒処分

及び同法 110 条 1 項 19 号による刑罰の対象となる政治的行為の定めを一様に委任するものであるからといって、そのことの故に、憲法の許容する委任の限度を超えることになるものではない」としたが、ここでは、委任法律規定の「合理的な解釈」によって委任の趣旨を読み取るという手法が採用されており、文言のみによって判断するものではないことが示されている。

（2）反対意見

猿払事件判決には、多数意見が懲戒処分と刑罰の対象となる行為を一律に委任することを認めた部分について、大隅健一郎裁判官ほか 4 名の反対意見が付されている。この反対意見では、「多数意見と異なるものではなく、むしろこれを補足するものとして十分に参考に値する内容」（最判解刑事昭和 49 年度 243 頁〔香城敏麿〕）とされる「委任法律の憲法適合性」についての一般論が展開されており、そこでは次のように述べられている。「一般論として、国会が、法律自体の中で、特定の事項に限定してこれに関する具体的な内容の規定を他の国家機関に委任することは、その合理的必要性があり、かつ、右の具体的な定めがほしいままにされることのないように当該機関を指導又は制約すべき目標、基準、考慮すべき要素等を指示してするものであるかぎり、必ずしも憲法に違反するものということはできず、また、右の指示も、委任を定める規定自体の中でこれを明示する必要はなく、当該法律の他の規定や法律全体を通じて合理的に導き出されるものであってもよいと解される」。この考え方は、猿払事件判決の多数意見とも、Ⅱで通覧した判例の考え方とも、基本的に同一であるように見受けられる。

2．退職一時金返還請求事件

そして猿払事件判決反対意見で示されたこの考え方は、委任法律の憲法適合性が問題となった近時の判例でも踏襲されている。退職一時金に付加して返還すべき利子の利率の定めを政令に委任する国家公務員共済組合法附則 12 条の 12 第 4 項、そして同条の経過措置を定める厚生年金保険法等の一部を改正する法律附則 30 条 1 項は、白紙委任ではなく憲法 41 条および 73 条 6 号に違反しないとした**退職一時金返還請求事件**（最判平 27・12・14 民集 69 巻 8 号 2348 頁）でも、当該法律の規定や条文の文言のみで委任の趣旨を解釈せず、法律の定める制度やその趣旨、法改正の経緯等も踏まえて条文の趣旨を把握し、政令への委任の趣旨を読み取っており（野口貴公美「判批」法教 430 号（2016）130 頁）、このよ

うな検討の仕方については、猿払事件判決反対意見の立場を「前提としている
ものと考えられる」と指摘されている（最判解民事平成27年度(下)617頁〔徳地淳〕）。

　これまで最高裁は、委任する法律側の白紙委任性を認めて当該法律が違憲で
あると判示したことがなく、積極的に委任を受けた命令が法律の範囲を逸脱す
ると判断している姿勢とは対照的なようにもみえるが、委任法律の趣旨解釈の
仕方は、基本的に同一であるといってよい。そうだとすれば、委任立法の問題
を考えるにあたって、法律の委任それ自体の白紙委任性の問題と、委任を受け
て制定された命令が法律の授権の範囲を逸脱するかの問題とは、必ずしも峻別
されるべきではなく、両者を統合的に検討する視点が必要となろう。そしてそ
の際、制限を受ける権利や自由の性質を踏まえて、立法裁量の広狭や命令の委
任法律適合性判断の寛厳を考えていくことが重要である。

まとめ

□　委任立法に関する問題は、法律の規定の白紙委任性の問題と、委任を受け
て制定された命令が委任の範囲を逸脱するかという問題に大別される。

□　法律の委任を受けて制定された命令が委任の範囲を逸脱するかという問
題に対して、最高裁は、委任の範囲を逸脱し違法であるという判断を多く
出している。

□　法律の委任を受けて制定された命令が委任の範囲を逸脱するかどうかを
判断するにあたって、最高裁は、委任法律の規定の文言のみならず、法全
体の趣旨や目的、他の規定との関係、命令により規制を受ける行為の性質、
立法過程における議論などを検討して、法律の委任規定の具体的内容を導
き出している。

□　法律の委任を受けて制定された命令によって制約される権利や自由の性
質に応じて、委任法律の趣旨をどこまで絞り込むか、命令が委任した法律
に適合するかをどこまで厳格にみるのかが変化する。

□　法律の委任規定の白紙委任性の問題に対して、最高裁は違憲と判断したこ
とはないが、法律の委任規定の趣旨を読み取る際の検討方法は、法律の委任
を受けて制定された命令が委任の範囲を逸脱するかの検討において当該
法律の委任規定の具体的内容を導き出す検討方法と基本的に同一である。

□　委任立法に関する問題では、いずれにしても法律の委任規定を事案に即し

て解釈し、その趣旨や具体的な意味内容を明らかにすることが肝要である。

FAQ

Q 法律の根拠がなければ命令は制定できないとのことでしたが、褒章条例という名前の政令は、法律の根拠なく制定された命令であると聞きました。これはどのように説明されるのでしょうか。

A 天皇が授与する栄典（憲7条7号）について定める法律は存在しない。その根拠法令は、褒章条例（明治14年太政官布告63号）である。昭和30年に褒章条例を改正した際、法律ではなく政令で行ったために、法律の根拠のない命令ではないかと問題になったことがある。政府は、①法律で定めなければならないのは、「新たに国民の権利を制限し、又は義務を課するような法規範」であるが、褒章条例はそれに該当しない、②憲法73条6号は、内閣の事務として「この憲法及び法律の規定を実施するために、政令を制定すること」としており、褒章条例は「憲法……の規定を実施」する政令である、といった理由に基づいていたとされるが、学説からの批判は少なくない。　〔横大道　聡〕

25 部分社会の法理

通覧型

▶ **村会議員出席停止事件**（最大判昭 35・10・19 民集 14 巻 12 号 2633 頁）
▶ **富山大学事件**（最判昭 52・3・15 民集 31 巻 2 号 234 頁）
▶ **共産党袴田事件**（最判昭 63・12・20 判時 1307 号 113 頁）

はじめに 　裁判所は団体の内部紛争の問題を審査できるのか、あるいは
いかなる範囲で審査ができるのかという問題について、最高
裁は「部分社会の法理」という独自の法理を形成してきた。団体内部の紛争
すべてを裁判所が審査できるとするのは、団体運営が裁判所の統制下に置
かれることであり、団体の自律性を大きく損なう。裁判所も司法権を行使
する公権力であることが忘れられてはならない。他方、団体の内部問題が
すべて団体の自治的決定に委ねられるとするのも、構成員である個人の権
利利益の保護の点で問題がある。そこで、これらの2つの要請を勘案して
最高裁が練り上げたのが、上記部分社会の法理である。

　本章では、まず基本解説（**Ⅱ**）において、部分社会の法理の基本的な考え
方を、個別判例を通覧することで明らかにする。次に、団体の内部紛争に関
して多くの判例があるのが宗教団体である。宗教団体には憲法 20 条で信教
の自由が保障される反面、国家機関としての裁判所は政教分離原則の適用
を受けるため、問題はより一層複雑な様相を呈する。そこで発展解説（**Ⅲ**）
では、宗教団体の内部紛争について、裁判所がどのような考え方に基づい
て審査を行っているのかをみていくことにしたい。

Ⅰ 判旨

■村会議員出席停止事件

　「一口に法律上の係争といっても、その範囲は広汎であり、その中には事柄の
特質上司法裁判権の対象の外におくを相当とするものがあるのである。けだし、
自律的な法規範をもつ社会ないしは団体に在っては、当該規範の実現を内部規
律の問題として自治的措置に任せ、必ずしも、裁判にまつを適当としないものが

あるからである。本件における出席停止の如き懲罰はまさにそれに該当するものと解するを相当とする。（尤も昭和35年3月9日大法廷判決──民集14巻3号355頁以下──は議員の除名処分を司法裁判の権限内の事項としているが、右は議員の除名処分の如きは、議員の身分の喪失に関する重大事項で、単なる内部規律の問題に止らないからであって、本件における議員の出席停止の如く議員の権利行使の一時的制限に過ぎないものとは自ら趣を異にしているのである。従って、前者を司法裁判権に服させても、後者については別途に考慮し、これを司法裁判権の対象から除き、当該自治団体の自治的措置に委ねるを適当とするのである。）」

■富山大学事件

「一般市民社会の中にあってこれとは別個に自律的な法規範を有する特殊な部分社会における法律上の係争のごときは、それが一般市民法秩序と直接の関係を有しない内部的な問題にとどまる限り、その自主的、自律的な解決に委ねるのを適当とし、裁判所の司法審査の対象にはならないものと解するのが、相当である……。そして、大学は、国公立であると私立であるとを問わず、学生の教育と学術の研究とを目的とする教育研究施設であって、その設置目的を達成するために必要な諸事項については、法令に格別の規定がない場合でも、学則等によりこれを規定し、実施することのできる自律的、包括的な権能を有し、一般市民社会とは異なる特殊な部分社会を形成しているのであるから、このような特殊な部分社会である大学における法律上の係争のすべてが当然に裁判所の司法審査の対象になるものではなく、一般市民法秩序と直接の関係を有しない内部的な問題は右司法審査の対象から除かれるべきものであることは、叙上説示の点に照らし、明らかというべきである」。

■共産党袴田事件

「政党の結社としての自主性にかんがみると、政党の内部的自律権に属する行為は、法律に特別の定めのない限り尊重すべきであるから、政党が組織内の自律的運営として党員に対してした除名その他の処分の当否については、原則として自律的な解決に委ねるのを相当とし、したがって、政党が党員に対してした処分が一般市民法秩序と直接の関係を有しない内部的な問題にとどまる限り、裁判所の審判権は及ばないというべきであり、他方、右処分が一般市民としての権利利益を侵害する場合であっても、右処分の当否は、当該政党の自律的に定めた規範が公序良俗に反するなどの特段の事情のない限り右規範に照らし、右規範を有しないときは条理に基づき、適正な手続に則ってされたか否かによって決すべきであり、その審理も右の点に限られるものといわなければならない」。

Ⅱ 基本解説

　団体の内部紛争が司法審査の対象になるかどうかについて、最高裁は「部分社会の法理」とよばれる法理を確立してきている。この法理は、**村会議員出席停止事件**でその萌芽となる考え方が示され、**富山大学事件**において定式化された。そして、その後の**共産党袴田事件**では、同法理の基本的な考え方を引き継ぎつつも、政党について同法理の内容が一層推し進められている。

1．村会議員出席停止事件に対する2つの理解

　地方議会議員に対する懲罰について、判例は以前から、除名処分が司法審査の対象となることを認めてきた（最大判昭35・3・9民集14巻3号355頁など）。村会議員出席停止事件は、除名処分と出席停止処分とを区別して、後者が司法審査の対象から除外されるという判断を示したことに意義がある。同事件では、同じく団体による懲罰処分であっても、除名処分が「議員の身分の喪失に関する重大事項」であるから司法審査の対象になるのに対して、出席停止処分は「議員の権利行使の一時的制限に過ぎないもの」であるから、地方議会の内部規律の問題として自治的措置に任せられるとされた。

　この判決については、2つの理解の仕方があるように思われる。それは、除名処分と出席停止処分を (a) 質的な違いとして捉えるか、(b) 量的な違いとして捉えるかによっている。まず (a) によれば、除名処分は構成員の身分を剥奪する点で、権利行使の制限にとどまる出席停止処分とは質的に区別される。判決文でいえば、除名処分が「議員の身分の喪失」である点に着目する。つまり、除名処分は構成員を団体の外部へと排除するものであるため、もはや「単なる内部規律の問題」にとどまらない。これは、権利制限などの「内部関係」と構成員の資格や身分に関係する「外部関係」との間に有意な違いを認めるものである（「内部・外部関係二分論」とよばれることがある）。

　この考え方は、前記のように、除名処分を無条件に司法審査の対象としてきた判例の伝統的立場と整合的である。また、その後の判例でも、**昭和女子大事件**（➡第3章・第28章）では、私立大学は「在学する学生を規律する包括的権能を有する」とされたにもかかわらず、退学処分という学生の身分にかかわる事案であったために、最高裁は訴えを却下せずに、実体判断を行っている。

　これに対し (b) によれば、出席停止処分と除名処分との違いは、程度の問題

にすぎない。出席停止処分と比べて、除名処分は重大な不利益処分であるといえるだろう。判決文でいえば、除名処分は「重大事項」であるから、司法審査の対象になると理解する。このことは逆に、不利益が重大であれば、除名処分でなくても司法審査の対象になる可能性がある。実際、村会議員出席停止事件判決の河村大助意見は、「残存任期一ぱいの出席停止ということもないとはいえず、実質的には除名処分と異らない場合もあり得る」とし、両者を程度の違いとして連続的に捉えており、出席停止処分であってもそれが重大な不利益をもたらす場合には司法審査の対象になりうることを認めている。以上から、除名処分が司法審査の対象になるのは、身分の喪失により権利利益が剥奪されるからではなく、それ自体が重大な権利利益の侵害であるから、との説明も成り立ちうるであろう。

このような考え方によれば、団体の内部問題であっても、制限される権利利益の性質や重要性によっては、司法審査の対象となりうる。そして、次にみる富山大学事件で示された判例法理としての「部分社会の法理」は、実は (b) の考え方に基づいている。

2. 「一般市民法秩序」—— 富山大学事件

富山大学事件では、司法審査の対象になるかどうかの基準を「一般市民法秩序と直接の関係を有する」か否かに求めるという一般法理を確立した。そして事案の解決として、「単位授与（認定）行為」は純然たる大学内部の問題であるから司法審査の対象外となるが、他方、「専攻科修了認定行為」は「学生が一般市民として有する公の施設を利用する権利を侵害する」（最判昭 52・3・15 民集 31 巻 2 号 280 頁）ために司法審査の対象になるとされた。ここまでならば、学生の身分を有しているか否か、つまり部分社会の構成員であるか否かを基準としている点で、村会議員出席停止事件で示された「内部・外部関係二分論」で説明することができるだろう。

しかし、富山大学事件では傍論で、純粋に内部問題とされる単位認定行為についても、「特定の授業科目の単位の取得それ自体が一般市民法上一種の資格要件とされる場合」には、「一般市民法秩序と直接の関係を有するものであることを肯認するに足りる特段の事情」が認められるとして、司法審査の対象となる余地を認めている。これは、純粋な「内部・外部関係二分論」を相対化するものであろう。現に同事件では、単位認定行為の中には、内部的な問題にと

どまるものと、「一般市民法上の資格地位に関係するもの」があることを認められており、結局は、団体内部の決定が一般市民法秩序上の権利利益と関係しているか否かという基準が、司法審査の対象となるかどうかの分かれ目となっている。つまり、団体の「内部」か「外部」かという問題ではなく、ここでは前記の(b)の理解に従い、制約される権利利益それ自体の性質や重要性が考慮されている。

実際、地方議会の内部規律が問題となった事案において、下級審ではこのような考え方に沿った判決が出されている。この判決では、発声障害をもつ議員が第三者の代読による発言を議会に要望したが、議会はそれを認めない決定を行ったことが問題となった。村会議員出席停止事件判決によると、議会における議員の発言方法に関する規制は、議会の自治的措置に委ねられるべき問題として司法審査の対象とはならないはずである。しかし、名古屋高裁（名古屋高判平24・5・11判時2163号10頁）は、議会の議員に対する措置が、「一般市民法秩序において保障されている権利利益」を侵害する場合は、議会の内部規律の問題にとどまるものとはいえないとし、その根拠として、地方議会の議員にとっては表現の自由および参政権の一態様として議会で発言できることが、「議員としての最も基本的・中核的な権利」であることを挙げた。

また、県議会議長の議員に対する発言の取消命令によって、議員の発言が会議録に掲載されなかったことが争われた事件がある。高裁では、議員の議事における発言が配布用会議録に記載される権利は「議会内部に止まらず一般社会と直接関係する重要な権利」であるから、発言の取消命令は内部規律の問題にとどまらず司法審査の対象になると判断された（名古屋高判平29・2・2判自434号18頁）。しかし最高裁では、発言の取消命令の適否は一般市民法秩序と直接の関係を有するとは認められず、県議会における内部的な問題であるとして、自主的、自律的な解決に委ねられるべきとされた（最判平30・4・26判時2377号10頁）。

さらに、出席停止処分についても、近時注目すべき判断がなされている。村会議員出席停止事件では、出席停止処分は内部規律の問題として司法審査の対象にならないとされたが、議員は「議会の違法な手続によっては減額されることのない報酬請求権」を有していることから、出席停止処分が議員報酬の減額につながるような場合には、一般市民法秩序と直接の関係を有するものとして裁判所の司法審査の対象になるとした裁判例がある（仙台高判平30・8・29判時

2395 号 42 頁。上告審では、大法廷に回付されて審理されている）。

このようにみると、判例の部分社会の法理の射程は、思ったほど広くないのかもしれない。除名処分はもともと司法審査の対象であるが、それ以外の内部問題でも、制限される権利利益が重要な場合には、司法審査の対象になりうるのではないか。

3. 政党の「高度の自主性と自律性」—— 共産党袴田事件

部分社会の法理の考え方はその後の共産党袴田事件の判断に受け継がれるが、そこでは政党の特殊性に照らして重要な修正が施されている。同事件は、党員に対する建物明渡しが争われた事例であるが、その前提として、政党のした党員に対する除名処分の当否が実質的な争点となっていた。最高裁は、党員に対する除名処分が「一般市民としての権利利益」に関するものであるとしながら、政党の場合、当該除名処分の当否は、①政党の自律的な規範に照らして、②それがない場合は条理に基づいて、適正な手続に則ってされたか否かによって決すべきとし、裁判所の審理はその手続審査に限られるとした。これは、司法権の介入を限定するものであり、団体の自治的措置の範囲を拡大するものである。

最高裁の判断の基礎にあるのは、政党の特殊性である（➡第30章）。最高裁は、「政党は、政治上の信条、意見等を共通にする者が任意に結成する政治結社であって、内部的には、通常、自律的規範を有し、その成員である党員に対して政治的忠誠を要求したり、一定の統制を施すなどの自治権能を有するもの」であるとしており、自律的規範を有する団体としての性格を認めている。それに加えて最高裁は、政党は「国民がその政治的意思を国政に反映させ実現させるための最も有効な媒体であって、議会制民主主義を支える上においてきわめて重要な存在」であるとし、ここから、政党に対しては「高度の自主性と自律性を与えて自主的に組織運営をなしうる自由を保障しなければならない」との判断を導いている。つまり、政党には「高度の自主性と自律性」が認められるために、除名処分についても裁判所は手続審査しか行うことができない、とされている。

しかし、このような最高裁の判断に十分な法的根拠があるかどうかは疑わしい。最高裁は、「政党の結社としての自主性」に言及し、憲法21条の結社の自由を根拠としているようにみえるが、それは他の任意団体にもあてはまるはずなのであって、政党だけを特別視する理由にはなりえないだろう。最高裁の立

論は、政党が現実に果たしている役割や機能に着目することでかろうじて説明できるものである。

　さらに最高裁は、**日本新党事件**（➡第30章）において、共産党袴田事件を先例として引用して、参議院議員選挙での拘束名簿式比例代表制での繰上補充による当選人の決定に際しては、「名簿届出政党等による名簿登載者の除名が不存在又は無効であることは、除名届が適法にされている限り、当選訴訟における当選無効の原因とはならない」とし、除名の不存在等が司法審査の対象とはならないとした。この判決では、共産党袴田事件とは異なり、手続審査の可能性も否定されているが、しかし、この判決に対しては、「いったん表明された公民団の意向をも無視しうるほどの強い自律権を政党に認めなくてはならない理由は、どこにも見当たらない」（大石眞『憲法概論Ⅰ』（有斐閣・2021）143頁）という批判が向けられている。

4.「司法審査の対象にはならない」の意味

　部分社会の法理を確立した富山大学事件判決は、部分社会での一般市民法秩序と直接の関係を有しない内部的な問題については、「司法審査の対象にはならない」とした。判例によると、司法権とは「法律上の争訟」の裁判のことであるから、部分社会の法理は「法律上の争訟」とどのような関係にあるのかが問題となる。

　これについて富山大学事件では、「法律上の係争」であっても、「その中には事柄の特質上裁判所の司法審査の対象外におくのを適当とするものもある」と述べており、すべての法律上の係争が必ずしも司法審査の対象になるわけでないことを示唆している（村会議員出席停止事件判決も同じ）。このことから、一般市民法秩序とはかかわらない部分社会の内部紛争は、形式的には「法律上の争訟」にあたるが、裁判所は審査を自制すべきと考えているようにみえる（外在的制約）。これは、次にみる宗教団体の内部紛争とは異なる点である。

Ⅲ　発展解説

　団体の内部紛争と司法審査との関係が最も問題となるのは、宗教団体の内部紛争においてである。以下では、代表的な判例を取り上げて、基本的な判例法理を確認する。

1．宗教問題に関する判例の基本的考え方

　宗教問題にかかわる紛争についての基本的考え方は、**板まんだら事件**（最判昭56・4・7民集35巻3号443頁）で示された。同事件では、裁判所がその固有の権限に基づいて審判することのできる「法律上の争訟」（裁3条1項）は、①「当事者の具体的な権利義務ないし法律関係の存否に関する紛争」（事件性要件）であって、かつ、②「法令の適用により終局的に解決することができるもの」（終局的解決可能性要件）に限られ、上記のいずれかの要件がみたされない紛争は「法律上の争訟」にあたらず、不適法な訴えとして却下される。同事件では、錯誤（民95条）による寄付金の不当利得返還請求であり①の要件をみたすが、「信仰の対象の価値又は宗教上の教義に関する判断」が「訴訟の帰すうを左右する必要不可欠のもの」と認められていることから、「その実質において法令の適用による終局的な解決の不可能なものであって、裁判所法3条にいう法律上の争訟にあたらない」とされた。

　同様の判断は、**蓮華寺事件**（最判平元・9・8民集43巻8号889頁）においてもみられる。この事件では、宗教法人上の地位の確認および建物明渡しを求める訴訟であるが、宗教団体内部で行われた懲戒処分の効力が請求の当否を決する前提問題となっていた。最高裁が述べた法理は、次のとおりである。

　「当事者間の具体的な権利義務ないし法律関係に関する訴訟であっても、宗教団体内部においてされた懲戒処分の効力が請求の当否を決する前提問題となっており、その効力の有無が当事者間の紛争の本質的争点をなすとともに、それが宗教上の教義、信仰の内容に深くかかわっているため、右教義、信仰の内容に立ち入ることなくしてその効力の有無を判断することができず、しかも、その判断が訴訟の帰趨を左右する必要不可欠のものである場合には、右訴訟は、その実質において法令の適用による終局的解決に適しないものとして、裁判所法3条にいう『法律上の争訟』に当たらないというべきである」。

　以上から、最高裁は、宗教上の教義や信仰の内容に関する判断が「紛争の本質的争点」となっている紛争の場合には、具体的な権利義務ないし法律関係に関する訴訟（上記①の要件をみたす場合）であっても、法令の適用により終局的に解決することができないため（上記②の要件の欠如）、全体として「法律上の争

訟」にあたらず、訴えそのものを却下するという立場をとっている。

　最高裁がこのような立場をとるのは、宗教上の争いについては、宗教団体の決定を尊重するにしても、尊重しないにしても、結果的に宗教上の教義や信仰にかかわる宗教団体内部の対立の一方に加担することになり、国家機関の宗教的中立性を害することになるからである。

２．宗教問題にかかわらない場合

　他方、宗教問題にかかわらない限り、裁判所は宗教団体の自律的な決定を尊重する態度をみせている。**種徳寺事件**（最判昭 55・1・11 民集 34 巻 1 号 1 頁）では、住職たる地位は宗教上の地位であるためにその存否自体の確認を求めることはできないが、具体的な法律関係をめぐる紛争があり、その当否を判定する前提問題として住職たる地位の存否を判断する必要がある場合には、「その判断の内容が宗教上の教義の解釈にわたるものであるような場合は格別、そうでない限り、その地位の存否、すなわち選任ないし罷免の適否について、裁判所が審判権を有するものと解すべき」であるとの判断を行っている。

　そして、この考え方が一般化されたのが、**本門寺事件**（最判昭 55・4・10 判時 973 号 85 頁）においてである。この事件は、宗教法人における代表役員たる地位の確認を求めるものであったが、その前提として住職たる地位の存否が問題となる事案であった。この事件において、最高裁は以下のように宗教団体の自律性を尊重する判断を示した。

　「宗教法人は宗教活動を目的とする団体であり、宗教活動は憲法上国の干渉からの自由を保障されているものであるから、かかる団体の内部関係に関する事項については原則として当該団体の自治権を尊重すべく、本来その自治によって決定すべき事項、殊に宗教上の教義にわたる事項のごときものについては、国の機関である裁判所がこれに立ち入って実体的な審理、判断を施すべきものではないが、右のような宗教活動上の自由ないし自治に対する介入にわたらない限り、前記のような問題につき審理、判断することは、なんら差支えのないところというべきである」。

　このように、最高裁は宗教上の教義などに関する問題でなければ、宗教団体の内部紛争についても判断できるとの態度を示している。もっとも、その場合でも、裁判所が審理できるのは、当該宗教団体内部における住職選任が、手続

上の準則に従って行われたか、それがない場合には、「確立した慣習」または「条理」に照らして判断するとしている。このような、団体の自律性に由来する手続審査の手法は、その後に出される前記共産党袴田事件判決へと受け継がれている。ただし、宗教団体については、高度の自律性の根拠を憲法 20 条という明文規定に求めることができる点で、政党の場合とは異なる。

まとめ

- □ 自律的な法規範を有する特殊な部分社会では、一般的市民法秩序と直接の関係を有しない内部的な問題にとどまる限り、司法審査の対象にはならない。
- □ 「一般市民法秩序と直接の関係を有する」かどうかについては「特段の事情」が考慮されるため、実質的には、制限される権利利益の性格や重要性によって決まる。
- □ 政党には「高度の自主性と自律性」が認められるため、裁判所は、政党のなす除名処分については、手続審査しか行わない。
- □ 宗教団体の内部紛争では、前提問題であっても宗教上の教義に関する判断等の宗教問題が「紛争の本質的争点」となっている場合には、紛争の終局的解決可能性がないために、法律上の争訟にあたらない。

FAQ

Q 神戸高専剣道実技履修拒否事件（➡第 1 章・第 13 章）では原級留置処分（留年処分）の取消しが争われていましたが、最高裁はこの訴えを却下せず、実体判断を行っています。しかし、部分社会の法理によると、これは内部規律の問題になるはずですが、なぜ最高裁はそのように考えなかったのでしょうか？

A たしかに、出席停止処分と除名処分とを分ける村会議員出席停止事件判決または単位認定行為と専攻科修了認定行為とを分けた富山大学事件判決によると、学校での原級留置処分は純粋な内部問題であると位置づけられるため、学校の自治的措置に委ねられるとも考えられるであろう。

それでは、神戸高専剣道実技履修拒否事件判決はどう考えたのだろうか。判

決ではこの論点は取り上げられていないが、調査官解説（最判解民事平成8年度
(上) 174頁〔川神裕〕）では、当該事案が「在学関係という部分社会における法律関
係についての問題」であることを認めている。そのうえで、退学処分について
は、富山大学事件と同様に、「市民としての公の教育施設の利用関係から学生
を排除するものである」から司法審査の対象になるとしている。他方、原級留
置処分については、①「卒業年次の遅れに結びつき、学費の負担増その他の社
会的不利益を被ること」、さらに、②「高専では、二回進級できないと退学処分
の対象となるから、退学処分の前提条件ともなること」から、「一般市民法秩序
と直接の関係を有するもの」として、司法審査の対象になると結論づけられて
いる。このうち、②については「内部・外部関係二分論」で説明が可能である
が、①についてはむしろ本文で指摘したような「制限される権利利益の重要性」
が基準となっていると考えられるのではないか。

Q 最高裁は、宗教上の教義や信仰の内容に関する判断が「紛争の本質的
争点」となっている紛争については、法律上の争訟にあたらないとし
て訴えを却下するとしていますが、このような裁判所の態度は当該紛争に対し
てどのような効果をもたらしますか？

A 蓮華寺事件は、擯斥処分に付された住職に対して行った宗教団体の建
物明渡請求が問題となった事案であるが、訴えが却下されると、宗教
団体としては打つ手がなくなってしまう。この点、調査官解説では「宗教上の
争い及びこれによってもたらされる信仰上の混乱は、本来当該宗教団体の内部
において長年月をかけても自治的に解決されるべきもの」（最判解民事平成元年
度303頁〔魚住庸夫〕）とされるが、自治的に解決されるまでの間はどうするのか
という問題は残るだろう。

こうした問題を受けて、憲法学説では「〔同事件の立場は、〕結局のところ、
解決の必要性の高い具体的な法律的紛争の解決を拒否し、事実的実力の世界に
おしもどすということになり、紛争当事者の『裁判を受ける権利』を侵し、ま
た、……宗教団体の自律的活動を法的に無視する結果になる」（佐藤幸治「審判
権の範囲と限界」ジュリ971号（1991）204頁）との指摘がなされている。その具体
的な解決策として、民事訴訟法学では、裁判所は訴えを却下するのではなく、
宗教団体の自律的決定を受容し、そこに手続的瑕疵がない限り、それを判決の
基礎に置いて本案判決をすべきであるとの考え方が示されている（自律的決定
受容説）。

〔井上　武史〕

26 立法不作為と国賠違法

対比型

▶**在宅投票制度廃止事件**（最判昭 60・11・21 民集 39 巻 7 号 1512 頁）
▶**在外日本人選挙権事件**（最大判平 17・9・14 民集 59 巻 7 号 2087 頁）

はじめに 国会は、「国の唯一の立法機関」（憲 41 条）として広範な立法
裁量を有している。その裁量には、どういった法律を制定す
るかという判断だけでなく、法律を作るか作らないかという判断も含まれ
る。立法を行うかどうかは、政治的社会的情勢を踏まえた国会の政策判断
に依拠しており、基本的に司法的統制になじまない。

　しかし、現実には、法律が存在しないことにより、権利・利益の侵害が生
じることもある。立法裁量といえども憲法からの要請による限界は存在し、
その意味において立法不作為が、違憲審査権（憲 81 条）の対象である「一切
の法律、命令、規則又は処分」に含まれることになる。ただ、裁判所が国会
の機能を代替することは権力分立の観点から許されないので、憲法的観点
から立法義務を導き出し、その不作為によって生じる権利・利益の侵害を
浮かび上がらせるとともに、司法権（憲 76 条）行使を可能にする訴訟形態に
結びつけて論じる必要がある。そこで、登場したのが国賠請求の枠組みで
立法不作為の違憲判断を求める訴訟である。

　ただ、これについては、端緒となった**在宅投票制度廃止事件**と、その後の
在外日本人選挙権事件とで判示内容に違いがみられる。そこで本章では、
両判決の対比により、判例の整合的理解を図るとともに、立法不作為に司
法統制を及ぼすことがどの程度可能なのかについて検討する。

Ⅰ 判旨

■**在宅投票制度廃止事件（以下、昭和 60 年最判とする）**
　「国会議員の立法行為（立法不作為を含む。以下同じ。）が同項〔国賠法 1 条 1 項〕

の適用上違法となるかどうかは、国会議員の立法過程における行動が個別の国民に対して負う職務上の法的義務に違背したかどうかの問題であって、当該立法の内容の違憲性の問題とは区別されるべきであり、仮に当該立法の内容が憲法の規定に違反する廉があるとしても、その故に国会議員の立法行為が直ちに違法の評価を受けるものではない」。

「国会議員は、立法に関しては、原則として、国民全体に対する関係で政治的責任を負うにとどまり、個別の国民の権利に対応した関係での法的義務を負うものではないというべきであって、国会議員の立法行為は、立法の内容が憲法の一義的な文言に違反しているにもかかわらず国会があえて当該立法を行うというごとき、容易に想定し難いような例外的な場合でない限り、国家賠償法1条1項の規定の適用上、違法の評価を受けないものといわなければならない」。

■在外日本人選挙権事件（以下、平成17年最大判とする）

「国会議員の立法行為又は立法不作為が同項〔国賠法1条1項〕の適用上違法となるかどうかは、国会議員の立法過程における行動が個別の国民に対して負う職務上の法的義務に違背したかどうかの問題であって、当該立法の内容又は立法不作為の違憲性の問題とは区別されるべきであり、仮に当該立法の内容又は立法不作為が憲法の規定に違反するものであるとしても、そのゆえに国会議員の立法行為又は立法不作為が直ちに違法の評価を受けるものではない」。

「しかしながら、立法の内容又は立法不作為が国民に憲法上保障されている権利を違法に侵害するものであることが明白な場合や、国民に憲法上保障されている権利行使の機会を確保するために所要の立法措置を執ることが必要不可欠であり、それが明白であるにもかかわらず、国会が正当な理由なく長期にわたってこれを怠る場合などには、例外的に、国会議員の立法行為又は立法不作為は、国家賠償法1条1項の規定の適用上、違法の評価を受けるものというべきである」。

「〔昭和60年最判は〕以上と異なる趣旨をいうものではない」。

Ⅱ 基本解説

1．総説

憲法の規定には、「法律の定めるところにより」というように、国会による立法を明文により指示しているものがある。また、解釈上、選挙権や社会権のように、その実現のために具体的制度の整備が不可欠な権利については、明文の指示がなくても、国会による作為が求められる。問題は、こうした作為義務違反について裁判所による統制が及ぶのかということにある。これを憲法上の義

務ではなく、単なる授権と捉えて、実際の立法を行うかどうかは政策判断の問題であると理解すれば、司法審査はほとんど及ばないことになる。逆に、安易に国会の立法不作為を司法審査の対象とし、その違憲性を論じることは、裁判所に立法権を認めるのと同じ意義をもちうるから、慎重になる必要がある。

　また、立法不作為の司法的統制にあたっては、判断基準の定立に困難性を伴う。行政庁が法律上行うべき処分を行わない場合は、不作為の違法確認の訴え（行訴３条５項）によって違法状態の確認を裁判所に求めることができる。構造的には、立法不作為の違憲確認もそれに近いものがある。しかしながら、行政処分に関する行政庁の裁量は、法令による限界づけが明確で、その違法性の判断は裁判所であっても比較的やりやすいといえる。これに対して、立法不作為の司法審査は、その判断の拠りどころとなる憲法の規定が抽象的であるため、相対的に困難なものとなる。

　そうした立法不作為の司法的統制の可能性を開く契機となったのが昭和60年最判であった。判決自体は立法不作為の違憲性を認めなかったが、国賠請求の文脈で制度不在の立法不作為を争う余地を認め、それが平成17年最大判へと結びついていくのである。

２．昭和60年最判と平成17年最大判の異同

（１）昭和60年最判における国賠違法の判断基準

　昭和60年最判は、国賠法の「公務員」に国会議員が含まれることを前提に、国会議員の立法不作為を含む立法行為が国賠法上の違法になるかどうかは、「国会議員の立法過程における行動が個別の国民に対して負う職務上の法的義務に違背したかどうかの問題」であるとする。ただし、原則として、国会議員は「国民全体に対する関係で政治的責任を負うにとどまり、個別の国民の権利に対応した関係での法的義務を負うものではない」とする。では、「職務上の法的義務に違背」するような例外的場面とはどういったものであるかというと、「立法の内容が憲法の一義的な文言に違反しているにもかかわらず国会があえて当該立法を行うというごとき、容易に想定し難いような」場合であると判示している。

　国会議員の行為については、委員会での質疑による名誉毀損が問題となった最判平９・９・９民集51巻８号3850頁〔病院長自殺国賠事件〕が、「その職務とはかかわりなく違法又は不当な目的をもって事実を摘示し、あるいは、虚偽で

あることを知りながらあえてその事実を摘示するなど、国会議員がその付与された権限の趣旨に明らかに背いてこれを行使したものと認め得るような特別の事情がある」場合に限って、国賠法上の違法を認める判示をしているが、昭和60年最判と同様、著しい職権濫用がない限りは違法性を認めないという間口の狭い判断基準を定立している。この点は、最判昭57・3・12民集36巻3号329頁が、裁判官の国家賠償責任について、「当該裁判官が違法又は不当な目的をもって裁判をしたなど、裁判官がその付与された権限の趣旨に明らかに背いてこれを行使したものと認めうるような特別の事情があることを必要とする」とした判断に類似する。

　もっとも、病院長自殺国賠事件で述べられているように、質疑等の国会議員個人の行為は「国家意思の形成に向けられた行為」であり、法案の採決という「多数決原理により国家意思を形成する行為そのもの」とは区別される。国会議員によって投票行動はさまざまであるし、衆参各院で異なる議決をすることもある。廃案になってしまったが、法案を提出して立法化に向けた努力をした議員が存在することもあろう。すなわち、立法不作為の違法性を論じる場合は、特定の国会議員の行為の違法性を論じる場合とは異なる判断枠組みが必要であって、「およそ国会議員であればこうした立法を行うべき」との義務が想定されるが、それは現実に存在する国会議員ではなく、ある種の抽象化された理想の国会議員像から描き出される義務となろう。そうなると、著しい職権濫用に限るとするのでは不十分といわざるをえない。

（2）平成17年最大判における国賠違法の判断基準

　この点、平成17年最大判は、そうした立法不作為の特性を踏まえた判示をしていると評価しうる。同判決では、立法行為が国賠違法となる場合について、①「国民に憲法上保障されている権利を違法に侵害するものであることが明白な場合」を挙げ、さらに、②「国民に憲法上保障されている権利行使の機会を確保するために所要の立法措置を執ることが必要不可欠であり、それが明白であるにもかかわらず、国会が正当な理由なく長期にわたってこれを怠る場合など」を示す。①の場合は、昭和60年最判が定立した判断基準とほぼ同じ趣旨であり、積極的な職権濫用の場合を示していると解される。②の場合が、在外国民の投票権の「権利行使の機会」を国会が確保することを「怠る場合」を念頭に示された判断基準であり、昭和60年最判の判示する場合からはかなり緩和

された印象を受ける。これについて、昭和60年最判と「異なる趣旨をいうものではない」との言及をしているが、「一義的」「容易に想定し難い」という限定的な文言に対して、「怠る場合など」の「など」が付されて例示的な語調に改まったことの意義は大きい。平成17年最大判は、「昭和60年判決を維持しつつも、その射程を実質的に限定し、国会の立法又は立法不作為について国家賠償責任を肯定する余地を拡大したもの」であるといえよう（最判解民事平成17年度〔下〕657-658頁〔杉原則彦〕）。

（3）判断枠組みの変容？

このように、平成17年最大判により、国賠訴訟を通じて国会の立法不作為に対する司法的統制を行う余地がかなり広いことが確認されたのであるが、**再婚禁止期間事件**（➡第1章・第8章・第9章・第35章）では、判断枠組みに微妙な変化がみられた。原則的に国家賠償の問題が生じないという点では共通するが、「法律の規定が憲法上保障され又は保護されている権利利益を合理的な理由なく制約するものとして憲法の規定に違反するものであることが明白であるにもかかわらず、国会が正当な理由なく長期にわたってその改廃等の立法措置を怠る場合などにおいては」、例外的に国賠違法になるとしている。これが平成17年最大判を変更するものであるのか、多数意見からは明確ではない。

この点について、千葉勝美補足意見では、従来の判例を包摂する「一般論的な判断基準を整理して示したものであり、平成17年判決を変更するものではない」とされている。そして、その一般論は、「国会議員の職務行為である立法的対応がどのような場合に国家賠償法上違法になるのかについての全体的な判断の枠組みを示したものと解することができる」という。

3．立法行為と立法不作為の区別

諸判例は、立法不作為の問題について、「立法行為又は立法不作為」というように、両者の区分を明確にせずに用いている。というのも、両者の違いは相対的だからである。

単純に立法不作為といった場合、立法の不存在を意味する。たとえば、選挙権を実現するための公選法が立法されずに放置されている状態がこれにあたるが、現実的には起こりえない。昭和60年最判の事例は、在宅投票制度が存在しないという点に着目して「立法不作為」をいうが、この場合、従来存在した制度を改正法（昭和27年法律307号）によって廃止したのであって、改正法を制

定したという点に着目すれば「立法行為」にあたる。

　平成 17 年最大判の場合も平成 10 年改正法以前の在外選挙人名簿の未整備状態は、「立法不作為」とよんでよいが、平成 10 年改正後の比例代表選挙での投票しかできない部分は、公選法附則 8 項に明示されており、これは「立法行為」である。ただし、立法後の状況の変化によって違憲な条文となり、国会に改廃義務が生じたのにこれを怠った「立法不作為」と構成することも可能なのである。

　ただし、行訴法における取消訴訟と不作為違法確認訴訟のように、訴訟類型が異なるわけでもないので、時効の問題を除けば、両者の区別にあまり意味はない。「違憲な立法を改廃しない立法不作為が存在する」との主張より、端的に「当該立法は違憲である」と主張できる事例であれば、そちらのほうが適切であろう。その意味で、立法不作為の主張は、他の法的構成が困難な場合に補充的に用いられるべきである。

Ⅲ　発展解説

1．違憲判断と国賠違法の判断

　昭和 60 年最判、平成 17 年最大判ともに、国会議員の立法行為・不作為に対する国賠違法は、「当該立法の内容又は立法不作為の違憲性の問題とは区別される」と述べている。違憲性の問題は、国賠違法の判断の前提となっているが、両者は一応別個の問題である。

　もっとも、違憲性の判断と国賠違法の判断にあたって、基礎となる事実が重複することも考えられる。熊本地判平 13・5・11 訟月 48 巻 4 号 881 頁〔**熊本ハンセン病訴訟**〕や鳥取地判平 27・9・9 判時 2314 号 70 頁〔**鳥取ハンセン病訴訟**〕では、ハンセン病の治療薬についての評価や国際会議で示された科学的知見などから「遅くとも昭和 35 年には、その憲法適合性を支える根拠を欠くに至っており、その違憲性は明白であった」とする一方、国会議員の立法不作為については、前記の社会的諸事情を判断材料にしつつ、それらに加え、昭和 30 年代に WHO などの国際会議で法律廃止が繰り返し提唱されていたこと、昭和 38 年ころの患者団体の法改正の要請行動、昭和 39 年の厚生省の見解、附帯決議により隔離規定の見直しが予定されていたことなどをもとに、「国会議員には、昭和 40 年以降」の立法不作為に国賠法上の違法が認められるとする。このよ

うに、共通の事実を基礎としつつ、違憲性と国賠違法との間にタイムラグが生じるのは、科学の進歩や社会的状況といったことによる立法事実の変化から違憲性が明白になったことに加え、外交ルートや請願行動、政府見解、附帯決議といった事実が、国会議員の「過失」認定において重要な意義をもつという事情があると考えられる。

また、東京地判平 16・3・24 民集 61 巻 6 号 2389 頁〔**学生無年金事件**〕では、国民年金法改正にあたり、いわゆる学生無年金者に対して何ら救済措置も講じなったことが看過し難い差別を生じるとして、立法不作為の憲法 14 条違反を認定するとともに、「そのような問題点は各種障害者団体の要請行動や年金審議会委員の指摘等から明らかとなっていたものと認められる」として、国賠法上の「故意又は過失」の存在を認定している。

在外国民に最高裁判所裁判官の国民審査権行使を可能にする制度創設の立法不作為が争われた東京地判平 23・4・26 判時 2136 号 13 頁〔**在外国民審査権事件**〕では、少なくとも平成 21 年の国民審査の時点において「憲法適合性については、重大な疑義があった」としつつも、国民審査権と選挙権とでは法的性質が異なることなどから、憲法に違反するとまではいえないと判示する。その際、国賠違法の判断についても、「前記……において述べたとおり」と、違憲判断と同じ事実を基礎にする。

２．議員定数不均衡訴訟と国家賠償

一連の議員定数不均衡訴訟（➡第 31 章・第 35 章）も、公選法が違憲状態にもかかわらず、立法的是正措置が講じられないまま選挙が執行されたことの有効性を争う点において、立法不作為の違憲性が問題となっていると捉えることができ、これを国賠請求で争う余地を認める裁判例も存在する（ただし、いずれも請求は認めていない）。東京地判昭 52・8・8 訟月 23 巻 9 号 1533 頁は、「国民の選挙権の如き重要な権利に関し、違憲の法律によって現に右権利が侵害されており、しかも右違憲であることの蓋然性が何ぴとにも顕著であるときに」国会議員などが改正法案を発案しないまま徒過した場合、「もはや政治的ないし道義的責任にとどまらず、右の不作為をもって違法な行為を構成するものと解するのが相当である」と判示する（同様の判示をするものとして、東京地判昭 53・10・19 訟月 24 巻 12 号 2544 頁、札幌地判昭 56・10・22 訟月 28 巻 3 号 454 頁がある）。また、東京地判昭 61・12・16 訟月 33 巻 7 号 1907 頁は、昭和 60 年最判を引用しつつ、

「ある法律の内容が憲法の一義的な文言に違反することが明白であり」、かつ、相当期間を経過したにもかかわらず、「あえて右改正案の発議・提出を行なわないというような例外的な場合に」国賠法上の違法性を認める。

　もっとも、平成17年最大判における泉徳治反対意見が、「上告人らの精神的苦痛は、金銭で評価することが困難であり、金銭賠償になじまない」と述べている点に留意すべきであろう。平成17年最大判では、一人あたり5千円が損害額とされているが、これはあくまでも国賠請求訴訟を提起するための便宜的な金額である。これについて泉反対意見は、「選挙権が基本的人権の一つである参政権の行使という意味において個人的権利であることは疑いないものの、両議院の議員という国家の機関を選定する公務に集団的に参加するという公務的性格も有しており、純粋な個人的権利とは異なった側面を持っている。しかも、立法の不備により本件選挙で投票をすることができなかった上告人らの精神的苦痛は、数十万人に及ぶ在外国民に共通のものであり、個別性の薄いものである」とする。さらに、議員定数不均衡訴訟を取り上げ、「差別を受けている過小代表区の選挙人にもなにがしかの金銭賠償をすべきことになるが、その精神的苦痛を金銭で評価するのが困難である上に、賠償の対象となる選挙人が膨大な数に上り、賠償の対象となる選挙人と、賠償の財源である税の負担者とが、かなりの部分で重なり合うことに照らすと、上記のような精神的苦痛はそもそも金銭賠償になじまず、国家賠償法が賠償の対象として想定するところではない」と批判する。結局、当事者訴訟という救済方法が認められている以上、国賠請求を認めるべきではないとの論旨であり、これは議員定数不均衡訴訟に関してもあてはまるものといえる。

3．行政立法の不作為

　立法不作為の問題は行政立法についても生じうる。鉱山保安法に基づく省令制定など経済産業大臣の権限不行使についての違法性が争われた最判平16・4・27民集58巻4号1032頁〔筑豊じん肺訴訟〕では、「国又は公共団体の公務員による規制権限の不行使は、その権限を定めた法令の趣旨、目的や、その権限の性質等に照らし、具体的事情の下において、その不行使が許容される限度を逸脱して著しく合理性を欠くと認められるときは、その不行使により被害を受けた者との関係において、国賠法1条1項の適用上違法となるものと解する」と判示しつつ、賠償請求を認める判断をしている。東京地判平24・2・10

訟月 58 巻 11 号 3653 頁では、貸金業規制法に基づき制定された内閣府令の規定が無効判決（最判平 18・1・13 民集 60 巻 1 号 1 頁）を受け、その後すみやかに改正されたのであるが、そのような違法な府令を制定以来 20 年以上も漫然と放置していた過失が公務員にあり、それによって生じた損害の賠償請求が提起された。これに対して、判決では、府省令の違法と国賠法上の違法とを区別し、「根拠法の規定及び趣旨、被侵害利益の種類、性質、侵害行為の態様及びその原因、被害者側の関与の有無、程度並びに損害の程度等の諸般の事情を総合的に考慮して、当該行政機関の公務員において、職務上通常尽くすべき注意義務を尽くすことなく、根拠法の委任の範囲を逸脱する省令等を制定し又はその改正をしなかったような事情があるときに、当該省令等の制定行為又はその改正の不作為が同条項の適用上違法となる」と判示する。そのうえで、平成 18 年の最高裁判決当時でも、同規定を有効とする下級審の裁判例が多数を占めていたことなどから、金融庁の職員において注意義務を尽くさず改正しなかった事情は見出せないとして、請求を退けている。

条例制定に関して、地方議会が条例改正により議員定数不均衡を是正しないことの国賠違法が問われた東京地判昭 62・10・16 判時 1299 号 97 頁は、昭和 60 年判決を引用し、「判決理論は、国政と地方自治との違いはあるが、都議会議員が法律の範囲内で行う広義の立法行為である条例の制定・改廃行為（不作為を含む……）についても妥当するものである」と判示する。

立法行為そのものではないが、内閣の法案提出権不行使の国賠違法を問う事例として、最判昭 62・6・26 判時 1262 号 100 頁〔**一般民間戦災者賠償訴訟**〕は、一般民間人戦災者を対象とする援護立法をしない立法不作為の国賠違法を認めず、その違法性がない以上、「国会に対して法律案の提出権を有するにとどまる内閣の前記法律案不提出についても、同条項の適用上違法性を観念する余地」がないと判示している。これに関連して、東京地判平 14・8・27 判例集未登載〔**中国細菌戦損害賠償訴訟**〕では、「内閣には法律案提出権が認められているものの（内閣法 5 条）、内閣は法の執行機関であり（憲法 73 条 1 号、4 号、5 号）、立法の補助機関ではないから、立法についての第 1 次的責任は国会にあるというべきである。したがって、国会の立法不作為が国家賠償法 1 条 1 項の適用上違法とならない場合には、内閣の法律案提出権の不行使が同法 1 条 1 項の適用上違法と評価されることはないと解するのが相当である」と判示している。

まとめ

- □ いかなる立法をするか、または、立法をするかしないかの判断は、本来的に国会の広い立法裁量に委ねられる。これに司法的統制を及ぼすのは例外的場面に限られる。
- □ 平成17年最大判は、立法行為または立法不作為の国賠違法が認められる余地が、昭和60年最判の示す事例に限定されないことを確認している。
- □ 平成27年の再婚禁止規定違憲判決では、平成17年最大判を踏まえた一般的判断基準が示された。ただ、従来の判例と趣旨に変更はない。
- □ 概念的に、立法行為と立法不作為の区別は可能であるが、実際上の実益があまりないので、両者をまとめて「立法行為または立法不作為」と称してもかまわない。
- □ 立法内容の違憲性と、立法行為または立法不作為の国賠法上の違法性は区別されるが、その判断の基礎となる事実が重複する場合もある。
- □ 立法行為または立法不作為の国賠違法が認められる場合が例外的な場面に限定されること等にかんがみて、立法内容自体の違憲性を主張できる場合は、そちらを主張するほうが適切である。
- □ 内閣が法律案提出権を行使しないことの違法性を論じる独自の意義はほとんどない。
- □ 行政立法の場合にも不作為の国賠違法の問題が生じうる。その際、憲法だけでなく立法権限の根拠法令や関連法令の解釈を行ったうえで、個別具体的な事情を考慮し、行政機関の権限不行使の違法性を判断することになる。

FAQ

Q 平成17年最大判がいう「明白な場合」・「明白である」ことというのはどの程度の明白性を要求しているのでしょうか? 行政行為の無効の場合に用いる「重大かつ明白な瑕疵」という場合の明白性と同じくらいとなると、かなり限られた場合という感じがします。

A 「明白であること」については、再婚禁止期間事件判決でも言及されているが、判例には具体的な言及が見出せない。たしかに、行政行為の無効と同じレベルと考えると、だれが判断しても同様(客観的)に瑕疵を認め

うる場合という「外見上一見明白説」（最判昭36・3・7民集15巻3号381頁〔山林所得課税事件〕）に依拠することになるが、これでは権利救済の間口は相当狭くならざるをえない。平成17年判決では、2名の裁判官の反対意見も付されており、「明白である」かどうか疑義が生じることになる。

　この点について、再婚禁止期間事件判決における千葉勝美補足意見は、「一般的な用いられ方からすると、『明白である』というのは、通常は異論を生じない場合を意味するものであるが、ここでは、このような一般的な用法とは異なり、もっと緩い程度を指すものとして用いられているのではないか」と述べている。行政行為の公定力を否定する際に要求される明白性と、立法不作為の国家賠償の可否を判断する際の明白性とでは自ずと趣旨が異なり、千葉補足意見のように緩やかに解し、「相当程度明白である」ことで足りるであろうが、制約されている権利や問題となる制度の性質など個別具体的な事情を考慮していかざるをえないと思われる。

....

Q 立法不作為の違憲性を争う際、国賠請求以外の訴訟形態でもかまわないのでしょうか。あるいは、他の訴訟形態をとるとしても、国賠請求はあわせて主張したほうがいいのでしょうか。

A もちろん、平成17年最大判での公法上の法律関係に関する確認の訴え（行訴4条）のように、立法不作為の違憲性を争う方法は国家賠償に限られない。この点、東京地判平25・3・14判時2178号3頁〔成年被後見人選挙権事件〕では、成年被後見人に選挙権を有しないとした公選法の規定を違憲としたが、国賠請求がされていないため、国賠違法の有無は判断されなかった。

　当事者の主張の核心がどこにあるかにもよるが、立法不作為の国賠請求は、違憲性を争う「最後の手段」という面もあるので、まずは他の有効な訴訟形態がないか十分に検討すべきである。　　　　　　　　　　　　　　〔岡田　順太〕

27 法律と条例の抵触審査

メイン型

▶**徳島市公安条例事件**（最大判昭 50・9・10 刑集 29 巻 8 号 489 頁）

はじめに　憲法 94 条は、「地方公共団体は、……法律の範囲内で条例を制定することができる」と定める。条例と法律の関係は、法律と命令の関係（➡第 24 章）と同じく上位法と下位法の関係にあるが、条例は命令とは異なり法律の根拠を必要とせず、「法律の範囲内」ないし「法令に違反しない限り」（地方自治法 14 条 1 項）で制定することが可能である。条例は、「憲法が特に民主主義政治組織の欠くべからざる構成として保障する地方自治の本旨に基き〔憲法 92 条〕、直接憲法 94 条により法律の範囲内において制定する権能を認められた自治立法」だからである（**新潟県公安条例事件**（最大判昭 29・11・24 刑集 8 巻 11 号 1866 頁）など）。

　地方自治法上、条例制定権の対象は地方自治法「2 条 2 項の事務」（14 条 1 項）である。同法 2 条 2 項は「普通地方公共団体は、地域における事務及びその他の事務で法律又はこれに基づく政令により処理することとされるものを処理する」と簡単に定めるのみであるが、地方公共団体の事務の範囲は広く（同 2 条 8 項・9 項）、今日では、ある条例が地方公共団体の「事務」に関する事項に該当するか否かという論点が、条例制定権の限界として正面から問題となることはほとんどない。問題は、条例が国の法令と矛盾抵触しているかという点に集中している。

　この論点についてのリーディングケースが、**徳島市公安条例事件**である。同事件で最高裁が示した基準ないし考え方は、地方分権改革後の現在でも依然として通用しており、判例上盤石である。そこで求められるのは、この判決をしっかりと理解し、そこで示された基準を使いこなせるようになることである。そのためには、その後に下された多くの判例において示された「実演」から学ぶことが有益である。

Ⅰ 判旨

■判旨① —— 法律と条例の矛盾抵触の有無の判断枠組み

「普通地方公共団体の制定する条例が国の法令に違反する場合には効力を有しないことは明らかであるが、条例が国の法令に違反するかどうかは、両者の対象事項と規定文言を対比するのみでなく、それぞれの趣旨、目的、内容及び効果を比較し、両者の間に矛盾牴触があるかどうかによつてこれを決しなければならない」。

■判旨② —— 判断枠組みの適用の仕方の例示

「例えば、ある事項について国の法令中にこれを規律する明文の規定がない場合でも、当該法令全体からみて、右規定の欠如が特に当該事項についていかなる規制をも施すことなく放置すべきものとする趣旨であると解されるときは、これについて規律を設ける条例の規定は国の法令に違反することとなりうるし、逆に、特定事項についてこれを規律する国の法令と条例とが併存する場合でも、後者が前者とは別の目的に基づく規律を意図するものであり、その適用によつて前者の規定の意図する目的と効果をなんら阻害することがないときや、両者が同一の目的に出たものであつても、国の法令が必ずしもその規定によつて全国的に一律に同一内容の規制を施す趣旨ではなく、それぞれの普通地方公共団体において、その地方の実情に応じて、別段の規制を施すことを容認する趣旨であると解されるときは、国の法令と条例との間にはなんらの矛盾牴触はなく、条例が国の法令に違反する問題は生じえないのである」。

■判旨③ —— 道路交通法 77 条 1 項 4 号の趣旨

「道路交通法 77 条 1 項 4 号は、同号に定める通行の形態又は方法による道路の特別使用行為等を警察署長の許可によつて個別的に解除されるべき一般的禁止事項とするかどうかにつき、各公安委員会が当該普通地方公共団体における道路又は交通の状況に応じてその裁量により決定するところにゆだね、これを全国的に一律に定めることを避けているのであつて、このような態度から推すときは、右規定は、その対象となる道路の特別使用行為等につき、各普通地方公共団体が、条例により地方公共の安寧と秩序の維持のための規制を施すにあたり、その一環として、これらの行為に対し、道路交通法による規制とは別個に、交通秩序の維持の見地から一定の規制を施すこと自体を排斥する趣旨まで含むものとは考えられず、各公安委員会は、このような規制を施した条例が存在する場合には、これを勘案して、右の行為に対し道路交通法の前記規定に基づく規制を施すかどうか、また、いかなる内容の規制を施すかを決定することができるものと解するのが、相当である」。

「そうすると、道路における集団行進等に対する道路交通秩序維持のための具体的規制が、道路交通法 77 条及びこれに基づく公安委員会規則と条例の双方において重複して施されている場合においても、両者の内容に矛盾牴触するところがなく、条例における重複規制がそれ自体としての特別の意義と効果を有し、かつ、その合理性が肯定される場合には、道路交通法による規制は、このような条例による規制を否定、排除する趣旨ではなく、条例の規制の及ばない範囲においてのみ適用される趣旨のものと解するのが相当であり、したがつて、右条例をもつて道路交通法に違反するものとすることはできない」。

Ⅱ 基本解説 —— 徳島市公安条例事件を読む

1．法律先占論

徳島市公安条例事件の**第一審**（徳島地判昭 47・4・20 刑集 29 巻 8 号 552 頁）と**控訴審**（高松高判昭 48・2・19 刑集 29 巻 8 号 570 頁）は、①条例は国の法令と競合しない限りで制定できるのだから、徳島市公安条例 3 条 3 号の「交通秩序を維持すること」は、道路交通法 77 条 3 項の道路使用許可条件の対象とされる行為を除くものでなければならないと解釈し、そのうえで、②本条例 3 条 3 号の規定が犯罪の構成要件として明確か否かを検討して、その明確性を否定するという内容であった（➡明確性については、第 32 章参照）。これに対して本判決は、そもそも、下級審が行った「このような限定を加える必要があるかどうか」を問い、そこから検討を始めている。

第一審と控訴審の①の考え方は、法律先占論ないし国法先占論と呼ばれる考え方（専占という字をあてることもある）であり、国の法令が規制の対象としている事項については、もはや条例が重ねて規制の対象とすることは許されず、そのような国の法令と規制対象が競合する条例は違法であるとする。

2．規制の対象が重複することの評価

本事案において法律と条例の規制対象に重複があることは否定し難い。本判決も、「道路交通法は道路交通秩序の維持を<u>目的</u>とするのに対し、本条例は道路交通秩序の維持にとどまらず、地方公共の安寧と秩序の維持という、より広はん、かつ、総合的な<u>目的</u>を有するのであるから、両者はその規制の<u>目的</u>を全く同じくするものとはいえない」としつつも、条例の目的は法律の目的を包含するものであるから、その目的に基づいて規制される対象は、「部分的には共

通する点がありうる」とし、また別の箇所では「道路交通秩序維持のための行為規制を施している部分に関する限りは、<u>両者の規律が併存競合していること</u>は、これを否定することができない」と認めている。

　法律と条例の規制対象に共通部分があり、かつ、そこには法律の規制が設けられているのだから、法律先占論による限り、その部分について条例は無効とされるはずである。しかし本判決は、「そのことから直ちに、本条例３条３号の規定が国の法令である道路交通法に違反するという結論を導くことはできない」とした。「国の法令が存在する事項については条例による規制は許されないとする考え方を否定」（最判解刑事昭和50年度182頁〔小田健司〕）したのである。

３．趣旨目的内容効果基準とその適用方法（判旨①・②）

　それでは、いかなる場合に条例が国の法令に抵触して違法と判断されるのだろうか。本判決が判旨①で示したのが、「条例が国の法令に違反するかどうかは、両者の対象事項と規定文言を対比するのみでなく、それぞれの趣旨、目的、内容及び効果を比較し、両者の間に矛盾牴触があるかどうかによつてこれを決しなければならない」という基準である（以下、便宜的に「趣旨目的内容効果基準」とする）。

　判旨②は、判旨①の基準の適用の例示である。まず、(A)「ある事項について国の法令中にこれを規律する明文の規定がない場合」と、(B)「特定事項についてこれを規律する国の法令と条例とが併存する場合」とに分け、さらに(B)を、条例が国の法令と(a)「別の目的に基づく規律を意図する場合」と、(b)「同一の目的に出た場合」に分けて、それぞれについて、趣旨・目的・内容・効果に照らして、条例が法律と抵触して違法となる場合とならない場合を示している。

　この判旨②の例示部分でまず重要なことは、(i)国の法令の明文規定が存在するか否か、(ii)国の法令の観点からみて、条例が法令の意図する目的と効果を阻害するか否か、(iii)国の法令は、全国一律に同一内容の規制を施す趣旨か、それとも、地方公共団体の規制を容認する趣旨か否かを問うている点である。つまり趣旨目的内容効果基準は、国の法令がどのように考えているのかが決め手となる、国の法令中心の思考様式に基づく基準なのである（論点教室167-168頁〔赤坂幸一〕、宍戸267-268頁）。

４．法律の趣旨（判旨③）

　こうして本判決は、国の法令である道路交通法がどのように考えているかの

検討へと進んでいく。それが判旨③である。判旨③では、道路交通法77条1項4号は「全国的に一律に同一内容の規制を施す趣旨」ではないとされたが、ここで、法律全体からではなく、道路交通法77条1項4号という個別具体的な規定から法律の趣旨を読み取っていることが注目される。趣旨目的内容効果基準のもとでは、国の法令が何を考えているかが決定的に重要となるところ、本判決によるこの読み取り方は参考になる。

5．判断枠組みの入れ子構造？── 特別意義等基準（判旨④）

　道路交通法が条例による重複規制を容認している趣旨であるならば、法律と条例との抵触審査はこれにて終了するはずである。しかし本判決は判旨③に続く部分である判旨④で、さらに、「条例における重複規制がそれ自体としての特別の意義と効果を有し、かつ、その合理性が肯定される場合」に、「道路交通法による規制は、このような条例による規制を否定、排除する趣旨ではなく、条例の規制の及ばない範囲においてのみ適用される趣旨のものと解するのが相当」としている。

　この下線部分は、趣旨目的内容効果基準（判旨①）とその例示（判旨②）にはみられなかった、条例自体の特別の意義と効果およびその合理性という、新たな判断枠組みを提示しているかのようにもみえる（以下、便宜的に「特別意義等基準」とする）。しかもこの特別意義等基準は、趣旨目的内容効果基準のもとでのあてはめの作業中に、入れ子構造のごとく出現しているかのようである。

　判旨④は、条例それ自体が特別の意義と効果およびその合理性を欠く場合には、道路交通法の趣旨に反するとしている。判旨③では同法は「全国的に一律に同一内容の規制を施す趣旨」かどうかが検討されているため、(B)(b)の検討だと解されるが、判旨②の(B)(b)の説明との対応関係で考えると、特別の意義等を欠く場合には、「その地域の実情」に応じた規制でないから容認しないというのが法律の趣旨であるという理解に基づいて、特別意義等基準が提示されていると解することができるかもしれない。もっとも、引用を省略した判旨④に続く段落では、本条例が道路交通法とは異なる独自の目的と意義を有しているという観点からの検討が行われている（精読人権編309頁〔木下昌彦〕）。そうすると、特別意義等基準は(B)(a)の「条例の適用によって法律の規定の意図する目的と効果を阻害するかどうか」を検討するための具体的視点として提示されたものであると解する余地もある。

このように、趣旨目的内容効果基準のなかで特別意義等基準がどのように位置づけられるのかは判然としないが、ここでは指摘のみにとどめ、Ⅲ4と5で言及することにしたい。

Ⅲ 発展解説 —— 趣旨目的内容効果基準の具体的適用

Ⅱでは、徳島市公安条例事件に立ち入ってみてきたが、それはその後の判例が、基本的に同判決で示された趣旨目的内容効果基準のもとで動いているためである。そのため、下級審を含む実際の判例において同基準が具体的にどのように用いられたのかをみていくことが有益である。

1．法律の趣旨の読み取り方

徳島市公安条例事件では、道路交通法 77 条 1 項 4 号という個別具体的な規定から法律の趣旨を読み取ったが、別の方法によって法律の趣旨を読み取る判例は少なくない。

まず、河川法の対象とならない普通河川に対して、河川法の対象となる河川よりも厳しい規制を定めた条例を違法とした**高知市普通河川管理条例事件**（最判昭 53・12・21 民集 32 巻 9 号 1723 頁）では、「河川の管理について一般的な定めをした法律として河川法が存在すること、しかも、同法の適用も準用もない普通河川であつても、同法の定めるところと同程度の河川管理を行う必要が生じたときは、いつでも適用河川又は準用河川として指定することにより同法の適用又は準用の対象とする途が開かれていることにかんがみると、河川法は、<u>普通河川については、適用河川又は準用河川に対する管理以上に強力な河川管理は施さない趣旨</u>であると解される」と述べている。ここでは、徳島市公安条例事件とは異なり、河川法の全体構造からその趣旨を読み取っている。

風営法と条例の抵触が問題となった**東郷町ラブホテル規制条例事件の第一審**（名古屋地判平 17・5・26 判タ 1275 号 144 頁）では、性風俗関連営業に対して、「風営法自体が、過去において、規制の対象を順次増加させてきたことなどにかんがみると、基本的には従来の規定では規制の及ばなかった新たな形態の性風俗営業が出現した場合には、これを規制の対象に取り込む必要があると考えていることが明らかであ」り、「現実には、法律改正は、社会における新現象の出現に遅れがちであることは、その性質上、避けられないことであって、<u>法律改正が完了するまでの間、これについては何らの規制を加えるべきでないというの</u>

が風営法の趣旨であると解することはできない」とした。ここでは、風営法が法改正を重ねて順次規制を強化していったという改正経緯から、法律の趣旨を読み取っている。

　これらの判例では、法律の趣旨の読み取る際に、必ずしも抵触が疑われている法律の具体的条項だけに着目すればよいわけではなく、法律全体やその改正経緯などもまた踏まえることが必要であり、またそれが可能であるということが示唆されており参考になる。なお、徳島市公安条例事件の調査官解説は、道路交通法の立法当局の考え方も詳細に紹介し、それと判例による法律の趣旨の理解が一致することを指摘しているが（最判解・前掲 183-184 頁〔小田〕）、立法過程における議論に着目して法律の趣旨を読み取ることもまた許されよう。

２．本来的な地方自治事務への着目

　法律の規制対象が「本来的な地方自治事務」に関するものであることを理由に、法律は条例による強度の規制を容認する趣旨であるとした判例もある。

　旅館業法と条例との抵触が問題となった**飯森町旅館建築規制条例事件**の**控訴審**（福岡高判昭 58・3・7 判時 1083 号 58 頁）は、「地方公共団体が当該地方の行政需要に応じてその善良な風俗を保持し、あるいは地域的生活環境を保護しようとすることは、本来的な地方自治事務」であり、この地域特性に対する配慮を重視するならば、旅館業法の規定は、「各地方公共団体が条例により旅館業より強度の規制をすることを排斥する趣旨までを含んでいると直ちに解することは困難」であるとした。**1** で言及した東郷町ラブホテル規制条例事件の第一審も、「市町村などの地方公共団体が、その地域の実情に応じ、生活環境、教育環境等に悪影響を及ぼすおそれのある風俗営業に対して適切な規制を講ずることは、本来的な公共事務（固有事務）と観念されていたと考えられる」ということを、風営法の改正経緯とともに、条例によるさらなる規制を容認する趣旨であることの理由の１つとして挙げていた。

　地方分権改革により、地方自治法上、国と地方の役割分担が明確にされ、「地方公共団体は、住民の福祉の増進を図ることを基本として、地域における行政を自主的かつ総合的に実施する役割を広く担うものとする」（1 条の 2）、国は、「……住民に身近な行政はできる限り地方公共団体にゆだねることを基本として、地方公共団体との間で適切に役割を分担するとともに、地方公共団体に関する制度の策定及び施策の実施に当たつて、地方公共団体の自主性及び自立性

が十分に発揮されるようにしなければならない」（1条の2第2項）とされている。また、国の法令と条例との関係でも、「地方公共団体に関する法令の規定は、地方自治の本旨に基づき、かつ、国と地方公共団体との適切な役割分担を踏まえ」た内容であること（2条12項）、その解釈、運用においても、これを踏まえることが求められている（同条13項）。これらのことにかんがみれば、「本来的な地方自治事務」を踏まえて法律の趣旨を解釈するという手法は、「国の法令中心の思考様式」からは外れる面はあるものの、地方分権の見地からは積極的な評価が可能である。

3．実体的な憲法上の権利規定の援用

　高知市普通河川管理条例事件判決は、1で述べた河川法の趣旨を踏まえて、高知市普通河川等管理条例が、河川法が適用河川等について定めるところ以上に強力な河川管理の定めをしているか否かの検討を行っている。そこで同判決は、「河川法3条は、同法による河川管理の対象となる『河川』に含まれる堤防、護岸等の『河川管理施設』は、それが河川管理者以外の者の設置したものであるときは、当該施設を『河川管理施設』とすることについて、河川管理者が権原に基づき当該施設を管理する者の同意を得たものに限るものとしている。これは、河川管理者以外が設置した施設をそれが『河川管理施設』としての実体を備えているということだけで直ちに一方的に河川管理権に服せしめ、右施設を権原に基づき管理している者の権利を制限することは、財産権を保障した憲法29条との関係で問題があることを考慮したことによるものと解される。このような河川法の規定及び趣旨に照らして考えれば、普通地方公共団体が、条例により、普通河川につき河川管理者以外の者が設置した堤防、護岸等の施設をその設置者等権原に基づき当該施設を管理する者の同意の有無にかかわらず河川管理権に服せしめることは、同法に違反し、許されないものといわざるをえない」と述べていることが注目される。ここでは、憲法上の権利である財産権の制約であるという事情が、法律が条例によるさらなる規制を許さない趣旨であることの根拠の1つとされているからである。

　実体的権利規定の援用は、風営法と条例との抵触が問題となった**宝塚市パチンコ店等建築規制条例事件**の**第一審**（神戸地判平9・4・28判時1613号36頁）でもみられる。同判決は、「風俗営業の場所的規制は、憲法22条1項で保障する職業選択の自由を制約するもの」であり、「しかも、風営法の規制方法は許可制で

あり、単なる職業活動の内容及び態様に対する規制に比べ、職業選択の自由そのものを制限する強力な規制」であることなどから、「風営法及び県条例は、風俗営業の場所的規制に関し、立法により規制しうる最大限度を示したものであり、市町村が独自の規制をなすことを予定していないと解するのが相当」であるとしている（**控訴審**（大阪高判平 10・6・2 判時 1668 号 37 頁）も同旨）。

4．実体的な権利規定と特別意義等基準

　実体的権利規定の援用は、特別意義等基準と関連させて理解することも可能である。この点で注目されるのは、飯森町旅館建築規制条例事件の**第一審**（長崎地判昭 55・9・19 行集 31 巻 9 号 1920 頁）と控訴審における実体的権利規定の利用方法の違いである。

　飯森町旅館建築規制条例事件の第一審は、旅館業法が規制場所について、職業選択の自由の観点から、同法が定める敷地の周囲おおむね 100 メートルの区域内と限定していることを、「旅館業法は、同法と同一目的の下に、市町村が条例をもって同法が定めているより高次の営業規制を行うことを許さない趣旨」を導く理由の 1 つとしていた。

　他方、同事件の控訴審は、**2** でみたように「本来的な地方自治事務」の見地から、旅館業法の趣旨について第一審とは異なる判断を下したのであるが、ここで注目されるのは、それに続けて控訴審が、「旅館業法が旅館業に対する規制を前記の程度に止めたのは、職業選択の自由、職業活動の自由を保障した憲法 22 条の規定を考慮したものと解されるから、条例により旅館業法よりも強度の規制を行うには、それに相応する合理性、すなわち、これを行う必要性が存在し、かつ、規制手段が右必要性に比例した相当なものであることがいずれも肯定されなければならず、もし、これが肯定されない場合には、当該条例の規制は、比例の原則に反し、旅館業法の趣旨に背馳するものとして違法、無効になる」と述べている点である。

　控訴審は第一審とは異なり、実体的な憲法上の権利規定が、条例によるさらなる規制を許さない根拠としてではなく、条例による規制の合理性（比例性）を求める理由とされている。この部分は、徳島市公安条例事件の判旨④の特別意義等基準に類似するが、憲法上の権利がより積極的な役割を演じているという違いがある。

５．特別意義等基準と合憲性審査

実体的な憲法上の権利規定が、条例による規制の合理性（比例性）を求めるのであれば、それは法律と条例の抵触審査のなかで行わなければならないわけではない。実際、実質的に特別意義等基準に基づく審査に類する検討を、法律と条例の抵触審査のなかでは行わず、憲法と条例の抵触審査というかたちで独立させている判例もみられる。

たとえば、風営法および旅館業法と条例との抵触が問題となった**前沢町モーテル類似施設建築規制条例事件**の**第一審**（盛岡地決平 9・1・24 判時 1638 号 141 頁）は、「本条例が、地方公共団体の条例制定権の範囲を逸脱し、憲法 94 条、地方自治法 14 条 1 項に反する違憲、違法なものと認めることはできない」とした後、憲法 29 条 2 項と条例との抵触の審査を行っている。

また、東郷町ラブホテル規制条例事件の第一審は、やや判然としないところもあるが、「本件条例の規制と比例原則について」という表題のもとで、法律と条例との抵触とは別に憲法と条例の抵触を審査しているかのようである。この部分について同事件の**控訴審**（名古屋高判平 18・5・18 判例集未登載）は、「本件条例の規制についても、民主的手続による地方議会の裁量的判断を尊重しつつ、条例による規制の必要性と相応の合理性が存在することが求められ、その手法、内容及び効果が比例原則に反し、不合理である場合には憲法 22 条 1 項に違反するというべきである」と述べて、ここでの審査は法律と条例の抵触審査ではなく、憲法と条例の抵触審査であることを明確にしている。

趣旨目的内容効果基準のなかでの特別意義等基準の位置づけは不明確である（➡**Ⅱ**5）。以上にみた判例は、この点に深入りせずに、条例によって実体的な憲法上の権利が制約される場合には、条例の内容の特別の意義と効果およびその合理性は、憲法との抵触の問題として、法律と条例の抵触審査とは区別して検討しうることを示しており参考になる。重要なことは、いずれかの段階で条例自体の合理性の検討を忘れずに行うことであろう。

まとめ

□ 法律と条例の抵触審査に際して、「両者の対象事項と規定文言を対比するのみでなく、それぞれの趣旨、目的、内容及び効果を比較し、両者の間に

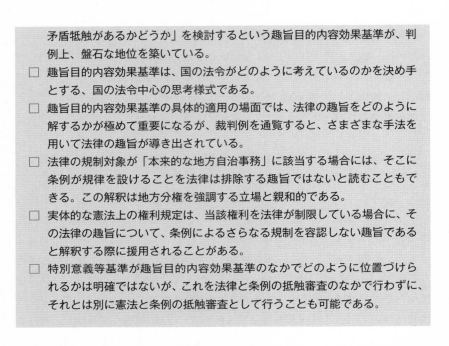

矛盾牴触があるかどうか」を検討するという趣旨目的内容効果基準が、判例上、盤石な地位を築いている。

☐ 趣旨目的内容効果基準は、国の法令がどのように考えているのかを決め手とする、国の法令中心の思考様式である。

☐ 趣旨目的内容効果基準の具体的適用の場面では、法律の趣旨をどのように解するかが極めて重要になるが、裁判例を通覧すると、さまざまな手法を用いて法律の趣旨が導き出されている。

☐ 法律の規制対象が「本来的な地方自治事務」に該当する場合には、そこに条例が規律を設けることを法律は排除する趣旨ではないと読むこともできる。この解釈は地方分権を強調する立場と親和的である。

☐ 実体的な憲法上の権利規定は、当該権利を法律が制限している場合に、その法律の趣旨について、条例によるさらなる規制を容認しない趣旨であると解釈する際に援用されることがある。

☐ 特別意義等基準が趣旨目的内容効果基準のなかでどのように位置づけられるかは明確ではないが、これを法律と条例の抵触審査のなかで行わずに、それとは別に憲法と条例の抵触審査として行うことも可能である。

FAQ

Q 憲法94条は「法律の範囲内」としているのに対して、地方自治法14条1項は「法令に違反しない限りにおいて」と定めています。この違いの意味を教えてください。

A 地方自治法14条1項は、明示的に行政立法たる命令を条例よりも優位に置いており、徳島市公安条例事件の判旨①はこれを容認している。この点に触れた国会質疑では、次のように説明されている。「憲法94条によりますと、地方公共団体は法律の範囲内で条例を制定することができるとされております。政省令は、御承知のとおり法律の委任あるいは実施するために制定されるものでございますから、その意味では法律と一体を成すものとして条例に優先する効力を有するというわけであります。〔改行〕そういう考え方の下で、地方自治法14条1項においても同様の、普通地方公共団体は法令に違反しない限りにおいて条例を制定することができると規定されております。したがいまして、ある条例が政省令に違反するものであれば、その条例は無効になると

いうことがはっきりと言えるわけでございます」（第159国会参議院内閣委員会会議録14号（平成16年5月20日）17頁〔山本庸幸内閣法制局第二部長〕）。

Q 法律と条例の抵触審査では、法律がどのような趣旨なのかが重要とのことでしたが、抵触が疑われる条例のほうを読む際に何か注意する点はありますか？

A 高知市普通河川管理条例事件で最高裁は、一見すると法律と矛盾抵触する条例の規定であっても、「条例の規定は可能な限り法律と調和しうるように合理的に解釈されるべきもの」であると述べ、法律の憲法適合的解釈ならぬ条例の法律適合的解釈を行っている。同判決の調査官解説は「条例の法令適合性を審査するに当たっての解釈手法として参考になろう」としており（最判解民事昭和53年度625頁〔石井健吾〕）、このような解釈方法もありうることを意識しておきたい。

Q 特別意義等基準について、学説ではどのような議論がありますか？

A 地方分権改革を踏まえて、特別意義等基準について、条例に「特別の意義・効果、合理性」があれば、法律は当該条例を排除する意図はないというように擬制して読むべきだという議論が有力に主張されている（たとえば、山本龍彦「徳島市公安条例事件判決を読む」中林暁生＝山本龍彦『憲法判例のコンテクスト』（日本評論社・2019）246-250頁など）。これは「条例の特別の意義があるから、法令の趣旨は条例による規制を排除する意図はないと解釈する」というものであるから「条例中心の思考様式」といえる。

たしかに、Ⅲ2で言及した「本来的な地方自治事務」論は、「条例中心の思考様式」と親和的であるが、最高裁はこの学説の立場を全面的には受け入れていないように見受けられる。たとえば、地方税法と条例との抵触が問題となった**神奈川県臨時特例企業税条例事件**（最判平25・3・21民集67巻3号438頁）では、神奈川県臨時特例企業税条例が、不況による深刻な財政赤字に対応するための条例で、神奈川県においては特別の意義・効果・合理性があったともいいうる条例であったが、そのことはまったく考慮されず、「法令中心の思考様式」によって当該条例は地方税法と矛盾抵触するものであるとして無効とされている。

〔横大道　聡〕

28　学校における規律と自由

対比型

▶昭和女子大事件（最判昭 49・7・19 民集 28 巻 5 号 790 頁）
▶神戸高専剣道実技履修拒否事件（最判平 8・3・8 民集 50 巻 3 号 469 頁）

はじめに　教育の場である学校は、同時に、個人の自由を制限する場でもある。そこでは、学生・生徒の自由が制限されるだけでなく、教師の自由が制限されてもいる。このような自由の制限は、教育それ自体に必然的に伴うものとして、それを承認する見方もある一方、憲法が保障する自由の観点から絶えずその必要性・合理性を問う声が提起されてきた。このような学校における自由を求める声に対し、裁判所はどのような判断を示してきたか。ここではそのすべてを網羅できないが、学校における自由に関する裁判所の判断方法は、学校による自由の制限それ自体の適否を論じる場面と制限違反に対する不利益処分の適否を論じる場面とで大きく異なるものとなっていることを前提に、**Ⅱ**では、学生の自由をめぐる紛争を、**Ⅲ**では、教員の自由をめぐる紛争を素材として、それぞれの判例の論理とその相互関連性・射程について検討していきたい。

Ⅰ　判旨

■昭和女子大事件（以下、判例①とする）
（1）学生に対する包括的権能とその限界
　「大学は、国公立であると私立であるとを問わず、学生の教育と学術の研究を目的とする公共的な施設であり、法律に格別の規定がない場合でも、その設置目的を達成するために必要な事項を学則等により一方的に制定し、これによつて在学する学生を規律する包括的権能を有する」。「もとより、学校当局の有する右の包括的権能は無制限なものではありえず、<u>在学関係設定の目的と関連し、かつ、その内容が社会通念に照らして合理的と認められる範囲においてのみ是認されるものである</u>」。

（2）懲戒処分における教育的裁量権とその限界

「大学の学生に対する懲戒処分は、教育及び研究の施設としての大学の内部規律を維持し、教育目的を達成するために認められる自律作用であつて、懲戒権者たる学長が学生の行為に対して懲戒処分を発動するにあたり、その行為が懲戒に値いするものであるかどうか、また、懲戒処分のうちいずれの処分を選ぶべきかを決するについては、当該行為の軽重のほか、本人の性格及び平素の行状、右行為の他の学生に与える影響、懲戒処分の本人及び他の学生に及ぼす訓戒的効果、右行為を不問に付した場合の一般的影響等諸般の要素を考慮する必要があり、これらの点の判断は、学内の事情に通暁し直接教育の衝にあたるものの合理的な裁量に任すのでなければ、適切な結果を期しがたいことは、明らかである」。

「もつとも、……他の懲戒処分と異なり、学生の身分を剥奪する重大な措置であることにかんがみ、当該学生に改善の見込がなく、これを学外に排除することが教育上やむをえないと認められる場合にかぎつて退学処分を選択すべき」。

■神戸高専剣道実技履修拒否事件（以下、判例②とする）

（1）校長の教育的裁量権とその限界

「高等専門学校の校長が学生に対し原級留置処分又は退学処分を行うかどうかの判断は、校長の合理的な教育的裁量にゆだねられるべきものであ」る。「しかし、退学処分は学生の身分をはく奪する重大な措置であり、……当該学生を学外に排除することが教育上やむを得ないと認められる場合に限って退学処分を選択すべきであり、その要件の認定につき他の処分の選択に比較して特に慎重な配慮を要するものである」。

（2）校長の裁量的判断の適否についての具体的検討

「体育科目による教育目的の達成は、他の体育種目の履修などの代替的方法によってこれを行うことも性質上可能というべきである」。「被上告人が剣道実技への参加を拒否する理由は、被上告人の信仰の核心部分と密接に関連する真しなものであった」。「本件各処分は、その内容それ自体において被上告人に信仰上の教義に反する行動を命じたものではなく、その意味では、被上告人の信教の自由を直接的に制約するものとはいえないが、……被上告人がそれによる重大な不利益を避けるためには剣道実技の履修という自己の信仰上の教義に反する行動を採ることを余儀なくさせられるという性質を有する」。

「代替措置が不可能というわけでもないのに、代替措置について何ら検討することもなく、体育科目を不認定とした担当教員らの評価を受けて、原級留置処分をし、さらに、不認定の主たる理由及び全体成績について勘案することなく、……退学処分をしたという上告人の措置は、考慮すべき事項を考慮しておらず、又は考慮された事実に対する評価が明白に合理性を欠き、その結果、社会観念上著しく妥当を欠く処分をしたものと評するほかはな」い。

Ⅱ 基本解説 —— 学生の自由をめぐる紛争

1. 学校紛争に対する2つのアプローチ

　学生の自由をめぐる紛争は、通常、(ⅰ)学校が、学生を規律する学則・校則等を設定し（以下、規律とする）、(ⅱ)学生が、学校の規律よりも、みずからの思想や信仰に基づく行為を優先した結果、校長等の判断により退学等の不利益処分を受ける（以下、不利益処分とする）という二段階の構造をもって顕在化する。このような二段階の構造をもった紛争に対し、憲法的観点から解答を与えようとする場合、そこには2つのアプローチがありうる。

　第1は、二段階の過程全体を対象として、その違憲性を包括的に検討するアプローチである（統合アプローチ）。このアプローチの場合、憲法上の権利に対する「制約」として念頭に置かれるのは、不利益処分であり、違憲を主張する側からは学生の思想等に基づく行為に対して不利益処分を課すことは違憲である等と主張されることになる。このアプローチにおいて、たとえば、「より制限的でない他の選びうる手段」（以下、LRA法理とする）に基づく審査を行うといった場合には、退学よりもより軽い処分がありえたかということが検討されることになる。

　ただ、最高裁はこれまでこのようなアプローチを必ずしも採用してきたわけではなかった。むしろ、最高裁は、二段階の過程を分割し、第一段階の規律のみを憲法問題として捉えるアプローチを採用してきた（分割アプローチ）。そこで「制約」といった場合には、第一段階の規律の設定それ自体を意味し、その合憲性は、後者の不利益処分とは切り離され、独立に検討されることになる。すなわち、不利益処分の軽重は、規律の合憲性判断の考慮要素とはならないことになる。他方で、このような分割アプローチにおいては、不利益処分の適否は、校長等の裁量的判断の問題として把握され、憲法問題としてではなく、法律以下のレベルの問題として検討される。最高裁は、不利益処分の適否を論じる場面において、信教の自由などの概念には言及するもののそれは憲法上の権利としてではなく、あくまで裁量の行使にあたって考慮すべき一事情・一利益という観点から言及されるにすぎない。ただ、一方で、そこでは、不利益処分の軽重は重要な考慮要素として検討の対象となる。在学関係をめぐる判例は、このような分割アプローチを前提に読んでいく必要がある。

２．教育機関の包括的権能とその限界

　判例①は、最高裁が、大学による学生の規律について、その根拠と内在的限界についてはじめて明らかにした重要判例である。かつて、大学による学生の規律は、国公立であれば特別権力関係、私立であれば在学契約関係によって根拠づけられてきた。それに対し、判例①は、教育と研究という設置目的を根拠として、大学は、国公立・私立に共通して、学則等を一方的に制定し、在学する学生を規律する「包括的権能」を有すると論じた。判例①は、このような包括的権能は、法律の規定の有無にかかわらず認められるとし、さらに、後の**富山大学事件**（➡第25章）で最高裁は、このような包括的権能に基づき、大学は司法判断の及ばない「部分社会」を形成すると論じている。特別権力関係という概念こそは用いられていないものの、大学は、そもそも、学生の自由を制限するきわめて強力な権能を有していることが認められたといえる。もっとも、判例①は、このような包括的権能を絶対的なものとはせず、それには㋐「在学関係設定の目的と関連し」、かつ、㋑「その内容が社会通念に照らして合理的と認められる範囲」のものでなければならないとの内在的限界があることも明らかにしている（判例①が述べたこのような包括的権能の性格・限界は、直接的には、大学においてのものであるが、基本的には、教育機関一般に妥当しよう）。この要件は、国公立・私立を問わず妥当するものとして提示されているが、判例①は、私立大学においては特定の校風や教育方針を希望して当該大学に入学するものであるとの事情も踏まえ、学生の政治的活動に対する広範な規律も認められるとしている。

　なお、判例①が述べた包括的権能の限界は、あくまで権能それ自体の内在的限界であって、憲法上の限界ではない。特に、国公立の教育機関の包括的権能の行使に対しては、内在的限界とは別に憲法上の統制が及びうると考えられる。ただ、判例①は、私立大学における在学関係を私人間の問題として捉え、当該事件には、憲法における自由権的基本権の保障規定はそもそも適用されないとしており、また、判例②は、公立の教育機関における在学関係が問題となった事案であったが、紛争の中心が教育的裁量権に基づく退学処分等の適否であったため、学生に対する規律の合憲性それ自体は検討されず、いずれも、包括的権能に対する憲法上の限界については論じられていない。

3．学生に対する不利益処分とその限界

　学校は、さまざまな不利益処分を学生に対して課す権能を有しており、それは校則等が実効的に機能するために重要な役割を果たしている。ただ、裁判所は、校則それ自体とは異なり、学校が課す不利益処分については、それ自体が憲法が保障する自由に対する「制限」になるとはみなしておらず、また、明示的に憲法を適用・参酌することはせず、むしろ、法令解釈の枠内でその適否を論じてきた。

　まず、学校による不利益処分の典型といえるのが、退学等の懲戒処分であり、法令上は、学校教育法 11 条にその根拠がある。この学校による懲戒処分は、校則等の規律を実効化するうえで重要な役割を果たすものであるが、制裁や秩序の維持それ自体を目的とした公務員の懲戒処分とは異なり、あくまで教育を目的とした教育作用の一環として行使されるべきものとされ、「校則違反即懲戒処分というような形式的かつ機械的な懲戒権行使は、……非教育的な処分として違法である」と考えられている（市川須美子「校則裁判と生徒の権利保障」ジュリ 918 号 55 頁、57 頁）。ただ、一方でそのような教育的判断としての側面を有しているが故に、懲戒権者には、幅広い教育的裁量が認められており、最高裁は、**京都府立医大事件**（最判昭 29・7・30 民集 8 巻 7 号 1501 頁）以来、(ア) その決定がまったく事実上の根拠に基づかないと認められる場合であるか、(イ) 社会観念上著しく妥当を欠き懲戒権者に任された裁量権の範囲を超えるものと認められる場合に限り、懲戒処分は違法になるとの基本的立場を採用している。

　もっとも、教育的懲戒処分における教育的裁量の範囲は、懲戒処分の軽重により変動するものと考えられており、判例①は、教育的裁量権への敬譲を原則としつつも、学生にとって重大な措置となる退学処分については、「学外に排除することが教育上やむをえないと認められる場合」に限定して選択されるべきであるとし、さらに、「その要件の認定につき他の処分の選択に比較して特に慎重な配慮を要する」として、退学処分については教育的裁量の余地が狭まる旨の判示を行っている（最判解民事昭和 49 年度 373 頁、382 頁〔佐藤繁〕）。

　このような教育的懲戒処分について発展してきた枠組みは、懲戒以外の学生に対する不利益処分にも適用されている。その典型といえるのが、判例②である。判例②は、生徒の自由に関する著名な判例であるが、その判断枠組み自体は必ずしも独自性・新規性をもったものではなかった。判例②が原級留置・退

学処分の適否を判断する枠組みとして採用したのは、教育的裁量権への敬譲を原則としつつ、処分の重大性に基づき慎重な判断が求められるというものであり、それは、判例①に代表される伝統的枠組みを踏襲したものであった（最判解民事平成8年度174頁、184頁〔川神裕〕参照）。この点、判例②では、信仰の自由に対する制約が問題となったため、裁量の幅が狭くなったと読む見解もあるが、むしろ、判例①と同様、退学処分という不利益処分の大きさに着目して裁量の幅が狭くなったと捉えるのが素直な読み方であり（宍戸常寿「裁量論と人権論」公法71号100頁、106頁）、基本的な裁量の幅は判例①と大きくは異なるものではなかったと捉えるべきであろう。また、判例②は、剣道実技の代替措置を採用しなかったことを違法としたものと読まれることがあるが、正確には、「代替措置が不可能というわけでもないのに、代替措置について何ら検討することもな」かったということ、すなわち、代替措置の「不検討」を判断過程の瑕疵として問題にしたにすぎず、剣道実技の代替措置が義務づけられるか否か、義務づけられるとしてもそれは憲法上の義務となるのかについては何ら明確な判断を示していない（➡第13章）。

　その意味で、判例②は、著名な判例ではあるが、事案の性質上、事例判断的に生徒を救済したという色彩が強いものであるといえ、また、憲法判断ではなく、あくまで、教育的裁量判断の適否を論じたものにすぎないものであることから、特に、憲法20条3項（政教分離）に関する部分を除き、直接判断していない信教の自由に関する制約についての憲法判断の方法をそこから読みとることには慎重になるべき判決であったといえるだろう。もっとも憲法それ自体が、その適用対象や判断方法についてさまざまな制約があるなかで、憲法外の裁量審査が生徒の自由を実質的に保護するうえで重要な役割を果たしえたことは、次にみる教員の自由の問題を考えるうえでも重要である。

Ⅲ　発展解説

1．教員の自由をめぐる紛争

　学校と教員との間の紛争は、大きく(ⅰ)教育権の所在をめぐる紛争と(ⅱ)教員個人の自由をめぐる紛争に分けることができる。(ⅰ)は、第21章に譲り、ここでは、(ⅱ)の紛争、なかでも近年注目を集めてきた公立学校の式典における君が代の起立斉唱をめぐる紛争に焦点をあてて検討を進めていきたい。なお、これ

らの紛争も、(i)校長から、まず、君が代の起立斉唱を命ずる旨の職務命令が教員にあり、それに違反した教員に懲戒処分等の不利益処分がなされるという二段階の構造をもち、最高裁はここでも前述の分割アプローチを前提とした法的判断を示している。以下では、その代表的判例を概観し、その射程を探っていきたい。

2．職務命令と思想良心の自由

　君が代起立斉唱をめぐる紛争においては、特に、教員個人の思想良心の自由との関係で、職務命令の合憲性が激しく争われ、最高裁も正面から憲法判断を行ってきた。なかでも**君が代起立斉唱事件**（➡第1章・第11章。以下、**判例③とする**）は、その憲法判断の枠組みを完成させた判決であった。判例③は、職務命令の合憲性判断を、思想・良心の自由に対する(i)制約該当性の検討、(ii)制約許容性の検討の二段階によって行い、さらに、制約該当性の検討では、当該職務命令が直接的制約と間接的制約のいずれに該当するかの検討を行っている。

　判例③における直接／間接二分論は、その多くを省略して述べれば（➡第11章）、「一般的・客観的」視点からみて、個人の歴史観・世界観を「否定」することと「不可分に結び付く」「性質」をもった外部的行為を求めることは直接的制約となるが、単に「個人の歴史観・世界観に由来する行動と異なる外部的行為」を求めるにとどまる場合には、間接的制約としてのみ制約と評価されるというものである。そこでは規制がいかなる「性質」をもった外部的行為を求めるものかということが、直接／間接の分水嶺になっているといえよう。

　そのような直接／間接二分論のもと、判例③は、君が代起立斉唱を求める職務命令を間接的制約として位置づけたうえで、その場合の制約許容性は、「職務命令の目的及び内容並びに……制約の態様等を総合的に較量して、当該職務命令に……制約を許容し得る程度の必要性及び合理性が認められるか否かという観点から判断」されるとの判断枠組みを提示した。この判断枠組みについて、調査官解説は、「一定の外部的行動を求める職務命令が個人の思想及び良心の自由について及ぼす間接的な制約の態様等との相関性の度合いに応じて、職務命令の目的及び内容並びに……制約の態様等を総合的に較量し、当該職務命令に上記の制約を許容し得る程度の必要性及び合理性が認められるか否かの観点から当該職務命令の合憲性を判断する」ものであると解説し、それを「相関的・総合的な比較衡量の判断枠組み」であると称している（最判解民事平成23

年度465頁、479頁〔岩井伸晃＝菊池章〕）。この判断枠組みのもと、判例③は、次に
みる懲戒処分の裁量審査と比較しても、踏み込んだ判断を示すことなく合憲と
結論づけている。そこでは、職務命令が「やむを得ない」ものであったか否か
という厳格な基準を意識した検討はみられず、低い「程度」の必要性・合理性
で足りるとされたものとうかがえる。

　ただ、このように緩やかな基準に基づく判断の射程については慎重に考える
必要がある。まず、上記判断枠組みであるが、これは、単に間接的制約だけで
なく、職務命令に基づく制約であることも踏まえて導出されたもので、間接的
制約一般に直ちに妥当する判断枠組みではない。また、当該判断枠組みは、職
務命令の目的・内容と間接的制約の態様の多種多様性を根拠としたものであり、
それ自体が「基準」になるというよりも、むしろ、職務命令に基づく間接的制
約には、具体的事案を離れて基準を設定することができないということを意味
するにすぎないものであったといえる。その意味で、上記判断枠組みそれ自体
を緩やかな基準と解することは早計であろう。おそらく、間接的制約のなかで
も、「敬意を表明することには応じ難いと考える者」に対して「敬意の表明の要
素を含む行為」を求めるにとどまるものについては、「制約の態様」としては軽
微な部類に属するとの判断があり、さらに、猿払判決も引用されていることか
ら、「公務員の地位の特殊性」という要素も大きく作用して緩やかな基準に基
づき合憲との判断がなされたものと考えられる（最判解民事平成19年度㊤139頁、
156頁〔森英明〕も参照）。

　そのため、公立学校において君が代の演奏・斉唱を成績評価等に関連するか
たちで生徒に求めるといった場合には、間接的制約として相関的・総合的判断
枠組みが適用されるにしても、より高度の必要性・合理性が要求されることに
なろう。なお、上記判断枠組みにおいては「総合」という概念が用いられてい
るが、そこでは原告が具体的に受けた不利益（再雇用拒否）の軽重は、憲法判断
においては考慮されてはいない。判例③は、判例②とは異なり、規律それ自体
の合憲性を判断したものであるが、その判断は、分割アプローチにより不利益
処分の軽重からは切り離されたものであったといえる。

３．懲戒処分における裁量的判断と思想良心の自由

　判例②との比較検討という観点から興味深いのが、職務命令違反に対する懲
戒処分としての停職処分や減給処分の適法性が問題となった最判平24・1・16

集民239号1頁（以下、**判例④とする**）、同253頁（以下、**判例⑤とする**）の判決である。公務員の懲戒処分は、「公務員としてふさわしくない非行がある場合に、その責任を確認し、公務員関係の秩序を維持するために課される制裁」として位置づけられるものであるが、そこでも教育的懲戒処分と同様、懲戒権者の広範な裁量が認められており、その「判断は、それが社会観念上著しく妥当を欠いて裁量権の範囲を逸脱し、又はこれを濫用したと認められる場合」にのみ違法になるとの基準が確立している（最判昭52・12・20民集31巻7号1101頁〔**神戸税関事件**〕等）。判例⑤も、一般論としてその基準を採用するものであったが、戒告を超えてより重い減給以上の処分を選択する場合には、「慎重な考慮」と「処分の相当性を基礎付ける具体的な事情」が必要であるとし、例示として職務命令に違反する過去1回の不起立行為だけでは、減給処分の「相当性を基礎付ける」には足りないとした（停職処分が問題となった判例④も同趣旨）。この判断方法は、退学処分に「慎重な配慮」を求め、裁量を狭めた判例①や判例②とある程度並行して論じることができるものであろう。ただ、判例②と比較した場合、判例②では、裁量権者の判断の「過程」における瑕疵が問題とされたのに対し、判例⑤においては、不利益処分の「結果」と違反行為との「比例性」の瑕疵が問題とされている。この違いについては、教育目的の処分か、それとも、制裁目的の処分かという処分の目的の相違が影響を与えたとみることもできよう（典型的な制裁である刑罰の場合には罪刑の均衡が要請される）。

4．信仰の自由に基づく君が代起立斉唱の拒否

　判例③④⑤は、教職員が個人の思想良心の自由を理由に、君が代起立斉唱を拒否した事案であったが、信仰の自由を理由に、君が代起立斉唱を拒否した事案（大阪地判平27・12・21判例集未登載、大阪高判平28・10・24判例集未登載）あるいは君が代のピアノ伴奏を拒否した事案（東京地判平27・10・8判例集未登載、東京高判平28・7・19判例集未登載）がある。これらの事案に適用すべき判断枠組みが問題となるが、前三者の裁判例は、判例③と同一の判断枠組みにより結論を導き出している。ただ、本来的には内心のみが保障対象となると考えられてきた思想良心の自由における判断枠組みを、宗教的行為の自由として外部的行為をも本来的に保障対象になると伝統的に考えられてきた信教の自由の事案に適用するのは、論理の飛躍がある。むしろ、そこで参照されるべきであったのは、**オウム真理教解散命令事件**（最決平8・1・30民集50巻1号199頁。以下、**判例**

⑥とする）であったのではないかと考える。判例⑥は、法的規制が、宗教的行為に対し「間接的で事実上」の支障をもたらすにすぎないものと位置づけつつも、LRA法理を意識して「必要でやむを得ない法的規制」であるかを考慮要素に取り入れた判断を行っている（最判解民事平成8年度（上）67頁、81-82頁〔近藤崇晴〕参照）。その点も踏まえると、信仰の自由に基づく君が代起立斉唱の拒否には、より慎重な判断枠組みが適切であるといえるだろう（ただ、憲法20条により特別に保障される「宗教的行為」に該当するためには、判例②の事案のように「信仰の核心部分と密接に関連する外部的行為」である必要があり、単に「宗教に由来する外部的行為」というだけでは、憲法19条と同一の論理により保護されるにすぎないと考えることもできよう）。

　なお、学生に対する規律にしても、教員に対する規律にしても、心身の故障により支障がある場合には、代替措置の採用か、規律義務からの免除が一般に認められるものと考えられる（たとえば、骨折により起立できない場合など）。思想良心あるいは信仰に基づく義務の不履行は心身の故障により支障がある場合と何が違い、何が同じであるのか。特に判例の蓄積がない場合には、判例の「射程」という観点からだけでなく、社会的に共通了解のある事案の「射程」から検討することも、より有益な示唆を得る手段になるかもしれない（最判解・前掲193-194頁〔川神〕はこの点を示唆する）。

まとめ

- □ 最高裁は、学生・教職員に対する規律の適否と規律違反に対する不利益処分の適否を分けて検討しており、前者においては憲法に基づく判断を行っているが、後者は適法性の次元でのみ検討を行っている。
- □ 教育機関は、学生を規律する包括的権能を有するが、それには㋐「在学関係設定の目的と関連し」、かつ、㋑「その内容が社会通念に照らして合理的と認められる範囲」のものでなければならないという内在的限界がある。
- □ 教育的懲戒等の学生に対する不利益処分の適否の判断においては教育的裁量判断への敬譲が原則となるが、退学処分等のように不利益が重大である場合には、「慎重な配慮」が求められる。
- □ 神戸高専剣道実技履修拒否事件は、憲法を適用した判決ではなく、裁判所が踏み込んで判断したのも、信仰の自由に対する制限があったからではな

く、退学処分という不利益の重大性にかんがみてのことである。また、同判決は、代替措置が憲法上義務づけられるとまで判断したものではない。
□ 君が代の起立斉唱を求める職務命令は、思想良心の自由に対する間接的制約ではあるが違憲ではない。ただし、君が代の起立斉唱を求める職務命令違反に対する懲戒処分として減給・停職処分を選択する場合には、「慎重な考慮」と「処分の相当性を基礎付ける具体的な事情」が必要である。

FAQ

Q なぜ、最高裁は、懲戒処分等の裁量的判断に憲法上の統制を及ぼすということをしないのですか？

A まず、分割アプローチを採用する最高裁の態度は、刑事事件であった**猿払事件**において明確に示されたものである。刑事罰の適用を制限の程度として最小限度を超えるとして違憲とした猿払事件の**第一審**（旭川地判昭43・3・25刑集28巻9号676頁）は統合アプローチを採用したものといえるが、その**上告審**（➡第1章・第2章）は、行為の禁止の合憲性の問題と禁止違反に対する制裁の選択の問題とを切り離し、一度合憲とされた禁止について制裁を設けることが改めて違憲となることはないとの分割アプローチの立場を示した。猿払事件の担当調査官は、「表現行為を禁止する法律が憲法21条に違反するのであれば、これに対する制裁は、重いか軽いかを問わずすべて同条に違反する」とする一方、「重い制裁を伴う禁止であれば表現の自由を侵害するが、軽い制裁を伴う禁止であれば表現の自由を侵害しないというのは、否定された自由も自由であるというのに等し」いというのが上告審の論理であったと説明している（最判解刑事昭和49年度165頁、237-239頁〔香城敏麿〕）。それは、いわば、憲法が保障する自由は、まずもって「禁止」からの自由であって、「制裁」からの自由ではないとの論理として言い換えることができよう（最判解刑事平成24年度463頁、507-508頁〔岩﨑邦生〕も参照）。最高裁は、おそらく、その論理を前提として、制裁の選択に憲法が適用されないのと同様、懲戒処分や不利益処分の選択も禁止それ自体ではないため憲法が適用されることはないと考えているのだろう。　　　　　　　　　　　　　　　　　　　　　　　　〔木下　昌彦〕

29 刑事収容施設内における被収容者の権利・自由

はじめに 　刑事施設被収容者の権利・自由は、かつて「特別権力関係」論のもと、一般的な人権保障の埒外のものとされていた。しかし、現在では、彼らに人権保障が当然及ぶことを前提に、制約の目的や範囲・手段を検証し、その正当化ができるかどうかが検討される。もっとも、未決拘禁者、受刑者、死刑確定者などは、それぞれの収容の理由が異なる以上、受ける制限の正当化理由も変化する。裁判所はこの点いかなる判断をしてきたのか。近年では、監獄法から新法による統制へと変貌を遂げ、収容者の権利をより意識した規定が置かれている。以下では、旧法と新法の違いを意識しつつ、従来の裁判例を通覧することで、刑事施設被収容者の施設内処遇にまつわる判例の射程を把握していく。

I 判旨

■喫煙禁止事件（未決拘禁者）

　「未決勾留は、刑事訴訟法に基づき、逃走または罪証隠滅の防止を目的として、被疑者または被告人の居住を監獄内に限定するものであるところ、監獄内においては、多数の被拘禁者を収容し、これを集団として管理するにあたり、その秩序を維持し、正常な状態を保持するよう配慮する必要がある。このためには、被拘禁者の身体の自由を拘束するだけでなく、右の目的に照らし、必要な限度において、被拘禁者のその他の自由に対し、合理的制限を加えることもやむをえない」。

　本件では、「監獄の現在の施設および管理態勢のもとにおいては、喫煙に伴う火気の使用に起因する火災発生のおそれが少なくなく、また、喫煙の自由を認めることにより通謀のおそれがあり、監獄内の秩序の維持にも支障をきたす」。「喫

煙を許すことにより、罪証隠滅のおそれがあり、また、火災発生の場合には被拘禁者の逃走が予想され、かくては、直接拘禁の本質的目的を達することができ」ず、「被拘禁者の集団内における火災が人道上重大な結果を発生せしめる」。「煙草は生活必需品とまでは断じがたく、ある程度普及率の高い嗜好品にすぎず、喫煙の禁止は、煙草の愛好者に対しては相当の精神的苦痛を感ぜしめるとしても、それが人体に直接障害を与えるものではないのであり、かかる観点よりすれば、喫煙の自由は、憲法13条の保障する基本的人権の一に含まれるとしても、あらゆる時、所において保障されなければならないものではない」。

■**図書閲読制限事件（未決拘禁者）**

「収容者の処遇ないし取扱いに関する運用についての訓令、通牒、通達等が掲載されている」雑誌の閲読不許可に関して、それらの雑誌からの短期間での抹消は、施設の「管理運営上著しい支障を生」じさせ、「ほとんど不可能に近い」。「通達等の定める収容者の処遇の内容そのものは特に秘匿する必要がない場合であっても、その記述いかんによっては、これを収容者に閲読させることにより、無用の誤解を与え、ひいては不安、動揺の原因となりうるものがある」。規律違反行為の波及が顕著な本件被上告人らに閲読を許した場合、同人らを含む一部被収容者らが「その趣旨を曲解し」、「職員に対し共同して規律違反行為に出ることが容易に予想された」。

■**よど号ハイジャック記事抹消事件（未決拘禁者）**

「監獄は、多数の被拘禁者を外部から隔離して収容する施設であり、右施設内でこれらの者を集団として管理するにあたっては、内部における規律及び秩序を維持し、その正常な状態を保持する必要があるから、この目的のために必要がある場合には、未決勾留によって拘禁された者についても、この面からその者の身体的自由及びその他の行為の自由に一定の制限が加えられることは、やむをえない」。

「未決勾留は、前記刑事司法上の目的のために必要やむをえない措置として一定の範囲で個人の自由を拘束するものであり、他方、これにより拘禁される者は、当該拘禁関係に伴う制約の範囲外においては、原則として一般市民としての自由を保障されるべき者であるから、監獄内の規律及び秩序の維持のためにこれら被拘禁者の新聞紙、図書等の閲読の自由を制限する場合においても、それは、右の目的を達するために真に必要と認められる限度にとどめられるべきものである。」「右の制限が許されるためには、当該閲読を許すことにより右の規律及び秩序が害される一般的、抽象的なおそれがあるというだけでは足りず、被拘禁者の性向、行状、監獄内の管理、保安の状況、当該新聞紙、図書等の内容その他の具体的事情のもとにおいて、その閲読を許すことにより監獄内の規律及び秩序

の維持上放置することのできない程度の障害が生ずる相当の蓋然性があると認められることが必要であり、かつ、その場合においても、右の制限の程度は、右の障害発生の防止のために必要かつ合理的な範囲にとどまるべき」である。

■図書差入制限事件（受刑者）

「受刑者と外部との交通は一般的に禁止されているものであるところ、およそ物品は、その本来の用途以外にも通常の予測を超えた目的・用途に利用される可能性を持つものであり、また、特定の者からの差入という事実自体によって受刑者に一定の影響を与えることがあり得る性質のものであること及び多数の受刑者を収容し、これを集団として管理する施設である刑務所において紀律保持の必要があることにかんがみ、法は、規則において差入を不許可とすべき場合として明文で定める場合を除き、それ以外の場合は、刑務所長が、目的物の性質、形状、内容、差入人と受刑者との人的関係等諸般の事情を考慮して、その裁量により差入の許否を決することを予定している」。「そうであるとすると、差入人と受刑者との人的関係が明らかでないため、その差入が受刑者の処遇上害があるか否か不明である場合は、刑務所長は、その裁量により、右差入の許否を決することができる」。

■監獄法施行規則接見制限事件（未決拘禁者）

「被勾留者には一般市民としての自由が保障されるので、〔監獄〕法45条は、被勾留者と外部の者との接見は原則としてこれを許すものとし、例外的に、これを許すと支障を来す場合があることを考慮して、㋐逃亡又は罪証隠滅のおそれが生ずる場合にはこれを防止するために必要かつ合理的な範囲において右の接見に制限を加えることができ、また、㋑これを許すと監獄内の規律又は秩序の維持上放置することのできない程度の障害が生ずる相当の蓋然性が認められる場合には、右の障害発生の防止のために必要な限度で右の接見に合理的な制限を加えることができる、としているにすぎ」ず、「この理は、被勾留者との接見を求める者が幼年者であっても異なるところはない」。「これを受けて、法50条は、『接見ノ立会……其他接見……ニ関スル制限ハ命令ヲ以テ之ヲ定ム』と規定し、命令（法務省令）をもって、面会の立会、場所、時間、回数等、面会の態様についてのみ必要な制限をすることができる旨を定めているが、もとより命令によって右の許可基準そのものを変更することは許されない」。

■信書発送制限事件（死刑確定者）

「死刑確定者の拘禁の趣旨、目的、特質にかんがみれば、監獄法46条1項に基づく死刑確定者の信書の発送の許否は、死刑確定者の心情の安定にも十分配慮

して、死刑の執行に至るまでの間、社会から厳重に隔離してその身柄を確保するとともに、拘置所内の規律及び秩序が放置することができない程度に害されることがないようにするために、これを制限することが必要かつ合理的であるか否かを判断して決定すべきものであり、具体的場合における右判断は拘置所長の裁量にゆだねられている」。「東京拘置所長は東京拘置所の採用している準則に基づいて右裁量権を行使して本件発信不許可処分をした」が、「同準則は許否の判断を行う上での一般的な取扱いを内部的な基準として定めたものであって、具体的な信書の発送の許否は……監獄法 46 条 1 項の規定に基づき、その制限が必要かつ合理的であるか否かの判断によって決定される」。

Ⅱ 基本解説

1．刑事施設被収容者の権利保障 ── 旧法から新法へ

　Ⅰ で挙げた諸判例に登場する「監獄法」（以下、旧法とする）は、明治 41 年に制定された刑事施設被収容者の処遇について定めた法律である。被収容者の権利・自由に関する規定の少なかった旧法は、施設長の強い裁量権のもとで包括的な権利制限を可能としていた。同法は、最近まで有効な法律であったが、かねてより強い批判があった。そこで平成 17 年には受刑者の処遇に関する法改正がなされた（翌年施行）。平成 18 年には、未決拘禁者、死刑確定者の処遇に関する法改正がなされ、受刑者とともに「刑事収容施設及び被収容者等の処遇に関する法律」（以下、新法とする）に統合された。「監獄」という呼称も、平成 17 年の法改正以降、「刑事施設」に変更された。これらの法改正では、権利保障の原則を法律で明示し、被収容者として包括的に捉えてきた受刑者、未決拘禁者、死刑確定者を区分し、それぞれの取扱いを明記した。

　本章で取り上げる諸判例は、旧法下で示されたもので、これらのなかには古いものも多く、新たな動向を踏まえたとはいえないものもある。他方、法改正以前の段階でも、刑事施設被収容者の扱いに係る法令を憲法適合的に解釈し、地位（受刑者、死刑確定者、未決拘禁者）の違いを意識した判例もある。

2．法的地位による相違

（1）受刑者

　刑事施設被収容者のうち、刑が確定し、身柄の拘禁を伴う禁錮刑や懲役刑を受ける人々がいる。これらの刑罰は「自由刑」とよばれ、自由のはく奪自体に

意味がある。ここでは、自由のはく奪自体が不相応であるかどうかではなく、どのような範囲までの自由を奪うことが可能なのかが重要となる。

　自由刑をめぐっては、拘禁以外には原則自由であるべきとする自由刑純化論もあるが、やや極論の域にあろう。では、拘禁しつつ、いかなる権利制限がやむをえないのかを考えると、たとえば懲役刑としての刑務作業を刑務所内で実施することは、逃亡の可能性などを考えるならば、致し方ない（もっとも、実際には塀の外の作業場における刑務作業もある）。他方で、外部との物品や信書のやり取りなどはどうか。この点、差入者と受刑者との関係が明らかでない図書差入れを不許可とした処分をめぐる国賠訴訟に関する最高裁判決（**図書差入制限事件**）では、自由刑の本質からやり取りを不許可とするのではなく、①当人への影響と、②刑務所内の紀律保持を理由にしている（なお、当時の監獄法施行規則142条では、外部からの差入に関して「在監者ニハ拘禁ノ目的ニ反シ又ハ監獄ノ紀律ヲ害ス可キ物ノ差入ヲ為スコトヲ得ス」と規定し、他方、閲読許可に関して同86条は「文書図画ノ閲読ハ拘禁ノ目的ニ反セス且ツ監獄ノ紀律ニ害ナキモノニ限リ之ヲ許ス」と規定していた）。ただし、①については、いかなる点が当人にいかなる影響を与えると問題なのか、②については、差入れをするだけで、具体的にいかなる影響があるのか、を考えないと本来的には十分な理由とはならないであろう。

（2）死刑確定者

　死刑確定者は、禁錮や懲役の受刑者と同様に捉えられるときがあるが、死刑がめざすのは「生命」を奪うことであり、禁錮や懲役といった自由刑とは違う。死刑確定者の身柄拘束の理由は、死刑までの身柄の確保、逃亡の防止であり、拘束自体が死刑の付加刑になっているわけではない。すると本来、死刑確定者の行為制限は、禁錮刑や懲役刑による拘束の場合とは別途、設定されてよい。

　この点、死刑確定者に関する**信書発送制限事件**で最高裁は、信書の送受制限について「死刑確定者の心情の安定にも十分配慮」すべきとしている。新法32条1項は「死刑確定者の処遇に当たっては、その者が心情の安定を得られるようにすることに留意するものとする」と、2項は「死刑確定者に対しては、必要に応じ……その心情の安定に資すると認められる助言、講話その他の措置を執るものとする」と、それぞれ規定する。そこで同判決の上記文言も、死を待つ人が精神的不安定にならないようにする点で固有の重要性がある。

　同判決は、死刑確定者が「死刑廃止論が被害者の人権を無視するものだ」と

の新聞に掲載された意見を読み、それには誤解があるとして同紙に投稿を試みたが、認められなかった事案である。これについて旧法では、46条1項で「被収容者ニハ信書ヲ発シ又ハ之ヲ受クルコトヲ許ス」とし、2項には「監置ニ処セラレタル者ニハ其親族ニ非サル者ト信書ノ発受ヲ為サシムルコトヲ得ス但特ニ必要アリト認ムル場合ハ此限ニ在ラス」と規定していた。また当時の同拘置所の内部基準は「(1)本人の親族、訴訟代理人その他本人の心情の安定に資するとあらかじめ認められた者にあてた文書」、「(2)裁判所等の官公署あての文書又は訴訟準備のための弁護士あて等の文書で、本人の権利保護のために必要かつやむを得ないと認められるもの」のみについて発信許可できるとしていた。この状況下で最高裁は、当時の内部基準に基づいて新聞投書を不許可とした拘置所長の裁量権の行使は合法との判断をした。

　しかし新法では139条1項に「一　死刑確定者の親族との間で発受する信書、二　婚姻関係の調整、訴訟の遂行、事業の維持その他の死刑確定者の身分上、法律上又は業務上の重大な利害に係る用務の処理のため発受する信書、三　発受により死刑確定者の心情の安定に資すると認められる信書」を原則的に許可するとある。これからすれば、新法では本件新聞投稿は3号に該当する信書として認められる可能性がある（なお同判決には河合伸一反対意見が付されており、憲法上の権利の観点から死刑確定者の信書の発信について原則自由であるべきとし、上記内部基準を批判していた）。

（3）未決拘禁者

　未決拘禁者とは、刑事裁判判決が確定していない状態にありながら、拘置所あるいは警察の留置施設において身柄拘束を受けている者（被疑者・被告人）のことをいう。その拘束理由は、証拠隠滅や逃亡回避のためである。特に被疑者は、自由刑を受ける者とは区別されよう。**よど号ハイジャック記事抹消事件**で最高裁が、未決拘禁者は「原則として一般市民としての自由を保障される」と示しているのは、受刑者や死刑確定者との線引きをするためであろう。また旧法とその施行規則の委任関係をめぐって年少者の接見制限をかけていた規則について委任を超えた違法なものとした**監獄法施行規則接見制限事件**の最高裁判決でも許可基準に関する限定的判断をしているのはそのためだともいえよう（➡第24章）。

　逆にいえば、受刑者や死刑確定者は、証拠隠滅といった理由とは無関係であ

り、書籍や書類のやり取りなどに関してこの観点から制限が正当化されること
はないはずである。このように被収容者間での論理の差異を意識してほしい。

Ⅲ 発展解説

1. 新聞紙・図書等の閲覧の自由

　以上では、各人の置かれる地位で区分をし概観してきたが、発展解説では、
制限対象となる行為による議論の違いをみていきたい。まずは新聞や図書、雑
誌の閲覧制限である。一般社会における新聞や図書、雑誌の購読の自由は、憲
法 21 条 1 項により保障される知る自由や情報へのアクセス権、憲法 19 条の思
想良心の自由、あるいは憲法 13 条で保障される私生活上の権利や幸福追求に
かかわる。**よど号ハイジャック記事抹消事件**で最高裁は「新聞紙、図書等の閲読
の自由」を憲法上の権利の「派生原理」とするものの、刑事施設被収容者の処
遇を検討する場合に用いられる規範として示している。

　新法 69 条は、「被収容者が自弁の書籍等を閲覧することは、この節及び第 12
節の規定による場合のほか、これを禁止し、又は制限してはならない」とし、
また 70 条 1 項において「刑事施設の長は、被収容者が自弁の書籍等を閲覧す
ることにより次の各号のいずれかに該当する場合には、その閲覧を禁止するこ
とができる」とし、以下の 3 号をおく（一　刑事施設の規律及び秩序を害する結果を
生ずるおそれがあるとき。二　被収容者が受刑者である場合において、その矯正処遇の適
切な実施に支障を生ずるおそれがあるとき。三　被収容者が未決拘禁者である場合にお
いて、罪証の隠滅の結果を生ずるおそれがあるとき）。ここでは受刑者と未決拘禁者
との場合とで閲覧禁止事由を分ける点に注目したい。他方で 72 条 1 項では「刑
事施設の長は、被収容者に対し、日刊新聞紙の備付け、報道番組の放送その他
の方法により、できる限り、主要な時事の報道に接する機会を与えるように努
めなければならない」と規定しながらも、新聞紙に関しては、71 条で「刑事施
設の長は、法務省令で定めるところにより、被収容者が取得することができる
新聞紙の範囲及び取得方法について、刑事施設の管理運営上必要な制限をする
ことができる」とする点が興味深い。

　こうした閲覧制限についてよど号ハイジャック記事抹消事件の最高裁は、
「当該閲覧を許すことにより……規律及び秩序が害される一般的、抽象的なお
それがあるというだけでは足りず」、「放置することのできない程度の障害が生

じる相当の蓋然性があると認められることが必要であり、かつ、その場合においても、右の制限の程度は、右の障害発生の防止のために必要かつ合理的な範囲にとどまるべき」とし、過度な制限を抑制するための憲法適合的解釈を施している。この規範を導くにあたっては、表現の自由や思想良心の自由といった権利が一定の役割を果たしている。

　他方、受刑者については最高裁判決（最判平 5・9・10 集民 169 号 721 頁）へと導かれる一連の事件がある。未決拘禁者や受刑者の刑事施設内での処遇や代用監獄の問題点などについて触れた図書を受刑者が閲読不許可とされたこの事件で、高裁判決（福岡高判平 2・12・20 訟月 37 巻 7 号 1137 頁）は「本件文書には刑務作業の安全性が軽視され、労働災害が頻発している旨の記述部分等があって、刑務作業に対する勤労意欲及び更生意欲を減殺させる内容となっており、刑務作業による受刑者の教化、矯正上明らかに不適切であるといわなければならず、刑務作業を隷属労働であるとみなしている……原告に、本件文書が影響を与え、刑務作業を通じての更生が阻害されることは明らかであ」り、「管理部長を人質にとろうとした部分の記述は……犯罪の手段、方法を詳細に伝えたものであって……刑務所内の秩序をびん乱するものであり、ひいては逃走にもつながりかねない」とし、前半部分で「更生の阻害」という受刑者固有の理由づけを示す。これに対して同事件の最高裁判決は、本件処分が憲法 13 条・19 条・21 条の各規定に違反しないことは、よど号ハイジャック記事抹消事件に徴して明らかであるとしか述べていない。そうなると最高裁は、受刑者も未決拘禁者の区別は特に意味がないという立場にあるのだろうか。

2．外部との施触 —— 接見制限、信書送付の制限

　接見や信書の送付などの外部交通は、通信の秘密や表現の自由や、他者とのコミュニケーションを通じてみずからを人格的に高める意味で幸福追求の権利にかかわる。旧法では、外部交通はきわめて限定的な部分にとどめられ、多くは刑務所長等の裁量事項になっていた。しかし、新法 110 条は、「受刑者に対し、外部交通……を行うことを許し、又はこれを禁止し、差し止め、若しくは制限するに当たっては、適正な外部交通が受刑者の改善更生及び円滑な社会復帰に資するものであることに留意しなければならない」と規定し、「適正な外部交通が受刑者の改善更生及び円滑な社会復帰に資するもの」と認めた。加えて、旧法では、さまざまな刑事施設被収容者を一括にした信書の送受規定が

あった（旧法46条1項参照）が、新法では、受刑者、未決拘禁者、死刑確定者の各地位に区分した制限が示されているように、個別の事情が反映される。

3. 喫煙の自由

喫煙の自由をめぐり、**喫煙禁止事件**で最高裁は、喫煙を許すことで、罪証隠滅、火災の場合の被拘禁者の逃走、集団内における火災による人道上の重大な結果が生じるおそれ、を挙げた。しかし、これらが喫煙禁止の直接的理由になるというのは少し無理がある。というのも、手法さえ整えば、世の中のさまざまな施設と同様、これらの害悪は未然に防止できそうだからである。

これに対して喫煙の自由規制を正当化する、より根本的な理由は、「嗜好品にすぎ（ない）」ことに関連しないか。特に現在では、刑事収容施設外でも喫煙をめぐる場所規制が幅広く行われている。そこで喫煙が1つの自由の領域に関する問題であるとしても、かつてよりも禁煙場所の正当化理由自体が広範になっている。つまりこの自由は現在、刑事施設内か否かよりも、喫煙の自由それ自体の権利性にかかってくるように思われる。

まとめ

- ☐ 刑事施設被収容者の処遇をめぐっては、かつて「特別権力関係論」のもとで議論されてきたが、現在は、収容の目的や手段の視点から合理的制約となるか否かが検討される。
- ☐ 刑事施設被収容者には、受刑者、未決拘禁者、死刑確定者などがいて、かつては被収容者として包括的に扱われる場合もあったが、近年では、これらを区分し、それぞれの権利制約事由が個別に打ち立てられている。
- ☐ 事例検討にあたっては、被収容者の区分に加えて、規制対象となる権利・自由の性質自体もみる必要がある。たとえばよど号ハイジャック記事抹消事件では、憲法上の権利制約が生じることを特に着目し、制限をする場合の憲法適合的解釈をする。

FAQ

Q 被収容者の地位の違いにより、権利制約の合憲性を考えるうえでの違憲審査基準の上げ下げが決まるのでしょうか？

A そうではない。被収容者には、どのような局面でも権利保障が求められる。そうなると各被収容者の権利制約の正当化理由が異なることを前提に、それぞれ個別的に検討してほしい。

....

Q 新法で被収容者の処遇改善がなされたことにより、憲法上の問題もなくなったということでしょうか？

A そうではない。旧法の問題は、被収容者の権利・自由につき、①個別具体的な場合分けをせずに包括的に規定し、②場合によってはその法規定のもとに広範な委任を受けた命令以下の規程により厳しい制限を設け、さらに、③施設長に広い裁量を与えていた点にある。そこで、(A) 個別具体的な理由づけがあいまいなまま、制限が正当化されたこと、(B) 委任を受けた規則において違憲・違法な規定が設けられたこと、(C) 広い裁量事項をしたことにより、権利保障を原則とし制限を例外とする論理構成がされてこなかったこと、に問題があった。新法でも不合理な制限があればその各規定自体が違憲とされ、またそのもとでの処分が違憲・違法とされる可能性はある。

....

Q 上記の事例以外にも権利制限になりそうなものはありますか？

A ありうる。たとえば、被収容者の信仰や性的アイデンティティに関する扱いである。前者については、特に信心深い受刑者などに祈りの時間や場所などを適切なかたちで提示することが求められる。これは、受刑者の心身の安静や更生にも役に立つ。他方で国家施設としての刑事収容施設が個別の受刑者のためにどの程度の援助を行うべきなのか、政教分離原則との関係も議論される。後者については、性的アイデンティティを理由とした収容場所をめぐる問題がある。一般的に刑務所では男性・女性が区別され収容される。しかし、なかには性的アイデンティティを理由にみずからの性と収容場所との不一致を感じる場合があり、男性刑務所で服役中の性同一性障害の受刑者が、自身の自覚する性（女性）に基づいて服役できるよう、刑務所に申入れをした事例がある（2016 年）。その他、第 10 章でふれた受刑者の選挙権も注目される。

〔新井　誠〕

30　裁判における政党の位置づけ

▶ **八幡製鉄事件**（最大判昭45・6・24民集24巻6号625頁）
▶ **共産党袴田事件**（最判昭63・12・20判時1307号113頁）
▶ **日本新党事件**（最判平7・5・25民集49巻5号1279頁）
▶ **衆議院比例代表並立制事件**（最大判平11・11・10民集53巻8号1704頁）

はじめに　政党とは、同様の政治的な主義主張、目標をもつ人々により組織され、政治権力の獲得などをめざす団体のことをいう。現代の政治生活では、政党の存在がしばしば所与のものとされているが、憲法をみると「政党」という言葉は一切登場していない。それでも裁判所は、長いこと政党に重要な地位を与えることを前提とした裁判規範を形成してきている。では、政党が関係する判例においていかなる裁判規範を見出すことができ、どのような事例においてその応用が可能となるのか。

Ⅰ　判旨

■八幡製鉄事件

「憲法は政党について規定するところがなく、これに特別の地位を与えてはいないのであるが、憲法の定める議会制民主主義は政党を無視しては到底その円滑な運用を期待することはできないのであるから、憲法は、政党の存在を当然に予定しているものというべきであり、政党は議会制民主主義を支える不可欠の要素なのである。そして同時に、政党は国民の政治意思を形成する最も有力な媒体であるから、政党のあり方いかんは、国民としての重大な関心事でなければならない。したがって、その健全な発展に協力することは、会社に対しても、社会的実在としての当然の行為として期待されるところであり、協力の一態様として政治資金の寄附についても例外ではない」。

■共産党袴田事件

「政党は、政治上の信条、意見等を共通にする者が任意に結成する政治結社であって、内部的には、通常、自律的規範を有し、その成員である党員に対して政

治的忠誠を要求したり、一定の統制を施すなどの自治権能を有するものであり、国民がその政治的意思を国政に反映させ実現させるための最も有効な媒体であって、議会制民主主義を支える上においてきわめて重要な存在である」。「したがって、各人に対して、政党を結成し、又は政党に加入し、若しくはそれから脱退する自由を保障するとともに、政党に対しては、高度の自主性と自律性を与えて自主的に組織運営をなしうる自由を保障しなければならない。他方、右のような政党の性質、目的からすると、自由な意思によって政党を結成し、あるいはそれに加入した以上、党員が政党の存立及び組織の秩序維持のために、自己の権利や自由に一定の制約を受けることがあることもまた当然である」。

「政党の結社としての自主性にかんがみると、政党の内部的自律権に属する行為は、法律に特別の定めのない限り尊重すべきであるから、政党が組織内の自律的運営として党員に対してした除名その他の処分の当否については、原則として自律的な解決に委ねるのを相当とし、したがって、政党が党員に対してした処分が一般市民法秩序と直接の関係を有しない内部的な問題にとどまる限り、裁判所の審判権は及ばないというべきであり、他方、右処分が一般市民としての権利利益を侵害する場合であっても、右処分の当否は、当該政党の自律的に定めた規範が公序良俗に反するなどの特段の事情のない限り右規範に照らし、右規範を有しないときは条理に基づき、適正な手続に則ってされたか否かによって決すべきであり、その審理も右の点に限られる」。

■日本新党事件

「参議院（比例代表選出）議員の選挙について政党本位の選挙制度である拘束名簿式比例代表制を採用したのは、議会制民主主義の下における政党の役割を重視したことによるものである」。

「政党等から名簿登載者の除名届が提出されているにもかかわらず、選挙長ないし選挙会が当該除名が有効に存在しているかどうかを審査すべきものとするならば、必然的に、政党等による組織内の自律的運営に属する事項について、その政党等の意思に反して行政権が介入することにならざるを得ないのであって、政党等に対し高度の自主性と自律性を与えて自主的に組織運営をすることのできる自由を保障しなければならないという……要請に反する事態を招来することになり、相当ではない」。「選挙会等の判断に誤りがないにもかかわらず、当選訴訟において裁判所がその他の事由を原因として当選を無効とすることは、実定法上の根拠がないのに裁判所が独自の当選無効事由を設定することにほかならず、法の予定するところではない」。

■衆議院比例代表並立制事件

「政党は、議会制民主主義を支える不可欠の要素であって、国民の政治意思を

形成する最も有力な媒体であるから、国会が、衆議院議員の選挙制度の仕組みを決定するに当たり、政党の右のような重要な国政上の役割にかんがみて、選挙制度を政策本位、政党本位のものとすることは、その裁量の範囲に属する」。「小選挙区選挙においては、候補者届出政党に所属する候補者とこれに所属しない候補者との間に、選挙運動の上で実質的な差異を生ずる結果となっていることは否定することができない」が、「国会が正当に考慮することのできる政策的目的ないし理由を考慮して選挙運動に関する規定を定めた結果、選挙運動の上で候補者間に一定の取扱いの差異が生じたとしても、国会の具体的に決定したところが、その裁量権の行使として合理性を是認し得ず候補者間の平等を害するというべき場合に、初めて憲法の要請に反することになる」。

　小選挙区選挙では、「候補者のほかに候補者届出政党にも選挙運動を認める」が、「政策本位、政党本位の選挙制度をより実効あらしめるために設けられ」ており、その立法には相応の合理性がある。また、「候補者届出政党にのみ政見放送を認め候補者を含むそれ以外の者には政見放送を認めないものとしたことは、政見放送という手段に限ってみれば、候補者届出政党に所属する候補者とこれに所属しない候補者との間に単なる程度の違いを超える差異を設ける結果となる」が、「政見放送は選挙運動の一部を成すにすぎず、その余の選挙運動については候補者届出政党に所属しない候補者も十分に行うことができ」、「その政見等を選挙人に訴えるのに不十分とはいえないことに照らせば、政見放送が認められないことの一事をもって、選挙運動に関する規定における候補者間の差異が合理性を有するとは到底考えられない程度に達しているとまでは断定し難い」。

Ⅱ　基本解説

1．「政党」の憲法的性質

（1）判例にみる政党の重要性 ── 一般の私的団体との差異

　政党に関連する憲法上の諸権利としてまず思い浮かぶのが、憲法21条1項の結社の自由である。共産党袴田事件で最高裁は、「各人に対して、政党を結成し、又は政党に加入し、若しくはそれから脱退する自由を保障する」とし、権利・自由の視点から政党を位置づけた。もっともこれだけであれば、政党以外の私的団体も同じである。これに対して裁判所は、政党の存在をこれだけで捉えきれないものと認識している節がある。八幡製鉄事件で最高裁は、「憲法の定める議会制民主主義は政党を無視しては到底その円滑な運用を期待することはできない」とし「憲法は、政党の存在を当然に予定している」としたが、この説示は、政治を支える不可欠な要素として政党を捉えることに加え、政党に

一定の公的意味を含意させ政治制度の設計のなかに取り込む可能性を示唆する。

（２）歴史的、比較憲法的背景

　憲法には明記されていない政党が、なぜここまで重要な扱いを受けるのか。それには憲法学史や比較憲法の視点からの理由がある。教科書的な記述ではトリーペルの４段階説が示されることが多い。すなわち国家との関係において、第１段階では、国家にとってその政治的悪影響が無視できないとして政党を「敵視」し、第２段階では、政党の存在を許容しながらも「無視」し、第３段階では、国家のなかで政党に「法的承認」を与え、第４段階では、政党を憲法に「編入」していく、といった記述である。このように歴史的展開において政党が私的存在から公的存在へと承認を得ていく様子がわかる。諸外国のなかには、憲法で政党条項をもつところがあり、政党に積極的な位置づけを与えつつ固有の義務を課する場合さえある（ドイツ連邦共和国基本法21条など）。これに対して日本の憲法には政党条項がないが、憲法的にも承認される政党が「法制化」され、通常の団体とは異なる制度的恩恵と規律を受ける状況にある。

（３）日本における政党

　日本では、たとえば政治資金規正法３条２項が「政党」を定義しており、「政治上の主義若しくは施策を推進」する、以下の①②のどちらかをみたすものをさす（①所属国会議員５名以上、②先の衆議院議員小選挙区・比例代表選挙、参議院議員選挙区・比例代表選挙のうち、いずれかの選挙における得票数が有効投票総数の２％以上）。さらに所属国会議員が少なくとも１人いる場合、政党助成法に基づいて政党交付金を受けることができる。

　政党交付金をめぐっては、既成政党を優遇するとして批判されることがあり、他の団体との差や、政党に所属しないで活動する国会議員との別異取扱いの合理性が憲法上問題となる。これについて裁判所がその当否を扱う事件が起きておらず、最高裁が合憲・違憲の結論を示す機会がなかった。もっとも政党交付金が支給される理由には、政党に対する公的役割を重視する姿勢や、政党本位の政治システムを理由とするコンセンサスの得やすい事情がある。最高裁も、政党が公的な意味で一定の有意義な存在であるという立場を共有しており、現状の最高裁で政党助成金が違憲と判断される可能性は低い。

２．政党の内部規律をめぐる裁判所による介入

（１）政党と部分社会論

　団体が自律的規範をもつことは当然許され、その一種である政党にもそれが認められよう。ところが共産党袴田事件では、議会制民主主義を支えるうえでの政党が重要な存在であることが前置きされてから、政党の「高度の自主性と自律性」が語られる。政党固有の論理のようにみえるこの説示は、政党に特に認められた自律権論として読むべきなのであろうか。この点、政党自体やその内部規律の保障は重要性であるとしても、内部規律に関する高度な保障が政党だけに特別に認められたものと言い切るのは難しい。ではこのような説示がとられたのはなぜか。それはおそらく本判決以前にあった、団体の内部秩序をめぐるいわゆる部分社会論をめぐる一連の最高裁判決との関係からであろう。

　村会議員出席停止事件や**富山大学事件**の諸判決（➡第25章）では、司法権の限界論を論じるにあたり、「自律的な法規範をもつ社会ないし団体に在っては、当該規範の実現を内部規律の問題として自治的措置に任せ、必ずしも、裁判にまつを適当としない」（村会議員出席停止事件判決）とか、「一般市民社会の中にあってこれとは別個に自律的な法規範を有する特殊な部分社会における法律上の係争のごときは、それが一般市民法秩序と直接の関係を有しない内部的な問題にとどまる限り、その自主的、自律的な解決に委ねるのを適当とし、裁判所の司法審査の対象にはならない」（富山大学事件判決）といった論が展開された。これらの論理に対しては、団体内部の紛争について包括的に司法審査が及ばなくなることへの批判があった。それに代わり、団体の性格や目的等に着目し、地方議会であればその自律権、大学であれば学問の自由といった観点から、個別具体的に司法審査の可能性を論じるべきとする考え方が浮上してきた。

（２）共産党袴田事件の判断枠組み

　こうしたなかで共産党袴田事件が登場するが、本判決では政党の性格を踏まえて「高度の自主性と自律性」が論じられ、<u>政党が組織内の自律的運営として党員に対してした除名その他の処分の当否については、原則として自律的な解決に委ねるのを相当</u>だとする。そして、(A)<u>「政党が党員に対してした処分が一般市民法秩序と直接の関係を有しない内部的な問題にとどまる限り、裁判所の審判権は及ばない」</u>としながら、(B) その<u>「処分が一般市民としての権利利益を侵害する場合」</u>には、その処分の当否は、①<u>「当該政党の自律的に定めた規</u>

範が公序良俗に反するなどの特段の事情のない限り右規範に照ら」すか、②「右規範を有しないときは条理に基づ」くかして、① と ② のどちらを前提としても「適正な手続に則ってされたか否かによって決すべき」という、紛争の性格や政党内部の規範の存在を理由とする審査の枠組みが提示された。

（3）政党の重要性との関係？

　ただ、政党が「議会制民主主義を支える上においてきわめて重要な存在」であるという理由から、政党内部における構成員との関係に関して政党ができる限り内部規律を自主的、自律的に定めることが望ましいのだということに、本当に論理的な必然性があるのか説明しようとすると難しい。必然性があるとすれば、第1に、政党の政治的性格を考えた場合、裁判所が過度に内部審査をすることで、国家権力による私的な政治活動・政治結社に対する介入になるという懸念があるのかもしれない。第2に、政党は、他の団体に比べて、所属構成員の政治的信条が近い者が加入しているといえ、判例も（政党の結成者、加入者は）「自由な意思によって政党を結成し、あるいはそれに加入した以上、党員が政党の存立及び組織の秩序維持のために、自己の権利や自由に一定の制約を受けることがあることもまた当然である」と示したことで、構成員も同じ信条傾向があるからこそその政党に所属していることを理由に、政党の内部規律への裁判所の審査をより限定的にする枠組みを設定したのかもしれない。

3．民主政治と政党

（1）政党と選挙事項法定主義

　政党は、政治制度のなかで一定の法的位置づけが与えられる。それが端的に生じるのが選挙制度である。では選挙制度のなかに政党が組み込まれること自体、憲法の視点からいかなる評価ができるのか。また、特定の政党と関与しない人々が立候補するとき、選挙に関する制度上の取扱いの差異が生じる場合があるが、この別異取扱いを裁判所はいかなる論理で合理化するのだろうか。

　最高裁は、政党が民主主義の形成に必要不可欠なものであり、また「選挙制度を政策本位、政党本位のものとする」（**衆議院比例代表並立制事件**）ことが憲法秩序に適合的であると繰り返し述べている（しかし、「政策本位」と「政党本位」とは本来的に違うもので、これらを並列的に並べたところで説得力がないといった見解もありうる）。加えて選挙制度は、普遍的な唯一の制度が存在するわけではなく、国家の何らかの作用によって形成されることからもわかるように、日本では憲

法44条・47条等で選挙事項法定主義が定められている。そこで裁判所は、政党が組み込まれる選挙制度に関する憲法判断をする場合、政党の重要性を示しつつ、この選挙事項法定主義を理由に選挙制度形成に関する国会の裁量を比較的広く認めるのが、これまでの判断手法であった。

（2）比例代表選挙における政党

そこでまず、国政選挙における比例代表選挙の導入について考えてみる。比例代表選挙は、小選挙区制などに比べて死票が減り、少数の支持がある政党でも比較的議席を確保しやすい。最高裁（最大判平16・1・14民集58巻1号1頁）も「政党は、議会制民主主義を支える不可欠の要素であって、国民の政治意思を形成する最も有力な媒体である」から国政選挙に「国民の政治意思を国政に反映させる名簿式比例代表制を採用することは、その裁量の範囲に属することが明らか」とする。以上からすると、政党の存在を前提とする選挙制度により国民の声が政党を通じてしか国会に反映されないことを批判する主張をしても、裁判所はその論証には耳を傾けない。耳を傾ける可能性がまだあるのは、政党を通じて選挙活動をする人々と政党を前提としないで選挙活動をする人々との間の別異取扱いの合理性の有無である。

（3）選挙運動における政党

この点で議論になるのは、選挙運動における政党の優遇についてである。公選法では、たとえば衆議院議員小選挙区選挙の場合でも、候補者のほかに候補者届出政党にも選挙運動を認めているが、これは無所属候補者との対比でいえば、選挙運動に関する差が生じる。これについて最高裁は、「政策本位、政党本位」の選挙制度の形成の観点から、これを国会の裁量の範囲内であると位置づける。たしかに選挙運動に関する時間などが両者ともに一定期間に定められているならば、ある特定の小選挙区の候補者を応援するという意味では、名前を宣伝するか政党名を宣伝するかの違いにすぎないので公平のようにもみえる。ただし衆議院議員小選挙区選挙は同時に衆議院議員比例代表選挙も行われることを考えた場合、後者の宣伝になることをどう評価すべきか。

他方、公選法は「小選挙区選挙については候補者届出政党にのみ政見放送を認め候補者を含むそれ以外の者には政見放送を認めない」とすることはどう評価すべきか。最高裁は、政見放送以外の選挙運動を無所属候補者に禁止していないから、この差異を不合理とまではいえないとしているが、テレビを使った

宣伝は、紙媒体などに比べても、大きな威力を発揮する可能性が高く、この判示はテレビの力を過小評価しすぎではないか。

　もっとも選挙制度に関する司法審査の場合、前提にあるのが選挙事項法定主義のもとでの国会の裁量であり、その審査が、通常の権利侵害に比べて「合理性を有するとは到底考えられない程度に達しているとまでは断定し難い」といった非常に緩やかな基準によるものとなる可能性もある。そのことも踏まえて、裁判所のあるべき判断枠組みを考えないとならない（➡第10章）。

Ⅲ 発展解説

1．選挙制度に取り込まれた政党の内部秩序の審査 —— 日本新党事件

　共産党袴田事件の最高裁による判断枠組みは、いかなる事例でも参照されることになるのかといえば、若干異なる局面も存在する。

　たとえばそれは**日本新党事件**である。この事件では、参議院議員の拘束名簿式比例選挙において5位で次点（落選）となった者が党からの除名処分を受けたことから、同選挙における名簿登載者から除外するためにその除名届が政党から選挙長に提出され、受理された。その後、同選挙の上位当選者2名が衆議院選挙に立候補するのに伴い、6位、7位の2名を繰上げ当選者としたところ、先の5位の除名者が、7位の当選を無効として、中央選挙管理会を相手に当選訴訟（公選208条）を提起した。これについては、ⅰ）選挙会による当選人決定において政党による除名の存否を審査できるのか、ⅱ）当選訴訟において裁判所の審査権が政党の除名処分の効力の有無にまで及ぶのかどうか、等が大きな論点となった。特に重要となるのは、本件では、選挙制度のなかに政党が内部化された状況において、国民の選挙における意思表明との関連で裁判所は、①政党の内部秩序の審査について慎重になるべきか、それとも②政党自体が選挙制度に深く関わることから生じる公的性格を考えるならば、当選訴訟における当選無効原因となる、政党による名簿登載者の除名の存在、有効性の有無を審査対象としてよいか、といった点である。

2．2つの論理 —— 政党の公的性格の評価の仕方の違い

　この点、日本新党事件では、第一審の高裁（東京高判平6・11・29民集49巻5号1384頁）が②の立場をとったのに対し、上告審の最高裁が①の立場をとったようにみえる。第一審では、上記の共産党袴田事件の判断枠組み自体を受け入

れつつも、特に比例代表選挙では「政党にのみ認められる特別な地位又は権限に基づき、当該政党が名簿登載者の選定をし、その届出に係る名簿に基づいて投票が行われた後においては、右名簿登載者について当該政党のする除名は……国会議員の選定過程の最も重要な一部にかかわるものであって、公的ないしは国家的性質を有し、単に政党の内部事項にとどまるとはいえない」という説示をし、名簿登載者の党からの除名を不適正なものとして無効とした。これにより、比例代表選挙に関する当選訴訟の場合における実質的秩序の維持を狙ったということができる。他方、最高裁はそうした判断はとらなかった。政党がその構成員を政党から除名するかどうかはあくまでその政党の自律的解決に任されるべきであり、もし除名処分が有効か否かを選挙長や選挙会が審査することになると、政党の意思に反して行政権が介入する事態を招くことになり、それは妥当ではないとする。そこで、当選訴訟においては、除名届が適法になされている限り、当選無効の原因とはならないというのである。

　これら２つの立場は、それぞれの説得力がある。最高裁が当選訴訟において政党内部の除名判断自体の妥当性を審査してしまえば、行政権による実質審査によって政党の自律性を弱めてしまうという懸念ももっともである。他方で、この事例の場合には、政党が選挙制度自体に組み込まれ、一定程度、公的地位が与えられているなかで、政党が事前に提示する名簿に基づいて選挙が実施されており、事後的にその名簿に変更が加えられることになれば、国民が行った投票結果で当選順位が決められたこと自体を歪める可能性もある。その点から選挙の公正を害する事態が生じるのであれば、名簿から候補者を除外するための政党の除名手続も公正に行われているか否かを判断することにも一定の意義がある。政党が、国家による単なる承認を超えて「法制化」、「憲法化」されるなかで、憲法判例が政党に対する公的統制をどの程度許容すべきか。

３．一部の政党への制限

　以上のように国会議員を輩出する政党を国家が積極的に評価する状況がある一方、一定の政党の結成に規制が及ぶ場合もある。ドイツの場合、連邦共和国基本法 21 条 2 項に「政党のうちで、その目的又はその支持者の行動により、自由で民主的な基本秩序を侵害若しくは除去し、又はドイツ連邦共和国の存立を危うくすることをめざしているものは、違憲である」とする規定をもつ。他方で日本では、法律上の制度として破壊活動防止法（以下、破防法とする）にみ

られる団体規制が存在する。破防法は、暴力主義的破壊活動をする団体活動を制限し、ときに解散指定を行う。この「団体」とは、「特定の共同目的を達成するための多数人の継続的結合体又はその連合体」（同4条3項）のことをいい、政治結社としての政党も入る可能性はある。もっとも同法に基づく団体活動の規制や解散指定が政党に実施され、裁判になったことはない。

これに加え、ドイツの場合には「自由で民主的な基本秩序」を侵害する政治上の主義主張を排斥するように、主張内容に関する観点規制であるのに対し、日本では少し違う。破防法の煽動表現規制をめぐる裁判で最高裁は、破防法39条・40条の「せん動」について「政治目的をもって、各条所定の犯罪を実行させる目的をもって、文書若しくは図画又は言動により、人に対し、その犯罪行為を実行する決意を生ぜしめ又は既に生じている決意を助長させるような勢のある刺激を与える行為」とし、これは「公共の安全を脅かす現住建造物等放火罪、騒擾罪等の重大犯罪をひき起こす可能性のある社会的に危険な行為であるから、公共の福祉に反し、表現の自由の保護を受けるに値しない」（最判平2・9・28刑集44巻6号463頁〔渋谷暴動事件〕）としている。ここでは一応、一定の主義主張自体よりも、そこで生じる公共の安全の維持を主眼とする規制であるとされており、団体規制でも同様であろう。もっとも同法自体、過度広汎な規制になりかねないとしてそもそも違憲だとする考え方も根強い。

まとめ

- □ 憲法21条1項で保障される「結社の自由」には、政党を結成し、参加する自由が含まれるものの、政党は一般的な私的団体とは異なる一定の法的取扱いを国から受ける場合がある。
- □ 日本国憲法には政党条項はないが、政党が存在することは憲法上当然のことと認識されており、最高裁もその重要性を指摘している。
- □ 「政党の重要性」が、政党内部の自律権を高度に保障するための1つの主要な論拠になるときがある。
- □ 選挙制度に政党を組み込む場合、政党（所属者）と、政党とは無関係の人々の間の選挙運動に開きがみられることがある。これを純粋に平等の観点から議論することも可能であるが、実際の裁判では、選挙事項法定主義を理由とした国会裁量の観点からの議論が前に押し出されることが多い。

□ 政党が国家内部における諸制度に取り込まれ、公的性格をもった場合、政党への国の向き合い方としては、①公的性格を理由に、一定の義務を課すことを許容していこうとする流れ、②公的存在になったとしても、私的性格を重視し、国家介入を防ぐことに重きを置く考え、と2つに分かれる。日本の裁判では、②の方向性を示す傾向が強い。

FAQ

Q 日本新党事件で最高裁は、選挙長や選挙会は、政党が行った処分には立ち入らず、除名届が出された以上、その形式的要件をもとに新たな当選人の決定をするにすぎないという立場をとりました。では、本件問題をめぐって当選人となれなかった政党からの除名者が、政党から除名されたことを理由に、選挙で当選人（国会議員）になれなかったことから生じる損害や慰謝料を政党自体に請求する訴訟の場合、いかなる論理となりますか？

A この場合、選挙長や選挙会の決定の「瑕疵」の可否の認定に関して除名処分の正当性を判断するのではないことから、行政権による介入の問題が登場せず、審査の対象は、あくまで政党の除名行為の妥当性になろう。その場合、共産党袴田事件の判断枠組みが、より正面に登場するように思われる。すなわち、除名処分が、国会議員になれなかったこと、あるいはそれにより得られなかった経済的、人格的利益といった「一般市民としての権利利益」を侵害する場合として、「処分の当否は、当該政党の自律的に定めた規範が公序良俗に反するなどの特段の事情のない限り右規範に照らし、右規範を有しないときは条理に基づき、適正な手続に則ってされたか否かによって決すべき」となるか否かを審査するのではないか。そうであれば、政党の公的性格や選挙の公正等を持ち出すことで政党に対する統制を正当化できるか否かよりも、当選訴訟に固有にみられる当選人決定の手法の議論になるように思われる。

〔新井　誠〕

31 行政裁量・立法裁量と「専門技術的・政策的判断」の内実

はじめに　判例は、しばしば広範な立法・行政裁量を認める際、立法府・行政庁の専門技術的判断の必要性について言及する。それは具体的にどのような場面なのかを、判例を通覧しながら確認する。これを通じ、行政裁量の領域では、裁量の広狭や裁判所の審査の方式・密度に多様なものがあるのに対し、立法裁量の領域では、軒並み広範な裁量を前提とした緩やかな審査になる傾向にあることが読み取れる。この広い立法裁量を統制する方法のヒントが、行政裁量に関する判例のなかから得られるかどうかについても考察する。

I 判旨

■小売市場事件（判例①）

　「憲法は……生存権〔憲 25 条〕を保障……する等……国の責務として積極的な社会経済政策の実施を予定して」いる。「社会経済の分野において……法的規制措置の必要の有無や法的規制措置の対象・手段・態様などを判断するにあたっては、その対象となる社会経済の実態についての<u>正確な基礎資料</u>が必要であり、具体的な法的規制措置が現実の社会経済にどのような影響を及ぼすか、その利害得失を洞察するとともに、広く社会経済政策全体との調和を考慮する等、<u>相互に関連する諸条件についての適正な評価と判断</u>が必要であって……立法府こそがその機能を果たす適格を具えた国家機関である」。この分野での「個人の経済活動に対する法的規制措置については、<u>立法府の政策的技術的な裁量に委ねるほかはな</u>」い。

■サラリーマン税金訴訟（判例②）

　「課税要件及び租税の賦課徴収の手続は、法律で明確に定めることが必要であるが〔憲30条・84条〕、憲法自体は、その内容について特に定めることをせず、これを法律の定めるところにゆだねているのである。思うに、租税は、今日では、国家の財政需要を充足するという本来の機能に加え、所得の再分配、資源の適正配分、景気の調整等の諸機能をも有しており、国民の租税負担を定めるについて、財政・経済・社会政策等の国政全般からの総合的な政策判断を必要とするばかりでなく、課税要件等を定めるについて、極めて専門技術的な判断を必要とすることも明らかである。したがって、租税法の定立については、国家財政、社会経済、国民所得、国民生活等の実態についての正確な資料を基礎とする立法府の政策的、技術的な判断にゆだねるほかはな」い。

■堀木事件（➡第20章）（判例③）

■衆議院議員定数不均衡事件（昭和51年判決）（判例④）

　「代表民主制の下における選挙制度は、選挙された代表者を通じて、国民の利害や意見が公正かつ効果的に国政の運営に反映されることを目標とし、他方、政治における安定の要請をも考慮しながら、それぞれの国において、その国の事情に即して具体的に決定されるべきものであり、そこに論理的に要請される一定不変の形態が存在するわけのものではない。わが憲法もまた、右の理由から、国会両議院の議員の選挙……に関する事項は法律で定めるべきものとし（43条2項、47条）、両議院の議員の各選挙制度の仕組みの具体的決定を原則として国会の裁量にゆだねている」。「選挙区割と議員定数の配分の決定には、極めて多種多様で、複雑微妙な政策的及び技術的考慮要素が含まれており、それらの諸要素のそれぞれをどの程度考慮し、これを具体的決定にどこまで反映させることができるかについては……国会の具体的に決定したところがその裁量権の合理的な行使として是認されるかどうかによって決するほかはなく、しかも事の性質上……限られた資料に基づき、限られた観点からたやすくその決定の適否を判断すべきものでない」。

■朝日事件（➡第20章 Ⅱ 2（2）参照）（判例⑤）

■マクリーン事件（判例⑥）

　「在留期間の更新事由が概括的に規定されその判断基準が特に定められていな

いのは、更新事由の有無の判断を法務大臣の裁量に任せ、その裁量権の範囲を広汎なものとする趣旨からであると解される。すなわち、法務大臣は、在留期間の更新の許否を決するにあたっては、外国人に対する出入国の管理及び在留の規制の目的である国内の治安と善良の風俗の維持、保健・衛生の確保、労働市場の安定などの国益の保持の見地に立って、申請者の申請事由の当否のみならず、当該外国人の在留中の一切の行状、国内の政治・経済・社会等の諸事情、国際情勢、外交関係、国際礼譲など諸般の事情をしんしゃくし、時宜に応じた的確な判断をしなければならない」。

■**第三次家永教科書訴訟**（判例⑦）

「文部大臣が検定審議会の答申に基づいて行う合否の判定、合格の判定に付する条件の有無及び内容等の審査、判断は、申請図書について、内容が学問的に正確であるか、中立・公正であるか、教科の目標等を達成する上で適切であるか、児童、生徒の心身の発達段階に適応しているか、などの様々な観点から多角的に行われるもので、学術的、教育的な専門技術的判断であるから、事柄の性質上、文部大臣の合理的な裁量にゆだねられる」。

Ⅱ 基本解説

1．立法裁量に関する判例

立法裁量の領域で判例が「専門技術的」という語を用いるのは、おおむね上記判例①の社会経済、②の租税、③の社会保障、④の選挙制度に関する立法の分野である。

（1）特徴と構造 —— 広範な「政策的」裁量と低い審査密度

これらの判例における特徴として、まず、裁判所による審査の密度は概して緩やかになっている点が挙げられる。また、通例、「専門技術的」判断に加えて、「政策的」判断ないし「広範」な裁量という文言が用いられる点も注目される。

後述**2**の行政裁量の分野では、時に技術的裁量と政策的（政治的）裁量との相違が指摘される。両者を截然と区別する基準が判例上確立されているわけではないが、立法裁量にも「事の性質上……広狭がありうる」こと自体は、**薬事法事件**（➡第16章）が夙に明示し、判例①の**小売市場事件**と事案を区別して比較的密度の高い審査を行い、違憲判断を示している。両事件とも許可制・距離制限という点で規制態様は共通しており、分野の相違は裁量の広狭に一定の影響を

与えていた。

このような立法府の専門技術的・政策的裁量は、いかなる理由から生じるとされているか。以上の①〜④の諸判例の立論をあえて一般化すると、(a) 憲法が明示的に立法事項としたことにより（判例②・④）、あるいは憲法の解釈により（判例①・③）、憲法が当該事項について詳細な規律を置かず立法府にその判断を委ねており、(b) その判断のためには、正確な基礎資料の入手と多様な考慮要素の衡量に基づく政策的判断が必要になり、この点で立法者に機関適性が認められる、と解される場合である。(a) は、立法裁量が生じうる一般的な議論・論拠であり、専門技術的・政策的判断は (b) とかかわる。あるいは、(a) 憲法が立法裁量を認めたことの実質的な根拠が、(b) 事の性質における専門技術性・政策性、立法者の機関適性にある、と解することもできる。

（2）社会経済の分野

この "事の性質" として判例①の小売市場事件は、「社会経済の分野」を挙げている。その意味について、「福祉国家的な理想のもとに、社会経済の均衡のとれた調和的発展」を目的とした「経済的劣位に立つ者に対する適切な保護政策」という一般的な表現で抽象化して述べている。そのためか、基本的には特定の業者や業種の保護政策立法において必要となる職業の自由との調整問題が、軒並みここに含められている。

自由権の制約が問題となる(つまり純然たる内容形成立法ではない)以上、ここまで広範な裁量を認めてよいかは議論の余地があるが、本判決を引用して広範な裁量論に言及し合憲判断を示した判例として、零細経営者や身体障害者等の保護を目的としたタバコ小売販売の免許制・適正配置規制（最判平5・6・25訟月40巻5号1089頁）、国民の主食たる米の生産の確保と自作農の経営の保護を目的とした農業共済組合の当然加入制に伴う共済掛金等の支払義務（最判平17・4・26集民216号661頁〔農業災害補償法事件〕）、国内の生糸の生産業者を保護するために外国産の生糸の輸入制限を行い国内の加工業者に損害が生じた**西陣ネクタイ事件**（最判平2・2・6訟月36巻12号2242頁）などがある。また、公衆浴場の適正配置規制の事案（最判平元・1・20刑集43巻1号1頁）も、判例①を引用する。

（3）租税

判例②の**サラリーマン税金訴訟**で最高裁は、租税が財政需要の充足のみならず、所得の再分配、資源の適正配分、景気調整という財政目的一般、財政・社

会・経済政策にかかわる点を、立法府の政策的判断の必要性と関連づけている。この租税法領域は、類型上は判例①の社会経済と別物として扱われているようである。たとえば**酒類販売業免許制事件**（最判平 4・12・15 民集 46 巻 9 号 2829 頁）で最高裁は、立法裁量に広狭があるという一般論で薬事法事件を引用し、規制目的（酒税の適正かつ確実な賦課徴収）の脈絡では判例②を引用しており、判例①は引用していない。最高裁は、さしあたり租税法による規律は軒並み判例②の財政政策にかかわるという類型的な仕分けを行っているようである。判例②を引用するものに、酒類製造の免許制（最判平元・12・14 刑集 43 巻 13 号 841 頁〔**どぶろく事件**〕）がある。長期譲渡所得について損益通算を認めない旨の改正租税特別措置法の遡及適用（最判平 23・9・22 民集 65 巻 6 号 2756 頁〔**租税特別措置法遡及事件**〕）にも、判例②の言い回しがみられる。

（4）社会保障

　判例③の**堀木事件**での広範な立法裁量論は、福祉国家実現という意味では①社会経済の分野と共通する部分もあり、さらに②財政政策に通じる部分もある。堀木訴訟が広範な裁量論の根拠として挙げた要素は、(a) 自由権とは異なる、社会権の具体化立法における国家の積極的作為の必要性、(b)「最低限度」という文言の抽象性・相対性、という点に加え、(c)「財政事情」への配慮の必要性からもたらされる、(d)「高度」の専門技術的かつ「政策的」判断の必要性、という点であった。この (c)(d) の点で、少なくとも文言のうえでは行政裁量に関する朝日事件よりも広範な裁量を承認しているとも読める点は留意に値する（➡後述**2**、第 20 章 **Ⅱ** 2（2））。

（5）選挙制度

　判例④の**衆議院議員定数不均衡事件**（昭和 51 年判決）は、定数配分の際の技術的・政策的判断の必要性に言及する前提として、いわゆる「非人口的要素」の考慮の必要性と、その際の考慮要素の多様性・複雑性を述べていた。その後、衆議院小選挙区比例代表並立制の合憲性が問題となった事案（**衆議院比例代表並立制事件**（➡第 30 章））も判例④を引用して、選挙制度の構築に関する立法裁量を前提に、選挙制度を政策本位・政党本位のものにすることは、政党の憲法上の位置づけ・重要性にかんがみれば、国会が正当に考慮しうる「政策的目的」だとする。もっとも近年は、「選挙権またはその行使の制限」に裁量を認めなかった**在外日本人選挙権事件判決**（➡第 10 章・第 26 章）が登場するなど、選挙立

法の広範な裁量論の射程に限定が加わりつつある。

２．行政裁量に関する判例

　行政裁量を扱った判例における専門技術的裁量には、次のような類型がある
との研究がある（宮田三郎『行政裁量とその統制密度』（信山社・2012）341頁）。

（１）朝日事件（通常の専門技術的裁量）

　第１の類型は、通常の専門技術的裁量とも称されており、判例⑤の**朝日事件**
（傍論）の次の立論もこの例として挙げられている。すなわち、「健康で文化的
な最低限度」（憲25条１項）という文言の法律要件を厚生労働大臣が認定判断し、
生活保護基準を設定するに際しては、文化の発達の程度や国民経済の状況等の
「多数の不確定的要素を総合考慮」する必要があるため、この点の認定判断は
同大臣の「合目的的裁量」に委ねられ、「裁量権の限界を超えた場合または裁量
権を濫用した場合に」違法となる、と。

　このように専門技術的裁量の特徴は、(a) 法規範の法律要件において一般的・
抽象的な不確定概念が使用されており、(b) その要件の解釈・適用に際し行政庁
の専門技術的知識・経験が必要になることを根拠に、当該行政庁に認められる
要件裁量である。あるいは、(b) 事柄の専門技術性のゆえに、(a) 立法者が不確定
概念を用いる等の方法で行政に判断をゆだねていると、当該法令を解釈できる
場面である。その際の裁判所の審査方式は、判断代置型審査ではなく、「裁量権
の範囲をこえ又はその濫用があった」か（行訴30条）を審査する踰越濫用型審
査（ないし社会観念審査➡後述（２））が通例は採用される。朝日訴訟は、財政状況
や国民感情等の多様な「生活外的要素」を同大臣が考慮要素に入れることを承
認しており、審査の密度は高いとはいえないが、他方でその判旨には、次の第
２類型に特徴的な「広い」裁量の「明白」な逸脱という文言自体はみられない
（社会観念審査に特徴的な「社会観念（通念）上著しく妥当を欠く」という文言もない。
渡辺康行「憲法上の権利と行政裁量審査」高橋和之先生古稀記念『現代立憲主義の諸相
(上)』（有斐閣・2013）341頁参照）。

（２）都市計画決定（高度の専門技術的裁量・計画裁量）と出入国管理（政策的裁量）

　第２の類型は、高度の専門技術的裁量ともよばれ、都市計画決定を扱った諸
事案が典型例とされている。その特徴は、通常の専門技術的裁量よりも「広範」
な裁量が認められることだとされる。裁判所の審査の方式・密度は一様ではな
いが、「明白な」・「著しい」裁量の逸脱・濫用の有無のみの審査になることが多

いとされる。都市計画決定の場合には、多数の衝突する私益と公益との衡量・調整を全体として形成し、単なる法律の執行ではなく計画目標の実現という特徴を有することが、裁量が広範なものとなる理由になるとされる。

　この脈絡で、判例⑥の**マクリーン事件**が注目されうる。この事件で最高裁は、出入国に関する法務大臣の裁量については、その根拠法令となる旧出入国管理令21条3項が「在留期間の更新を適当と認める相当の理由」という概括的な文言を用いており、これは同大臣の裁量を「広汎」なものとする趣旨であるという。その理由として、冒頭に示した国内外の政治事情等の多様な考慮要素を総合衡量する必要を挙げ、したがって裁判所の審査は、同大臣の (a)「判断の基礎とされた事実に誤認があること等により右判断が全く事実の基礎を欠くかどうか」、または (b)「事実に対する評価が明白に合理性を欠くこと等により右判断が社会通念に照らし著しく妥当性を欠くことが明らかであるかどうか」に限定されるという。

　この審査方式は、特に(b)の点を捉えて社会観念審査といわれ、その審査の密度は一般に緩やかな審査の典型とされているが、この法務大臣の裁量は特に広範だといわれており、時に政治的・政策的裁量ともよばれ、他の類型とは区別される旨も指摘される（最判解民事平成4年度414頁〔高橋利文〕は、政策的裁量は要件裁量・効果裁量の双方に及ぶという）。

（3）専門家の判断の関与（きわめて高度の専門技術的裁量）

　第3の類型は、きわめて高度の専門技術的裁量とも称されており、原子炉施設の安全性の審査の問題を扱った**伊方原発訴訟**（最判平4・10・29民集46巻7号1174頁）がその例として挙げられている。この判決は、「災害の防止上支障がないもの」（旧原子炉等規制24条1項4号）の認定判断に関し、「極めて高度な最新の科学的、専門技術的知見」に基づく総合判断が必要になるとする。その際、行政庁たる内閣総理大臣（当時）は、原子炉施設の安全性について専門的知識を持ち合わせていないため、同大臣の判断は、同法で明定されていたように、専門家で構成された審査会・委員会の判断を尊重して行われなければならない。そこで裁判所は、委員会を含む行政庁の判断および判断過程に看過し難い過誤、欠落があるかどうかを審査する旨が示された（➡判断過程審査については後述Ⅲ、第20章）。

　これと類似する審査方式が、判例⑦の**第三次家永教科書訴訟**にみられる。こ

の判決は、(α) 教科書検定制度を定める法令は合憲とし、(β) その法令の趣旨に従って文部大臣（当時）が検定を運用する限りそれが適用上違憲になることはないとしつつ、(γ) 個々の検定の合否の処分やそれに付される条件等のいくつかについて、「裁量権の範囲を逸脱した違法」があると判断している。この (γ) の脈絡で判決は「学術的、教育的な専門技術的判断」という類型を創出し、「合否の判定、合格の判定に付する条件の有無及び内容等についての<u>検定審議会の判断の過程</u>に、原稿の記述内容又は欠陥の指摘の根拠となるべき検定当時の学説状況、教育状況についての認識や、旧検定基準に違反するとの評価等に看過し難い過誤があって、<u>文部大臣の判断がこれに依拠してされた</u>と認められる場合」には、「合理的な裁量」を超えるとしている。

　これは、基本的には踰越濫用型審査であり、とりわけマクリーン事件判決のいう (a) 事実誤認の側面に着目した審査だとされる。だが、同事件の示した (b) 事実の評価の「明白」な誤り、「社会通念」、「広範」な「政策的」裁量、という表現はない。そのうえで、伊方原発訴訟と同様、特に行政庁（大臣）自身の判断だけでなく、その基礎となった専門家の判断・判断過程を含めて審査するとされている。これは、両事件において専門技術的な判断を実質的に行うのは、行政庁たる大臣自身ではなく、専門家で構成される委員会・審査会等であり、この専門家の判断を大臣が踏まえるべき旨が法定されていることが影響していると考えられる。また、政策的裁量は行政庁自身（大臣）の単独の裁量と観念しうるが、教科書検定では上記のとおりそうした構造とはいえない。調査官も、政策的裁量（マクリーン事件）と技術的裁量（伊方原発訴訟）との区別を前提に、教科書検定の構造は後者に近い旨を指摘する（最判解民事平成9年度㊦1043頁〔大橋弘〕）。

　このように伊方原発訴訟でも第三次家永教科書訴訟でも、その事柄の性質における専門技術性の高さにもかかわらず、最高裁は審査の方式・密度を「明白」な裁量の逸脱・濫用の有無等にとどめていない。その理由を、あえて憲法の観点から再構成すれば、前者は国民の生命・健康（憲13条）、後者は子どもの教育を受ける権利（憲26条1項）や教科書執筆者の諸権利（憲21条・23条）等の憲法上の法益がかかわりうる事案であった、とみることもできる（亘理格「行政裁量の法的統制」高木光＝宇賀克也編『行政法の争点』（有斐閣・2014）118頁、宍戸313頁参照）。関連して、政策的裁量への言及がないことについて調査官は、教科書検

定に政策的な考慮が含まれた場合、教育への必要かつ相当な程度を超えた国の介入になりうると、**旭川学力テスト事件**（➡第3章・第21章）を引用して指摘する（最判解・前掲1043頁〔大橋〕）。

Ⅲ 発展解説

　以上の判例の通覧・対比から、1つの傾向として読み取れることは、立法裁量の領域では「政策的」判断という観点が登場するためか、裁判所の審査の密度は、行政裁量の領域での計画裁量や政策的裁量の場合に類似しうる緩やかな審査となっている点である。

1．立法裁量と行政裁量

　行政計画は、上記のように単純な法律の執行とは異なる性質があり、それが広い裁量に結びつくという指摘もあった。一般性・抽象性をもつ行政立法も、行政処分と比べた場合、要考慮要素の多寡やその評価の難易度等に差があるため、密度の高い司法審査が期待できないとの懸念が示されることもある。その意味でこの二者は、国会の立法作用と類似する側面があると解する余地もある。そして、立法作用は単なる憲法の執行を超えた創造的な法定立作用であり、この点に立法裁量と行政裁量との相違があるといわれることもある（小山223頁）。

　また、立法者は全国民の代表（憲43条）であり、専門家集団というよりも、政策目標の設定と手段の遂行において多様な利害を調整する主体として憲法上想定されているという見方もありうる。もとより国民によって直接選出される立法者は、行政機関との比較で高い民主的正当性を有し、その限りでより広い裁量権をもつという側面もある。

　さらに、専門技術的な問題は、（予測がかかわる場合を除き）客観的な正誤の判定になじむ場合には裁判所が鑑定意見等を通じて判断すべきだとの（批判的な）指摘（宮田・前掲351頁）もある一方で、政策的な問題は、複数の答えが法的に同じ価値をもって併存しうる側面があるとの指摘（最判解・前掲417頁〔高橋〕）もある。

　こうした側面を強調すると、政策的な立法裁量がかかわる分野では、裁判所による厳格な審査は期待できないことになりそうである。もちろん、①社会経済の分野では職業の自由との調整が問題になるため、また②租税法領域でも財産権の制約が問題となる場合には、それぞれ規制態様等の如何によっては厳格

な審査が可能になる。それ以外の分野・局面（平等審査や給付立法の審査が中心になろう）では、どのような統制方法が可能か。

　この点、行政立法の場合でも明白性審査・社会観念審査を文言のうえでは必ずしも採用しないものもあるため（朝日事件など）、法定立的な作用か否かという性質は審査密度の程度と直結しないと解する余地もないではない。また、都市計画決定・変更について政策的・技術的な広範な裁量を認めて社会観念審査を採用しつつも、判断過程審査をこれに接合した**小田急高架事件**（最判平18・11・2民集60巻9号3249頁）もある。この判断過程審査を立法裁量の統制手段として採用しようとしたのが、参院の定数不均衡に関する最大判平16・1・14民集58巻1号56頁の補足意見2である。

２．立法裁量と判断過程審査、あるいは考慮要素の重みづけ

　判断過程審査には、(a) 判断過程の合理性に着目するものと、(b) 考慮要素に着目するものがあり、後者はさらに (b)-1：考慮すべき事情を考慮し、考慮すべきでない事情を考慮しなかったかを審査するものと、(b)-2：それぞれの考慮要素の重みづけ・評価を誤ったか（比較衡量の仕方）まで審査するものがあるとされる（➡第20章）。(a) は、上述の伊方原発訴訟や教科書検定のように、専門家の判断を入れるべきことが法定されている場合に用いられる傾向にあるとされる。国会の立法作用について、こうした専門家の判断を入れるべき手続が少なくとも憲法では明定されていないためか、上記補足意見2は、主に (b) 考慮要素に着目した審査を行っている。すなわち、多様な考慮要素を適宜取り入れているか、「旧弊に従った判断を機械的に繰り返していないか」という指摘に加え、「投票価値の平等のように、憲法上直接に保障されていると考えられる事項と、立法政策上考慮されることは可能であるが憲法上の直接の保障があるとまではいえない事項、例えば、地域代表的要素あるいは都道府県単位の選挙区制等が対等な重要性を持った考慮要素」と考えるべきではないとしている。

　この判断過程審査という手法自体は、立法裁量の分野では多数意見には登場しない。これは、上記のような立法と行政との性質の差異、あるいは判断過程のみならず判断手続の問題にもなりうるが、議院自律権との抵触可能性や（論点教室62頁〔山本龍彦〕）、立法過程の政治性（➡第26章）が影響しているのかもしれない。だが、多様な考慮要素の衡量が問題となる政策的裁量の場面でも、その諸要素が憲法上の要請か否かで重みづけに差を設けるというこの補足意

見2の発想は、比較衡量の仕方に影響を与えるという意味で、過程・手続ではなく結果・実体に着目した審査を行う場合でも、重要な示唆を与えうる。

　この点から考えると、とりわけ、③堀木事件判決が広範な政策的裁量の一根拠とする「財政事情」が、考慮要素としてどの程度の重みをもつべきなのかは再考の余地がありうる。もとより現実的に不可能な給付を国家に要求することはできず、またこれは財政民主主義・租税法律主義（憲83条・84条・86条）とかかわっていると考えることもできる。だが、憲法が生存権を明定した以上、予算のもとに生存権があるのではないという視点は、プログラム規定説を克服する戦後憲法学の出発点であった点にも留意が必要であろう。

まとめ

□ 立法裁量の領域で判例は、①社会経済、②租税、③社会保障、④選挙制度の分野で専門技術的判断の必要に触れることが多い。その際、「政策的」判断の必要にも触れて立法府の広範な裁量を導き、裁判所の審査密度は低くなる傾向がみられる。

□ 行政裁量の領域では、裁量の広狭と審査方式・密度に類型的・傾向的な相違がみられる。都市計画決定や政策的裁量の分野では明白性審査ないし緩やかな社会観念審査が用いられ、専門家の判断が介在する場面では判断過程審査が併用される傾向にある。

□ 立法裁量の分野で判断過程審査を行った判例（多数意見）は今のところないが、専門技術的・政策的判断を行う際の多様な考慮要素のうち、それが憲法上の要請にかかわるものか否かでその重みづけに差を設け、比較衡量の仕方に方向づけを与えるという手法は、④選挙制度（定数不均衡）に関する判例（個別意見）からも読み取りうる。

FAQ

Q 専門技術的・政策的判断への言及がない判例は、その点を考慮していないのでしょうか？

Ⓐ　立法裁量についてみると、**森林法共有林事件**（➡第18章）や、家族法の分野の諸判例（**非嫡出子相続分規定事件**（➡第35章）、再婚禁止期間事件（➡第9章）等）は、立法裁量を出発点にしつつも専門技術的・政策的判断の必要は強調せず、立法事実の内実や社会事情の変化等に比較的踏み込んだ審査・検証を加えている。これらの判例における審査密度の高さは、権利の性質や規制態様等にもかんがみてのことではあるが、いずれにしても専門技術的・政策的判断という語が用いられて緩やかな審査が行われるのは、基本的には冒頭の判例①〜③（ないし④）の分野だという現象・傾向を指摘することはできる。

　他方、立法府の専門技術的・政策的判断の尊重の必要が、実質的には正確な基礎資料の入手可能性、多様な考慮要素の複雑な総合判断の必要性から生じているのであれば、これは上記判例①〜③（ないし④）の分野に限った話ではないとも考えられる。立法裁量に関する判例法理の全般的傾向、すなわち（理論的当否は措くとしても）立法裁量の広狭と裁判所の審査密度の濃淡は、裁判所による立法事実の把握可能性の差異から生じるとする立論（酒類販売業免許制事件の園部逸夫補足意見、最判解民事平成4年度582頁〔綿引万里子〕等参照）に還元して考えることもできる（規制目的二分論（➡第16章）もここに還元されうる）。たとえば**証券取引法164条事件**（➡第18章）で最高裁は、特段、立法裁量、専門技術的・政策的判断という語に、判断枠組みの定立の際に言及することはなかったが、しかし比較的密度の低い審査を行ったように読める（最判解民事平成14年度(上)194頁〔杉原則彦〕）。その背後には「有価証券売買のインサイダー取引防止のための制限という現代的かつ専門技術的要素」（百選Ⅰ〔第7版〕211頁〔松本哲治〕）への考慮が働いたと解する余地もある（なお、判断枠組みの運用部分では、「経済政策に基づく目的」という語は登場する）。

　行政裁量の領域における公務員関係・在学関係（➡第28章）・刑事収容施設（➡第29章）の分野の判例では、広い裁量を認める際、「事情に通暁」しているかという観点が登場する。これも、裁判所の審査能力ないし機関適性・役割分担という視点の1つのあらわれとみることもできる。　　　　〔柴田　憲司〕

32 不明確性・過度広汎性

はじめに およそ法には一定の明確性が要求されるが、刑罰法規の定める犯罪構成要件には、国民に公正な告知を提供するとともに公権力の恣意を防止する観点から、明確性が強く求められる（憲31条）。また、刑罰法規でなくとも、表現の自由を規制する法令（条例含む）については、萎縮効果を防ぐ観点から明確性が強く求められる（憲21条1項）。これらは一般に明確性の要請と呼ばれる。

　法令の不明確性は、その過度広汎性と一体的に主張されることが多い。しかし、不明確性は主に法令の告知機能の欠如という手続面の問題であるのに対して、過度広汎性は法令が規制してはならない行為を規制対象に含んでしまっているという実体面の問題である点で、両者は概念上区別される。

　法令の不明確性が訴訟で争われる場合、裁判所としては、当該事案における被規制者（刑事事件では被告人）との関係で法令が明確であったかを審査するだけでも、事案解決は可能である（適用審査）。しかし学説では、表現の自由を制約する法令については、法令の適用関係一般を視野に収めた審査を行うべきであり（文面審査）、合憲限定解釈によって不明確性が除去されない限り、これを文面上無効とするべきだと説かれてきた（不明確性ゆえに無効の法理）。これは萎縮効果を生じさせる法令を早期に排除するべきだという見地に基づく。同様の見地から、表現の自由を規制する法令が過度に広汎で違憲的な規制部分を含む場合には、たとえ面前の被規制者の行為が合憲的に制限できるものであっても、合憲限定解釈によって違憲部分が払拭されない限り、当該法令は文面上無効とされなければならないと説かれる（過度広汎性ゆえに無効の法理）。

本章では、法令の不明確性・過度広汎性が争われた代表的な最高裁判決（以下、単に最高裁といった場合は多数意見をさす）等を通覧することで、明確性の判断枠組み、どのような場合に文面審査・合憲限定解釈を行うのか、そして合憲限定解釈の（明確性の観点からの）限界についての最高裁の立場を、各判決の射程に留意しながら検討する。

Ⅰ 判旨

■徳島市公安条例事件

　「……ある刑罰法規があいまい不明確のゆえに憲法31条に違反するものと認めるべきかどうかは、通常の判断能力を有する一般人の理解において、具体的場合に当該行為がその適用を受けるものかどうかの判断を可能ならしめるような基準が読みとれるかどうかによつてこれを決定すべきである」。

　「〔本条例が、交通秩序を必然的に何程か侵害する可能性を有する集団行動を届出制のもとで許容している点に鑑みると、〕……本条例3条3号の規定が禁止する交通秩序の侵害は、当該集団行進等に不可避的に随伴するものを指すものでないことは、極めて明らかである。〔そして、集団行動が秩序正しく平穏に行われることを要求しても、思想表現行為としての集団行動等の本質的な意義を失わせることはない。〕そうすると本条例3条が、……その3号に『交通秩序を維持すること』を掲げているのは、道路における集団行進等が一般的に秩序正しく平穏に行われる場合にこれに随伴する交通秩序阻害の程度を超えた、殊更な交通秩序の阻害をもたらすような行為を避止すべきことを命じているものと解されるのである。そして、通常の判断能力を有する一般人が、具体的場合において、自己がしようとする行為が右条項による禁止に触れるものであるかどうかを判断するにあたつては、……通常その判断にさほどの困難を感じることはないはずであり、例えば各地における道路上の集団行進等に際して往々みられるだ行進、うず巻行進、すわり込み、道路一杯を占拠するいわゆるフランスデモ等の行為が、秩序正しく平穏な集団行進等に随伴する交通秩序阻害の程度を超えて、殊更な交通秩序の阻害をもたらすような行為にあたるものと容易に想到することができるというべきである」。

　「〔上記諸点に鑑みると〕、本条例3条3号の規定により、国民の憲法上の権利の正当な行使が阻害されるおそれがあるとか、国又は地方公共団体の機関による恣意的な運用を許すおそれがあるとは、ほとんど考えられないのである（なお、記録上あらわれた本条例の運用の実態をみても、本条例3条3号の規定が、国民の憲法上の権利の正当な行使を阻害したとか、国又は地方公共団体の機関の恣意的な運用を許したとかいう弊害を生じた形跡は、全く認められない。」。

■札幌税関検査事件

「……およそ法的規制の対象として『風俗を害すべき書籍、図画』等というときは、性的風俗を害すべきもの、すなわち猥褻な書籍、図画等を意味するものと解することができるのであつて、この間の消息は、旧刑法……が『風俗ヲ害スル罪』の章の中に書籍、図画等の表現物に関する罪として猥褻物公然陳列と同販売の罪のみを規定し、また、現行刑法上、表現物で風俗を害すべきものとして規制の対象とされるのは175条の猥褻文書、図画等のみであることによつても窺うことができるのである」。

「〔日本国憲法下における『風俗』という用例に鑑みると〕、関税定率法21条1項3号にいう『風俗を害すべき書籍、図画』等を猥褻な書籍、図画等に限定して解釈することは、十分な合理性を有するものということができるのである」。

「〔法律により表現の自由を規制する場合、〕基準の広汎、不明確の故に当該規制が本来憲法上許容されるべき表現にまで及ぼされて表現の自由が不当に制限されるという結果を招くことがないように配慮する必要があり、事前規制的なものについては特に然りというべきである。……したがつて、表現の自由を規制する法律の規定について限定解釈をすることが許されるのは、その解釈により、規制の対象となるものとそうでないものとが明確に区別され、かつ、合憲的に規制し得るもののみが規制の対象となることが明らかにされる場合でなければならず、また、一般国民の理解において、具体的場合に当該表現物が規制の対象となるかどうかの判断を可能ならしめるような基準をその規定から読みとることができるものでなければならない（最大判昭50・9・10刑集29巻8号489頁〔徳島市公安条例事件（➡第27章）〕参照）。けだし、かかる制約を付さないとすれば、規制の基準が不明確であるかあるいは広汎に失するため、表現の自由が不当に制限されることとなるばかりでなく、国民がその規定の適用を恐れて本来自由に行い得る表現行為までも差し控えるという効果を生むこととなるからである」。

「〔関税定率法21条1項3号にいう「風俗を害すべき書籍、図画」を「猥褻な書籍、図画等」に限定する上記解釈は、〕……現在の社会状況の下において、わが国内における社会通念に合致するものといつて妨げない。そして、猥褻性の概念は刑法175条の規定の解釈に関する判例の蓄積により明確化されており、規制の対象となるものとそうでないものとの区別の基準につき、明確性の要請に欠けるところはなく、〔萎縮効果も生じない〕」。

■福岡県青少年保護育成条例事件

「本条例は、青少年の健全な育成を図るため青少年を保護することを目的として定められ（1条1項）、他の法令により成年者と同一の能力を有する者を除き、小学校就学の始期から満18歳に達するまでの者を青少年と定義した（3条1項）上で、『何人も青少年に対し、淫行又はわいせつの行為をしてはならない。』（10

条1項）と規定し、その違反者に対しては2年以下の懲役又は10万円以下の罰金を科し（16条1項）、違反者が青少年であるときは、これに対して罰則を適用しない（17条）こととしている。これらの条項の規定するところを総合すると、本条例10条1項、16条1項の規定（以下、両者を併せて『本件各規定』という。）の趣旨は、……青少年の健全な育成を図るため、青少年を対象としてなされる性行為等のうち、その育成を阻害するおそれのあるものとして社会通念上非難を受けるべき性質のものを禁止することとしたものであることが明らかであつて、右のような本件各規定の趣旨及びその文理等に徴すると、本条例10条1項の規定にいう『淫行』とは、広く青少年に対する性行為一般をいうものと解すべきではなく、青少年を誘惑し、威迫し、欺罔し又は困惑させる等その心身の未成熟に乗じた不当な手段により行う性交又は性交類似行為のほか、青少年を単に自己の性的欲望を満足させるための対象として扱つているとしか認められないような性交又は性交類似行為をいうものと解するのが相当である。……このような解釈は通常の判断能力を有する一般人の理解にも適うものであり、『淫行』の意義を右のように解釈するときは、同規定につき処罰の範囲が不当に広過ぎるとも不明確であるともいえないから、本件各規定が憲法31条の規定に違反するものとはいえ〔ない〕」。

■広島市暴走族追放条例事件

「本条例は、暴走族の定義において社会通念上の暴走族以外の集団が含まれる文言となっていること、禁止行為の対象及び市長の中止・退去命令の対象も社会通念上の暴走族以外の者の行為にも及ぶ文言となっていることなど、規定の仕方が適切ではなく、本条例がその文言どおりに適用されることになると、規制の対象が広範囲に及び、憲法21条1項及び31条との関係で問題があることは所論のとおりである。しかし、本条例19条が処罰の対象としているのは、同17条の市長の中止・退去命令に違反する行為に限られる。そして、本条例の目的規定である1条は、『暴走行為、い集、集会及び祭礼等における示威行為が、市民生活や少年の健全育成に多大な影響を及ぼしているのみならず、国際平和文化都市の印象を著しく傷つけている』存在としての『暴走族』を本条例が規定する諸対策の対象として想定するものと解され、本条例5条、6条も、少年が加入する対象としての『暴走族』を想定しているほか、本条例には、暴走行為自体の抑止を眼目としている規定も数多く含まれている。また、本条例の委任規則である本条例施行規則3条は、『暴走、騒音、暴走族名等暴走族であることを強調するような文言等を刺しゅう、印刷等をされた服装等』の着用者の存在（1号）、『暴走族名等暴走族であることを強調するような文言等を刺しゅう、印刷等をされた旗等』の存在（4号）、『暴走族であることを強調するような大声の掛合い等』（5号）を本条例17条の中止命令等を発する際の判断基準として挙げている。このような本条例の全体から読み取ることができる趣旨、さらには本条例施行規則

の規定等を総合すれば、本条例が規制の対象としている『暴走族』は、本条例2条7号の定義にもかかわらず、暴走行為を目的として結成された集団である本来的な意味における暴走族の外には、服装、旗、言動などにおいてこのような暴走族に類似し社会通念上これと同視することができる集団に限られるものと解され、したがって、市長において本条例による中止・退去命令を発し得る対象も、被告人に適用されている『集会』との関係では、本来的な意味における暴走族及び上記のようなその類似集団による集会が、本条例16条1項1号、17条所定の場所及び態様で行われている場合に限定されると解される」。

「なお、所論は、本条例16条1項1号、17条、19条の各規定が明確性を欠き、憲法21条1項、31条に違反する旨主張するが、各規定の文言が不明確であるとはいえないから、所論は前提を欠く」。

Ⅱ 基本解説

Ⅰで通覧した諸事案では、規制法令の不明確性もしくは過度広汎性、またはその両方が問題とされた。結論としては、いずれも合憲判断が示されたが、その際、適用上合憲の手法はとられず、文面審査に踏み込んだうえでの合憲判断、あるいは合憲限定解釈を通じて問題とされた規定の解釈を一般的に示したうえでの合憲判断となった。Ⅱでは、そこでの判断枠組みおよびあてはめ（➡1）、そして最高裁がどのような場合に文面審査・合憲限定解釈に踏み込むべきと考えているか（➡2）、に分節して検討する。

1．明確性の有無および合憲限定解釈の成否

（1）判断枠組み

徳島市公安条例事件で最高裁は、刑罰法規の犯罪構成要件が不明確であることの弊害として、(a)刑罰対象行為を国民にあらかじめ告知できないこと、(b)刑罰法規の運用が公権力の主観的な判断に委ねられ恣意に流れることを挙げ、不明確な刑罰法規が憲法31条に反し無効となることを認めた。そのうえで、刑罰法規の明確性の有無について「通常の判断能力を有する一般人の理解において、具体的場合に当該行為がその適用を受けるものかどうかの判断を可能ならしめるような基準が読みとれるか」という判断枠組み（以下、明確性の判断枠組みということがある）を示した。この判断枠組みは、①通常の判断能力を有する一般人の理解において、当該刑罰法規から、禁止対象行為とそうでない行為を識別する「基準」——本事件に即していえば「殊更な交通秩序の阻害をもたら

すような行為」が対象行為だという「基準」——を読み取ることができるか（基準の読解可能性）、そして、②その「基準」は、通常の判断能力を有する一般人にとって、具体的場合に、自身の行為がその適用を受けるか否かの判断を可能とするようなものであるか（基準の適用可能性）、を問うものと理解できる（精読人権編 310-311 頁〔木下昌彦〕）。

　この判断枠組みは、**札幌税関検査事件**において、表現の自由を規制する法令に対する合憲限定解釈の可否を判断するための枠組みに転用された。すなわち同事件では「表現の自由を規制する法律の規定について限定解釈をすることが許されるのは、その解釈により、〔❶〕規制の対象となるものとそうでないものとが明確に区別され、かつ、合憲的に規制し得るもののみが規制の対象となることが明らかにされる場合でなければならず、また、〔❷〕<u>一般国民の理解において、具体的場合に当該表現物が規制の対象となるかどうかの判断を可能ならしめるような基準をその規定から読みとることができるものでなければならない</u>」とされたが、このうち❷が、明確性の判断枠組みを踏襲した部分である。本事例の適用法令は刑罰法規ではなかった。しかし、表現の自由を規制するものであったため、萎縮効果への懸念から、憲法 21 条 1 項を根拠として、明確性の判断枠組みが及ぼされたと考えられる（最判解刑事昭和 59 年度 496-499 頁〔新村正人〕）。また、**福岡県青少年保護育成条例事件**では、淫行処罰規定の限定解釈が「通常の判断能力を有する一般人の理解にも適う」明確なものであるとされており、ほぼ同様の判断枠組みが採用されたと解される。これが採用された理由は、刑罰法規が——表現の自由を規制しているか否かにかかわらず——一般に「最も厳しい法的制裁」であるという点に求められる（最判解刑事昭和 60 年度 225 頁〔高橋省吾〕、また伊藤正己反対意見も参照）。さらに、**広島市暴走族追放条例事件**では、集会の自由を制約する法令の過度広汎性を払拭するために合憲限定解釈がなされた。その際、同判決は、札幌税関検査事件判決で示された——明確性の判断枠組みをその一要素として含む——合憲限定解釈の限界についての判断枠組みを明示的には用いなかった。しかし、実際のあてはめや、各個別意見が合憲限定解釈の限界についての判断枠組みを踏まえた議論をしている点からみて、「多数意見も、上記の枠組みを意識し、前提としていることは明らか」（最判解刑事平成 19 年度 397 頁〔前田巌〕）だと解説されている。なお、本判決では、（過度広汎性と区別される）不明確性の主張が特段の検討もなく退けられた。

これは、札幌税関検査事件における最高裁の建前からすれば、合憲限定解釈を許容した時点で明確性は肯定される（合憲限定解釈の可否の判断に明確性の判断が組み込まれている）ためであるとも考えられる。

こうしてみると、刑罰法規および（集会の自由や集団行進の自由を含む広義の）表現の自由を制限する法令については、その明確性判断および合憲限定解釈の許容性につき、徳島市公安条例事件判決で示された明確性の判断枠組みが用いられていると整理できる。

（2）あてはめ

他方、最高裁において、明確性の判断枠組みは緩やかに運用されており、不明確性を理由として法令が無効とされた例はこれまでない。また合憲限定解釈も広く許容されている。

まず、徳島市公安条例事件では、集団行進等にあたり「交通秩序を維持すること」を定める徳島市公安条例３条３号の不明確性が争われた。最高裁は、同条例が交通秩序を必然的に何程か侵害しうる集団行動を届出制のもとで許容している点に照らせば、一般人の理解において、同条例３条３号から、「道路における集団行進等が一般的に秩序正しく平穏に行われる場合にこれに随伴する交通秩序阻害の程度を超えた、殊更な交通秩序の阻害をもたらすような行為」が刑罰対象行為であるという「基準」を読み取ることができ（基準の読解可能性）、また、一般人は、具体的場合において、自身の行為がその適用対象であるかを判断しうるとした（基準の適用可能性）。このようにして明確性が肯定されるにあたっては、同規定の運用実態を踏まえつつ、正当な権利行使が阻害されているか（萎縮効果の有無）、公権力による恣意的な運用があるかといった、不明確性の弊害が実際に生じているか否かも考慮されている（最判解刑事昭和50年度156-157頁〔小田健司〕）。なお、本判決の調査官解説は、こうした明確性の審査の結果、不明確とも明確ともいい難い中間領域に属する規定がありうる点に注意を喚起している。そして、そのような規定を「最終的に明確と判断するか不明確と判断するにあたっては、その規定につきより明確な立法をすることが可能であるかどうかが重要な意味を持つ」とする（最判解・前掲194-195頁〔小田〕）。ある刑罰法規について、明確性の有無を容易に判断し難い場合の参考になろう。これに対して、高辻正己裁判官による意見は、多数意見の解釈は「考慮を重ねて得られる解釈」であって一般人が至ることの困難なものであり、ま

た結果として示される解釈も明確とはいい難いと批判した。学説も高辻意見を支持するものが多い。

　次に、札幌税関検査事件では、輸入禁制品を定める関税定率法21条1項3号（当時）の「風俗を害すべき書籍、図画」が「猥褻な書籍、図画等」へと合憲限定解釈可能であるとされた。その理由としては、現行憲法下の刑法体系における「風俗」という文言の用例、および当該解釈が現在（判決当時）の社会状況下の社会通念に合致することが挙げられている。またあわせて、猥褻性の概念が判例の蓄積によって明確化されているため、萎縮効果が生じることはないとの判断が示されている。これに対して、伊藤正己ほか反対意見は、当該規定は不明確かつ過度に広汎であり、また多数意見の解釈は合憲限定解釈の枠を超えると批判した。学説も、同様の立場に立つものが多い。

　さらに、青少年に対する「淫行」禁止の不明確性および過度広汎性が争われた福岡県青少年保護育成条例事件では、条例の各規定から禁止の趣旨を導き、処罰範囲を社会通念によって画したうえで、「淫行」を「青少年を誘惑し、威迫し、欺罔し又は困惑させる等その心身の未成熟に乗じた不当な手段により行う性交又は性交類似行為のほか、青少年を単に自己の性的欲望を満足させるための対象として扱つているとしか認められないような性交又は性交類似行為をいう」と限定解釈し、この解釈を「一般人の理解にも適う」とした。これに対しては、伊藤正己反対意見、谷口正孝反対意見、島谷六郎反対意見が、限定解釈の限界を超えると批判しており、学説の多くも同様の立場を示している。

　最後に、広島市暴走族追放条例事件では、暴走族以外の集団を広く含むかたちで「暴走族」を定義した規定の存在にもかかわらず、「本条例の全体から読み取ることができる趣旨」および本条例施行規則を「総合」すれば、条例が対象としているのは、本来的意味の暴走族およびこれに類似し社会通念上同視しうる集団に限定可能だと判断された。さらに、条例16条1項に定める禁止行為を「何人も」してはならないと定める同条柱書にもかかわらず、適用対象を、上記集団に限定できると判断した。これに対して、藤田宙靖反対意見、田原睦夫反対意見は、多数意見の解釈は合憲限定解釈の限界を超えており、上記規定を文面上無効とすべきとした。学説の多くも同様の立場を示している。

　このように最高裁は、全体的な傾向として、問題となった規定の文言のみならず、当該規定と法令全体との関係や、法令全体の目的等を踏まえて「基準」

や解釈が導き出される場合も、一般人にとっての基準の読解可能性を肯定している。またその際には、合憲限定解釈の社会通念との合致が、これを肯定する根拠とされることがある（札幌税関検査事件）。

ところで、広島市暴走族追放条例事件では、過度広汎な法令を合憲限定解釈する際に、施行規則等の下位の法規範が用いられていた。この点、不明確な法令を下位の法規範により具体化・明確化することが許されるかという問題については、**岐阜県青少年保護育成条例事件**（➡第3章）の伊藤正己補足意見が、青少年保護目的の条例中の不明確な文言を、施行規則等によって具体化することを認めた例がある。この判断は「施行規則は、下位規範とはいえ、法規範として一般に公示されているものであるし、上位規範が示す一定の枠組みをより具体化するために設けられるものである」（最判解・前掲412-413頁〔前田〕）という見地から説明される（もっとも、伊藤補足意見がこの手法を認めたのは、青少年保護目的の法令が対象になっているからだと狭く解する余地もある➡**Ⅲ**）。これに対して、広島市暴走族追放条例事件のように、過度広汎な法令を合憲限定解釈する根拠として下位の法規範を用いる場合には、「両者が規制範囲を同じくしているといえるかどうかの検討を介在させなければならず、かつ、これが公示されている規定のみから判断可能であることが求め」（最判解・前掲413頁〔前田〕）られよう。

なお、いずれの場合も、下位の法規範は公示されたものである必要があるとされている点には注意しておきたい（最判解刑事平成元年度315頁〔原田國男〕）。

2．文面審査・合憲限定解釈の有無

最高裁は、どのような場合に文面審査に踏み込み、あるいは合憲限定解釈を行うべきと考えているのだろうか。

そもそも法令の被規制者が不明確性や過度広汎性を主張したとき、裁判所がこれに応えて、当該法令の適用関係一般を視野に収めた不明確性・過度広汎性の審査をするとは限らない。たとえば、経済的自由の領域に係る刑罰法規の不明確性が争われた事案において、被告人が行った行為等が当該刑罰法規の適用対象であることが「明白」あるいは「明らか」であるとして、適用上合憲の判断を示すものもある（**職業安定法被告事件**（最決昭36・12・6刑集140号375頁）、**川崎民商事件**（➡第22章）。参照、最判解・前掲410-411頁〔前田〕）。

これに対して徳島市公安条例事件は、条例3条3号の明確性につき、被告人

への適用関係からさらに進んで、「規定の全ての適用関係についてその明確性を検討」した（最判解・前掲196頁〔小田〕）。この多数意見には、本件規定は被告人にとっては明確であり適用上合憲の判断をすれば足りるという高辻意見が対置されるが、多数意見は、表現の自由を規制する刑罰法規が生じさせる萎縮効果を排除すべきとの見地から、適用関係一般を視野に収めた明確性の審査を行った（最判解・前掲196頁〔小田〕）。

　また、事案解決だけを考えるなら、札幌税関検査事件や広島市暴走族追放条例事件も、適用上合憲の手法を用いることが不可能ではない事案であった（精読人権編303頁〔木下〕）。しかし、表現の自由を制限する法令の明確性等が問題となっており萎縮効果が懸念されることから、「当該規定を文言上違憲と抗争する適格（スタンディング）」を認め、適用上合憲の手法をとらなかった（最判解・前掲395頁〔前田〕）。もっとも、法令の合憲限定解釈が可能だとされたため、文面上違憲の判断は回避されている。

　以上からすれば、表現の自由を制限する法令の明確性・過度広汎性が問題となる場合には、最高裁は、面前の事案を超えて、少なくとも問題となっている規定の「法解釈全体を示す必要がある」と捉えているものといえよう（精読人権編303頁〔木下〕）。ただし、表現の自由の過度広汎性が問題となる事例においても、一定の場合には合憲限定解釈を示さず事案を処理する余地を示唆する調査官解説もある。具体的には、(1)過度広汎性の度合いが量的に限定されており、萎縮効果への懸念が実質的ではない場合、もしくは、(2)有害図書類など、その内容にかんがみて民主主義的価値が大きくない表現物への規制が問題となる場合、が試論的に挙げられている（最判解刑事平成21年度41-42頁〔西野吾一〕）。

Ⅲ　発展解説

　発展解説では、明確性の要請をめぐる説示について、最高裁の個別意見や下級審判決によるものも含めて取り上げ、明確性の要請をより強固に求める立場と、この要請を相対化する立場について、それぞれの立場の射程に留意しながら検討する。

1．明確性の要請を強める要素

　まず、税関検査事件判決における伊藤ほか反対意見では「表現の自由の規制が事前のものである場合には、その規定は、立法上可能な限り明確な基準を示

すものであることが必要である」と述べられた。ここでは、事前規制的要素を
もつ表現の自由規制法令については明確性の要請がさらに強まる──「立法上
可能な限り」の明確性が求められる──との立場が示されているものと理解で
きる。実際、同反対意見では、関税定率法 21 条 1 項 3 号（当時）の「風俗を害
すべき書籍、図画」を「猥褻な書籍、図画等」と規定することが立法技術上容
易であることが指摘され、規定の明確性が否定された。

　次に、条例所定の有害図書指定基準の不明確性が争われた岐阜県青少年保護
育成条例事件の伊藤補足意見では、「本件条例に定める有害図書規制は、表現
の自由とかかわりをもつものであるのみでなく、刑罰を伴う規制でもあるし、
とくに包括指定の場合は、そこで有害図書とされるものが個別的に明らかにさ
れないままに、その販売や自販機への収納は、直ちに罰則の適用をうけるので
あるから、罪刑法定主義の要請も働き、いっそうその判断基準が明確でなけれ
ばならない」とされた。ここでは、表現の自由を制限する刑罰法規について
「いっそう」の明確性が求められている。

2．明確性の要請を弱める要素・不明確性を補完する要素

　他方で、この伊藤補足意見では、上記事例に関して「青少年保護を目的とし
た、青少年を受け手とする場合に限っての規制」なので「明確性の要求につい
ても、通常の表現の自由の制約に比して多少ゆるめられる」との立場が示され
た。その理論的根拠は必ずしも明らかではないが、青少年保護という利益の重
大性にかんがみてのことと解される。とはいえ、仮にこの立場を認めるとして
も、それが憲法上の要請を緩和するものである以上、法令の目的は厳密に青少
年保護目的である必要があり、他の目的を含むような法令にまでその射程を拡
大するべきではないであろう（子どもの人権については、➡第 3 章）。

　また、下級審レベルで目を引く例としては、世田谷区清掃・リサイクル条例事
件の東京高裁判決（東京高判平 19・12・18 判時 1995 号 56 頁）が挙げられる。本事
件では、区長が指定する者以外による「一般廃棄物処理計画で定める所定の場
所」に置かれた古紙等の運搬等を禁止した上で、違反者に対して区長が出す禁
止命令を前提に、禁止命令違反者に対して罰則を科す条例について、「所定の
場所」という文言の不明確性が争われた。東京高裁は、「所定の場所」の解釈を
示した後、「このような解釈は、通常の判断能力を有する一般人の理解にも適
うものであり、しかも、本件条例による規制は所定の場所における古紙等の収

集行為を直ちに犯罪として処罰するのではなく、区長による禁止命令の対象と
するにとどめ、この命令を受けた者が命令に違反した場合に初めて処罰の対象
とするとしていること等を併せ考えると、同規定につき処罰の範囲があいまい
であるとも不明確であるともいえない」と判示した。行政による禁止命令の介
在が、規制法令の不明確性を補完する要素となるという判断が示されたものと
理解できる。それにより、刑罰法規の不明確性の弊害が実質的に減じられる限
りで、ありうるアプローチだといえよう。なお、広島市暴走族追放条例におい
ても同種の規制枠組みが採用されていた。最高裁は、合憲限定解釈の可否を論
じる文脈で上記要素に一応言及しているが、その趣旨は必ずしも明確ではない。

まとめ

- □ 刑罰法規には、国民に公正な告知をなし、公権力の恣意を防止するために、
  強い明確性が求められる。表現の自由を規制する法令についても、委縮効
  果を防ぐ観点から、同様の要請が及ぶ。
- □ 刑罰法規の明確性の有無は、「通常の判断能力を有する一般人の理解にお
  いて、具体的場合に当該行為がその適用を受けるものかどうかの判断を可
  能ならしめるような基準が読みとれるか」という判断枠組みによって審査
  される。表現の自由を制限する法令の合憲限定解釈についても、同様の要
  請をみたす必要がある。刑罰法規一般の合憲限定解釈も、ほぼ同様の要請
  に服する。
- □ 表現の自由を制約する法令の明確性・過度広汎性が問題となった場合、委
  縮効果を早期に排除するために、裁判所は、法令の適用関係一般を視野に
  収めた審査（文面審査）を行うべきだと考えられている。その際、合憲限定
  解釈によって不明確性・過度広汎性が除去されない限り、文面上無効とさ
  れる。
- □ 最高裁は概して明確性を容易に認める傾向にあり、ある法令が不明確ゆえ
  に無効とされた最高裁判決はない。また、合憲限定解釈についても、これ
  を広く認める傾向にあり、文面上違憲の判断には極めて慎重である。これ
  に対しては、個別意見や学説から批判が展開されている。

FAQ

Q 法令の不明確性や過度広汎性を主張する際、どのようなことに注意すべきですか？

A 第1に、法令の不明確性と過度広汎性とは——たとえば法令が不明確であるために規制範囲が過度広汎に及ぶなど、同時に問題となることが少なくないが——しっかりと区別して主張しなければならない。第2に、法令の条項について、漫然と不明確性および過度広汎性を主張するのではなく、問題となる規定の文言を特定して主張を展開する必要がある。第3に、その際には、法制度の具体的な立て付けを踏まえて、当該文言の漠然性・過度広汎性がもたらしうる問題について具体的に説明するべきである（たとえば、当該文言の不明確性によって表現の自由に関する領域において公権力が恣意的に行使される危険性が生じており、萎縮効果の発生が懸念されるなど）。第4に、不明確性や過度広汎性が問題となる文言については、合憲限定解釈の可否を検討するべきである（以上の諸点につき、R1 採点実感参照）。　　　　　　　　　　　　〔吉川　智志〕

33 　合憲限定解釈と憲法適合的解釈

はじめに　　合憲限定解釈と憲法適合的解釈との関係が広く議論されるようになったのは、**堀越事件**（➡第 2 章）を契機とする。同判決が行った「政治的行為」（国公 102 条 1 項）の限定解釈につき、これを同判決の千葉勝美裁判官の補足意見は合憲限定解釈ではないとし、同判決の調査官解説は憲法適合的解釈に相当するという。ここではまず、従来合憲限定解釈とされてきた典型判例の基本構造を確認する。そして堀越事件判決をみるなかで、憲法適合的解釈という類型が、この判決も含めた他の判例読解にとってもつ意味、ないし有用だといわれている事柄を確認する。

I　判旨

■東京都教組事件（**判例①**）

「地公法 37 条 1 項……、同法 61 条 4 号……の規定が、<u>文字どおりに</u>、すべての地方公務員の一切の争議行為を禁止し、これらの争議行為の遂行を共謀し、そそのかし、あおる等の行為……をすべて処罰する趣旨と解すべきものとすれば、それは、前叙の公務員の労働基本権を保障した憲法の趣旨に反し、必要やむをえない限度をこえて争議行為を禁止し、かつ、必要最小限度…をこえて刑罰の対象としているものとして、<u>これらの規定は、いずれも、違憲の疑を免れないであろう</u>。〔改行〕しかし、<u>法律の規定は、可能なかぎり、憲法の精神にそくし、これと調和しうるよう、合理的に解釈されるべきもの</u>であつて、この見地からすれば、これらの規定の表現にのみ拘泥して、直ちに違憲と断定する見解は採ることができない」。

「地方公務員の具体的な行為が禁止の対象たる争議行為に該当するかどうかは、争議行為を禁止することによつて保護しようとする法益と、労働基本権を尊重し保障することによつて実現しようとする法益との比較較量により、両者の要請を適切に調整する見地から判断することが必要である」。

　「地公法自体は、地方公務員の争議行為そのものは禁止しながら、右禁止に違反して争議行為をした者を処罰の対象とすることなく、争議行為のあおり行為にかぎつて、これを処罰すべきものとしているのであるが、これらの規定の中にも、すでに前叙の調整的な考え方が現われている」。

　また争議行為の違法性の程度も多様であり、「それが違法な行為である場合に、公務員としての義務違反を理由として、当該職員を懲戒処分の対象者とし、またはその職員に民事上の責任を負わせることは、もとよりありうべきところであるが、争議行為をしたことそのことを理由として刑事制裁を科することは、同法の認めないところ」である。これは「争議行為自体が違法性の強いものであることを前提とし、そのような違法な争議行為等のあおり行為等であつてはじめて、刑事罰をもつてのぞむ違法性を認めようとする趣旨と解すべき」である。あおり行為についても「争議行為に通常随伴して行なわれる行為……等をすべて安易に処罰すべきものとすれば、争議行為者不処罰の建前をとる前示地公法の原則に矛盾する」。

■札幌税関検査事件 （➡第32章）（判例②）

■泉佐野市民会館事件 （➡第15章）（判例③）

■よど号ハイジャック記事抹消事件 （➡第29章）（判例④）

■広島市暴走族追放条例事件 （➡第32章）（判例⑤）

■寺西判事補事件 （判例⑥）

　「憲法は、近代民主主義国家の採る三権分立主義を採用している。……司法権の担い手である裁判官は、中立・公正な立場に立つ者でなければならず、その良心に従い独立してその職権を行い、憲法と法律にのみ拘束されるものとされ（憲法76条3項）、また、その独立を保障するため、裁判官には手厚い身分保障がされている（憲法78条ないし80条）……。……司法に対する国民の信頼は、具体的な裁判の内容の公正、裁判運営の適正はもとより当然のこととして、外見的にも

中立・公正な裁判官の態度によって支えられる……。したがって、裁判官は、いかなる勢力からも影響を受けることがあってはならず、<u>とりわけ政治的な勢力との間には一線を画さなければならない</u>。……現行憲法下における我が国の裁判官は、違憲立法審査権を有し、法令や処分の憲法適合性を審査することができ、また、<u>行政事件</u>や<u>国家賠償請求事件</u>などを取扱い、立法府や行政府の行為の適否を判断する権限を有しているのであるから、<u>特にその要請が強い</u>……。……これらのことからすると、裁判所法 52 条 1 号が裁判官に対し『積極的に政治運動をすること』を禁止しているのは、<u>裁判官の独立及び中立・公正を確保し、裁判に対する国民の信頼を維持する</u>とともに、<u>三権分立主義の下における司法と立法、行政とのあるべき関係を規律する</u>ことにその目的がある……。……<u>右目的の重要性及び裁判官は……司法権を行使する主体</u>であることにかんがみれば、裁判官に対する政治運動禁止の要請は、<u>一般職の国家公務員に対する政治的行為禁止の要請より強い</u>……。〔他方で〕……裁判官の場合には、強い身分保障の下、懲戒は裁判によってのみ行われることとされているから、懲戒権者のし意的な解釈により<u>表現の自由が事実上制約される</u>という事態は予想し難いし、違反行為に対し<u>刑罰を科する規定も設けられていない</u>ことから、右〔＝国公法・人事院規則〕のような限定列挙方式が採られていないものと解される……。

　以上のような見地に立って考えると、『積極的に政治運動をすること』とは、<u>組織的、計画的又は継続的な政治上の活動を能動的に行う行為であって、裁判官の独立及び中立・公正を害するおそれがあるもの</u>が、これに該当すると解され、具体的行為の該当性を判断するに当たっては、その行為の内容、その行為の行われるに至った経緯、行われた場所等の客観的な事情のほか、その行為をした裁判官の意図等の主観的な事情をも総合的に考慮して決するのが相当である」。

　「裁判官に対し『積極的に政治運動をすること』を禁止することは、必然的に裁判官の表現の自由を一定範囲で制約することにはなるが、右制約が合理的で必要やむを得ない限度にとどまるものである限り、憲法の許容するところであるといわなければならず、右の<u>禁止の目的が正当</u>であって、その<u>目的と禁止との間に合理的関連性</u>があり、禁止により得られる利益と失われる利益との<u>均衡</u>を失するものでない」。「そして、『積極的に政治運動をすること』という文言が<u>文面上不明確である</u>ともいえないことは、前記……に示したところから明らかである。したがって、裁判官が『積極的に政治運動をすること』を禁止することは、もとより憲法 21 条 1 項に違反するものではない」。

■**堀越事件**（➡第 2 章）（判例⑦）

Ⅱ 基本解説 —— 合憲限定解釈

1. 合憲限定解釈の意義 —— 定義、発動場面、立法事実の位置づけ

　合憲限定解釈とは、「字義通りに解釈すれば違憲になるかも知れない広汎な法文の意味を限定し、違憲となる可能性を排除することで、法令の効力を救済する解釈」だとされる（芦部394頁）。いわゆる法令審査を通じ、法令を合憲とする立論である。

　この定義によると、合憲限定解釈の典型的な発動場面の1つは、法令に不明確・過度広汎の瑕疵がある場合である（➡第32章）。そうした違憲の瑕疵ある法令は、特に表現の自由（憲21条1項）や罪刑法定主義（憲31条）などがかかわる場合、合憲限定解釈が不可能ならば文面上無効となり、その際に行われる文面審査は、学説上、立法事実を検出しない審査だといわれることもある（芦部385頁）。

　もっとも、少なくとも判例上、合憲限定解釈の作業自体は、法令の文言のみならず、その趣旨目的や体系、さらには憲法論、すなわち法令の目的や手段において憲法上の権利を過剰に制約する部分や、当該法令の保護法益と規制される憲法上の権利との衡量も視野に入れられることもある（➡後述**4**。関連して、最判解刑事平成24年度497頁〔岩崎邦夫〕。いわゆる三段階審査に引きつけていえば、合憲限定解釈は、形式的正当化と実質的正当化との両面にかかわる。小山62頁）。その際には、いわゆる立法事実も考慮される。

　ここでいう立法事実は、特に合憲限定解釈の際には、当該事件の当事者等の一定の「範囲」・「類型」の人・行為等を法令の適用対象に含めてよいか、という観点から抽象化される側面もある。すなわち、司法事実を一般化・類型化した立法事実（Xのような者、等）がかかわりうる。その際、法令の合憲的適用部分を類型化したり、法令の保護法益の核心部分への同心円的な縮小をしたりする作業が行われる（判例①：違法性が「強い」、判例②：「風俗」→「性風俗」、判例③：法益を害する可能性が「明らか」等々）。

2. 合憲限定解釈の一般原則 —— 東京都教組事件（判例①）

　判例①は、(a)地方公務員の争議行為等を禁止し（地公37条1項）、その争議行為等のあおり行為等を処罰する規定（同61条4号）が、文言通り一律適用された場合は「違憲の疑を免れない」という（憲28条・31条）。(b)他方で「法令の規

定は、可能なかぎり、憲法の精神にそくし、これと調和するよう、合理的に解釈されるべき」だとの一般原則を述べた。これは過去の判例も用いてきた思考だが、一般論を明示したのは本判決が初とされる（最判解刑事昭和44年度73頁〔船田三雄〕。根拠論の詳細は、後述3の限界論とあわせ、論点教室65頁〔赤坂幸一〕、小山246頁）。

　この観点から、(c)地公法が禁止する争議行為該当性は、労働基本権と争議行為禁止の保護法益（職務の公共性）との「比較較量」で判断するという憲法論のもと、(d)争議行為者不処罰の原則（あおり行為等のみ処罰）、民事制裁・懲戒処分と刑事制裁との相違など、地公法等の法令上の文言・趣旨目的・体系にも照らし、(e)処罰の対象となるあおり行為は争議行為・あおり行為ともに違法性が強いものに限定される、との解釈を示す。後に、この"違法性の強弱"という限定解釈は犯罪構成要件を不明確にする等の観点から、**全農林警職法事件**（最大判昭48・4・25刑集27巻4号547頁）・**岩教組学力テスト事件**（最大判昭51・5・21刑集30巻5号1178頁）で変更された。これは次の合憲限定解釈の限界にかかわる。

3. 合憲限定解釈の限界 —— 札幌税関検査事件（判例②）

　判例②は、まず、(a)輸入禁制品たる「風俗を害すべき図画」等（関税定率法21条1項3号）とは、当該事件で問題となった「性的風俗」を害する「猥褻」な表現物等を意味すると限定解釈しうる限り、表現の自由へのやむをえない制約だという。次いで、(b)明確性の論点を扱うなかで、こうした限定解釈が可能かを検討する。その際、表現の自由への委縮効果等に照らし、著名な合憲限定解釈の限界の要件、すなわち〔A-1〕解釈の結果における規制対象の内外の区別の明確性と、〔A-2〕合憲的な適用部分の明確性、〔B〕一般国民の理解における解釈・適用等の判読可能性を述べる（各要件の詳細は➡第32章）。そして、猥褻文書の規制という合憲的な規制部分（上記(a)）が明確にされており、また風俗→性風俗（猥褻）との解釈は刑法体系にも社会通念にも合致し、刑法判例の蓄積から猥褻の意義も明確だという。最後に、(c)こうした限定解釈を施さなければ、広汎・不明確ゆえに憲法21条1項に反しうる旨を確認する。

　この限定解釈の作業自体は、(b)法律論（文言・趣旨目的・刑法体系との対比）が中心であり、(a)憲法論（目的手段・衡量審査）はひとまず別枠に置かれている。他方でこの解釈は、(c)合憲的な適用部分への限定も目指しており、その限りで憲法も考慮されている。むしろこうした憲法的考慮による限定の仕方が、通常の

法律解釈の枠内に収まっていること（≠立法権の簒奪）を確認する必要から、この限定解釈の限界論が問題になる側面もある。

4．目的手段・衡量審査との関係

以上、合憲限定解釈の際の判例の立論には、(x)目的手段・衡量審査の枠内で、法令の文言・趣旨目的・体系に照らした解釈も交えつつ、法令中の違憲部分を除去して合憲部分を画定する憲法解釈先行型（判例①）と、(y)法令の文言・趣旨目的・体系に照らした限定解釈をし、その限定解釈した法令の合憲性を目的手段・衡量審査で確認する法令解釈先行型（判例②）とがある。

両者の相違について、前述**3**の合憲限定解釈の限界の要件に関連させた次のような説明もある。すなわち、(x)上記要件〔A-2〕は規制内容の合憲性と表裏の関係にあり、その内容の合憲性審査が論理的に先行するともいえ、そうした検討順序の判例もある（以下の判例③等）。他方、(y)主に法令解釈にかかわる上記要件〔A-1〕と〔B〕の観点から、そもそも合憲限定解釈が不可能と判断されれば文面上違憲となるから、この法令解釈を先行させる場合もある（以下の判例⑤等）、とされる（最判解刑事平成19年度397頁〔前田巌〕）。ただし(y)の場合でも、限定解釈は、合憲的に是認できる規制部分への限定を目指したものでもあり（➡**3**）、(x)の場合とで検討の内実に本質的な相違はないともいえる（この点は、明確性〔手続的要請〕と過度広汎性〔実体的要請〕とが、判例上は一体的に論じられる場面が多いことも関係している。両者の区別は➡第32章）。

また、(z)福岡県青少年保護育成条例事件（➡第32章）のように、法令解釈を通じて処罰範囲の限定解釈をし（「淫行」→不当な手段、自己の性的欲望の満足）、主に罪刑法定主義（憲31条）の観点から広汎・不明確ではないとし、実体的な問題（自己決定権（憲13条）等）については「前提を欠く」として立ち入らないものもあるが、ここでは(x)(y)を中心にみる（最判解刑事昭和60年度228頁〔高橋省吾〕は、(z)の判決は規定の合理性（憲法13条適合性等）を認めていると読む）。

なお、目的手段・衡量審査で法令規定<u>全体</u>の合憲性を確定させた後、その規定の合憲限定解釈を行うという立論は、合憲限定解釈の意義に合致せず、判例上もそうした立論はみられない。

（1）(x)憲法解釈先行型——泉佐野市民会館事件（判例③）、よど号ハイジャック記事抹消事件（判例④）

(x)のタイプとされる判例③は、市民会館の使用を不許可にすべき場合を定め

る条例中の「公の秩序を乱すおそれ」との文言について、これは「広義の表現を採っている」が、集会の自由（憲21条1項）への「必要かつ合理的」な規制となるためには「較量」が必要だという憲法解釈を示す。この観点から、条例の文言の2段階での限定解釈を示し（(a)集会の自由＜生命・身体・財産・公共の安全への危険、(b)明白・切迫した危険。➡第15章）、このように限定解釈する限り、集会の自由への「必要かつ合理的」な規制だとしている。

　同様のタイプと読める判例④は、(a)監獄内の規律・秩序維持のための未決拘留者の自由への制約の許容性は、「必要かつ合理的」な制約かを「較量」で決めるという一般論をまず述べる。そして、(b)未決拘留者の情報摂取の自由（憲21条1項等）への制約となる新聞の閲読制限が許容されるのは、上記の規律・秩序維持への障害が生じる「相当の蓋然性」がある場合だとする。この憲法解釈を前提に、(c)在監者の文書等の閲読制限を「文言上はかなりゆるやかな要件」で認めていた旧監獄法31条2項等についても、こうした「相当の蓋然性」がある場合にのみ閲読制限を許容する趣旨だとの解釈を示した（➡第29章）。あわせて、同法の委任を受けて規則等を制定する大臣と、処分を行う監獄の長の裁量をも、上記憲法解釈を通じ限定している（最判解民事昭和58年度281頁〔太田豊〕参照。ただし➡後述Ⅲ4(2)）。

（2）(y)法令解釈先行型——広島市暴走族追放条例事件（判例⑤）

　判例⑤は、まず、(a)市条例の規律対象たる「暴走族」（2条7号）や、中止命令・罰則の対象となる「集会」（16条1項1号・17条・19条）が、社会通念上の暴走族以外の者の集会を包含しうる規定ぶりとなっており、憲法21条1項・31条との関係で「問題がある」という。他方で、(b)条例の目的規定等の「本条例の全体から読み取ることができる趣旨」等に照らすと、規制対象たる「集会」は、本来的意味の暴走族（暴走目的集団）のほか「暴走族に類似し社会通念上これと同視することができる集団」による集会に限定解釈できるとする。この解釈自体は、条例の文言・趣旨目的・体系等に照らした法令解釈として示されている。次いで、(c)この限定解釈を施した法令が合憲である旨が、目的手段・衡量審査を通じて示されている。判例②にも通じるこの限定解釈→目的手段・衡量審査という立論の外観は、一般に憲法適合的解釈とされる判例⑥・⑦とも類似する。次にこの点をみる。

Ⅲ 発展解説 —— 憲法適合的解釈

1．区別の基準

堀越事件（判例⑦）の調査官解説は、同判決の立論は合憲限定解釈ではなく憲法適合的解釈に相当するという（最判解・前掲516頁〔岩崎〕）。ここで調査官が引用している学説によると、「複数の解釈がある場合に、まず当該規定の文言、趣旨と体系に最も適合的なものを選ぶ」のが通例の法解釈だが、「場合によっては体系の中に最高法規である憲法の保護する価値も入り込むことも当然あり」、「それを殊更に『合憲限定解釈』と呼ぶ必要はなく、体系的解釈の一種としての合憲解釈（憲法適合的解釈）でしか」ないという（宍戸310頁（調査官の引用は初版305頁））。

この見解によると、両者は法令自体を違憲無効とする場面ではなく、最高法規たる憲法上の要請を見据えながら法令を解釈・適用する場面だという点で共通する（広義の憲法適合的解釈）。違いは、法令に違憲の瑕疵があるという前提に立つか否か、という点に求められうる。すなわち、合憲限定解釈は、①法令の規定に違憲の瑕疵（違憲的適用部分）があり、②その部分を排除する解釈が可能であり、③その解釈が法令の解釈の限界内に収まっている場合、をさす。他方、憲法適合的解釈（狭義）は、①法令の規定に違憲の瑕疵は存しないが、②当該規定には憲法上の要請を考慮した解釈の余地が開かれており、③当該解釈によって、憲法上の要請を考慮しない通常の解釈とは異なる適用・帰結が導かれる場合、をさすとされる（宍戸常寿「憲法適合的解釈についての比較法的検討　1．日本」比較法研究（2016）5頁以下参照）。

いずれの語も法令用語ではなく講学上の概念であり、概念の定義や分類は、それが正しいか否かというよりも、一定の理論的・実践的目的にとって有用か否かが問題となる。ここではひとまず調査官引用の上記定義を出発点とし、判例読解にとっての有用性を探る。

2．寺西判事補事件（判例⑥）

判例⑦の以前は、憲法適合的解釈と合憲限定解釈との違いは明確に意識されてこなかったが、判例⑦の調査官解説や千葉補足意見は、判例⑥を合憲限定解釈とは異なる例として挙げる。判例⑥は、まず、(a)裁判所法52条1号が禁止する「積極的に政治的行為をすること」の意味、特にその保護法益の内容を具体

化する際に、民主主義・権力分立原則や、司法権の独立、裁判官の身分保障、違憲審査権等々の憲法上の諸規定・諸原則を援用する。そのうえで、(b)裁判官は一般職の国家公務員より強く政治的中立性が要請される点や、他方で国公法と対比した罰則の有無などに照らし、(c)「積極的に政治的行為をすること」とは、「組織的、計画的又は継続的な政治上の活動を能動的に行う行為であって、裁判官の独立及び中立・公正を害するおそれがあるもの」だという解釈を示す。(d)そして、こうした解釈を施した法令が、裁判官の表現の自由（憲21条1項）への制約として許容される旨を、目的手段・衡量審査を通じて示している。

この立論は、(a)憲法を援用しつつ(b)法令の体系的解釈をしている点では合憲限定解釈と共通する。ただしこの段階では、違憲の瑕疵（表現の自由）に照らし限定解釈する旨は述べられておらず、主に対立利益である裁判所法52条1項の保護法益の内実を、憲法上の統治制度上の諸規律に照らし具体化しているとも読める。この点で、合憲限定解釈とは異なるとみる余地もある。他方、(b)国公法との対比の際には「表現の自由」への恣意的な規制の可能性に言及し、また(d)憲法21条1項適合性を判断する際に、(c)のように解釈すれば「文言が文面上不明確」ではないとも述べているが、前者は、国公法上の刑罰の場合と比較して表現の自由への配慮の必要は低いという文脈であり、後者も判例②とは異なり、このように解釈しない限り法令が違憲となるとまでは論及していない。

3．堀越事件（判例⑦）

判例⑦は、国公法102条1項が禁止する「政治的行為」について、その(i)「文言、趣旨、目的」、(ii)「規制される政治活動の自由の重要性」、(iii)「同項の規定が刑罰法規の構成要件になる」という観点から、(a)同項の保護法益を損なうおそれが「現実的」・「実質的」なものをさすとの限定解釈を示した。(b)そして、この限定解釈した規定の合憲性を目的手段・衡量審査を通じて確認し、また不明確・過度広汎でもないとした。

この(a)を合憲限定解釈ではないとする千葉補足意見は、合憲限定解釈について、**Ⅲ**1で挙げた諸点と同様の理解を示したうえで、「政治的行為」の限定の仕方として、「管理職の地位を利用する」行為、「勤務時間中」の行為、等のかたちで合憲部分を「類型」化する手法は困難を伴い、その類型の選択も一種の立法作用であり司法判断にはなじまない側面があるとする。特に国公法のような「完結した体系」と想定される「国家の基本法」については、そうした「一部だ

けを取り出して限定」することには慎重であるべきであり、司法部としてはま
ず、国公法の内容について「憲法の趣旨を十分に踏まえた」「条文の丁寧な解
釈」をしたうえで合憲性審査をすべきだという。また、上記(a)の解釈は、学説
上の憲法判断・違憲判断の回避（司法の自己抑制）とは「似て非なる」、「通常の
法令解釈の手法」だという。

　また、判例⑦の調査官解説は、上記(a)の解釈が、学説上の違憲判断の回避（合
憲限定解釈）や合憲性への疑いの回避（札幌地判昭 42・3・29 下刑集 9 巻 3 号 359 頁
〔**恵庭事件**〕。芦部 394 頁）に該当するかを論じる文脈で、通常の構成要件解釈に
よっては行いえない解釈を、直接憲法を用いて行ったものではないから前者に
はあたらず、後者にあたる余地もありそうだとはしつつ、学説上の憲法適合的
解釈（違憲の瑕疵を前提としない、憲法を含む体系的解釈）に相当するという（最判
解・前掲 516 頁以下〔岩崎〕）。

　他方、こうした「憲法（の趣旨）」を踏まえた法令解釈ということのなかに、
国公法の保護法益の具体化（判例⑥参照）のみならず、規制される憲法上の権利
（表現の自由）との衡量までをも含んでおり、これは合憲限定解釈と本質的に変
わらないのではないか、という疑義も提起されうる（関連して蟻川恒正「国公法 2
事件最高裁判決を読む(1)(2)」法教 393 号（2013）84 頁、同 395 号（2013）90 頁）。

4．区別の意義
（1）裁判所による法令中の違憲の瑕疵の想定の有無
　こうしたなか、合憲限定解釈と憲法適合的解釈とを区別する意義の 1 つとし
ては、法令に違憲の瑕疵があるという想定を裁判所がとったのか、裁判所が問
題となった法令の規定の構造をどのように把握したのか、という点を争点化す
ることが挙げられている。合憲限定解釈は、法令の「最も素直な解釈」によれ
ば違憲の瑕疵が生じるため、その（可分的な）違憲部分を含まない「次善三善の
解釈」をとり（宍戸・前掲）、合憲部分を画定するものとされる。この点で、法令
の一部違憲（違憲部分の画定）と表裏の関係にもある。こうした違憲の瑕疵を裁
判所が法令中に見出し立法府に示すことにも、合憲限定解釈の意義の 1 つがあ
り、それに至らない場合は別類型（憲法適合的解釈）とみるのが相当だという見
方も示されている（高橋和之『体系憲法訴訟』（岩波書店・2017）202 頁も参照）。

　そこで、判例⑦の立論については、判例①②⑤等とは異なり違憲的適用の可
能性に言及しておらず、危険犯（「おそれ」）に関する通例の刑事法解釈の枠内に

あること等に照らし、ひとまず憲法適合的解釈の採用と受け止め、そのうえで
もちろん、その妥当性を別途、理論的な検討の対象にすることは可能である。
たとえば「政治的行為」の文言とその解釈結果に過度広汎・不明確の瑕疵がな
いという想定は妥当なのか、「類型」の抜き取りが立法作用になるおそれ、との
千葉裁判官の指摘は、法令中の違憲部分と合憲部分との不可分性を述べている
ことと同義ではないか、等々の、学説上指摘されている諸点である。

（2）憲法適合的解釈の適用場面

　また、千葉裁判官は憲法適合的解釈という語は用いず「基本法」の解釈とい
う観念を導入するが、これは猿払事件（➡第1章・第2章）や国会との抵触回避の
ための説明という側面もあり（同判決との関係は➡第2章、蟻川・前掲、駒村401頁）、
その射程の一般論は語っていない。

　他方、憲法適合的解釈というものを、法令において違憲の瑕疵はないが憲法
を踏まえた解釈の余地を開く条項の体系解釈だと一般化して捉えると、その射
程としては、たとえば私人間効力論の際の民事法令の一般条項や、行政裁量を
認める不確定法概念、刑事法上の規範的構成要件や違法性阻却の一般的な正当
化要件のほか、給付請求権の具体化立法や統治制度上の諸規律等が、広く視野
に入ってくる可能性がある。そうすると、一般に合憲限定解釈の例とされる**全
逓東京中郵事件**（最大判昭41・10・26刑集20巻8号901頁）についても、これは法
令中の違憲部分を除去したというより、正当行為（労組1条2項、刑35条）の解
釈を、憲法上の法益の衡量を踏まえて行った、という読み方もありうることに
なる（判例③の一部や判例④を、合憲限定解釈というよりも憲法適合的解釈とする位置
づけも含め、以上の詳細は、宍戸・前掲のほか、土井真一編『憲法適合的解釈の比較研
究』（有斐閣・2018）1頁〔山田哲史〕、180頁〔松本哲治〕、213頁〔土井〕等）。

まとめ

□　合憲限定解釈は、字義通りに解釈すれば違憲的な適用部分が生じうる法文
　の適用範囲・意味を限定し、違憲の瑕疵を排除し、法令を救済する方法で
　ある。

□　合憲限定解釈の際には、憲法論（目的手段・衡量審査等）と法律論（法令の
　文言・趣旨目的・体系等に照らした解釈）の双方が視野に入れられる。

□ 憲法適合的解釈は、上位規範たる憲法も含めた法令の体系解釈という点で、合憲限定解釈と共通するが、法令中の違憲の瑕疵を前提にしない点に違いがあり、両解釈の区別は、その違憲の瑕疵を裁判所が法令中に見出したか否かを認識する際に有用だとされる。

FAQ

Q 法令の違憲判断に直結しない、「憲法の趣旨」を踏まえた解釈（堀越事件の千葉補足意見参照）とは何なのでしょうか？

A 憲法の「趣旨」を踏まえた解釈というとき、仮にそこで援用されるのが、違憲・合憲の帰結を導く憲法上の要請・禁止規範ではなく、憲法上許容される解釈の１つ（望ましいもの）なのだとすると、憲法規範が法的帰結に影響することの説明は若干不鮮明になりうる（同様の問題は、たとえば判例が、憲法14条1項は形式的平等を保障（要請）しているが実質的平等の実現は同条項の「趣旨に沿う」、という言い方をする時にも提起されうる）。これに対し、"憲法の要請を踏まえた解釈をせずに法令を適用することは憲法上の権利を侵害し違憲となる"という可能性を承認するのであれば、これは法令中の違憲の瑕疵（違憲的適用部分）の存在を前提にしていることと、理論上は同視できる場面もありうる。堀越事件は、その限界事例として論争の対象となっている。

他方、宗教に中立的な法令の適用（➡第13章）や既述の正当行為の解釈等、法令自体の合憲性は争われず、議論の中心が解釈・適用レベルに置かれる場合がある。判例が消極的とされるこの段階での憲法論の可能性を開きうることも、憲法適合的解釈という類型の有用性として指摘されうる（詳細は**Ⅲ**の最後に挙げた諸文献を参照）。

この問題は、憲法を合憲・違憲の仕分けの「枠」と捉え、その枠内では各種の法律が自律的に存立していると考えるのか、それとも憲法をあらゆる法領域に浸透する「価値」だと捉えるのか、その価値には「要請・禁止」以外も含むのか、という憲法観の論争にも通じる。　　　　　　　　　〔柴田　憲司〕

34 第三者の違憲主張適格

▶ **第三者所有物没収事件**（最大判昭 37・11・28 刑集 16 巻 11 号 1593 頁）

はじめに 本章で扱う第三者の違憲主張適格と呼ばれる論点は憲法訴訟
論の興隆に乗じて注目された非常に技巧的な論点の 1 つであ
る。もっとも、ここでいう適格は、訴訟法上の当事者適格をさすのではなく、
当事者適格を含む訴訟要件（条件）をみたした者が、攻撃防御の方法として
憲法上の争点（主に違憲の主張）を提起する適格を意味する。この論点は、
1960 年代に、主としてアメリカ合衆国の判例・学説を踏まえ、学説によっ
て提起された。そこでは、第三者の憲法上の権利を援用することは原則と
して許されず、一定の場合に例外的に認められる、と説かれていた（芦部信
喜『憲法訴訟の理論』（有斐閣・1973））。

　本章では、まず、日本の判例上この論点の典型例として捉えられてきた**第
三者所有物没収事件**（以下「本判決」ともいう）を正確に理解することを試み
る。第三者の違憲主張適格という論点を複雑化し、理解を困難にしている
要因の 1 つに、第三者所有物没収事件の特殊性がかかわっていると思われ
るからである。この点を確認した後、その後の判例がこの論点をどのよう
に扱っているのかを検討する。論点の起源が学説にあることもあってか、
判例において第三者の違憲主張適格が正面から論じられておらず、最高裁
（以下、断りのない限り多数意見を意味する）がどの程度自覚的にこの論点を
扱っているのか不明瞭なところもあるが、各判例の射程を意識して読み込
めば、ある程度の輪郭を捉えることはできるだろう。

Ⅰ 判旨

■判旨①——第三者所有物没収の違憲性

「関税法 118 条 1 項の規定による没収は、……被告人以外の第三者が所有者である場合においても、被告人に対する附加刑としての没収の言渡により、当該第三者の所有権剥奪の効果を生ずる趣旨であると解するのが相当である」。

「しかし、第三者の所有物を没収する場合において、その没収に関して当該所有者に対し、何ら告知、弁解、防禦の機会を与えることなく、その所有権を奪うことは、著しく不合理であつて、憲法の容認しないところであるといわなければならない」。……「所有物を没収せられる第三者についても、告知、弁解、防禦の機会を与えることが必要であつて、これなくして第三者の所有物を没収することは、適正な法律手続によらないで、財産権を侵害する制裁を科するに外ならないからである」。

関税法 118 条 1 項は、「第三者の所有に属する場合においてもこれを没収する旨規定しながら、その所有者たる第三者に対し、告知、弁解、防禦の機会を与えるべきことを定めておらず、また刑訴法その他の法令においても、何らかかる手続に関する規定を設けていないのである。従つて、前記関税法 118 条 1 項によつて第三者の所有物を没収することは、憲法 31 条、29 条に違反するものと断ぜざるをえない」。

■判旨②——第三者の憲法上の権利侵害を理由とする上告の許否

「没収の言渡を受けた被告人は、<u>たとえ第三者の所有物に関する場合であつても、被告人に対する附加刑である以上、没収の裁判の違憲を理由として上告をなしうることは、当然である</u>。のみならず、被告人としても没収に係る物の占有権を剥奪され、またはこれが使用、収益をなしえない状態におかれ、更には所有権を剥奪された第三者から賠償請求権等を行使される危険に曝される等、利害関係を有することが明らかであるから、上告によりこれが救済を求めることができるものと解すべきである。これと矛盾する……当裁判所大法廷言渡の判例は、これを変更するを相当と認める」。

Ⅱ 基本解説

1．第三者所有物没収事件の読解

（1）事件の概要

本判決の被告人らは、韓国に向け貨物を密輸出しようとしたが時化にあい未遂に終わった。第一審は、被告人らを有罪としたうえで、被告人の所有物であ

る船舶に加えて第三者の所有物である貨物を当時の関税法 118 条 1 項に基づき没収した（福岡地小倉支判昭 30・4・25 刑集 16 巻 11 号 1629 頁）。控訴審は第一審の判断を是認した（福岡高判昭 30・9・21 刑集 16 巻 11 号 1630 頁）。

なお、第三者の所有物の没収については、**昭和 32 年判決**（最大判昭 32・11・27 刑集 11 巻 12 号 3132 頁）が、所有者である第三者が善意の場合（関税法違反の犯罪が行われることを知らなかった場合）にも第三者の所有物を没収できると解釈することは 29 条に違反するが、所有者が悪意の場合には 29 条に違反しないと判断していた。しかし、第三者に告知・弁解・防御の機会を保障する手続は整備されていなかった。そのため、本件において、没収された貨物の所有者である第三者は、自身が当事者ではない訴訟において、かつ、告知・弁解・防御の機会なしに、自身の所有物（貨物）の所有権を剥奪された。

被告人らは、貨物の所有者である第三者に告知・弁解・防御の機会を与えることなく、第三者の所有物を没収することが第三者の憲法上の権利（31 条・29 条）を侵害するとして最高裁に上告した。本件で上告するためには訴訟法上の上告理由として憲法違反の主張を行う必要があったが（刑訴 405 条 1 号）、被告人らは訴訟当事者であるから、告知・弁解・防御の機会を与えられ、適正な手続に基づき、有罪とされ、犯罪に用いた船舶を没収されている。つまり、彼らの憲法上の権利は侵害されていない。そこで持ち出されたのが、没収された貨物の所有者である第三者の憲法上の権利侵害であった。

（2）上訴の利益か第三者の憲法上の権利の援用か

この上告理由に答えたのが、**Ⅰ**の判旨である。この判旨の意義を読解するために、本判決が明示的に変更した先例（最大判昭 35・10・19 刑集 14 巻 12 号 1574 頁（以下、昭和 35 年判決とする））を確認しておこう。**昭和 35 年判決**は、「訴訟において、他人の権利に容喙干渉し、これが救済を求めるが如きは、本来許されない筋合いのもの」であり、「他人の所有権を対象として基本的人権の侵害ありとし、憲法上無効である旨論議抗争することは許されない」と述べていた。昭和 35 年判決のこの判旨には、①被告人には上訴の利益がないという趣旨なのか（主刑を言い渡された被告人には付加刑である没収に関して上訴権がない）、②第三者の憲法上の権利侵害を理由とする違憲の主張は認められないという趣旨なのか不明確との反対意見が付されていた。

これに対して本判決は、本件没収を命じた裁判が第三者の憲法上の権利侵害

といえると判断したうえで、❶被告人に対する附加刑であり、❷被告人として
も没収に係る物の占有権を剥奪され、所有権を剥奪された第三者から賠償請求
権等を行使される危険に曝されることなどから利害関係があるため、被告人が
上告により救済を求めることが当然に可能と述べた。しかし、この判旨は①に
かかわるのか、それとも②にもかかわるのか、これまた不明確である。②にも
かかわるのであれば、第三者の違憲主張適格は❶❷のような事由がある場合に
は認められたということを意味する。他方、①にのみかかわるのであれば、❶
❷のような事由のために、上訴の利益が存在するということを意味するにすぎ
ない。そのうえで、本件の場合は、上告理由となる憲法違反の主張として第三
者の憲法上の権利侵害が主張可能な状況であったから上告が認められた、とい
うことになる。どちらの読みが正しいのか。最高裁による明示的な言及はない
が、㋐判旨は第三者の違憲主張適格に関する一般論——原則禁止され、例外的
には許されるなど（以下、原則禁止論とする）——を何も述べていないこと、㋑後
述する少数意見では、憲法上の争点を提起する適格に何ら制限がないことが当
然とされていることを踏まえれば、❶❷の事由は上訴の利益の有無を判断する
メルクマールと理解すべきと思われる（柴田憲司「主張適格の疑問」大林啓吾＝柴
田憲司編『憲法判例のエニグマ』（成文堂・2018）338 頁も参照）。そうだとすれば、本
判決は、第三者の違憲主張適格という問題一般にかかわる射程をもたない。本
判決の意義は、訴訟当事者が上訴の利益を有するのであれば、第三者の憲法上
の権利侵害を理由とした違憲の主張であったとしても適法な上告理由となる、
という点にある。

２．第三者の違憲主張適格は存在するのか

（１）憲法上の争点を提起する適格？

　本判決は、第三者の憲法上の権利を援用して違憲の主張をする適格について
何も判断していないと考えられる。これに対して、宗教法人オウム真理教が信
者の信教の自由侵害などを援用した**オウム真理教解散命令事件**の抗告審（東京高
決平 7・12・19 民集 50 巻 1 号 231 頁）は、第三者の憲法上の権利を援用した違憲
の主張は原則許されないとする見解を採用し、「特定の第三者の憲法上の権利
の性質、当事者と第三者との関係、第三者が独立の手続において自らの当該憲
法上の権利を擁護する機会を有するかどうか、当事者に対し第三者の憲法上の
権利主張の適格を認めないときには第三者の権利の実効性が失われるおそれ

があるかどうか等を考慮し、当事者に右適格を与えるのが相当と認められる場合」に例外的に認められるべきであると述べ、本件において宗教法人は信者の憲法上の権利侵害を主張する適格をもたないと判断した。この原則禁止論の採用は学説の影響を受けたものであると考えられる（最判解民事平成8年74頁脚注2〔近藤崇晴〕）。一方、最高裁（特別抗告審）はこの点につき特段の説明もなく、宗教法人が信者の信教の自由を援用することを認めている（最決平8・1・30民集50巻1号199頁）。調査官は、宗教法人の解散命令が問題となる事例では宗教法人に信者の信教の自由侵害を主張する適格を認めるのが素直な解釈と述べて、抗告審の結論を批判しているが、抗告審の採用する原則禁止論自体は肯定しているかのような解説を施している（同74-75頁）。しかし、最高裁自身は第三者の違憲主張適格の一般論について何も述べておらず、原則禁止論を採用しているのかは明らかではない。

　最高裁の立場が不明確ななか、この論点については、次の2つの少数意見が注目されよう。本判決によって覆された昭和35年判決の入江俊郎裁判官反対意見は、「その裁判を違憲、違法なりとするところの理由は、その裁判がなされるにつき準拠すべきすべての憲法、法律、命令の規定の解釈、運用の適否に及びうべく、その理由とするところが被告人自身に直接には関係のない点に関するものであつたからといつて、その点にこれを違憲、違法とする理由があり、その結果その裁判が違憲、違法となるものであれば、被告人は、その点のみを理由として上訴をなしうべきことは当然といわなければならない」と述べている（入江裁判官は本判決では多数意見に参加）。また、事案類型は異なるが、**広島市暴走族追放条例事件**（➡第32章・第33章）の藤田宙靖裁判官反対意見も、「しかしいうまでもなく、被告人が処罰根拠規定の違憲無効を訴訟上主張するに当たって、主張し得る違憲事由の範囲に制約があるわけではな〔い〕」と述べている。いずれも、違憲無効を主張することに何らかの制限がないことを当然とする見解を示している。

　この見解に従えば、第三者の憲法上の権利を援用することも含め、あらゆる違憲の主張ができることになる。違憲の主張が可能な範囲は無制限であり、そもそも第三者の違憲主張適格というかたちで論点を構成する必要がないといえるのである。

（2）意味のある違憲の主張か無意味な違憲の主張か

　違憲の主張が可能な範囲は文字通り無制約なのだろうか。あまり注目されていないが、**神奈川県公安条例事件**（最決昭50・9・26刑集29巻8号657頁）の判示が参考になる。

　本事例において、被告人らは神奈川県公安委員会から県公安条例に基づき、デモを行うにあたって複数の許可条件を付されていたが、許可条件に違反してジグザグ行進等の指揮を行ったとして処罰された。これに対し、被告人らは県公安委員会が付した複数の条件には、必要最小限度の制約を超え、憲法21条に違反する許可条件等が含まれているから、当該許可条件が全体として無効である等と主張していた（ただし、憲法に違反すると主張された許可条件は被告人らに対する起訴の前提とはなっていない）。この主張に対し最高裁は次のように判示した。県公安委員会がデモ行進を許可する際に付した条件は、「個々独立の意味を有し、個々に構成要件を補充している」ため、「被告人は、被告人の本件行為と事実上、法律上の関連のない条件の違憲性を争う適格を有しない。それゆえ、……適法な上告理由にあたらない」と。したがって、自らの罪責と無関係の違憲の主張をする――被告人の行為と関係のない許可条件の違憲性を争う――「適格」はなく、具体的争訟事件の解決と結びつかない一般的な違憲の主張は適法な上告理由ではないと理解できる（最判解刑事昭和50年度239頁〔小田健司〕、松尾浩也監修『条解刑事訴訟法〔第4版増補版〕』（弘文堂、2016）1081頁）。なお、最高裁の判示は、本来憲法上許されない許可条件が被告人らの起訴に事実上関わる場合にも、違憲の主張を認める構成となっている点には注意を要する（最判解・前掲240頁〔小田〕）。

　この判決を踏まえ（1）で確認した2つの少数意見を捉え直せば、具体的訴訟事件の解決のために意味のある範囲であれば、いかなる違憲の主張であっても提起可能といいうる。言い換えれば、事案の解決にとって意味のある（必要な）限りで法律上の主張をすることが訴訟法上想定されており、違憲の主張もその限りでは制約されるのである。無意味な法律上の主張は通常、裁判所に無視されるものと思われるが、違憲の主張については適法な上告理由との関係で判断される場合があると考えられる。以上の理解は、具体的な争訟の解決を核心におく司法権理解や、付随的違憲審査制を基本とする81条理解とも整合的に解しうる。

（3）意味のある第三者の憲法上の権利の援用

　第三者の憲法上の権利を援用した違憲の主張に意味があると考えられる主な場面は、第三者との関係である国家行為が違憲となれば、当該国家行為に起因する自身の不利益を除去できる場面であると思われる。第三者所有物没収事件のように、法令の適用によって訴訟当事者が不利益を受けており、その適用の結果、第三者の憲法上の権利を侵害している場面が典型例である。もっとも、法令の直接の制約対象は第三者であるが、その適用によって不利益を受けた当事者が訴訟を提起し、第三者の憲法上の権利を援用する場合もありうる。このほかの具体例としては、（1）で述べたオウム真理教解散命令事件で、宗教法人が信者の信教の自由侵害を理由として行った違憲の主張、**岐阜県青少年保護育成条例事件**（➡第3章）で、収納販売業者が自身の出版の自由だけでなく、青少年の知る自由および成人の知る自由侵害を理由として行った違憲の主張などが挙げられる。

　さらに、**ピアノ伴奏事件**（➡第11章）では、音楽教師自身の思想良心の自由侵害に加え、教え込み教育による児童の思想良心の自由侵害が主張されている。また、尊厳死・安楽死が問題となる事例では、殺人罪に問われた医師が「意識がなく意思表示できない患者に憲法上保障されている自己決定権」を主張しうる（最決平21・12・7刑集63巻11号1899頁〔**川崎協同病院事件**〕の上告趣意）。なおこのような事例で、教師や医師がその職責として、生徒や患者の権利を保護するために法令等に違反したと説明しうる場合には、第三者の憲法上の権利を保護することが当事者自身の権利であると構成する余地もある（駒村374-376頁）。

　また、**博多駅事件**（最大決昭44・11・26刑集23巻11号1490頁）のように、報道機関が自身の報道の自由・取材の自由と表裏一体のものとして、国民の知る権利を主張するような場合もありうるだろう。

Ⅲ　発展解説

　発展解説では、必ずしも第三者の憲法上の権利を援用する必要のない文面審査の場面（➡第33章も参照）について検討する。

1．仮想の第三者の憲法上の権利は必要か

　第三者の憲法上の権利の援用が問題となる場面として、ある法令が自身に適用される限りにおいては合憲だが、第三者に適用される場合には違憲となりう

る場面が考えられてきた。ここでは、適用審査では勝ち目のない当事者が、仮想の第三者の憲法上の権利を援用して文面上違憲の主張を提起することの可否が論じられてきた。その典型例が広島市暴走族追放条例事件である。この事件で問題となった条例は、暴走族による暴走行為やい集、集会における示威行動などを規制しようとするものであったが、対象とした「暴走行為をすることを目的として結成された集団」としての暴走族（本来的意味の暴走族）以外の者にも規制が及ぶ文言となっていた。そして、本来的意味の暴走族に疑いなく該当し逮捕起訴された被告人が、条例は不明確・過度広汎ゆえに無効であると文面上違憲の主張を行った。学説の影響もあってか、調査官は、最高裁は「表現の自由等精神的自由権に関する限り、このような場面でも当該規定を文言上違憲と抗争する適格（スタンディング）を認める立場……に立つものと解される」と指摘する（最判解刑事平成19年度395頁〔前田巖〕）。しかし、最高裁が第三者の違憲主張適格について何らかの原則を採用しているのかは、上述のように定かではなく、この解説が最高裁の立場を正確に解説するものとは断言できない。

　もっとも、この場面については、そもそも第三者の憲法上の権利を援用した主張の可否を論じる必要がない、という点も考えておくべきだろう。この場面で当事者が主張するのは、自身の行為は法令の規制対象に該当するが、法令自体が過度広汎性あるいは不明確性の瑕疵をもつ文言を採用しているから、法令自体が違憲であり、法令が違憲無効であれば、自身の行為にも適用されないというものである。この主張の成否は、法令の可分性と合憲限定解釈の可能性にかかっている。つまり、法令の（当事者に適用される）合憲的部分と違憲的部分が可分であれば、具体的争訟の解決を第一の任務とする司法の役割からすれば、法令全体を違憲とする必然性はなく、また、当事者は違憲的部分の違憲性を主張しても自身の不利益を除去できない可能性が高い。両者が不可分であれば、合憲限定解釈の可否が次の問題である。広島市暴走族追放条例事件では、条例を本来的意味の暴走族を対象とすると合憲限定解釈することで文面上違憲の判断が回避されている。合憲限定解釈が不可能であれば文面上違憲の判断が下されうる。この場合、第三者の憲法上の権利侵害を理由に違憲となったかにみえるが、これは文面審査・文面判断の結果そのようにみえるにすぎない（高橋和之『体系憲法訴訟』（岩波書店・2017）163-164頁）。つまり、仮想の第三者の憲法上の権利を援用した違憲主張の可否という論点ではなく、法令の可分性と合憲

限定解釈の可否という観点から文面上違憲の主張をすることが具体的事案の解決にとって意味をもつ場面といえるか、という論点として構成されうる。

２．文面上違憲の主張の判断回避

次に、最高裁が文面上違憲の主張を取り上げなかった事例を確認しておこう。最高裁は、不明確性や過度広汎性の主張に対し、問題となっている法令は「本件に適用される限りでは、何ら明確性を欠くところはない」とする適用上合憲の手法を採用する場合がある（最決昭 36・12・6 集刑 140 号 375 頁〔職業安定法被告事件〕、川崎民商事件（➡第 22 章））。川崎民商事件の調査官解説は、同判決が文面上違憲の主張自体を不適格と判断したのは、第三者の憲法上の権利保護を求める適格が認められないからだと説明する（最判解刑昭和 47 年 230-231 頁〔柴田考夫〕）。広島市暴走族追放条例事件や徳島市公安条例事件（➡第 27 章・第 32 章）などとの整合性も考慮し、委縮効果の除去というより優先される観点のため、表現の自由の領域では第三者の違憲主張適格が認められ、経済的自由の領域では認められない、との説明がなされている。しかし、最高裁が第三者の違憲主張適格を原則禁止し例外的場合に許容するという思考を採用しているかは明らかではない。

これらの事例で、文面審査に踏み込むか否かは可分性の観点に加え法令の書きぶりと事案の性質から説明することができるだろう。法令の文言が明確性を欠くと主張される場合でも、当該文言がまったく明確性を欠く場合はほとんどなく、適用対象が明確な中核部分を読み取れる場合が通常である。過度広汎性の場合でも同様のことがいえる。この中核部分に明らかに該当している場合（法令が当該事例においては十分な告知機能を果たしている場合）、あえて文面審査に踏み込み合憲限定解釈を施して周辺部分の不明確性を除去したり、（可能性はほとんどないが）周辺部の不明確性ゆえに文面上違憲の判断をしたりする必然性はない。上述のような司法の役割からすれば適用審査で処理可能な場合、適用審査のみを行うことが前提になる。川崎民商事件ではそのような処理がされたと理解できる。そのうえで、表現の自由の領域における委縮効果の除去という観点あるいは、刑罰法規の構成要件の不明確性の早期除去という観点などから裁判所があえて文面審査に踏み込む場合があると説明すればよく、第三者の違憲主張適格の有無が判断を分けていると構成する必要はないと考えられる（不明確性・過度広汎性については➡第 32 章）。

まとめ

- □ 第三者所有物没収事件は、第三者の違憲主張適格について一般的な射程をもつ判断を行っておらず、訴訟当事者が上訴の利益を有するのであれば、上告理由が第三者の憲法上の権利制約であったとしても上告が認められる、という意義をもつにすぎない。
- □ 最高裁は明示的ではないが、第三者の憲法上の権利の援用が可能かという観点では、違憲の主張をする適格は無制限と考えていると思われる。
- □ ただし、主張可能な違憲の主張は具体的事件の解決と関係のあるものに限られる。したがって、違憲の主張と具体的事件の解決との関連性を説明する必要がある。
- □ 不明確性や過度広汎性が問題となる文面審査の場面では、仮想の第三者の憲法上の権利の援用が論じられてきたが、文面違憲の主張の成否は法令の可分性と合憲限定解釈の可能性、すなわち、文面審査のあり方にかかっているので、仮想の第三者の憲法上の権利を持ち出す必要性は必ずしもない。

FAQ

Q 第三者所有物没収事件は、関税法の規定を違憲とした法令違憲の判決ではないのでしょうか？

A 調査官が「本判決で特に注意すべきこと」として、「本判決が関税法118条1項の没収の実体規定のそのものを違憲とするものではなく、所有者に告知、弁解、防御の機会を与えることなく第三者の所有物を没収する判決が憲法に違反するとしている点である」と述べているとおり、法令違憲の判決ではない（最判解刑事昭和37年229頁〔脇田忠〕）。

Q このほかに、第三者の違憲の主張適格が問題となる場面はあるでしょうか？

A 客観訴訟としての選挙無効訴訟（公選204条・205条1項、行訴5条）の場面が挙げられる。平成25年7月21日の参議院議員通常選挙の選挙人である原告が、当時の公選法9条1項が18歳および19歳の国民に選挙権を与

えていないことや、同法 11 条 1 項 2 号・3 号が受刑者の選挙権を制限していることなどが憲法に違反するとして選挙無効訴訟を提起した平成 26 年決定（最決平 26・7・9 判時 2241 号 20 頁）において、最高裁は、公選法の規定において「一定の者につき選挙権を制限していることの憲法適合性については、当該者が自己の選挙権の侵害を理由にその救済を求めて提起する訴訟においてこれを争うことの可否はおくとしても、同条の選挙無効訴訟において選挙人らが他者の選挙権の制限に係る当該規定の違憲を主張してこれを争うことは法律上予定されていない」と述べている。

　選挙無効訴訟の目的は、選挙の管理執行機関が選挙法に違反した場合にその是正を行うことであり、選挙法そのものの違憲性を主張して選挙の効力を争うことを本来的に想定していなかったが、最高裁は、一票の格差の違憲性、小選挙区制の違憲性および選挙運動規制の違憲性、比例代表の違憲性および重複立候補制の違憲性などについて、選挙の無効原因として主張することを認め、憲法判断を下していた。平成 26 年決定はこの傾向に歯止めをかけたといえる（最決平 29・10・31 判時 2357・2358 号 1 頁も参照）。

　よってこの場面では、主張可能な違憲の主張と主張不可能な違憲の主張が存在することになる。この区別は、平成 26 年決定が、「自己の選挙権の侵害を理由にその救済を求めて提起する訴訟においてこれを争うことの可否はおくとしても」と述べていることから、さしあたり、選挙権を侵害された者が、自己の選挙権を争う他の手段があるか否か、に求めることができるだろう（櫻井智章「判批」民商 154 巻 2 号（2018）366 頁）。

　しかし、選挙無効訴訟としての客観訴訟は、司法権の本来的範囲ではなく、法律によって与えられた権限のため、原則、法律に定める者が、法律の予定する無効原因のみを主張することができる訴訟である。最高裁は、一連の判例において、特例的に本来予定されていない選挙法の違憲の主張を認めてきたが、司法権の本来的範囲といえる主観訴訟で自己の選挙権侵害が主張可能と解される場合にまでこれを認める必要はないと考えているといえる。つまり、本来的に予定されていない違憲主張に対する特例的許容範囲の制限であるため、その他の場面での違憲主張制限に直接つながらないと解されるのである。なお、選挙権については、当事者訴訟（行訴 4 条）で争うことが認められている（**在外日本人選挙権事件**（➡第 10 章・第 26 章））。〔山本　健人〕

35 立法事実の変化の検討の仕方と救済の観点

▶**国籍法事件**（最大判平 20・6・4民集 62 巻6号 1367 頁）
▶**衆議院議員定数不均衡事件（平成 23 年判決）**（最大判平 23・3・23 民集 65 巻2号 755 頁）
▶**非嫡出子相続分規定事件**（最大決平 25・9・4民集 67 巻6号 1320 頁）
▶**再婚禁止期間事件**（最大判平 27・12・16 民集 69 巻8号 2427 頁）

はじめに　　最高裁による違憲審査の活発化が指摘されるなか、近時において違憲判断を下した最高裁判例の多くが採用するのが、法令の制定当初は正当な立法目的に照らして合理的な関連性のあった規制手段が、時代の変遷に伴う立法事実の変化によって合理的関連性を失ったという論法である。これは立法者や最高裁の先例に対して敬譲を示しつつ、違憲判断によって当事者の権利救済を図る、「ソフト・ランディング」の手法と評価することもできよう。他方で、立法事実の変化について十分な論証がなされていないという指摘もあり、内容が不明瞭な、裁判所の「後知恵」による立法の改変ではないかという批判もある。この問題を検討するにあたって、判例がどのような立法事実の変化論を採用しているかをみていくことがまず必要となろう。そこで、本章では、はじめに諸判決における立法事実の変化の検討手法を確認し、そのうえで、若干の理論的検討を加えることにしたい。

Ⅰ 判旨

■国籍法事件

　「我が国における社会的、経済的環境等の変化に伴って、夫婦共同生活の在り方を含む家族生活や親子関係に関する意識も一様ではなくなってきており、今日では、出生数に占める非嫡出子の割合が増加するなど、家族生活や親子関係の実態も変化し多様化してきている。このような社会通念及び社会的状況の変化に加えて、近年、我が国の国際化の進展に伴い国際的交流が増大することにより、日本国民である父と日本国民でない母との間に出生する子が増加しているところ、両親の一方のみが日本国民である場合には、同居の有無など家族生活の実態

においても、法律上の婚姻やそれを背景とした親子関係の在り方についての認識においても、両親が日本国民である場合と比べてより複雑多様な面があり、その子と我が国との結び付きの強弱を両親が法律上の婚姻をしているか否かをもって直ちに測ることはできない。これらのことを考慮すれば、日本国民である父が日本国民でない母と法律上の婚姻をしたことをもって、初めて子に日本国籍を与えるに足りるだけの我が国との密接な結び付きが認められるものとすることは、今日では必ずしも家族生活等の実態に適合するものということはできない。

　また、諸外国においては、非嫡出子に対する法的な差別的取扱いを解消する方向にあることがうかがわれ、我が国が批准した市民的及び政治的権利に関する国際規約及び児童の権利に関する条約にも、児童が出生によっていかなる差別も受けないとする趣旨の規定が存する。さらに、国籍法3条1項の規定が設けられた後、自国民である父の非嫡出子について準正を国籍取得の要件としていた多くの国において、今日までに、認知等により自国民との父子関係の成立が認められた場合にはそれだけで自国籍の取得を認める旨の法改正が行われている。

　以上のような我が国を取り巻く国内的、国際的な社会的環境等の変化に照らしてみると、準正を出生後における届出による日本国籍取得の要件としておくことについて、前記の立法目的との間に合理的関連性を見いだすことがもはや難しくなっている」。

■衆議院議員定数不均衡事件（平成23年判決）

　「1人別枠方式の意義については、……新しい選挙制度を導入するに当たり、直ちに人口比例のみに基づいて各都道府県への定数の配分を行った場合には、人口の少ない県における定数が急激かつ大幅に削減されることになるため、国政における安定性、連続性の確保を図る必要があると考えられたこと、何よりもこの点への配慮なくしては選挙制度の改革の実現自体が困難であったと認められる状況の下で採られた方策であるということにあ」り、「1人別枠方式は、……新しい選挙制度が定着し、安定した運用がされるようになった段階においては、その合理性は失われるものというほかはない」。

　「本件選挙時においては、本件選挙制度導入後の最初の総選挙が平成8年に実施されてから既に10年以上を経過しており、その間に、区画審設置法所定の手続に従い、同12年の国勢調査の結果を踏まえて同14年の選挙区の改定が行われ、更に同17年の国勢調査の結果を踏まえて見直しの検討がされたが選挙区の改定を行わないこととされており、既に上記改定後の選挙区の下で2回の総選挙が実施されていたなどの事情……に鑑みると、本件選挙制度は定着し、安定した運用がされるようになっていたと評価することができ……、もはや1人別枠方式の……合理性は失われていた」。

■**非嫡出子相続分規定事件**

　「本件規定の合理性に関連する……種々の事柄の変遷等は、その中のいずれか一つを捉えて、本件規定による法定相続分の区別を不合理とすべき決定的な理由とし得るものではない。しかし、昭和22年民法改正時から現在に至るまでの間の社会の動向、我が国における家族形態の多様化やこれに伴う国民の意識の変化、諸外国の立法のすう勢及び我が国が批准した条約の内容とこれに基づき設置された委員会からの指摘、嫡出子と嫡出でない子の区別に関わる法制等の変化、更にはこれまでの当審判例における度重なる問題の指摘等を総合的に考察すれば、家族という共同体の中における個人の尊重がより明確に認識されてきたことは明らかであるといえる。そして、法律婚という制度自体は我が国に定着しているとしても、上記のような認識の変化に伴い、上記制度の下で父母が婚姻関係になかったという、子にとっては自ら選択ないし修正する余地のない事柄を理由としてその子に不利益を及ぼすことは許されず、子を個人として尊重し、その権利を保障すべきであるという考えが確立されてきているものということができる。

　以上を総合すれば、……平成13年7月当時においては、立法府の裁量権を考慮しても、嫡出子と嫡出でない子の法定相続分を区別する合理的な根拠は失われていた」。

■**再婚禁止期間事件**

　「医療や科学技術が発達した今日においては、……再婚禁止期間を厳密に父性の推定が重複することを回避するための期間に限定せず、一定の期間の幅を設けることを正当化することは困難になった」。

　「加えて、昭和22年民法改正以降、我が国においては、社会状況及び経済状況の変化に伴い婚姻及び家族の実態が変化し、特に平成期に入った後においては、晩婚化が進む一方で、離婚件数及び再婚件数が増加するなど、再婚をすることについての制約をできる限り少なくするという要請が高まっている事情も認めることができる。また、かつては再婚禁止期間を定めていた諸外国が徐々にこれを廃止する立法をする傾向にあり、……世界的には再婚禁止期間を設けない国が多くなっていることも公知の事実である」。

Ⅱ　基本解説

1．判例における立法事実の変化の認識方法

　わが国において、「法律の制定を根拠づけ、法律の合理性を支える社会的・経済的・文化的な一般事実」（戸松秀典『憲法訴訟〔第2版〕』（有斐閣・2008）243頁）と

定義づけられる立法事実も、日々変化を遂げる世界において当然ながら変化を免れるものではない。たとえば、議員定数不均衡訴訟における「合理的期間論」は、立法事実の変化可能性を前提としたものであるといえるし、立法事実が変化することは、従来の憲法判例においても前提とされてきた。そして、冒頭で述べたように、憲法訴訟の活性化が指摘される近時において、法令違憲判断を行った判決（もっとも、本章では、議員定数不均衡訴訟における「違憲状態」判決も取り上げている）の多くが、立法事実の変化を決め手としていることが注目される。

（1）国籍法事件

　ところが、立法事実の変化がどのように認識されているかについては、判例のなかで十分に明確にされていない。生後認知子について準正を届出による国籍取得要件としていた国籍法3条旧1項を違憲とし注目を集めた、**国籍法事件**で最高裁は、家族生活や親子関係に関する意識の多様化などを理由に、「我が国との密接な結びつき」の指標として、準正を用いることの合理性が失われたことを指摘するのであるが、意識の多様化について統計資料等は示されない。むしろ、当該規定を合憲とした反対意見のほうが、具体的な統計を提示しており、多数意見よりも説得的だとする評者も多い。また、昭和59年の当該規定の制定当初から準正がわが国との強い結びつきの指標として機能していたのかも疑問がないわけではなく、泉徳治補足意見は、立法事実の変化に言及せず、そもそも立法当初から合理的関連性を欠いていたとの評価もうかがわせる。

（2）衆議院議員定数不均衡事件（平成23年判決）

　さらに、**衆議院議員定数不均衡事件（平成23年判決）**にいたっては、いわゆる一人別枠方式について、最高裁の先例自体が「人口の少ない県の住民への配慮」という立法目的を認定していた（最大判平11・11・10民集53巻8号1441頁（以下、平成11年判決とする））にもかかわらず、小選挙区制導入に伴う激変緩和措置という位置づけを事実上新たに設定し、その合理性は当初から限定されたものであったとしてしまったのである。そして、平成11年判決の判示を引き継いでいた、最大判平19・6・13民集61巻4号1671頁（以下、平成19年判決とする）の場合とは異なり、平成23年判決の時点では合理性を失ったという。先例も触れていた、一人別枠制度導入時の法案審議にも言及して、「従来の判例にはみられない」詳細な判示を行っているものの（最判解民事平成23年度(上)166頁注13〔岩井伸晃＝小林宏司〕）、調査官解説も含めて、先例における目的設定との関

係性については必ずしも明らかにしていない。平成19年判決との判断の相違については、新制度導入から10年経過していたかどうかが重視されているが、なぜ10年が大きな意味をもつのか合理的な説明は困難である。

（3）非嫡出子相続分規定事件

　非嫡出子相続分規定事件にしても、立法事実の変化に関連して、最高裁は8つの項目を指摘しているが、「その中のいずれか一つを捉えて、本件規定」の不合理性を基礎づける決定的理由とはならないと明示としており、総合的考慮による結論の導出を強調する。これは、列挙された事情のうち1つでも欠ければ不合理ではなくなるのか、それぞれに与えられた重みはどのようなものかといった点についてはブラックボックスに入れられたといってよい。これによってより一層混迷を増したとさえいえよう（小山264頁参照）。調査官解説も一定の統計の所在については言及するものの（最判解民事平成25年度372頁〔伊藤正晴〕）、総合判断における重みづけなどの点について述べるところはない。統計資料の点に関していえば、国籍法事件判決に対する批判を意識してか、非嫡出子の出生数の伸び悩みや割合の低さという「不利」な統計にも触れつつ、ここで求められているのは法的な評価の問題であり、「嫡出でない子の出生数の多寡、諸外国と比較した出生割合の大小は、……法的問題の結論に直ちに結び付くものとはいえない」とする。調査官解説（同373頁〔伊藤〕）も、「単純に多数決によって結論を出すべきものではないという憲法論（人権論）の基本を確認したもの」であると評価している。しかし、政治的資源の脆弱な最高裁が「国民の意識」に訴えて、違憲判断を導いていることも指摘されるなかで、これでは判断の不明瞭さが増すばかりであろう。さらに、当該決定において違憲にいたったとされたと判断された時点よりものちに生じた事情も考慮している点も問題となる。

（4）再婚禁止期間事件

　平成27年の**再婚禁止期間事件**では、受胎の有無の確認や親子関係確定に関する医療技術の発展というかなり客観的に認識が容易な変化が存在する。したがって、規範的評価を伴う上記の諸判例よりは明確な理解が可能だが、立法事実の変化の認識方法に関する基準が示されたわけではない。

２．立法者の裁量との関係

　立法事実の変化を根拠とする違憲判断は、制定当時の立法者の判断を非難す

るものではなく、裁判所自身の先例も問題となっている場合には、みずからの先例に対するものを含めて、裁判所の敬譲を示すものだという評価ができる。しかし、**1**でみたように立法事実の変化の認識方法が明確でない場合には、特に、立法事実の変化という実態のつかみにくいものをテコに、裁判所が自身に都合のよい立法の読み替えを行うものと評価することができる。また、そうであれば、立法府の権限を不当に害するものではないかという疑問も生じうる。

　他方で、立法事実の変化を理由に法令が違憲となる可能性を認めることは、立法者に立法後も法令が合憲性を維持しているかに配慮する義務を課していると評価する余地もある。そう考えれば、配慮義務を果たさず、法改正を怠ったという意味では、ある種の立法不作為（➡第26章）を構成することともなろう。そうすると、従来立法不作為の違憲性を裁判所が問うことについて向けられた、立法者の裁量との緊張関係について考える必要もでてくる。

　この点、平成25年の非嫡出子相続分規定事件決定は、相続制度の設計にあたって考慮すべき事項が時代によって変遷する性格をもつことを指摘し、さらには、個人の尊厳にも言及することによって、「不断」の検討を求めている。これは、そもそも、継続的な配慮を立法者に求めたものなのか、裁判所による審査が求められるとしただけなのか判然としない。仮に後者と解したとした場合も、まず、相続制度の特殊性や個人の尊厳にかかわる事柄であるという事情があってはじめて基礎づけられる義務と考える可能性もある。他方で、一般的にそのような義務があることを前提に、上記のような事情の存在する場合には、特に慎重な判断を求めたものと解する可能性もないわけではない。関連して、おそらく本決定を意識して、区別に用いられた範疇が14条1項後段列挙事由に該当することを理由に不断の検討を求める、大阪地判平25・11・25判時2216号122頁も注目される。いずれにせよ、少なくとも、上記のような事情が指摘できる場合には、立法府の裁量を前提としても裁判所による立法事実の変化を審査が可能となることが示されたと解せよう（➡平等については第8章も参照）。

Ⅲ　発展解説

1．違憲判断の「後始末」との関係

（1）法的安定性と権利救済の調整

　法令がある程度の期間有効なものとして実際に存在した場合、それに基づい

た法律関係が形成される。そうすると、事後的な違憲判断を理由に、この効力を排除することは法的安定性を害し、国民の信頼を裏切る結果を招くことにもなる。立法事実の変化を理由として違憲判断を導くことは、違憲に伴う権利侵害からの救済を受けられる範囲を限定することになり、上記の混乱を緩和する役割も果たしうる（小山264頁参照）。もっとも、法的安定性と権利保障の調整を、一応は「事実」（法的評価を必要としないという趣旨ではない）として認識されるべき立法事実の変化の基礎づけに正面から用いるのは適切ではない。また、**Ⅱ**で分析したように、立法事実の変化があいまいに認定されるのでは、変化の時点が明確にならず、むしろ混乱は増すだろう。ちなみに、立法事実の変化に言及する多くの判例は、いつの時点から立法事実の変化によって違憲に陥ったのかを明示せず、「遅くとも」当該具体的事件で問題となった時点では、違憲であったという判示をしている。付随的違憲審査制においては、さしあたって、当該具体的事件の解決に必要な限りで違憲性が判断されればよいといえばそのとおりであるが、法的安定性と権利救済の調整を考えると問題である。

（2）「違憲判断の事実上の拘束力の遡及効」論との関係

なお、議員定数不均衡訴訟における合理的期間論にはその要素もみられないわけではないが、明示的に法的安定性と権利救済の調整の観点から、立法事実の変化を認めた判例は実際に存在しない。実際の判例において、法的安定性と権利救済の調整は「違憲判断の事実上の拘束力の遡及効」の問題として主題化されている。非嫡出子法定相続分違憲決定において、最高裁は、違憲判断の効力についてあくまで個別的効力説を採用しつつ、最高裁による違憲判断には「事実上の拘束力」が存在し、原則的にはそれが遡及効をもつとまで述べたのである。そのうえで、それでは法的安定性が害される場合があることを指摘して、「遡及効」が一定の場合に限定されるとしたのである。かなり迂遠かつ複雑な論理構成をとっており、単純に違憲判断に一般的効力を認めたうえでこれを制限する、あるいは、個別的効力説を貫徹するといった論法をとればよかったのではないかという疑問もわくところである。さらに、「事実上」のものとはいえ、一般的な違憲判断の拘束力を認めるのであれば、立法事実の変化によって違憲に転じた時点を特定しない判例の手法には問題があろう。

（3）憲法判断の基準時

最後に関連問題として、憲法判断の基準時の問題もある。これは行為を基準

に違憲判断を行うのか、裁判の時点において違憲判断を行うのかという問題である。原則としては、判例は行為時基準説を採用している（最判解民事平成27年度(下)685頁〔加本牧子〕参照）といえるが、立法事実の変化を認める以上、行為時には立法事実の変化が完結しておらず違憲にいたっていなかった法令が、裁判時には違憲にいたる、さらには事実審の口頭弁論終結時という既判力の基準時の後にも、法律審である上告審の判決までの間に立法事実が変化する場合がある。このような場合、後の事案に与える法的安定性、違憲から生じる権利侵害への救済の防止を考慮すれば、当該事件の当事者に救済の必要性がなくとも、逆に違憲判断を明示すべきではないかという問題が生じる。関連して、**在外日本人選挙権事件**（➡第10章）の調査官解説（最判解民事平成17年度(下)651頁〔杉原則彦〕）は、判決理由中で示されるにすぎない違憲判断の判断基準時は、既判力の判断基準時とは別の問題であり、憲法判断の基準時は最高裁の判決時だという。もっとも、この調査官解説の見解は、議員定数不均衡訴訟で、判決時には違憲にいたっており選挙無効の判断も下しうるような場合や、将来の選挙での投票権の確認を行う余地のある場合を想定しており、以上のような判決を下す余地のない場合に、どう考えるべきかについては述べていないというべきだろう。

２．立法事実論一般の再検討の必要性？

Ⅱにおいて、立法事実の変化の認識方法が定かではないという点を指摘した。しかし、これは立法事実の変化の認識方法に限ったことではなく、立法事実論一般について、わが国において十分な議論がなされているとはいい難いところがある。そもそも、立法事実という概念は、芦部信喜教授によって、アメリカにいわゆる「legislative facts」の訳語としてわが国に紹介された。ところが、アメリカにおける「legislative facts」の定義と、日本における「立法事実」の定義が一致していないことが指摘されている。このような指摘をする論者（淺野博宣「立法事実論の可能性」高橋和之先生古稀記念『現代立憲主義の諸相(上)』（有斐閣・2013）419頁以下）は、アメリカにおいては、行政過程等における法形成も含めた、「立法作用」においてその基礎となる事実として「legislative facts」が用いられているのに対して、わが国においては、立法府による立法を対象として、立法府の行為の合理性を基礎づける事実としての性格が強調されてきたのだとする。そして、芦部教授が立法事実概念をわが国に導入した動機は、立法の合憲性推定を緩和し、立法過程における立法府の判断への裁判所による審査の

道を開くことにあったという。しかし、**尊属殺人事件**（最大判昭48・4・4刑集27巻3号265頁）以来、目的・手段審査を基本的には採用し、立法府の判断の適切さを審査することを常としている現在において、当初の目的は達成されたのではないか。そうすると、現在では、むしろ、司法による法創造をも含めた法形成作用の基礎づけとなる事実としての「立法事実」に目を向けて、憲法訴訟の発展によって多分に法創造作用を担うようになった裁判所自身の統制にも立法事実論は用いられるべきなのではないかと淺野教授はいう。**堀越事件**（➡第2章・第33章）や非嫡出子相続分規定事件において、立法判断への実質的な審査自体は放棄しないものの、目的・手段審査からの離脱が指摘され（堀越事件について、駒村417-420頁）、非嫡出子法定相続分違憲決定については裁判所内部からもそれが追認され（再婚禁止期間事件の千葉勝美補足意見）、同じ裁判官が堀越事件の補足意見などで、審査基準論による判断の枠付けを重ねて否定している現在、この指摘は大きな意味をもつ。

まとめ

- ☐ 近時、立法事実の変化を根拠として、当初は合憲であった法令が違憲となったという論法を用いる判決・決定が多い。
- ☐ 立法事実の変化の認識方法は明らかではなく、判決相互に矛盾もある。
- ☐ 立法事実の変化を根拠に違憲性を認定することは、立法府に立法事実の変化に対する配慮義務を課すこととも同視しえ、立法不作為の違憲判断を行う際と同様の論点が浮上する。
- ☐ 立法事実の変化が生じた時点の確定は、法的安定性と権利救済の調整にもかかわる。
- ☐ 立法事実論について、司法府における法創造も視野に収めて再構成する可能性がある。

FAQ

Q 私人間の紛争において、立法事実を検出することは可能ですか？

Ⓐ 　非嫡出子の法定相続分が好例であるが、憲法問題が争点となる事案の
　　なかには、私人間の争いで、適用法規の合憲性が問題となる場合もあ
る。その場合、当然、訴訟や審判における当事者・関係人は、いずれも政府で
はなく私人である。このような場合に、立法事実が法的問題であり、当事者に
よる主張立証にかからないとはいえ、政府の関与なく立法事実を十分に検出す
ることが可能なのか問題が生じる。この点は、国の利害に関係のある訴訟につ
いての法務大臣の権限等に関する法律４条により、裁判所の許可を得て法務大
臣が意見を陳述することはできる。しかし、これはあくまでそのような政府の
関与が可能であるというだけで、政府の関与が義務づけられているわけではな
い。とりわけ、法令の合憲性の推定が否定され、積極的な合憲性の基礎づけが
要求されるといわれるような場合に、そのような負担を私人に課すことまで想
定しているのかなど検討すべき点は多い。これに関連して、アメリカには、ア
ミカス・キュリィという制度（たとえば、田中英夫編『英米法辞典』（東京大学出版
会・1991）48頁参照）が存在し、第三者が広く裁判所に情報や意見を提供できる
仕組みとなっており、政府もこの制度を利用して情報や意見を提供している。
私人間の紛争における政府の情報提供のみならず、広く一般から立法事実に関
して情報収集するのに役立つ制度といえよう。日本でも、2014年に知財高裁が
広く一般に係争中の事件について意見を募集し注目を集めた。わが国において
も分野を限らずアミカス・キュリィの導入を検討する余地があろう。

....

Ｑ 　憲法訴訟における救済法という言葉を耳にすることがありますが、救
　　済法とは何ですか？

Ⓐ 　アメリカにおいては、実体法、手続法に並ぶ第３の法領域として「救
　　済法」が存在するとされる。この救済法とは、実体法に即した法律関
係や権利義務の存否の確定に加えて、そこで確認された権利等の的確な確保・
回復を図るものである（本文中、違憲判断の「後始末」と表現した問題がこれにかか
わる）。そして救済の場面では、裁判所に独自の創造的な処理を行うことが許容
されるという。佐藤幸治教授は、わが国においてもこの救済法の発想を積極的
に受容すべきだと主張し、司法権概念の理解にも救済法の発想を盛り込もうと
している（佐藤［第２版］638-640頁）。もっとも、コモンローに由来する救済概念を
日本に持ち込むことに対しては、安念潤司教授からの鋭い批判（同「憲法訴訟論
とは何だったか、これから何であり得るか」論ジュリ１号（2012）134頁註３）も存在
する。

〔山田　哲史〕

事項索引

判例索引　※太字の数字は各章の見出し判例を示している

昭和

416

令和

【編著者】

横大道聡　　慶應義塾大学大学院法務研究科教授

【著　者】(50音順)

赤坂幸一　　九州大学大学院法学研究院教授

新井　誠　　広島大学大学院人間社会科学研究科教授

井上武史　　関西学院大学法学部教授

岡田順太　　獨協大学法学部教授

木下昌彦　　神戸大学大学院法学研究科教授

栗島智明　　埼玉大学大学院人文社会科学研究科准教授

柴田憲司　　中央大学大学院法務研究科教授

西村裕一　　北海道大学大学院法学研究科教授

西山千絵　　琉球大学大学院法務研究科准教授

堀口悟郎　　岡山大学学術研究院社会文化科学学域（法学系）准教授

丸山敦裕　　関西学院大学大学院司法研究科教授

御幸聖樹　　同志社大学大学院司法研究科教授

村山健太郎　学習院大学法学部教授

山田哲史　　京都大学大学院法学研究科教授

山本健人　　北九州市立大学法学部准教授

吉川智志　　大阪大学大学院法学研究科准教授

憲法判例の射程 ［第2版］

2017 (平成29) 年 4 月15日　初　版 1 刷発行
2020 (令和 2) 年 8 月30日　第 2 版 1 刷発行
2024 (令和 6) 年 2 月15日　　同　5 刷発行

編著者　横 大 道　聡

発行者　鯉 渕　友 南

発行所　株式会社　弘 文 堂　　101-0062　東京都千代田区神田駿河台 1 の 7
　　　　　　　　　　　　　　　　TEL 03(3294)4801　　振替 00120-6-53909
　　　　　　　　　　　　　　　　https://www.koubundou.co.jp

装　幀　宇佐美純子
印　刷　三報社印刷
製　本　井上製本所

ISBN978-4-335-35834-0